CW01208075

# SEXES ET GENRES À TRAVERS LES LANGUES

## Éléments de communication sexuée

DU MÊME AUTEUR

*Aux Éditions de Minuit*

SPECULUM, DE L'AUTRE FEMME, 1974.
CE SEXE QUI N'EN EST PAS UN, 1977.
ET L'UNE NE BOUGE PAS SANS L'AUTRE, 1979.
AMANTE MARINE, De Friedrich Nietzsche, 1980.
PASSIONS ÉLÉMENTAIRES, 1982.
L'OUBLI DE L'AIR. Chez Martin Heidegger, 1983.
L'ÉTHIQUE DE LA DIFFÉRENCE SEXUELLE, 1984.
PARLER N'EST JAMAIS NEUTRE, 1985.
SEXES ET PARENTÉS, 1987.

*Aux Éditions Mouton*

LE LANGAGE DES DÉMENTS,
Coll. « Approaches to semiotics », 1973.

*Aux Éditions de la Pleine Lune*

LE CORPS-À-CORPS AVEC LA MÈRE, 1981.

*Aux Éditions Galilée*

LA CROYANCE MÊME, 1983.

*Aux Éditions Hachette*

LE TEMPS DE LA DIFFÉRENCE,
Livre de Poche, Biblio-essais, 1989.

*Aux Éditions Larousse*

LE SEXE LINGUISTIQUE, collectif,
*Langages*, n° 85, 1989.

*Aux Éditions Grasset*

JE, TU, NOUS, 1990.

# SEXES ET GENRES À TRAVERS LES LANGUES

## Éléments de communication sexuée

**Français, anglais, italien**

*Ensemble conçu et réalisé*
*par*

LUCE IRIGARAY

*avec la participation de*

RACHEL BERS, CRISTINA CACCIARI, MARK CALKINS,
MARGARET DEMPSTER, PAULA ECIMOVIC, PAUL GALISON,
LUCE IRIGARAY, MARIA VITTORIA PARMEGGIANI,
KATHERINE STEPHENSON, ADÈLE SULCAS,
KATY SWENSON, RENIA TYNINSKI, PATRIZIA VIOLI

*Ouvrage publié avec le concours du*
*CENTRE NATIONAL DE LA RECHERCHE SCIENTIFIQUE*

BERNARD GRASSET
PARIS

Tous droits de traduction, de reproduction et d'adaptation
réservés pour tous pays

© *Éditions Grasset & Fasquelle, 1990.*

*Merci à toutes celles, tous ceux*
*qui ont contribué à la publication*
*de cette recherche.*

# SOMMAIRE

# Introduction

Luce Irigaray

Le premier enjeu de ce recueil est d'informer sur la sexuation du discours, de la langue, de la culture. Cet enjeu nécessite un double travail :

1. Analyser le poids, dans une culture, de marques et règles sexuelles, claires ou obscures, conscientes ou inconscientes, qui ne respectent pas des droits égaux pour les deux sexes. Égaux signifie, en ce sens, différents. Pour que les femmes et les hommes aient des droits équivalents, il faut qu'ils soient adaptés à leur identité sexuée.

2. Il importe donc d'élaborer ou de redécouvrir des valeurs donnant des droits subjectifs et objectifs aux deux sexes.

Or la différence sexuelle a été inscrite depuis des siècles dans notre civilisation comme différence hiérarchique où le sexe féminin manque de droits subjectifs (à moins qu'ils ne se réduisent à un certain rapport au maternage, au nourrissage, à la reproduction obscure de la société, etc.) et se définit comme une fonction subordonnée à la subjectivité masculine. Tout dans l'économie culturelle doit être repensé à partir de cette interprétation : femmes et hommes n'ont pas encore de droits équivalents.

En voici quelques exemples qui ont été développés dans le volume *Le sexe linguistique*[1] et qui seront à nouveau abordés dans ce recueil de recherches :

— Dans le domaine *religieux*, Dieu est représenté comme étant de genre masculin et de généalogie masculine depuis des siècles ; comment interpréter cette réduction du divin à un seul genre ? Quels en sont les effets ?

— Dans la *langue*, le genre linguistique ne valorise pas également hommes et femmes. Les vivants ou choses du genre masculin sont généralement valorisés, ceux du genre féminin dévalorisés et ramenés à l'état de non-vivants. Ainsi le féminin de *moissonneur* est l'outil *moissonneuse*, celui de *cafetier* est l'objet *cafetière*, celui de *médecin* est *médecine*, etc., ce qui pose des questions complexes pour désigner la qualification professionnelle des femmes en tant que femmes.

— Autre exemple de hiérarchie entre les genres : le pluriel est toujours masculin (que le genre s'exprime au niveau du sujet ou du prédicat) dans certaines langues dont le français. D'une foule, d'une famille, d'un couple, il faut dire : *ils sont, ils s'aiment, ils se sont rencontrés, ils sont beaux,* etc. Il convient de se demander comment cette hiérarchie se marque syntaxiquement, lexicalement, stylistiquement, etc., quand la domination du masculin ne s'exprime pas sous cette forme grammaticale. Ce recueil apporte déjà des éléments de réponse.

— Encore un exemple : les pronoms ou réalités supposés représenter le neutre s'expriment comme le masculin au point de semer la confusion : *il* faut et non *elle* faut, *il* pleut et non *elle* pleut, etc. Ce type de confusion ou d'assimilation entre le neutre et le masculin est culturelle et tardive dans l'histoire humaine. Elle n'existe pas dans toutes les langues. Mais comment interpréter le statut du neutre du point de vue de la subjectivité dans certaines langues à trois genres ?

Ce mode d'attribution du genre, ces règles grammaticales peuvent varier selon les cultures, la valeur des sexes dans les cultures et l'évolution historique de celle-ci. Elles ne représentent pas des lois universelles, neutres ni simplement arbitraires. Elles sont diachroniquement et synchroniquement motivées, déterminées. Les analyser, c'est donc :

*a)* lever l'hypothèque d'un universel aveuglément impérialiste et supposé valable pour tous, toutes et tout ;

*b)* contribuer à interpréter et faire évoluer des anomalies, injustices ou retards sociaux et culturels ;

*c)* nous libérer d'un biologisme ou substantialisme liés à une inculture de cette dimension sexuée de notre subjectivité.

L'appartenance à un sexe ne signifie ni une assignation à une vérité immuable ni une pure adhérence à la biologie. Elle est physiologie et interprétation sociale et culturelle de celle-ci. L'une ne peut effacer l'autre ni l'autre l'une : nous sommes corps et culture, corps plus ou moins cultivés. Par contre, ce qui importe, c'est que les corps de sexes différents aient des droits subjectifs et objectifs équivalents. Et peut-être sommes-nous assez adultes — après Marx, après Freud, après les réflexions et les luttes des femmes, après les différents mouvements de libération, sexuelle ou autres — pour vouloir accéder à une culture avec des droits sexués non hiérarchisés. Cela demande donc de constater et interpréter les anomalies et injustices socioculturelles entre les sexes et les résistances à rétablir les droits de chacun(e).

Ces injustices existent dans l'économie des valeurs sociales au sens strict (droits au travail et à son salaire, droits à la représentation publique, plus généralement droits civils) mais aussi, et en même temps, dans l'ordre des valeurs linguistiques, symboliques, artistiques et dans l'histoire individuelle de chacune ou chacun de nous. Dans le numéro de la revue *Langages, Le sexe linguistique*, il y a ainsi deux exposés concernant la hiérarchie sexuelle en matière d'identité religieuse, une analyse relative à l'évolution du genre grammatical, une étude de discours expérimentaux ou semi-spontanés de femmes et d'hommes, une recherche sur la psychologie des personnages littéraires, un récit autobiographique, une interprétation de l'usage de la langue par une culture qui méconnaît la fonction de tiers du placenta, etc.

Mais, pour faire accéder à des droits subjectifs égaux, donc différents, il ne s'agit pas seulement de critiquer et de dénoncer ; il est nécessaire de définir la singularité de ces droits. Une femme ne peut prétendre aux mêmes droits qu'un homme sinon en revendiquant la neutralisation d'elle-même vite mise en échec par l'expérience de sa vie. Qu'il s'agisse de droits au travail, à la liberté, à la représentation, à l'identité, il lui sera vite rappelé qu'elle est une femme — potentiellement enceinte, mère, violée, prostituée, etc. — et que le droit masculin ne protège pas son identité sexuée. Renoncer à celle-ci représente la plus grande soumission à la culture masculine.

Donc, comment définir l'identité féminine ?

1. Il faut revenir à la biologie et la réinterpréter comme lieu non pas d'exploitation fonctionnelle des femmes mais de définition possible de nouvelles valeurs culturelles. Nous sommes différentes des hommes certes, mais différentes ne veut pas dire inférieures. Ce n'en est qu'une interprétation possible. Avons-nous un système nerveux différent ? C'est possible, mais c'est peut-être notre chance. Avons-nous des latéralisations corticales différentes ? Peut-être mais ne serait-ce une des causes de notre force ? Il vaut mieux les connaître et les définir nous-mêmes que nous laisser définir par d'autres de manière variable selon les époques de l'Histoire. De même, le fait d'enfanter peut se soustraire à la simple fonction reproductrice pour constituer certains éléments d'une identité sexuelle différente. Le fait de pouvoir être mère et comment on le devient, notamment biologiquement, est encore un enjeu à venir d'une culture de l'identité féminine. Des valeurs sexuées positives doivent se fonder sur les corps différents que nous sommes, les matières et formes différentes que nous sommes.

2. Pour accéder à une culture sexuelle, il est nécessaire de rétablir des relations mères-filles. Les généalogies mères-filles ont été sacrifiées aux généalogies patriarcales. Sans respect de relations culturelles entre mères et filles, une identité sociale féminine ne peut acquérir ses droits. Cela demande une restauration ou instauration d'images, de symboles, de règles linguistiques aujourd'hui inexistantes. Aucune image valable de couple mère-fille n'existe dans nos églises, nos mairies, nos lieux publics. Or ce couple constitue un de nos triangles généalogiques. De même, le pluriel, toujours masculin, du moins en langues romanes, fait que mères et filles ne peuvent établir une complicité plurielle dans la famille ou la société sauf en se séparant des hommes. Les autres langues ont des critères différents de regroupement et de séparation des sexes plus ou moins à l'avantage du masculin qui domine la plupart des organisations sociales depuis des millénaires.

Cet exposé de quelques exemples d'une actuelle définition — par défaut — de la culture comme sexuée et de quelques indications de mutations nécessaires pour l'attribution de droits équitablement répartis entre femmes et hommes, droits dès lors équivalents et non simplement égaux comme cela se dit abusivement, avait pour but d'annoncer un des enjeux des travaux qui vont suivre.

Le deuxième enjeu de ce recueil est de comparer l'expression des genres et des sexes dans diverses langues et cultures.

Souvent, quand je parle des inégalités linguistiques entre les sexes, il m'est objecté que cela existe peut-être en français mais pas dans une autre culture : pas dans « notre » ou « ma » culture. Cette objection est présentée notamment par des femmes qui revendiquent des droits égaux à ceux des hommes sans repérer l'enjeu d'oppression venant de la langue. Je pense que les langues manifestent *différemment* des inégalités sexuelles. Il faut savoir repérer où et comment elles les manifestent. La question des genres et de leurs rapports aux sexes est une question très complexe. Pour la cerner, j'ai commencé à recueillir et interpréter des énoncés spontanés ou expérimentaux produits par des populations d'hommes et de femmes. Je l'ai fait d'abord en français aidée de plusieurs personnes, citées dans mon travail, qui ont recueilli des corpus à partir des épreuves que je leur avais transmises. Puis j'ai constitué des groupes de recherche ou rassemblé des collaboratrices ou collaborateurs qui poursuivent l'enquête et l'analyse en différentes langues. Ce recueil expose des résultats d'enquêtes et de travaux comparatifs déjà réalisés en français, italien, anglais. Ce ne sont que les prémices d'une recherche beaucoup plus importante en extension et en compréhension. Cela signifie que les langues qui seront interrogées seront plus nombreuses. Cela veut dire aussi que le niveau et le degré d'analyse et d'interprétation iront s'approfondissant au prorata du nombre de réponses et de types d'épreuves analysés dans une langue mais aussi de la comparaison des résultats obtenus entre différentes langues, et, par exemple, de l'étude de la corrélation entre les normes grammaticales et les usages lexicaux concernant l'économie du genre linguistique dans une langue et la manière selon laquelle les discours sont produits par les sujets parlant cette langue.

Cette production du discours doit s'analyser à différents niveaux pour établir la relation entre le sexe du sujet qui parle et l'énoncé réalisé. Il est nécessaire d'effectuer de nombreux va-et-vient entre le discours produit, le locuteur et le contexte de production du message.

Ainsi, pour analyser, dans la production actuelle de l'énoncé, les rapports du sexe réel du sujet parlant au sexe du sujet du discours ou au sexe linguistique, il faut considérer au moins quatre niveaux de production du message :

1. Comment s'exerce ou se réalise la *communication présente* entre les partenaires sexués du discours. Il ne s'agit pas là de lexique ou de grammaire déjà codifiés, même s'il y a une relation entre le code et la communication présente, mais de rapports de communication ou d'interlocution entre les sexes. À ce niveau, les sujets peuvent se désigner comme sujets d'énonciation et s'écrire entre parenthèses pour se distinguer des sujets de l'énoncé :

| | | | | | | | | | |
|---|---|---|---|---|---|---|---|---|---|
| | ♂ | | ♂ | | ♂ | | | | |
| (je) | | (tu) | | (il) | | (elle) | ♀ | | |
| | ♀ | | ♀ | | | | | | |
| | ♂ | | ♂ | | ♂ | | | | ♂ |
| (nous) | | (vous) | | (ils) | | (elles) | ♀ | (eux) | |
| | ♀ | | ♀ | | | | | | ♀ |

Autrement dit, les sujets de l'énonciation sont distingués des sujets manifestes dans le message. Cela permet de dissiper, dans un premier temps, la confusion entre le sexe de la personne qui parle et toutes les expressions du genre dans le discours[2].

À ce niveau d'interlocution, il conviendra aussi, après analyse des corpus, d'indiquer les significations du message adressé d'un sexe à l'autre et suivant leur position dans l'acte d'interlocution, et les significations des messages entre sujets de même sexe : entre femmes ou entre hommes. Hommes et femmes ne s'adressent pas entre eux les mêmes messages qu'ils adressent aux partenaires du même sexe[3].

2. Les rapports de communication se manifestent aussi par la manière dont s'expriment : je, tu, il(s), elle(s), eux, nous, vous *dans* l'énoncé, et les rapports de ces expressions subjectives avec les partenaires d'énonciation et leurs objets d'échanges. Comment les pronoms personnels ou « embrayeurs[4] » opèrent-ils la jonction entre le sujet actuellement parlant et le(s) sujet(s) ou objet(s) du discours ?

(Je) ♂/♀ → • je → l'aime → (tu) ♂/♀

• tu

• il l'aime

• elle

En analysant les discours des hommes et des femmes, il apparaît que hommes et femmes ne se désignent pas eux-mêmes comme sujets ou allocutaires du message de la même façon. Les femmes se désignent beaucoup moins comme sujets que les hommes. Cela veut dire que le sujet du discours des femmes sera plutôt un *tu* (masculin) ou un *il* qu'un *je*, féminin, et, surtout, un *elle*. Les hommes, eux, diront *je* ou *ils*, s'adressant à *tu* masculin ou à *il*. De même, ce sera plutôt *lui*, homme, que le procès de l'énoncé concernera dans des discours d'hommes *et* de femmes. Ainsi, je *le* regarde, il *lui* dit (à lui), sont plus souvent produits comme énoncés féminins que je *la* regarde, je *lui* dis (à elle). Le sexe masculin domine donc au niveau pronominal.

3. Les relations entre *je*, *tu*, *il/elle* sexués s'expriment aussi par le type de transformations préférentiellement utilisées ou exclues par les femmes et les hommes.

— Ainsi la transformation *interrogative* apparaît souvent comme une façon de laisser à l'autre la responsabilité de l'énoncé. Elle est alors plus employée par les femmes : « Tu m'aimes ? » Il faut noter que l'opération logique concernant le sens du message s'exerce dans ce type d'énoncé *entre* les sujets parlants, donc au niveau de l'acte de l'énonciation.

— La transformation *emphatique*, quand elle s'applique au sujet de l'énoncé, laisse le monde en être le principal garant : « C'est le soleil qui m'a hâlée », « C'est la table qui m'a cognée », « C'est le monde qui m'a transformée », etc. Elle est plus utilisée par les femmes. Elle peut s'exprimer également par le recours aux déictiques : ainsi *ce, ces,* sont beaucoup plus utilisés par les femmes qui préfèrent, en français du moins, transformer la consigne *se* en déictique *ce* que l'employer comme réfléchi. Dans les langues où la transformation emphatique n'existe pas, les déictiques en tiennent lieu jusqu'à un certain point.

— La transformation *négative* n'est utilisable par un sujet que s'il est capable de se distancier de son énoncé en l'assumant : cela veut dire en le désambiguïsant, par exemple. Mais elle peut s'utiliser comme une procédure logique quasi automatique instaurant la communication entre le sujet et la langue, le sujet et ses propres énoncés. Le message du sujet parlant consiste alors à pratiquer différentes opérations de négation ou d'annulation grâce aux moyens morphologiques que lui offre la langue. Il ne dit plus rien à l'autre, plus rien du monde ; il joue à distancier, à hiérarchiser, à nier, à annuler, tout contenu de sens possible. Cette stratégie se trouve beaucoup plus dans les énoncés masculins[5].

— La transformation *passive* est une des transformations départageant souvent les pôles de la différence sexuelle : la femme y est mise en position d'objet de l'action de l'homme, y compris quand elle est sujet de l'énoncé. Cette transformation peut être utilisée dans un discours d'homme pour destituer la femme de son rôle de sujet du discours quand cette fonction est induite sémantiquement (par exemple par une consigne telle : *robe – se – voir*). Cette transformation est alors plus ou moins perceptible. Elle est plus explicite dans le discours des femmes pour éviter la responsabilité de sujet du message, pour se réduire à l'état d'objet possédé ou possédable par l'homme. Cette stratégie se situe entre énonciation et énoncé. Par exemple (je) — *il/lui* : « Elle met sa plus jolie robe pour se faire voir par son ami », ou « Elle est visible en robe par lui ». C'est ce niveau qui est qualifié de niveau de l'énonciation par certains linguistes ou sémioticiens, préoccupés avant tout de problèmes de sémantique. Il est employé dans ce sens dans le travail de Patrizia Violi, par exemple. En toute rigueur, il conviendrait de distinguer au moins deux niveaux de l'énonciation : celui correspondant au sujet qui parle, qui génère le message et celui de l'agent du procès énoncé dans le discours. La question, assez fréquente dans ces corpus, du passage à une construction impersonnelle se situe également entre ces deux niveaux.

4. Les rapports de communication entre *je, tu il/elle* sexués se manifestent aussi dans les *modes de relations établies entre énonciation et énoncé.* « J'ai faim », « Je m'aperçois que j'ai faim », « Il avait faim ce jour-là », se situent différemment par rapport au procès de l'énonciation. On peut les qualifier d'énoncé direct, d'énoncé indirect, de récit. Or l'énoncé indirect, très employé par les hommes (du moins, dans mes corpus), apparaît comme une façon d'évincer l'allocutaire. Le récit, lui, laisse au monde plutôt qu'au sujet la responsabilité de l'énoncé. Il est plus employé par les femmes, mais de quel monde est-il alors question[6] ?

En 2, 3, 4, le contenu des formes linguistiques est pris comme moyen d'analyser les sujets dans leurs relations d'énonciation et de communication.

La question de la relation du sexe du locuteur au sexe du sujet du discours, au sexe ou genre de l'objet, au sexe de l'interlocuteur, à l'objet du message adressé et, plus généralement, à l'intention du discours est assez complexe. Analyser l'état des normes et de l'usage de la langue et des outils de communication exige des enquêtes minutieuses. Reconstituer des moyens d'échanges linguistiques et symboliques équitables demande un long et patient travail sur les relations de communications immédiates mais aussi sur les formes linguistiques comme manifestations historiques des relations sexuées à travers la langue. Il n'est pas possible de décider par un coup de force que la liberté sexuelle existe dans les moyens d'échanges ni que la possession égale d'objets permet de l'établir. Il est regrettable de neutraliser la langue et les échanges symboliques pour une hypothétique justice sexuelle. Le travail que cela représente est, lui aussi, important d'ailleurs. Et, personnellement, je préfère, dans certains cas, supprimer le neutre que le développer. Ainsi, un enfant n'existe pas. Existent des filles et des garçons ; femmes et hommes existent. La question du neutre — au niveau de la langue comme de la juridiction civile, pénale, etc. — ne peut se poser avec rigueur qu'après l'établissement de droits équivalents subjectifs et objectifs pour les deux sexes. Neutre veut dire ni l'un ni l'autre. Pour dire ni l'un ni l'autre, il faut qu'existe(nt) l'un et l'autre, et que la sexualité ne soit pas refoulée inégalement une nouvelle fois par des processus linguistiques et juridiques complices. Le temps est peut-être venu, pour nous, d'apprendre à sublimer notre maturité sexuelle en lui donnant des moyens d'échanges et de communications médiatisés par des symboles, du discours, des droits, de l'art*.

Je n'ai indiqué que quelques exemples de manifestations sexuelles à travers le discours. Il y en a d'autres dont je parlerai à propos des réponses données par femmes et hommes à l'occasion des exercices sur le langage qui leur ont été proposés. Il y en a d'autres qui vont apparaître dans les énoncés produits par les femmes et les hommes en réponse aux consignes linguistiques qui leur ont été présentées. Elles seront traitées par chaque expérimentatrice-teur. Je tenterai une première synthèse de ces caractères sexués du langage en guise de conclusions à cette recherche.

Les collaboratrices-teurs ont été rassemblés à l'occasion de trois séminaires traitant de l'ordre sexuel du discours.

1. Le premier a eu lieu à l'université de Bologne en Italie, au Dams, en juin 1984 (un mois d'enseignement). J'y ai rencontré Cristina Cacciari, Marina Mizzau et Patrizia Violi et élaboré avec elles un projet de recherche sur le sexe linguistique. Ce projet a donné lieu à plusieurs colloques, en France ou en Italie, à deux publications dont l'une est traduite en italien (*Le sexe linguistique, Langages* 85, mars 1987), la seconde est ce travail : *Sexes et genres à travers les langues*. Il a été soutenu initialement par le financement d'une action incitative Europe.

2. Le deuxième s'est déroulé à l'université d'été Victoria de Toronto, à l'ISISSS, en juin 1987 (un mois d'enseignement). J'y ai rencontré Paula Ecimovic, Maria Vittoria Parmeggiani, et Renia Tyninski dont les travaux correspondaient aux exigences d'un cursus universitaire. Katherine Stephenson, également présente à ce séminaire, était déjà enseignante à l'époque.

3. Le troisième séminaire a eu lieu à Paris au Collège international de philosophie au premier semestre de l'année 1988-1989. A ce séminaire ont assisté Rachel Bers, Margaret Dempster, Paul Galison, Mark Calkins, Adèle Sulcas, Katy Swenson,

---

* Cette partie de l'Introduction a servi de premier cours dans mon séminaire à l'International Summer Institute of Structuralist and Semiotic Studies (ISISSS) à Toronto en juin 1987.

étudiant(e)s du Centre américain d'études critiques de Paris, poursuivant en France une année de leur cursus universitaire sanctionnée, entre autres, par un devoir écrit.

Les chapitres de ce volume sont donc pour une part des travaux d'étudiant(e)s. J'ai souhaité que les devoirs écrits, que je devais noter en tant qu'enseignante, correspondent à une introduction à une recherche personnelle. Même imparfaite dans sa méthode, son énoncé, son interprétation, le travail de chacun(e) de ces étudiant(e)s m'a semblé mériter d'être salué par une publication dans le contexte d'une recherche collective à laquelle elles et ils ont accepté de participer.

Chacune, chacun, est intervenu(e) dans cette recherche selon sa singularité, sa décision, son niveau. La seule contrainte était de soumettre, à une population mixte, des épreuves linguistiques communes à tous les échantillons analysés afin de pouvoir comparer les réponses dans une langue ou entre les langues.

L'ensemble des épreuves et des items proposés aux enquêteurs et enquêtrices a donc été le même pour cette partie de la recherche, à part l'épreuve sur les pronoms personnels qui appartient à une autre batterie d'épreuves. Cet ensemble de tests, joint ci-après, a été transmis tel quel à chaque participant(e). Les items en ont été élaborés lors d'une étude comparative sur les langages pathologiques poursuivie en particulier avec le linguiste Jean Dubois. Pour l'explication de la rationalité de leur choix, je renvoie au numéro 3 de *Langages*, à *le Langage des déments*[7] (ouvrage publié avec l'aide du CNRS) et à *Parler n'est jamais neutre* (idem).

## Intitulé des épreuves et mode de passation*

Faire passer à des groupes, si possible équivalents et comparables, d'hommes et de femmes les consignes suivantes :

---

* Reproduction du formulaire remis à chaque responsable de l'enquête.

A - *Transformation négative*

1 - *a)* « Je vais vous dire (ou vous donner) un mot et vous allez me dire (ou me donner) le contraire de ce mot. »
*b)* Donner vous-mêmes un ou deux exemples établissant le modèle de la relation négative existant entre les termes proposés et leurs contraires : « pauvre/riche ; bon/mauvais ».
*c)* Énoncer les items un à un :
vrai ; cher ; grand ; lourd ; dur ; lent ; chaud ; beau ; profond ; clair.
naître ; aimer ; savoir ; fermer ; se lever ; donner ; absorber ; dire.

2 - Ensuite dire : « Voulez-vous donner le contraire des phrases suivantes » (sans exemple ; s'il y a une question, dites : comme vous voulez) : Il pleut ; Le soleil se lève ; Elle éteindra la lumière.

B - *Production de phrases à partir de plusieurs mots*

*a)* « Faites une seule phrase, très simple, avec les mots suivants. »
*b)* Donner vous-mêmes un exemple : « Ainsi avec les mots : porte - infirmière, vous pouvez faire la phrase : L'infirmière ouvre la porte. »
*c)* Énoncer les items un à un :
maison - mère ; table - mère ; enfant - récompense ; froid - hiver ; lampe - lumière ; rouge - voir - cheval ; robe - se - voir ; père - enfant - absent ; ennui - lui - dire ; feuille - détacher - voler.

C - *Épreuve de synonymes*

*a)* « Dites (ou donnez) un synonyme des mots que je vais vous dire (vous donner). »
*b)* Donner un exemple : « Ainsi, *joindre* peut avoir comme synonymes : assembler, contacter, unir, etc. » (sans expliquer, arrangez-vous pour donner des mots de différents niveaux métaphoriques ou figurés).
*c)* Énoncer les items un à un :
peur ; penser ; exclure ; maître ; vivre ; possession ; état ; éprouver ; regarder ; neutraliser.

D - ***Définition de mots***

*a)* « Donnez, en quelques mots, la définition, selon vous, des mots suivants. »

*b)* Vous ne donnez pas d'exemple. S'il y a des questions, dites : « Faites comme vous voulez, sans vous soucier d'une seule bonne réponse possible. »

*c)* Énoncer les items un à un : mur ; tuile ; vérité ; corps ; mère ; miroir ; dieu ; loi.

E - ***Production de phrases à partir d'un mot inducteur***

*a)* « Faites une phrase simple avec les mots suivants. »

*b)* Exemple.

*c)* Énoncer les items un à un : célibat ; mariage ; sexualité ; parenté ; maternité ; paternité ; enfant ; féminité ; accouchement ; contraception.

REMARQUES

1. Pour tous les sujets, noter :

- la langue maternelle
- l'âge
- le sexe
- le niveau socio-culturel (dernières études, et profession : propre et des parents)
- célibataire, en couple ou autre
- le nom est inutile.

2. Pour l'explication du choix des épreuves A.B.C.D. et l'analyse des résultats obtenus avec d'autres populations, se reporter au *Langage des déments*, éditions Mouton, 1973 (chercher les chapitres correspondant aux épreuves) et à *Parler n'est jamais neutre*, éditions Minuit, 1985 (chapitres « La transformation négative », « Idiolecte ou autre logique », « Production de phrases chez les déments et les schizophrènes »). Consulter également la revue *Langages,* 3, article de Jean Dubois et Luce Irigaray sur la production de la phrase noyau en français.

3. Personnellement, je vais essayer d'obtenir des réponses orales et écrites aux épreuves. Ce sera une occasion intéressante de voir la différence entre les résultats. À mon avis, il faut des réponses *orales* pour lever l'hypothèque de la contrainte écrite, pour avoir plus de

commentaires et de résultats, et parce que les groupes témoins déjà existants sont des populations qui ont répondu oralement. Ces groupes sont indiqués dans le *Langage des déments* ou dans *Parler n'est jamais neutre*. Cela dit, dans ce travail sur la différence de langage entre femmes et hommes, une population servira aussi de témoin à l'autre. Le fait d'avoir déjà des résultats est néanmoins très important. J'ai ajouté quelques items aux épreuves, items qui me semblaient pertinents pour tester la sexuation du discours.

4. Bien sûr, pour faire passer les épreuves en langue autre que le français, vous allez être obligé(e)s de changer certains items. J'espère que vous comprendrez bien le sens du choix fait en français (ambiguïtés, niveau métaphorique, possibilité de passer d'une classe syntaxique à une autre, etc.).

La passation la plus habituelle des épreuves dans ce recueil correspond à une consigne orale et une réponse écrite. L'énoncé oral de l'item a pour fonction de laisser la tâche de désambiguïser au sujet qui répond.

Certaines personnes — notamment rencontrées lors du séminaire de Toronto — ont compris l'opposition oral/écrit uniquement comme une alternative de présentation de la consigne et ont proposé celle-ci par oral ou par écrit en recueillant des réponses écrites seulement. Le formulaire de passation de l'épreuve se présente alors comme suit. La traduction des items y a été réalisée avec plus ou moins de bonheur. Il en va de même en italien. Les ambiguïtés n'ont pas toujours été bien perçues, ni traduites ou traduisibles dans une autre langue. Les collaboratrices-teurs ont souvent exprimé leurs difficultés ou cheminements à ce propos.

Les corpus des réponses seront donnés seulement dans une langue sauf pour les étudiant(e)s du Collège international de philosophie et du Centre parisien d'études critiques à qui j'ai demandé de les traduire pour améliorer leur connaissance du français et pouvoir comparer avec mes résultats.

FORMULAIRE DE L'EPREUVE EN ANGLAIS

Age: Sex: Education level: Occupation: Live alone:___ in a couple:__

Native language:

LANGUAGE SURVEY

A. Give the opposite of each word below. E.g.: poor: rich good: bad

ADJECTIVES

| true | dear | big | hard | hot |
|---|---|---|---|---|
| | | | | |

| fine | deep | light | quick |
|---|---|---|---|
| | | | |

VERBS

| born | love | know | close | rise |
|---|---|---|---|---|
| | | | | |

| give | absorb | tell |
|---|---|---|
| | | |

Give the opposite of each sentence below.

| It is raining. | The sun rises. | She will turn out the light. |
|---|---|---|
| | | |

B. Give a synonym for the words below. E.g.: "decline" could have any of these synonyms: refuse, decrease, age, slope, weaken, deteriorate, etc.

| fear | think | exclude | master | live |
|---|---|---|---|---|
| | | | | |
| possession | state | feel | look | neutralize |
| | | | | |

C. In a few words, define each word below.

wall:____________________

block:____________________

truth:____________________

body:____________________

mother:____________________

mirror:____________________

sea:____________________

god:____________________

law:____________________

D. Make a single, very simple sentence with the words below.
E.g.: door-nurse → The nurse opens the door.

house-mother: ______

table-mother: ______

child-reward: ______

cold-winter: ______

lamp-light: ______

red-see-horse: ______

dress-self-see: ______

father-child-absent: ______

bore-say-him/her: ______

leaf-detach-fly: ______

eye-sun-mind: ______

**E. Make a simple sentence using each of the following words.**

celibacy: ______

marriage: ______

sexuality: ______

relations: ______

maternity: ______

fatherhood: ______

child: ______

femininity: ______

childbirth: ______

contraception: ______

daughter: ______

## FORMULAIRE DE L'EPREUVE EN ITALIEN *

### A. TRASFORMAZIONE NEGATIVA

*Istruzioni:*

1. a) "Io dirò (o scriverò) una parola e lei mi dirà (o scriverà) il contrario di questa parola."
b) *Dare uno o due esempi per stabilire una relazione negativa tra i termini proposti ed i loro contrari:* "povero/ricco; buono/cattivo."
c) Dare gli items uno alla volta:
AGGETTIVI: Vero; caro; grande; duro; caldo; fino; profondo; chiaro; svelto.
VERBI: Nascere; amare; sapere; chiudere; alzarsi; dare; assorbire; dire.

2. Poi dire: "Per piacere mi dia il contrario delle frasi seguenti" (senza dare esempi. Se ci sono delle domande dire: "Come vuole."):
Items: Piove; Il sole sorge; Lei spegnerà la luce.

### B. PRODUZIONE DI FRASI

*Istruzioni:*

a) "Formare una singola frase molto semplice con le parole seguenti."
b) Dare un esempio proprio: "Per esempio, con le parole 'porta-infermiera' Lei puo formare la frase: 'L'infermiera apre la porta.' "
c) Dare gli *items* uno all volta:
casa - mamma; tavola - mamma; bambino - ricompensa; freddo - inverno; lampada - luce; rosso - vedere - cavallo; vestito -*se stesso - vedere*; padre - figlio - assente; seccatura - dire - lei; foglia - staccare - volare.

### C. SINONIMI

*Istruzioni:*

a) "Dare (o scrivere) un sinonimo per le parole che darò."
b) Dare un esempio: "Per esempio, *riunire* può avere diversi sinonimi: radunare; unire insieme, compilare, ecc."
c) Dare gli *items* uno alla volta:
paura; pensare; escludere; padrone; vivere; possesso; stato; senso; guardare; neutralizzare.

### D. DEFINIZIONE DI PAROLE

*Istruzioni:*

a) "Dare, in poche parole, la definizione delle parole seguenti."
b) Non occorre dare degli esempi; se ci sono domande, basta dire: "Faccia pure come vuole"
c) Dare gli *items* uno alla volta:
Muro; mattonella; verità; corpo; madre; specchio; mare; dio; legge.

### E. PRODUZIONE DI FRASI TRAMITE PAROLE "CHIAVI"

*Istruzioni:*

a): "Formare una frase semplice con le parole seguenti."
b) Non occorre dare degli esempi. Se ci sono domande, dire: "Faccia pure come vuole".
c) Dare gli *items* uno alla volta:
Celibato; matrimonio; sessualità; parentela; maternità; paternità; figlio; femminilità; parto; metodi anticoncezionali.

---

* Y figuraient les questions sur le sexe, l'âge, le niveau socioculturel.

*
**

Cette recherche est commencée, elle n'est certes pas terminée. Ainsi l'analyse des différences entre présentation orale ou écrite de la consigne, réponses orales ou écrites, y est encore peu élaborée. Mais chaque étape amène à aborder l'autre et à la traiter de manière de plus en plus pertinente.

Un problème qui ne manquera pas d'être souligné est celui des échantillons. Le propos de cette recherche n'est pas une grande enquête à fin simplement sociologique et quantitative, ce qui n'exclut pas la présence d'une telle dimension. Il ne s'agit pas de tester le stock lexical des femmes et des hommes de telle ou telle langue, par exemple. Il s'agit plutôt de comprendre comment femmes et hommes pensent, génèrent des messages, se rapportent à la langue, au monde, aux autres. Il est question de dégager une sorte de schématisme différentiel des productions du langage, schématisme lié au sexe du sujet parlant, à son/ses interlocutrices-teurs et à l'économie linguistique de la langue parlée, notamment en ce qui concerne les marques du genre mais aussi les possibilités ou non-possibilités de génération de certains messages.

À ce titre, chaque échantillon apporte sa pierre à l'édifice. Chaque recherche sur une épreuve également. Le travail de chacun(e) doit être lu dans le contexte de l'ensemble de la recherche. Il y apporte une pièce d'un puzzle, un élément pour la découverte d'une énigme ou d'une réalité encore cachée. L'horizon de la recherche est proposé, certaines données le remplissent déjà. Mais ce n'est qu'un début. Un début également de publication d'une enquête déjà plus étendue (en nombre de sujets et en nombre de langues) et plus complexe dans son interprétation.

Je remercie chaque participant(e) à ce volume : enseignant(e), chercheur-euse, enquêteur-trice, étudiant(e). Je remercie toutes les personnes qui ont réalisé la traduction des corpus ou des textes : traductrice patentée, telle Oristelle Bonis, ou bénévoles, de passage. Je remercie Catherine Bruley de son travail, parfois difficile, de présentation des manuscrits.

Je souhaite également exprimer ma reconnaissance aux Éditions Grasset qui ont accepté de payer le montant des frais de traduction à un moment où je ne savais où en trouver le financement et où la traductrice, Oristelle Bonis, avait un légitime besoin de son salaire.

## NOTES

1. Revue *Langages,* n° 85, Paris, Larousse, mars 1987.
2. Les sujets de l'énonciation peuvent être au neutre dans certaines langues, rarement en français sauf, de manière plus complexe, pour certains phénomènes naturels ou culturels.
3. La même remarque que ci-dessus s'impose pour d'éventuels partenaires « neutres » du discours.
4. Traduction française par Nicolas Ruwet du terme *shifters* défini en particulier par Roman Jakobson.
5. Cf. certaines analyses et interprétations des langages dits pathologiques dans *Parler n'est jamais neutre* (L. Irigaray, Minuit, 1985).
6. Cf. à ce propros les analyses d'E. Benveniste, *Éléments de linguistique générale.*
7. Éd. Mouton-De Gruyter, 1973.

# Représentation et auto-affection du féminin

LUCE IRIGARAY
*Directrice de recherche en philosophie*
*CNRS, Paris*

**Langue française**

*PRODUCTION DE PHRASES AVEC LES MOTS:*

- **Robe – se – voir**
- **Se**
- **Ennui – lui – dire**

J'ai traité les réponses de quatre populations de sujets pour la consigne de faire une phrase simple avec les mots *ennui - lui - dire* dans « L'ordre sexuel du discours[1] ». Il s'agit d'étudiant(e)s universitaires en première ou deuxième année de mathématiques et sciences sociales ou de psychologie, et d'étudiant(e)s de licence d'ethnologie. Le nombre des sujets est de 83 femmes et 47 hommes.

Je vais analyser les résultats obtenus pour les mêmes sujets à la consigne *robe - se - voir*[2]. Je comparerai ensuite les résultats de ces populations avec ceux de quatre autres groupes pour la même épreuve.

Ensuite je vérifierai l'interprétation des réponses obtenues avec les énoncés recueillis pour une autre consigne virtuellement apparentée afin d'établir des recoupements entre les résultats : « Faites une phrase simple avec le mot *se.* »

Les interprétations de cette recherche concerneront ensuite brièvement de nouveaux résultats obtenus pour la consigne *ennui - lui - dire.*

CONSIGNE : ROBE - SE - VOIR

### A) *Première analyse*

La consigne de faire une phrase simple avec les mots *robe - se - voir* donne des résultats très intéressants pour analyser la différence des sexes dans les rapports au langage, au monde, aux sujets et entre les sujets.

Selon l'ordre le plus régulier de la langue, la phrase réalisée devrait se présenter sous la forme : sujet animé — verbe — objet inanimé. Par exemple : *Elle se voit en robe.* Ce qui oblige à une construction réfléchie avec un sujet : *elle(s).* Cette réponse existe. Mais elle ne se trouve que 4 fois chez les femmes : 4/59 (6,78 %) et, chez les hommes : 2/34 (5,88 %).

Certaines phrases sont proches de cette réponse :

— chez les femmes : « Elle se voit avec une robe », « Elle se voit avec la robe », « Elle se voit avec cette robe », « Elle se voit avec sa robe », etc. ;

— chez les hommes : « Elle se voit sans sa robe », « Elle se voit dans cette robe »...

Ce sont les variantes les plus simples de la phrase quasiment induite par la consigne : « Elle se voit en robe », du moins selon les canons habituels de l'usage de la langue. Les prépositions utilisées par les deux sexes pour construire la phrase ne sont pas les mêmes : les femmes utilisent plutôt *avec,* les hommes *dans* ou *sans.* Cela semble infléchir légèrement l'interprétation du *elle* comme féminin vu par le sujet masculin.

En effet, « Elle se voit en robe » est une phrase ambiguë. Elle peut s'interpréter comme un geste où « elle se voit » = elle voit elle. Elle peut s'entendre aussi comme : elle est visible en robe par X. Dans un cas, la forme syntaxique exprime un geste de réflexion entre *elle* et *se - elle ;* dans l'autre, elle signifie un passif ou un moyen passif : elle est visible, elle est visible par X ou Y. La position des sujets d'énonciation vis-à-vis de ces « elle se voit » ou « elle est visible » varie évidemment selon qu'il s'agit de femmes ou d'hommes : les unes désignent leur sexe à travers *elle,* les autres le sexe différent.

L'ambiguïté du *elle se voit* peut être levée de différentes manières. Ainsi les phrases des femmes disant : « Elle se voit belle dans sa robe », « Elle se vit dans cette robe », « Elle se voyait belle dans sa robe blanche », « Elle se voit tous les jours en robe », renvoient « se » à « elle » tantôt sans aucun doute possible : « Elle se voit belle dans sa robe », tantôt avec une forte probabilité. Mais, quand il n'y a plus d'ambiguïté, il y a encore dissociation plutôt que réfléchi : « Elle voit qu'elle est belle dans sa robe » = Elle voit elle (elle) être belle dans sa robe.

Il y a d'autres stratégies de désambiguïsation beaucoup plus coûteuses. Par exemple : « Elle veut se voir dans sa nouvelle robe », « Elle peut se voir dans sa nouvelle robe grâce à son miroir », « Elle a mis sa plus belle robe pour se faire voir », « Elle aime se voir dans cette robe », « Elle se voit en robe dans la glace », « Elle se met une robe et se voit dans la glace », « Une femme en robe est quelque chose qui se voit », « Pour ce soir, elle se voit en robe »... Ces phrases où *elle* est sujet permettent une réflexion entre *elle* et *elle, elle* et *se* grâce à :

1. des modalités : vouloir, pouvoir, etc. ;
2. l'expression du message en deux phrases : « Elle a mis sa plus belle robe pour se faire voir », « Elle aime se voir dans cette robe », « Elle se met une robe et se voit dans la glace », « Une femme en robe est quelque chose qui se voit », etc. ;
3. le recours à un dédoublement du *se voir* : « Elle se voit en robe dans la glace » ;
4. le passage au sens virtuel : « Pour ce soir, elle se voit en robe ».

Ces stratégies disent la difficulté de la réalisation d'une phrase du type : elle se voit = elle voit elle, elle voit elle-même, elle se regarde sans autre médiation que ses yeux, elle se voit sans indication de manière ; mais aussi elle voit l'autre femme, l'autre femme (elle) est visible, et elles se voient.

Il y a beaucoup d'autres évitements du réfléchi : *elle - se.* Le plus utilisé est le passage à *robe* comme sujet : « La robe se voit » est obtenu six fois comme réponse dans cette expression simple. Cette stratégie est induite par l'ordre des mots de la consigne, il est vrai, et la phrase produite y est acceptable.

Beaucoup de phrases plus complexes utilisent *robe* et non *elle* comme sujet : « La robe se voit beaucoup », « Cette robe se voit beaucoup », « La robe ne se voit pas bien », « La robe se voyait de loin », « La robe qu'elle portait se voyait de loin », « La robe ne se voit pas bien », « La robe du soir se voit de loin », « La robe se fait voir », « Cette robe peut se voir sans problème »,

« La robe de ce couturier peut se voir dans ce magasin »... Dans ces différentes phrases où *robe* est sujet, l'accent est (encore) porté sur la possibilité ou non de *voir,* les degrés de *visibilité,* les lieux ou conditions où la robe devient *visible*. Le désir ou l'intention sont moins orientés sur les qualités de la robe, sur son existence que sur l'intensité ou l'économie du regard, du regardant. Qui regarde ? En tout cas l'action ou l'état du sujet apparaissent plus importants que l'objet lui-même.

Il y a beaucoup d'autres stratégies d'évitement du *elle-se*. En voici quelques-unes :

1. Le passage à *je* comme sujet. Certes, dans les phrases des femmes, *je* est féminin mais *je* n'est pas *elle*. *Je* se substitue au *elle-se*. *Je* s'utilise d'ailleurs souvent dans des phrases du type : « Je ne me vois pas en robe », « Je ne me verrais pas dans cette robe ». Mais « Je me vois en robe » existe. Et aussi « Je me vis dans la glace dans ma plus belle robe ». Aucune remarque du sujet parlant n'accompagne ce glissement de *elle* à *je,* et, plus exactement, de *se* à *me*. Cette phrase semble signifier une indifférenciation *elle* - *je*.

2. Le passage à *tu* comme sujet : « Va voir sa robe de ce soir », « Tu mets ta robe pour aller le voir », « Il te faut une robe pour ce soir », et même « La robe peut se voir sur toi » qui suppose que *tu* portes la robe et non *elle*. Dans ces phrases, *se* est entendu parfois comme *il,* et il s'agit « d'aller le voir » et non de *te voir*. Dans les deux cas, s'éloigner de la réalisation de la consigne entraîne plusieurs écarts à la réponse la plus probable. Ces écarts atermoient le *se voir* d'un sujet féminin, soit par le fait d'*aller se faire voir par lui,* soit par la différence entre *tu* qui voit et sa robe à *elle,* par exemple.

3. Le passage à *on* comme sujet : « Achète-t-on une robe pour se voir en peinture ou pour être vue ? » Outre le passage à *on, se voir* devient « se voir en peinture ou être vue ». Pour « se voir », opération qui semble interdite à une femme, à des femmes, il conviendrait de se substituer une peinture, un reflet, une photo, un vêtement, etc. Pour *se voir,* la femme devrait, le plus souvent, en passer par l'autre-homme : être vue. Le réfléchi, l'éventuel réciproque, dans les réponses des femmes, deviennent un passif ou un moyen passif.

4. Certaines réponses indiquent même *il, garçon, ceux,*

comme sujets : « Un garçon aimerait se voir avec une robe », « Ceux que je vois avec cette robe sont beaux ». De même la phrase « La robe de ce couturier peut se voir dans ce magasin » suppose une proposition antérieure : Ce couturier a fait une robe.

5. Une autre stratégie proche du recours au *on* est l'utilisation de l'infinitif sans sujet : « Se voir en photo avec une superbe robe », « Se faire belle avec une robe pour voir ». Là encore un évitement entraîne la réalisation de phrases plus complexes.

6. Certaines phrases recourent explicitement au passif au lieu du réfléchi, d'un possible réciproque : « Elle a mis sa plus jolie robe pour se faire voir », « Une femme en robe est quelque chose qui se voit ». Dans cette réponse, il y a même l'énoncé explicite de la réduction du féminin au « quelque chose », à l'objet visible. Dans d'autres réponses, il y a oscillation entre « se voir en peinture » ou « être vu(e) ».

7. La parcellisation du voir, et surtout du sujet vu, grâce à des définitions de lieux, de situations, de circonstances, substitue aussi au rassemblement du *elle se voit,* le *elle aperçoit certaines parties ou aspects d'elle-même* ou *elle se fait voir* grâce à des événements, des instruments, des interrelations de personnes : « Je me vis dans la glace dans ma plus belle robe », « La robe de ce couturier peut se voir dans ce magasin », « Elle peut se voir dans sa nouvelle robe grâce à son miroir ».

8. Dans ce sens peuvent s'interpréter également les modalisations des phrases : « Elle peut se voir dans sa nouvelle robe grâce à son miroir », « Elle veut se voir dans sa nouvelle robe », dont peut être rapprochée la réponse : « Elle aime se voir dans cette robe ».

9. Dans certaines réponses, il y a ajout d'adverbes accentuant la probabilité du *se voir* comme visibilité : « Elle se voit bien en robe », « Elle se voit très bien en robe », par exemple. Ces phrases peuvent s'entendre comme : Elle se remarque en robe. Une autre interprétation est qu'il s'agit alors du passage au sens figuré : Elle s'imagine (bien, très bien) en robe.

10. L'utilisation de plusieurs spécificités semble annuler le fait que la première sert à désambiguïser. « Elle se voyait belle dans sa robe blanche » estompe un peu le *elle se voit* dans la multiplication des circonstances de temps et d'espace. En outre, il y a

une certaine contradiction entre les précisions de temps et les détails spatiaux : elle se voy*ait* en fonction de qualités matérielles très précises : *dans sa robe blanche.* Mais peut-être cela marque-t-il le passage au sens figuré. Elle *s'imaginait* belle dans sa robe blanche.

Curieusement, pour éviter de se voir, les femmes recourent au sens figuré qui ne leur est pas habituellement familier. Le rêve, la rêverie, la transposition en images seraient-ils, pour les femmes, des effets d'inhibition et de traumatisme plus que de création ou d'anticipation de désirs ? Elles rêveraient de se voir parce que cette opération d'auto-affection leur serait interdite. Cela correspondrait à ce que révèlent les hystériques à Freud (cf. *Études sur l'hystérie*), mais qu'il oubliera quelque peu quand il choisira l'hypothèse que le rêve est la réalisation d'un désir et très exceptionnellement le résultat d'un traumatisme. Certes il y a des différences entre rêves et rêveries mais il y a des passages aussi, et Freud a tendance à les interpréter, dans le sens de ses théories, comme manifestations de désirs individuels et non comme compensations à des empêchements sociaux traumatisants. Ainsi les rêves ou rêveries épouvantés de Dora deviennent, selon lui, l'expression de désirs que la jeune fille n'ose pas s'avouer. Comme lesdites jeunes filles sont influençables, il est tout à fait possible de les suggestionner au deuxième degré : les effets des traumatismes venant des hommes-amants sont les symptômes de leurs désirs refoulés ! Le dégoût, par exemple, devient un signe d'attrait ; la répulsion signifie le désir ; la paralysie apeurée désigne un interdit que se donne l'inconscient de la femme d'aller vers. Les rêves ou rêveries concernant la vision de soi, la beauté de soi, que manifestent les résultats dans cette recherche seraient probablement interprétés par Freud et ses disciples comme la compensation à l'impossibilité de contempler les attributs phalliques ou patriarcaux de l'autre. Et, pour une part, les femmes, surtout après un certain âge ou, plus exactement, après certaines expériences amoureuses en sont là. L'hypothèse que ces relations ont été traumatisantes, qu'elles n'ont pas révélé la femme à elle-même, à sa beauté, à son corps, et à son esprit, mais qu'elles l'ont située dans un invisible sexe, une invisible jouissance ou douleur, dont l'autre, homme, est l'instrument nécessaire, est rarement envisagée comme la cause du non-regard que la femme porte sur elle et de son désistement de la position de sujet. Il est vrai que la langue, forgée par les habitudes ou normes historiques, et non descendue toute faite de je ne sais quel ciel transcendantal, ne l'aide pas à sortir de son destin sexuel. L'intrication de l'économie linguistique et de l'économie sexuelle est telle que tout cela apparaît comme vérité pour qui ne se donne pas un lieu de perspective à partir duquel interpréter cet enchevêtrement de causes et d'effets.

### *B) Populations témoins*

Les premiers résultats que je viens d'exposer ont été vérifiés sur plusieurs populations (cf. tableaux p. 52-53) :

*A)* Une population de 31 étudiantes de l'université de Paris X-Nanterre (2e année de Deug en lettres modernes et sciences humaines et communication ; enseignante linguiste : Danielle Leeman). Les résultats obtenus sont, à première vue, assez différents.

Ainsi, en première proposition, les sujets grammaticaux obtenus sont :

| | | | | |
|---|---|---|---|---|
| *Elle* .............. | 19/31 ____ | 61,29 % | | 71 % |
| *Je* ................ | 2/31 ____ | 6,45 % | 9,68 % | |
| *On* ................ | 1/31 ____ | 3,23 % | | |
| *Il* ................ | 3/31 ____ | 9,68 % | | |
| *Robe* ............. | 6/31 ____ | 19,35 % | | |

Si je compte toutes les propositions, j'obtiens 48 sujets dont :

| | | | | |
|---|---|---|---|---|
| *Elle* .............. | 29/48 ____ | 60,41 % | | 66,68 % |
| *Je* ................ | 2/48 ____ | 4,17 % | 6,27 % | |
| *On* ................ | 1/48 ____ | 2,10 % | | |
| *Il* ................ | 6/48 ____ | 12,50 % | | |
| *Robe* ............. | 8/48 ____ | 16,66 % | | |
| *Tu* ................ | 1/48 ____ | 2,10 % | | |
| *Rien* .............. | 1/48 ____ | 2,10 % | | |

Les pourcentages sont assez différents de ceux obtenus pour les populations précédentes. Ainsi pour 59 sujets féminins, les sujets des propositions (69) se présentaient comme suit :

| | | | |
|---|---|---|---|
| *Elle* | 39,00 % | *Garçon* | 2,90 % |
| *Je* | 10,00 % | *Ceux* | 1,45 % |
| *On* | 4,35 % | Impersonnel | 1,45 % |
| *Femme* | 1,45 % | Infinitif | 4,35 % |
| *Tu* | 4,35 % | *Qui* (qqch qui) | 1,45 % |
| *Robe* | 28,99 % | Sans réponse | 1,45 % |

Pour la population correspondante de 38 sujets hommes, ayant réalisé 32 propositions, les pourcentages respectifs des sujets étaient les suivants :

| | |
|---|---|
| *Elle* | 37,50 % |
| *Je* | 9,38 % |
| *Femme* | 6,25 % |
| *Robe* | 28,13 % |
| Infinitifs | 15,63 % |
| Sans réponse | 3,13 % |

Certes, les pourcentages tels quels sont difficiles à comparer hors de leur contexte. En effet :

1. Comme je l'ai signalé, « Elle se voit en robe » est ambigu. *Elle* peut représenter le sujet qui se regarde ou l'objet regardé. Le *elle* n'y a donc pas du tout le même sens.

2. Cette différence entre diverses significations de *elle* est particulièrement évidente entre les énoncés des femmes et des hommes, le sexe du sujet d'énonciation et celui du sujet d'énoncé n'étant pas dans la même relation d'identité.

3. Cela ne veut pas dire que les hommes évitent plus le *elle - se* que les femmes. Mais leur regard est différemment présent par rapport au regard des femmes sur elles-mêmes. Un sujet homme qui dit « Elle se regarde » n'est pas dans la même position qu'un sujet femme prononçant le même énoncé. La femme est en position d'auto-affection ou elle regarde une autre femme étant dans cette position, l'homme regarde une autre que lui.

4. Les femmes disant *elle - se* ne désignent pas forcément une autre femme mais elles-mêmes s'imaginant se voir. Certaines modalités des réponses rendent évident ce passage du *elle* au *je.*

5. Il faut noter aussi qu'il s'agit, pour les femmes, de se voir à travers une médiation qui les dédouble quasiment : *une robe.*

Dans la différence des résultats obtenus, je pense qu'il y a le fait que les étudiant(e)s de Danielle Leeman se doutent de l'enjeu, soit que Danielle Leeman ait déjà fait passer des tests ou commenté certains usages ou normes du genre linguistique, soit que les étudiant(e)s aient lu le numéro de *Langages* sur *Le sexe linguistique,* soit que mes relations de travail avec Danielle Leeman soient connues (notamment à l'occasion de l'édition du numéro de *Langages,* revue dont elle relit les manuscrits, ou de son assistance à mon séminaire aux Hautes-Études et au colloque pour la sortie du *Sexe linguistique,* ou encore d'un exposé fait à ses étudiant(e)s, etc.). Cela leur permet d'éviter les réponses habituelles des femmes où l'auto-représentation ou auto-affection sont écartées systématiquement et grossièrement. Mais les mêmes tendances que dans les autres réponses se retrouvent. Ainsi :

1. Il y a presque toujours un atermoiement du *se voir* : « Elle se voyait dans cette robe », « Elle se voit déjà en robe du soir », « Elle a vu la robe de ses rêves », « Elle se voit déjà dans sa robe de mariée », « Elle se voyait déjà dans une robe du XVI^e^ siècle », « Elle a vu une robe dans une vitrine, elle voudrait se l'acheter », etc. Cet atermoiement signifie le mélange du rêve et de la réalité.

2. Mais le présent ou la présence de *se voir* existent très rarement. Et, quand la forme linguistique y correspond, la réponse semble une simple façon de satisfaire à la consigne : « Elle se voit en robe », réponse plus habituelle chez les hommes qui s'acquittent de la demande avec le moins d'effort possible. Néanmoins, il y a dans ce corpus deux résultats du type : « Elle se voit dans sa robe », « Elle se voit dans cette robe ».

3. Comme pour les premières réponses, le *elle se voit,* quand il existe, est tributaire de circonstances particulières, est ponctuel, est relayé par la vision en miroir : « Elle se voit dans la glace avec cette robe », « Elle se sent jolie quand elle se voit en robe », « Elle adore se voir dans le miroir pour admirer sa robe fleurie », etc.

4. Comme pour les premières réponses, *je* - voir - *elle* s'utilise au lieu de *elle* - *se* - voir : « J'ai vu Isabelle se faire une robe », « J'ai vu qu'elle s'était acheté une belle robe ».

5. Il y a trois phrases où *il* est sujet : « Il ne se voit pas portant une robe », « Il se vit en robe et en ria (*sic*) »; « Il se voit déjà magistrat, portant une belle robe ».

6. Il n'y a pas de sujet grammatical ou de phrases exprimant la mixité de manière explicite. Les formes *se faire voir,* relayant le *se voir* ou les interdits de *se voir,* suggèrent la présence d'un partenaire masculin dont les désirs sont de voir lui-même et d'interposer son regard entre *elle* et *elle*.

7. *Il y a une seule phrase exprimant la réciprocité entre femmes :* « Elles se sont vues en belles robes. »

8. *Robe* relaie huit fois *elle,* pronom personnel féminin, en position de sujet, et il semble que « *cette* robe » a une fonction de substitution à *elle* ou *se* particulièrement importante. « Cette robe se voit » et « Elle se voit dans cette robe ».

9. S'il y a du sentiment dans les verbes et les adjectifs, il y a peu de qualités sensibles exprimées : couleurs, matière. La robe est déterminée par des circonstances : « de mariée », « du XVIe siècle », « dans une vitrine », « dans la buanderie », « nouvelle », « dans le miroir », etc.

*B)* Avant d'interpréter plus exhaustivement les réponses des étudiant(e)s obtenues à l'épreuve *robe - se - voir,* je voudrais questionner les réponses de lycéen(ne)s pour faire apparaître d'éventuelles différences.

Du point de vue des pourcentages, les sujets se répartissent ainsi :

| | | | |
|---|---|---|---|
| *Elle* | 25,00 % | *Ils* (femmes+hommes) | 3,12 % |
| *Je* | 18,75 % | Infinitifs (*Je*) | 6,25 % |
| *Fille* | 3,12 % | P (*Je*) | 3,12 % |
| *On* (= je) | 6,25 % | Couleur | 3,12 % |
| *Tu (femme)* | 3,12 % | *Robe* | 28 % |

Les sujets grammaticaux recensés, après réduction des transformations, sont au nombre de 32 pour 20 lycéen(ne)s. Il y a plus de phrases que dans la plupart des autres résultats ayant un sujet féminin exprimé comme tel : *elle, fille,* ou renvoyant directement ou indirectement à *je,* sujet féminin de l'énonciation : *Je, on,* infinitifs ou P (= proposition désignée par P) à sujet implicite *je* ou *on.* Le total des occurrences d'un sujet féminin est 62,49 %. Il faut y ajouter un *tu* féminin, ce qui fait 65,61 %. Les autres sujets animés sont *ils* : 3,12 %, mais ce *ils* est mixte. Aucun sujet n'est masculin à l'exclusion du féminin. Les autres sujets sont *robe* : 28 % et ses qualités colorées : 3,12 %.

Les sujets choisis par ces grand(e)s adolescent(e)s de province sont donc assez différents de ceux des autres populations, surtout étant donné le contexte de la phrase où ils apparaissent. En effet, le sens des propositions est différent aussi. En voici quelques caractères :

1. Il y a beaucoup plus d'énoncés exprimant explicitement une relation mixte : « Ils se voient ce soir, donc elle a mis sa robe », « Je me mets une belle robe pour aller te voir » (ambigu mais probablement mixte étant donné les autres propositions), « Elle va se mettre une belle robe pour aller te voir » (idem).
2. Il y a plus de phrases traduisant une interrelation actuelle :
— je ⇄ tu : « Je te vois bien dans cette robe », « Je me mets une belle robe pour aller te voir », « Je vais voir ce soir la robe que tu porteras », etc. ;
— elle ⇄ te : « Elle va se mettre une belle robe pour aller te voir », par exemple.
3. Il y a plus de *je,* de *ma,* de plaisir du sujet d'énonciation : « Quel plaisir de se voir dans cette robe ! », « Je me mets une belle robe pour aller te voir », « Je te vois bien dans cette robe », etc.
4. Il y a également plus de sentiment ou passion prêtés à l'autre, notamment femme : « Cette robe est rouge ; la fille qui la porte aime se faire voir » ; « Elle aimerait se voir dans cette robe » ; « Elle ne peut pas se voir dans cette robe », etc.
5. Plusieurs phrases, explicitement ou implicitement, font appel à la couleur : « La couleur de ma robe se voit beaucoup » ; « Cette robe est rouge ; la fille qui la porte aime se faire voir » ; « Une robe rouge peut se voir de loin » ; mais aussi « Cette robe doit se voir dans le noir », par exemple.

Mais il y a des tendances communes avec les résultats des autres populations :

1. L'évitement du *elle se voit* y est même peut-être encore plus évident. Trois propositions utilisent cet énoncé mais sous la forme : « Elle aimerait se voir dans cette robe », ce qui signifie

un désir mais non une réalité, ou « Elle ne peut se voir dans cette robe », ce qui exprime une impossibilité à se voir, certes relayée par la *robe.*

2. Comme pour les autres groupes interrogés, au *elle se voit* se substituent : la robe se voit ; je te vois, ma robe se voit, quel plaisir de se voir ! (l'infinitif éludant le choix du sujet), etc.

3. Le *se voir* devient *se faire voir* :

— dit explicitement : « ... la fille aime... se faire voir », « ...pour se faire voir », « ... elle (la robe) est faite pour se voir », etc. ;

— exprimé par le message : « Ils se voient ce soir, donc elle a mis sa robe », « Je me mets une belle robe pour aller te voir », « Elle va se mettre une belle robe pour aller te voir », etc.

4. Le passage au sens imaginé se trouve dans les phrases : « Je te vois bien dans cette robe », « Elle aimerait se voir dans cette robe », etc.

5. Le relais par le miroir existe mais il n'est employé qu'une fois et avec un verbe à l'infinitif.

6. Le *je* prend souvent le relais de *elle* : *je* et *te* sont plus employés que *elle. Je* et *te* et *elle* se regardent entre elles mais s'auto-regardent peu et leur regard n'est pas réciproque. *Je* s'auto-regarde un peu. Donc, le *elle se voit, elle se regarde pour elle-même,* ne se trouve pas. *Elles se regardent* n'existe pas sous cette forme.

Dans ces réponses, que je vais dans quelques pages recouper avec d'autres, il y a le signe ou la confirmation de relations non réglées entre filles et mères, non réglées entre femmes, et d'une auto-affection, d'un narcissisme de vie, interdits aux sujets féminins. Si ces relations existaient, certaines réponses évoqueraient les relations filles ⇄ mères, d'autres le plaisir de la mère ou des femmes à se voir, plaisir relayé par la femme produisant le message. Cette dimension n'existe quasiment pas, même chez des adolescentes. Leurs réponses témoignent néanmoins de plus de fluidité que celles des autres groupes dans les interrelations et les relations à elles-mêmes. Le style en est aussi plus sensible et plus heureux.

Les réponses des garçons ne disent pas *je* mais il n'y a pas de doute que le sujet en soit l'adolescent qui prononce la phrase. Cela se manifeste par des énoncés *ambivalents* du type : « Une robe peut se voir sur un cheval comme sur une femme », dans laquelle *robe* ou le *prédicat* correspondant à cette phrase n'appartiennent plus univoquement à *femme.* Évidemment, ce type de phrase marque l'aptitude à la distanciation mais, si les adolescentes pratiquent celle-ci par des jeux d'interrelations, des différés dans le temps ou l'espace, des différences de couleurs, les garçons utilisent à cet effet des formes de jugements qui mettent le *tu* féminin en position de non-partenaire du discours. Le sujet masculin joue avec la langue, le sens, le monde, les autres, réduits à des instruments de son discours. C'est probablement l'opération logique que Freud désigne du nom de *Verneinung,* et qu'il considère essentielle à la constitution de la conscience. Mais cette opération suppose une suprématie du sujet parlant sur tout : sujets humains, choses, monde, langue, etc. Ce type de logique semble étrangère aux adolescentes, plus généralement aux femmes d'ailleurs, qui demeurent dans une pratique de relations sans dénégation avec les autres et leur environnement. Le risque de la logique masculine de la *Verneinung* est de ne laisser aux sujets féminins que la *Bejahung* ou la *Verwerfung.* L'ordre socio-culturel les contraint à la *Bejahung* vis-à-vis du père, de l'homme, de l'enfant, du monde existant, notamment par manque d'économie des relations à la mère, à soi, aux autres femmes, et par obligation d'entrer dans la loi du père, du mari, de la reproduction, de la société de l'entre-hommes. L'opération qu'elles réalisent vis-à-vis d'elles-mêmes et des autres femmes, y compris la mère, est dès lors la *Verwerfung.* Mais ces positions de désubjectivation réelle et symbolique ne correspondent pas à leur logique beaucoup plus intersubjective, concrète, sensible, fluide. Il semble que l'avancement dans les études, les relations amoureuses et conjugales, les ramènent obligatoirement aux opérations archaïques de *Bejahung* et *Verwerfung* s'exerçant à un âge soi-disant adulte. Cela justifie tous les clichés vis-à-vis de la psychologie des femmes, de leur non-intelligence, leur évolution terminée à trente ans, etc. Les réponses des adolescentes, comparées à celles des étudiantes plus avancées, prouvent — s'il en était encore besoin — qu'il s'agit là du refoulement, de la censure, de la stérilisation de leur logique à elles, qui n'est certes pas inférieure, moins vraie, moins sociale, moins intelligente, moins bonne ou belle, que la logique masculine. Elle est différente et les deux logiques auraient certes intérêt à s'épouser pour une mutuelle fécondation.

Ainsi, si je reprends une autre phrase de lycéen « Avec ta peau noire, cette robe ne peut pas se voir », je pourrais dire que, à la fois elle utilise une transformation négative, elle émet un jugement irrécusable, et que ce jugement lui-même s'exprime de façon défavorable. Pour donner un contre-exemple : « Une autre robe ne se verrait-elle pas mieux sur ta peau noire ? » où il y a une transformation interrogative, un choix laissé à *tu*, une suggestion plutôt qu'un jugement péremptoire englobant le *tu* et sa robe, etc., garde le même sens quant à l'objet du message.

Les autres phrases du type : « Elle se voit belle avec cette robe » ou « Elle aime se voir en robe » semblent très positives pour les femmes mais la comparaison avec d'autres épreuves ou avec les réponses des femmes oblige à nuancer ce diagnostic dans le sens que ces phrases où le sujet est féminin sont des phrases d'hommes, produites par eux et qu'il ne s'en trouve pas de semblables chez les femmes. Bien peu de femmes, aucune adolescente, ne dit « Elle se voit belle avec cette robe » ou « Je me vois belle avec cette robe ». « Elle aime se voir en robe » se trouve un peu chez les étudiantes plus âgées. L'immédiateté du « Elle se voit... » ou « Je me vois... » s'y trouve différée par le « aime ». L'auto-affection positive d'une femme par elle-même, par son propre regard, correspond à une idée et peut-être un désir d'hommes que l'ordre symbolique qui est le nôtre ne permet pas, aujourd'hui, aux sujets féminins. Cela correspond parfois à une imagination d'homme mais pas à une réalité de femme.

Ce type de phrase se trouve dans les réponses d'autres populations masculines bien qu'il y soit plus rare que chez les lycéens où elle correspond à 50 % des réponses. Ce qui signifie aussi une ouverture, du moins verbale ou onirique, des adolescents à un bonheur féminin qui va peu à peu se refermer ou se recouvrir par des procédés rhétoriques multipliant les dénégations jusqu'à réduire le contenu même du message.

Voici quelques exemples de ces propositions dans les autres réponses :

— Ethnologues : « Elle se voit belle en robe » (1/8).

— Licence ou maîtrise de lettres modernes : « Elle se voit belle dans sa robe » (1/9).

— Deug de psychologie : « La femme revêtira sa plus belle robe pour mieux jouer à se voir » (1/7).

Bien que la population masculine dont j'ai utilisé les réponses pour cette analyse soit trop peu nombreuse pour servir d'échantillon comparable à celui des femmes, il est néanmoins significatif que, sur 51 sujets hommes, seulement quatre réponses vont dans ce sens pourtant très induit par la consigne. Si j'ajoute le « Elle aime se voir en robe », cela fait 5/51 réponses, pas même 10 %. Le pourcentage de phrases où *il* ou *je* est sujet de l'énoncé s'élève, lui, à 8/51. Il faut aussi y ajouter les infinitifs qui supposent un *je,* ou un *on* impliquant *je,* comme sujet. Cela donne au moins 20 % de sujets masculins pour une phrase où la consigne est *robe - se - voir.* Qu'il s'exprime lui-même dans l'énoncé comme sujet de la phrase, qu'il s'affirme à travers ses jugements, ses idées ou ses rêves, le masculin garde la maîtrise de la subjectivité du discours. Ce que j'avais analysé pour des discours d'hommes et de femmes ou d'autres corpus expérimentaux dans « L'ordre sexuel du discours » se vérifie pour les autres épreuves et populations que j'envisage ici.

*C)* Le quatrième corpus, qui sert à vérifier les résultats déjà obtenus, consiste en réponses de 16 femmes et 9 hommes recueillies par Éliane Koskas, enseignante de linguistique, à l'université de Paris X-Nanterre. Il s'agit, cette fois, d'étudiant(e)s du niveau de la licence et plus souvent de la maîtrise en langues modernes. Les pourcentages des sujets sont les suivants :

| FEMMES<br>16 (20 phrases) | | HOMMES<br>9 (16 phrases) | | |
|---|---|---|---|---|
| *Elle* | 8 — 40 % | *Elle* | 5 — 31,25 % | 44,58 % |
| *Je* | 3 — 15 % | *Marianne* | 2 — 13,33 % | |
| *Les enfants* | 2 — 10 % | *Je* | 2 — 13,33 % | 19,58 % |
| *Robe* | 7 — 35 % | Infinitif (*je*) | 1 — 6,25 % | |
| | | *Robe* | 3 — 18,75 % | |
| | | *Devoir (le)* | 2 — 13,33 % | 19,58 % |
| | | *Spectacle* | 1 — 6,25 % | |

Les premiers caractères pouvant se repérer dans ces réponses sont :

*Pour les femmes*

Une dispersion des sujets moindre que pour les autres populations. Il y a trois types de sujets : *elle, je, robe.* Cela peut s'interpréter peut-être comme conséquence de l'avancement des étudiantes dans les études, comme effet de la présentation de la consigne, de l'influence de l'enseignante ou de l'enjeu du cours qui porte sur les problèmes de traduction. Mais il n'en irait pas de même pour les garçons...

Il y a plusieurs réponses semblables à celles obtenues pour le groupe I :

1. « Cette robe se voit de loin », « Sa robe se voit de loin » (cf. passage à *robe* comme sujet) ;
2. « Elle se regarde dans la glace pour voir sa robe », « Elle se voit dans le miroir avec sa robe » ;
3. « J'ai vu une robe superbe dans ce magasin » ;
4. « J'aimerais voir une robe qui ne se trouve nulle part ».

Une phrase, obtenue seulement dans ce corpus, manifeste l'hostilité ou le conflit explicite entre deux femmes : « Elle s'imagine avoir une belle robe mais je ne la vois pas ainsi » (= *Je* ne *la* laisse pas se regarder positivement).

Il est intéressant de noter qu'il y a un pourcentage assez important de phrases marquant un sentiment positif : « Elle se voit belle dans cette robe », « La jeune fille... a plaisir à se voir », par exemple.

*Pour les hommes*

1. Le pourcentage de sujets féminins est presque le même que pour le premier groupe comprenant 38 sujets : 44,58 % (*elle* + prénoms féminins) et 43,75 % (*elle* + femme). Le pourcentage des sujets *je* (ou infinitif supposant *je* comme sujet) est de 19,58 %, et 25 % dans le groupe I. Le pourcentage de *robe* comme sujet est 18,75 % et 28,13 % dans le groupe I. Il y a 19,58 % de sujets inanimés abstraits et 3,13 % de non-réponses

pour le groupe I. Ces tendances confirment les résultats généralement obtenus pour les réponses des sujets masculins.

2. Il y a des phrases du type « Je me vois mal en robe » déjà obtenues pour le groupe I.

3. Il y a une phrase qui rappelle la phrase d'un lycéen dissociant *robe* de femme : « La robe du cheval se voit dans l'obscurité. »

4. Une phrase est explicitement érotique : « Marianne... se fait voir les fesses. »

5. Le *se voir* féminin existe dans trois propositions mais il est affecté d'une négation « Elle se voyait mal dans une telle robe » ou est mis à l'imparfait dans deux occurrences.

6. Celui qui voit est donc le sujet masculin presque systématiquement, que l'énoncé le manifeste implicitement (« Marianne... se fait voir les fesses » [par *je*]) ou explicitement (« J'ai vu qu'elle s'est acheté une belle robe » ou « Je me vois mal en robe », par exemple).

*D)* J'ai moi-même fait passer oralement quelques épreuves linguistiques à 13 sujets femmes et un seul homme de niveaux socio-culturels divers. Ce n'est qu'un petit groupe de sujets mais, par comparaison, il permet de constater certaines caractéristiques :

I - En ce qui concerne les *femmes,* les sujets *je* sont beaucoup plus nombreux que dans les réponses écrites : 7/18 pour la réponse définitive (qui est parfois la deuxième ou troisième réponse donnée), donc 38,89 % auxquels il faut ajouter un *on* qui inclut toujours *je,* cela fait 44,45 %. *Elle* se trouve cinq fois en position de sujet, donc 27,78 %. A ce *elle* il convient d'ajouter un prénom féminin, donc 33,33 %. *Vous* se trouve deux fois comme sujet, donc 11,11 %. *Robe* ne se trouve pas plus que 11,11 %. Pour toutes les réponses, les proportions sont :

| | | | |
|---|---|---|---|
| *Je* ............. | 9/24 ____ | 37,50 % | 45,83 % |
| *On* ............. | 2/24 ____ | 8,33 % | |
| *Elle* ........... | 6/24 ____ | 25,00 % | 33,33 % |
| Prénoms ........ | 2/24 ____ | 8,33 % | |
| *Vous* ........... | 2/24 ____ | 8,33 % | |
| *Robe* ........... | 3/24 ____ | 12,50 % | |

Donc :

1. Le *je* l'emporte nettement comme sujet. L'oral semble redonner une place plus importante aussi au *vous* et aux *prénoms*.

2. Le sujet *je* entraîne souvent l'utilisation de *me* à la place de *se*, donc une inexactitude dans la réponse à la consigne : « Je me vois dans une robe », « J'aime me voir dans une robe longue et de couleur », « Quand je porte une robe, je me vois entière »...

3. Le nombre de *se* interprétés *ce* est significatif : « Ce jour, j'ai vu une jolie robe », « Ce matin, j'ai mis une nouvelle robe. Voulez-vous la voir ? », « En ce dimanche, voyez la robe que porte Marie-Claude », « Je vais voir cette robe dans ce magasin », et « On peut voir cette robe exposée » où le *cette* relaie le *ce*.

4. Le ton des réponses est plutôt heureux et positif.

5. Les énoncés sont du type description ou récit plus que rêverie, construction imaginaire.

6. Les ajouts aux mots de la consigne ont comme enjeu de donner des circonstances *a)* de temps : « ce dimanche », « ce matin », « ce jour » ; *b)* de lieu : « dans ce magasin », « dans la glace » ; *c)* de qualités : « belle », « jolie », « nouvelle », « longue et de couleur ». Cela peut s'interpréter comme une pratique de distanciation par le contexte spatio-temporel ou par le recours au qualitatif et non par des procédures logiques notamment apparentées à la négation-dénégation. Le fait que *je* soit sujet peut s'interpréter dans le même sens : *je* fait partie du contexte où la phrase est prononcée, *elle* non, à moins qu'il ne s'agisse de « l'histoire » ou « Marie-Claude ». Choisir *elle* comme sujet, c'est en quelque sorte pratiquer une sortie du contexte, à moins d'un récit ou de descriptions circonstanciées, choix fréquent chez les femmes, l'autre solution étant d'utiliser un *elle* qui, en fait, est un *je* transposé en une sorte de rêverie spatialisante : *elle* s'imagine, *elle* se voit, étant quasiment un *je* m'imagine ou *je* me vois.

7. Il n'y a pas de sujets *il(s)*, ou *mixtes*, et pas plus d'interrelations explicites entre les sexes. L'oral semble favoriser un énoncé qui reste lié au *je*.

8. Les sujets appartiennent à des niveaux socio-culturels différents. Dans ces phrases, les deux occurrences de « Elle se voit... » sont produites par des intellectuelles réfléchissant sur le

langage. Néanmoins, d'autres intellectuelles ont utilisé *je* comme sujet de la phrase.

II - Quant à la phrase de l'*homme,* elle diffère sensiblement des autres réponses : « Ce ? Je me suis gratté le front aussi... La femme qui portait une si jolie robe ce matin se mit au balcon pour voir le soleil se lever. » Sans allonger les commentaires, pour une seule réponse, je remarquerai qu'il y a :

— auto-réflexion,

— spectacle où est située la femme regardée par l'homme,

— beauté et action du côté féminin mais englobées par le regard du narrateur-spectateur,

— complexité de la phrase due à une multiplicité de circonstances, ce qui rapproche des réponses féminines, mise à part l'organisation en scène quasi théâtrale que regarde l'homme.

## CONSIGNE : SE

Pour continuer l'investigation sur la manière dont un sujet d'énonciation femme ou homme exprime le rapport à soi dans l'énoncé, j'ai suggéré de proposer à quelques groupes de sujets mixtes l'opération linguistique suivante : « Faites une phrase simple avec le mot *se.* » Celui-ci n'est généralement pas désambiguïsé ; il peut être entendu *se* ou *ce.*

Les réponses obtenues de la part des *femmes* sont beaucoup plus caricaturales que pour *robe - se - voir* où l'enjeu de la *robe* comme moyen de plaire à, de se faire voir, d'aimer l'autre et de se dédoubler soi-même pour l'autre a favorisé parfois des réponses de type : *elle se voit.* À cet enjeu de la *robe* pour l'autre, il faut évidemment ajouter que, dans nos cultures, *robe* est spécifiquement approprié à femme. Le *se,* lui, laisse totalement ouverte la question de l'appartenance sexuelle. Les résultats obtenus sont assez étonnants. Ils sont reportés pour les six groupes interrogés dans le tableau suivant (Tableau 2).

TABLEAU 1

**Consigne : Robe-se-voir**

Corpus femmes : Groupes témoins — SUJETS : 80

| | POPULATION I 31 femmes | POPULATION II 20 femmes | POPULATION III 16 femmes | POPULATION IV 13 femmes |
|---|---|---|---|---|
| *Elle* | 60,41 % | 25,00 % | 40,00 % | 25,00 % |
| *Femme* | - | - | - | - |
| *Fille* | - | 3,12 % | - | - |
| Prénoms | - | - | - | 8,33 % |
| *Je* | 4,17 % | 18,75 % | 15,00 % | 7,50 % |
| P (*N1 Je*) | - | 3,12 % | - | - |
| *On* | 2,10 % | 6,25 % | - | 8,33 % |
| Infinitifs | - | 6,25 % | - | - |
| *Tu* | 2,10 % | 3,12 % | - | - |
| *Vous* | - | - | - | 8,33 % |
| *Robe* | 16,66 % | 28,00 % | 35,00 % | 12,50 % |
| *Couleur* (robe) | - | 3,12 % | - | - |
| *Qui* (qqch qui) | - | - | - | - |
| *Il* | 12,50 % | - | - | - |
| *Ils* | - | 3,12 % (mixte) | - | - |
| *Ceux* | - | - | - | - |
| *Enfants* | - | - | 10,00 % | - |
| Impersonnel | - | - | - | - |
| Indéfini | 2,10 % | - | - | - |
| Sans réponse | - | - | - | - |

TABLEAU 2

**Consigne : Se***

## Corpus femmes : Groupes témoins — SUJETS : 129

| | POPULATION I 22 femmes | POPULATION II 30 femmes | POPULATION III 20 femmes | POPULATION IV 29 femmes | POPULATION V 15 femmes | POPULATION VI 13 femmes |
|---|---|---|---|---|---|---|
| *Il (se)* | 16 (72,73 %) | 21 (70 %) | 13 (62 %) | 5 | 2 | - |
| *Ils (se)* | 2 | 2 | - | - | 3 | - |
| *Elle* | 2 | 1 | 2 | 7 | 8 | 3 |
| *Je* | 1 | - | - | 1 | - | - |
| Humains masculins | - | 2 | - | - | 1 | - |
| *On* | - | - | 1 | 5 | - | - |
| Infinitifs | 1 | 3 | 1 | 19 | - | 2 |
| Impersonnel | 2 | - | 1 | - | 1 | 1 |
| Démonstratif pron. | - | - | - | 1 | - | - |
| Démonstratif adj. | - | - | - | - | - | 6 |
| Relatifs | 1 | - | - | - | - | - |
| Inanimés concrets | | | | | | |
| Masculin | - | - | - | - | - | - |
| Féminin | - | - | - | - | - | - |
| Inanimés abstraits | | | | | | |
| Masculin | 1 | - | - | - | 1 | - |
| Féminin | - | 1 | - | 1 | - | - |
| Animal | | | | | | |
| Masculin | - | - | 1 | - | - | - |
| Féminin | - | - | - | - | - | - |

* Ce tableau comporte des hétérogénéités de classes grammaticales et d'analyses.

*A)* Le nombre de *il se* est respectivement de 72,73 %, 70 %, 62 % pour les populations dont Danielle Leeman (I et II) et Roger-Pol Droit (III) ont recueilli les réponses. Si les *ils se* y sont ajoutés, cela donne : 81,80 %, 76,65 %, 62 %. Pour le groupe II de Danielle Leeman, il y a en outre deux sujets humains masculins, donc 83,33 % de sujets masculins.

Les termes de comparaison du point de vue du sexe du sujet sont dans les phrases des femmes :

| | HOMMES | FEMMES | |
|---|---|---|---|
| Groupe I | 76,65 % | 4,55 % | 17 fois plus |
| Groupe II | 83,33 % | 3,33 % | 25 fois plus |
| Groupe III | 62,00 % | 4,76 % | 13 fois plus |

Les femmes désignent 17 fois plus, 25 fois plus, 13 fois plus l'homme qu'elles-mêmes comme sujet de la phrase.

Mais il ne s'agit pas de n'importe quel sujet. Il s'agit d'un sujet se rapportant à lui-même, s'auto-affectant. Certes le degré de rapport du sujet à lui-même varie. Il exprime une action *transitive* exercée sur soi : « Il se lave », « Il se regarde », ou une relation *intransitive* par rapport à soi : « Il se gratte le bout du nez », « Il se paie une voiture », « Il se demande... », ou une action *réciproque* : « Ils se recherchent pendant des heures », « Ils se battent » (probablement réciproque), « Ils se sont battus violemment », « Ils se donnent la main », ou encore il peut s'agir de prédicats réfléchis devenus des verbes *pronominaux* (procédure plus employée avec un sujet masculin que féminin) : « Il se leva très tôt ce matin-là », « Il se couche », « Il se sent bien », « Il se promène dans les bois », « Il ne peut se taire », etc.

Selon les groupes, certaines formes sont plus utilisées que d'autres mais *il* ou *ils* n'en sont pas moins sujets et le *se* pris dans la manifestation des actions, états, etc. de *il(s)*.

Si j'ai rangé le *ils* dans le masculin pluriel, c'est en fonction des pourcentages des réponses faisant de *il* un sujet masculin. On pourra objecter que *ils* pouvait être mixte. Cela ne changerait pas le sens des proportions pour cette épreuve. Par ailleurs, j'ai commencé à proposer des consignes pour savoir si *ils* sera désambiguïsé comme *il* + *il* ou *elle* + *il* (exemples : *ils s'aiment, ils se parlent*). Les résultats seront exposés dans une autre publication.

Les autres sujets de ces groupes sont, en pourcentages :

| | *Je* | *On* | *Infinitifs* | *Impersonnels* |
|---|---|---|---|---|
| Groupe I | – | – | – | 4,55 % |
| Groupe II | – | – | 10 % | – |
| Groupe III | – | 4,75 % | 19 % | – |

Il faut ajouter quelques sujets inanimés abstraits masculins ou féminins et un sujet désignant un animal.

Les réponses autres que celles indiquant *il(s)* comme sujet sont donc très peu nombreuses. Seul le groupe de lycéennes utilise significativement la forme de l'infinitif non conjugué ; ce qui peut signifier une non-levée de l'ambiguïté concernant le sujet et aussi une façon déguisée de s'auto-affecter sous la forme d'un *on* ou *nous* inexprimés : « Se promener en bateau est agréable », « Se reconnaître dans la rue », « Comment faire pour se comprendre », « Se faire plaisir est important ».

*B)* Deux corpus présentent des différences par rapport aux trois autres.

1. Le premier est celui que j'ai recueilli moi-même lors d'un séminaire sur l'ordre sexuel du discours que j'ai assuré à l'École des Hautes-Études en 1987. Certes les étudiant(e)s — toujours en deuxième ou troisième cycle d'études, souvent enseignant(e)s ou engagé(e)s dans une vie professionnelle — assistant à ce séminaire avaient choisi ce thème et connaissaient, pour la plupart, mon travail. Ils, presque exclusivement elles, ont donc tenté de contourner leurs habitudes linguistiques. Cela n'a pas permis, pour autant, aux femmes d'exprimer une auto-représentation ou auto-affection familières au discours masculin. Il est remarquable aussi que la plupart des *elle* en position de sujet se trouvent dans les réponses des étudiantes étrangères (3/7, les étrangères ne correspondant qu'à 8 % du public). Par ailleurs, beaucoup de réponses ne lèvent pas l'ambiguïté de la personne sujet en laissant

le verbe à l'infinitif, ce qui favorise la possibilité d'un sujet *je, nous, on,* sans exclure un autre choix. Les infinitifs prennent parfois une forme idiomatique ou proverbiale. Cela redouble le *on* ou donne au discours un style un peu pythique, forme de relation ancienne du féminin à la vérité. Voulant éviter de laisser l'enjeu du sujet et du procès à *il* dans cet exercice linguistique et n'ayant pas la liberté de dire : *elle se*, les femmes se replient sur un discours de style proverbial à sujet collectif peu différencié ou à sujet de style inspiration dont l'origine se cerne mal dans une entité désignable. Dans le même sens va le choix assez fréquent du sujet *on* (5/38). Il y a également un sujet *je.*

Les sujets *il* sont au nombre de 13,15 %. Dans les phrases des étrangères, le rapport de *il* à *se* est plutôt intransitif : « Il s'est dit que... », « ... il ne se la pardonnera jamais », et, dans les phrases des Françaises, plutôt transitif ou pronominal : « Il se regarde », « Il se lèvera peut-être très tôt ».

Voici donc les pourcentages correspondant aux réponses de cette population :

| | |
|---|---|
| *Il (se)* | 13,15 % |
| *Elle (se)* | 18,42 % |
| *On (se)* | 13,15 % |
| *Se* + infinitif | 50,00 % |
| *J'* | 2,63 % |
| *Ce* | 2,63 % |

2. L'autre corpus manifestant des résultats différents est celui recueilli par Éliane Koskas.

Les pourcentages qui s'écartent significativement de ceux obtenus pour les autres populations concernent le nombre de sujets *elle,* donc de formes *elle se.* Il y en a 47 %. Il s'agit le plus souvent de pronominaux réfléchis : « Elle se sent bien », « Elle se promène... », « Elle se félicite... », « Elle se déguise... », ou de réfléchis qui semblent induits par la consigne précédente : « Elle se voit dans sa robe », « Elle se regarde dans la glace ». Beaucoup de réponses d'ailleurs paraissent induites par la consigne *robe - se - voir* qui a précédé. Ce qui n'est pas étonnant. Ces deux consignes devraient être éloignées l'une de l'autre. Cependant cette inertie n'a pas eu le même poids sur tous les groupes. Dans les résultats obtenus, il y a trois *ils se* qui peuvent, dans le contexte des autres réponses, être entendus comme des éventuels *il + elle.*

Cela dit, la personne désignée autrement que par un pronom est : « le personnage », donc un humain de genre masculin, et le phénomène naturel évoqué est aussi de genre masculin : « les brouillards ».

Il n'y a que deux *il* renvoyant à un sujet animé personne masculin : « Il s'habille lui-même », « Il se penche à la fenêtre ». Les deux *se* appartiennent donc à des formes pronominales même si le *lui-même* tend à restaurer le réfléchi.

Il y a un impersonnel se rapportant au temps lié aux phénomènes naturels, contenu plus souvent présent dans le discours des femmes que des hommes, même si le pronom désignant le phénomène est devenu *il* (*il* pleut et non *elle* pleut ; pourquoi ?).

Les pourcentages correspondant à ces réponses sont donc :

| | |
|---|---|
| *Elle (se)* | 47,00 % |
| *Il (se)* | 11,76 % |
| *Ils (se)* | 17,65 % |
| Animés personnes masculins | 5,88 % |
| Impersonnel | 5,88 % |
| Inanimés abstraits masculins | 5,88 % |
| Inanimés abstraits féminins | 5,88 % |

*C)* Le dernier corpus, celui des réponses orales que j'ai recueillies, met en évidence les caractères ci-après :

1. Le *elle se* est nettement évité.

2. Il y a une tendance très significative à entendre *ce* et non *se* (50 %). Ces deux choix vont d'ailleurs de pair et sont cohérents avec les caractéristiques du discours féminin. En effet, les *ce* désignent l'environnement immédiat spatial ou temporel : « ce nuage... », « ce matin... », « ce restaurant... », « ce jardin... » Outre cette référence précise, le démonstratif ou l'emphase sont beaucoup plus employés par les femmes que par les hommes. Elles utilisent peu le générique, un peu plus le partitif, beaucoup le démonstratif et l'emphase. Pour elles, le monde, les choses sont presque des sujets à part entière. Cela marque-t-il la substi-

tution du monde des objets au monde naturel ? La nature est vivante, elle a son économie, elle est un quasi-sujet que l'ego des hommes a tenté d'effacer ; ce qui ne correspond pas au mode d'habiter le monde des femmes. Les démonstratifs, l'emphase auraient-ils comme enjeu de désigner le monde effacé par le discours du sujet masculin ? Le nombre de phrases faisant allusion aux phénomènes naturels est également important et a une signification apparentée. Une autre explication est possible : réduites au statut d'objet, souvent emphatique, par le monde des hommes, les femmes répercutent cette identité — entre le sujet et l'objet — dans leurs discours et le monde qu'ils expriment.

3. Les *elle se* sont au nombre de sept sur l'ensemble des résultats. Deux occurrences sont en deuxième ou troisième position. Une réponse semble faire suite à la consigne précédente : *robe - se - voir.* Les autres correspondent à des constructions pronominales : « Elle se promène », « Elle se déplace... », « Elle se coiffe ». Les femmes, qui ont employé le *elle se*, le disent souvent induit par moi ou par la consigne.

4. Comme pour les autres réponses, il y a des infinitifs: « Se prendre au mot », « Se confier un secret », « S'attraper au vol », « S'imaginer », « Se dire », « Se donner une raison de vivre ».

5. Une réponse utilise l'impersonnel : « Il se peut que... »

6. Pour 5 femmes interrogées sur 13, j'ai demandé trois ou quatre réponses afin de voir la variété de celles-ci. Certaines femmes s'efforcent consciemment de changer leurs énoncés. Le choix ne se rapproche pas pour autant du *elle se,* il s'en éloigne plutôt. Les sujets choisis sont : « les plantes », « le chat », « le jardin », « ce séjour », « le fils », etc. à moins que la phrase s'exprime par *se* + un verbe à l'infinitif.

Les réponses d'*hommes* choisissent comme sujet :

| | | |
|---|---|---|
| *Il (se)* | 14/24 | 58,33 % |
| *Ils (se)* | 1/24 | 4,16 % |
| *Elle (se)* | 1/24 | 4,16 % |
| *On (se)* | 2/24 | 8,32 % |
| Infinitif *(se)* | 3/24 | 12,50 % |
| Impersonnel *(se)* | 1/24 | 4,16 % |
| Indéfini *(se)* | 1/24 | 4,16 % |
| Université *(se)* | 1/24 | 4,16 % |

Les *hommes* sont donc possibles sujets d'énoncé dans 14 + 1 + 2

+ 3 = 20/24 réponses, soit 83,33 %. Les *femmes* ne sont que à 4,16 % sujets de leurs phrases. La comparaison des réponses des femmes et des hommes est donc très significative.

Pour répondre à la consigne de faire une phrase avec les mots : *robe - se - voir* ou *se,* femmes et hommes ne produisent pas les mêmes énoncés.

1. Les hommes se choisissent beaucoup plus, eux et leurs semblables, comme sujets ; ils parlent de leurs actes ou états ; ils restent le plus souvent entre eux. Si le sujet est pluriel, les procédés morphologiques qu'ils utilisent sont différents. Leurs rapports à soi, aux mêmes qu'eux, au monde, à la langue et à la grammaire sont spécifiques.

2. Les femmes choisissent souvent des hommes ou parfois des choses comme sujets de leurs réponses. Parfois, elles s'en tiennent à l'infinitif ou au *on,* évitant ainsi de choisir un sujet précis mais s'incluant éventuellement dans celui-ci. Quand elles désignent une femme comme sujet, celle-ci se rapporte rarement à elle-même sauf par un relais autre que son propre corps. Ainsi, ce n'est pas elle que la femme regarde mais son reflet, son image dans le regard de l'autre, ses vêtements, son environnement naturel ou culturel. Les formes syntaxiques diffèrent de celles utilisées par les hommes. Il y a beaucoup plus de compléments circonstantiels, beaucoup plus d'adjectifs et d'adverbes, beaucoup moins de procédures logiques de type négation-dénégation. La plupart des phrases expriment un message avec un lien possible à la réalité. Il désigne une sorte de monde où l'environnement et les autres sont souvent présents. Mais ce paysage du message exclut souvent la femme elle-même comme sujet. Cela est moins vrai pour les adolescentes et pour l'oral, la désignation du féminin étant alors *je* et non *elle,* donc un pronom sans marque grammaticale du genre féminin et exprimant un autre rapport entre énonciation et énoncé. Cela pose différentes questions dont j'ai déjà abordé certaines :

1. le manque d'auto-représentation comme *elle* (empirique ou transcendantal) du sujet parlant sexué féminin ;

2. l'absence de représentation de l'autre-femme : mère, égale ou fille ;

3. le rapport de cette absence dans les relations entre femmes : relations généalogiques ou horizontales, relations subjectives et objectives, relations d'identité, d'identification, d'échanges, de réciprocité ;

4. le rapport de cette absence dans la représentation du sujet dans la culture et ce qui s'y désigne comme nature ;

5. le rapport de cette absence dans la représentation verbale en général ;

6. le rapport de cette absence à l'écriture alphabétique dans notre culture ;

7. le problème de l'évolution subjective des sujets femmes et hommes, qui ont un premier partenaire féminin. Que deviennent ces *je* et *tu* maternels et féminins dans le devenir du sujet parlant ?

Etc.

## CONSIGNE : ENNUI - LUI - DIRE

A propos de la question 7, je souhaite interroger les réponses obtenues à la consigne de faire une phrase avec les mots *ennui - lui - dire.* J'en ai déjà commencé l'analyse dans le texte « L'ordre sexuel du discours ». Depuis, un certain nombre d'autres corpus ont été recueillis et, parmi les personnes qui les ont obtenus, Danielle Leeman a systématiquement demandé à ses étudiant(e)s de lever l'ambiguïté de *lui.* Cela apporte donc des informations supplémentaires.

Danielle Leeman a recueilli trois corpus :

1. les réponses de 45 femmes et 9 hommes (étudiant[e]s de Deug en lettres modernes à Paris X-Nanterre),

2. les réponses de 33 femmes et 4 hommes (idem),

3. les réponses de 22 femmes et 7 hommes (étudiant[e]s en sciences humaines et sciences de la communication à Paris X-Nanterre)[3].

Pour ces réponses, j'ai donc relevé les rapports d'interlocutions en jeu. Je traiterai ailleurs l'ensemble de ces données. Je voudrais présenter ici quelques conclusions déjà élaborées parce qu'elles apparaissent complémentaires aux résultats obtenus en réponse aux consignes : *robe - se - voir* et *se.* Elles manifestent, en effet, les caractères qui vont suivre.

1. Le féminin est peu présent comme sujet explicite du discours, en particulier avec la marque de son genre : *elle*, même avec une consigne qui l'induit telle : *robe - se - voir.*

2. Le féminin s'auto-affecte peu dans l'énoncé : *elle se* ne s'y rencontrant presque jamais, même avec la consigne *se.*

3. Le féminin ne se trouve que très rarement en position de partenaire du discours : *te, lui, elle,* etc. En effet, au niveau de l'interlocuteur explicite, les femmes laissent aussi la place au masculin (sauf en analyse avec une ou certaines femmes[4]). Dans la plupart des phrases où l'interlocuteur est désigné, il est désigné comme homme. Quand le mot qui désigne l'interlocuteur peut être femme ou homme (ainsi : *lui* en français), c'est-à-dire quand il y a ambiguïté au niveau du partenaire du discours, les femmes lèvent l'ambiguïté au profit du *il* et non du *elle.* La consigne de faire une phrase simple avec les mots *ennui - lui - dire* aboutit, de la part des hommes, à une phrase du type : « Je lui dis mes ennuis » ou « Je lui dis que j'ai des ennuis » ou « Il lui dit qu'il a des ennuis ». Le sujet de l'énoncé est un homme et il parle à un homme. Il y a deux ou trois hommes qui se parlent : le sujet de l'énonciation qui produit la phrase + le même qui dit *je* + celui à qui il parle : cela fait deux hommes, ou : le sujet de l'énonciation parle d'un homme parlant à un autre homme, cela fait trois. On peut même imaginer qu'ils sont quatre : le sujet de l'énonciation parle d'un homme disant à un autre homme les ennuis d'un quatrième ou qu'il a avec un quatrième : « Il lui dit qu'il (un autre homme) a des ennuis » ou « Il lui dit qu'il (le même que *Il*) a des ennuis avec lui (un autre) ». Les hommes sexualisent moins immédiatement leurs discours mais ils restent entre eux, ce qui aboutit à un choix sexuel.

Les femmes, elles, donnent souvent le sexe masculin à *lui.* Ainsi, pour les phrases : « Je lui dis que je m'ennuie », « Je lui dis que je m'ennuie quand le tableau brille », « Je voudrais lui dire qu'il a des ennuis », à la question « Qui est lui ? », les femmes répondent : « mon camarade », « un homme », « mon ami », « mon mari », « Pierre », etc. De plus, elles font souvent des phrases du type : « Il va lui dire qu'il a un ennui », « Il lui dit son ennui », « Il lui dit qu'il s'ennuie », « Il lui dit son ennui d'être là », « Il lui dit l'ennui qu'il ressentait à partir si loin », etc. Dans ces phrases où le sujet est masculin, *lui* est parfois désambiguïsé comme femme. Je pense que c'est en fonction du contenu du message, la femme jouant le rôle d'interlocutrice-mère à qui l'on confie ses ennuis. Il s'agit donc d'une contrainte extralinguistique. A part cette contrainte, l'interlocuteur est presque toujours masculin.

***

Le fait que la société soit une société de l'entre-hommes et que l'ordre linguistique reflète cette réalité semble donc peser un poids considérable sur le discours des hommes et des femmes. Et cela a un impact décisif sur leur identité. Ainsi les femmes ont comme première interlocutrice leur mère, c'est-à-dire une personne de même sexe qu'elles. Les obliger à passer au discours culturel du *il* et de *l'entre-ils,* revient :

1. à les priver de leur première relation affective et cognitive, de leur premier *tu,* de leur première interlocutrice ;
2. à les exiler de leur identité sexuée qui correspond à un *je* féminin en relation avec un *tu* et *elle* féminins.

La première relation pour les femmes est une relation entre deux femmes. La culture les exile de cette relation de communication en ne les laissant presque jamais entre femmes et en ne prévoyant pas des procédés de marque du genre féminin quand elles sont en situation mixte. Même dans la vie privée, le domaine soi-disant réservé aux femmes, la langue efface l'identité des femmes. Ainsi, d'un couple, il faut dire *ils* s'aiment, *ils* s'épousent, *ils* viennent d'avoir un enfant, *ils* habitent ensemble, mais aussi *ils* sont *beaux, ils* sont *âgés,* etc. Les mouvements de libération sexuelle n'ont pas encore abouti à abolir cette subordination du sujet féminin au sujet masculin. Et il est nécessaire que les femmes restent entre elles pour que le genre féminin pluriel soit possible, situation qui, encore une fois, arrive très rarement dans nos sociétés. De ce point de vue, la mixité scolaire ne va rien arranger et elle rend urgent le changement des règles linguistiques. Sinon les femmes seront obligées de se tenir à l'écart des hommes comme elles le font dans certains groupes des mouvements de libération. Je ne pense pas que ces militantes aient réfléchi beaucoup à cette composante de leur rassemblement hors de la mixité. Je pense qu'elles ont, que nous avons — car je fréquente des réunions non mixtes — compris le poids du *contenu* du discours mais pas toujours des *formes* de la langue. J'en ai moi-même réalisé l'importance depuis peu, bien que je l'aie pressentie depuis longtemps. D'où certaines stratégies d'écriture parfois difficiles à manier mais nécessaires si nous voulons préserver l'identité féminine. Par exemple, le *e* du genre féminin à tous les pluriels, ou, parfois, la publication de conférences adressées seulement à des femmes[5]... Cela permet de garder la marque du genre au pluriel.

Mais nous vivons en société mixte et il n'y a pas de raison de recourir aux procédures de clandestinité pour devenir un sujet libre. La conscience du problème doit amener la possibilité de solutions, à moins d'un désir délibéré de maintenir un sexe soumis à l'autre. Je pense que ce n'est peut-être pas le cas de la majorité. Mais peu sont conscients-conscientes de l'ampleur de la question. D'autant que les hommes sont ainsi privés de leur première interlocutrice : maternelle, et qu'ils se trouvent sans *tu* sexué femme. Cela les prive donc d'un certain type d'échanges et n'est pas favorable à l'élaboration, par eux, d'une économie intersexuelle[6]. Si les femmes perdent la possibilité de se rapporter à elles-mêmes comme genre féminin, de communiquer entre elles, les hommes tournent en rond dans un auto-érotisme, une auto-affection, un narcissisme transposés au plan du langage ou dans les relations de séduction ou de possession entre eux.

En voici quelques exemples[7]. Le schéma du discours de l'homme névrosé (?) peut se réduire à une phrase du type « Je me dis que je suis peut-être aimé » ou « Je me demande si je suis aimé » et celui de la femme à une phrase du type « M'aimes-tu ? ». Il n'y a que du *je* et du rapport à soi dans le premier cas, sauf un peu de doute ou une interrogation indirecte. Il n'y a que du *tu* dans le discours féminin. Le féminin est réduit à être un éventuel objet des affects ou des actes du *tu*. Si la psychanalyse peut faire apparaître que celui-ci est originellement une femme-mère, dans la vie courante, ce *tu* devient un *tu* masculin. Freud théorise bien des choses sur la rationalité de l'œdipe, il ne rend pas compte de cette nécessité linguistique. Que la petite fille doive se détourner de sa mère, cela, dans ma langue du moins, est inscrit comme passage, en particulier scolaire, au monde du *il(s)*. Ce passage, sans apprentissage ni amour, laisse les filles dans une profonde déréliction subjective. Elles ne s'en remettent, dira Freud, qu'en devenant mère, en souffrant l'enfantement, si possible d'un garçon. Alors *lui* et *elle* diront *ils,* mais *elle* sera, pour quelques mois ou années, la plus « grande », la « responsable » du couple. Nous pourrions faire mieux !

D'autant que dans le discours des femmes, et quel que soit leur/notre assujettissement, il y a des valeurs de subjectivité à conserver. Ainsi, d'après mes analyses réalisées à partir de corpus spontanés ou expérimentaux :

1. les femmes mettent beaucoup plus en scène la relation à l'*autre sexe,* alors que les hommes restent entre eux ;
2. les femmes s'intéressent beaucoup plus aux *autres* en général, ce qui se marque, par exemple, dans le nombre des verbes transitifs utilisés avec un objet animé personne : « Je le lave », « Je le salue », « Je l'aime », ou « Tu me laves », « M'aimes-tu ? » etc., mais surtout dans l'usage beaucoup plus fréquent de prépositions indiquant des relations entre les personnes : *avec*, par exemple ;
3. les femmes s'intéressent beaucoup plus à la question du *lieu* : elles sont auprès des choses, des autres ;
4. les femmes s'intéressent beaucoup plus aux *qualités* des personnes, des choses, de l'action, et leur discours contient bien plus d'adjectifs et d'adverbes que celui des hommes, ce qui pose un problème linguistique très intéressant sur un discours antérieurement tenu par elles ;
5. les femmes s'intéressent plus au *présent* et au *futur,* les hommes au passé ;
6. les femmes sont plus attentives au *message* à transmettre que les hommes ; toujours, elles s'efforcent de dire quelque chose, les hommes demeurant plus dans l'inertie ou le jeu linguistiques à moins que leur message exprime leurs états d'âme.

Je ne crois pas qu'il faille supprimer ces qualités du discours féminin. Au contraire, il faut permettre aux femmes d'attester publiquement de leur valeur. Perdront-elles pour autant ces qualités ? Je ne le pense pas. Elles font partie de leur identité sexuelle. L'important est qu'elles deviennent des sujets libres en restant ou devenant femmes et non en s'efforçant de devenir des hommes. Ce devenir implique que, tout en gardant l'intimité de leur sexe d'une totale visibilité, elles acquièrent les représentations linguistiques et iconographiques correspondant à leur identité. Cela signifie qu'elles disposent de normes lexicales et morphologiques qui valorisent le féminin, que les images d'elles soient valorisantes, qu'elles disposent de moyens linguistiques et artistiques, pour passer de l'empirique au transcendantal : du je ⇄ elle ⇄ Elle.

Les hommes aujourd'hui, sans partenaires sexuels valables, tiennent un discours répétitif, passéiste, abstrait, désubjectivé par la technologie, coupé de l'environnement concret et vivant. Ils passent leur vie à équivaloir leurs pères ou frères sans cultiver leurs corps, leur sexualité. Ils produisent des *objets* ou des machines concurrentiels, consommables et échangeables, mais ne se produisent pas comme *sujets* sexués.

Une culture sexuelle est encore à développer. Je pense que Marx, Freud, les mouvements de libération sexuelle, en particulier les mouvements de libération des femmes, ont ouvert des questions qu'il ne faut pas réciter comme vérités ou dogmes mais dont il faut poursuivre l'élaboration. Notre civilisation en a besoin. Elle ne peut pas se payer le luxe que les pulsions de mort dominent sans cesse les pulsions de vie, si je m'en tiens à cette terminologie beaucoup trop dichotomique à mon goût. Elle ne peut pas continuer l'éternelle guerre entre hommes, entre les hommes et la nature, à défaut de faire alliance publique et culturelle entre l'homme et la femme, le monde des femmes et celui des hommes.

## NOTES

1. « L'ordre sexuel du discours » (paru dans *Langages* 85, mars 1987, pp. 81-123) est repris à la fin de ce recueil.

2. Les corpus sont en annexe à cette étude avec les autres caractéristiques de cette population-échantillon. Il en sera de même pour les autres corpus analysés. Les échantillons, aujourd'hui beaucoup plus étendus, n'ont pas contredit les premières analyses.

3. Ces corpus étant peu analysés dans cette étude, ils ne sont pas reproduits intégralement en annexe. Néanmoins une partie du corpus des réponses à la consigne : *ennui-lui-dire* se trouve déjà dans « L'ordre sexuel du discours ».

4. Cf. « L'ordre sexuel du discours ».

5. Cf. *Sexes et parentés,* par exemple.

6. Cf. « Corps, sexes et genres linguistiques », dans *Évaluation de la parole et du langage, Bulletin d'Audiophonologie, Annales scientifiques de l'Université de Franche-Comté, Médecine et pharmacie,* Besançon, mars 1988.

7. Cf. « L'ordre sexuel du discours ».

# Corpus*

## I. ROBE-SE-VOIR

### *Femmes*

*A - PREMIER ÉCHANTILLON*
*[C. Laville - J. de La Robertie, enseignante en statistiques et enseignante en psychologie]*

#### *1. Maths et sciences sociales : 1re année, Paris X-Nanterre*

1. Je ne me vois pas en robe.
2. Cette robe peut se voir sans problème.
3. Va voir sa robe de ce soir.
4. Je me vois en robe.
5. Un garçon aimerait se voir avec une robe.
6. La robe de ce couturier peut se voir dans ce magasin.
7. La robe se voit.
8. Pour ce soir, elle se voit en robe.
9. Elle veut se voir dans sa nouvelle robe.
10. La robe se voit.
11. Je ne me voit (*sic*) pas en robe.
12. Elle se voit avec sa robe.
13. La robe se voyait de loin.

* Ces corpus ont été recueillis durant l'année scolaire 1986-87 pour le premier échantillon et l'année 1987-88 pour les groupes témoins. Les consignes ont été données oralement, les réponses par écrit (à moins d'indication différente).

14. Elle se voit en robe.
15. La robe ne se voit pas bien.
16. Ceux que je vois avec cette robe sont beaux.

***2. Maths et sciences sociales : Deug, 2^e^ année, Paris X-Nanterre***

1. Elle se voit en robe.
2. Elle se voit très bien dans sa robe.
3. Elle se voit belle dans sa robe.
4. Elle se voit avec une robe.

***3. Ethnologie : licence, Paris X-Nanterre***

1. Achète-t-on une robe pour se voir en peinture ou pour être vu ?
2. La robe se voit dans la vitrine.
3. La robe qu'elle portait se voyait de loin.
4. La robe se voit beaucoup.
5. Tu mets ta robe pour aller le voir.
6. Elle peut se voir dans sa nouvelle robe grâce à son miroir.
7. Elle se voit bien en robe.
8. Elle a mis sa plus jolie robe pour aller se faire voir.
9. Elle se vit dans cette robe.
10. Je me vis dans la glace dans ma plus belle robe.
11. Cette robe se voit beaucoup.
12. Elle aime se voir dans cette robe.
13. La robe se voit.
14. Cette robe se voit beaucoup.

***4. Psychologie : licence, Deug 1^re^ année, Paris VIII***

1. Cette robe se voit de loin.
2. Elle se voit dans cette robe.
3. Elle se voit en robe dans la glace.

4. Elle se voit dans cette robe.
5. La robe se voit.
6. Elle se voit dans une robe.
7. Elle se voit tous les jours en robe.
8. Se faire belle avec une robe pour se voir.
9. La robe se voit bien.
10. Elle se voit en robe.
11. Elle se voyait belle dans sa robe blanche.
12. La robe se voit.
13. Je ne me verrais pas dans cette robe.
14. Il te faut une robe pour ce soir.
15. Elle se met une robe et se voit dans la glace.
16. Elle se voit avec la robe.
17. La robe du soir se voit de loin.
18. La robe peut se voir sur toi.
19. Elle se voit en robe.
20. La robe se voit.
21. Une femme en robe est quelque chose qui se voit.
22. –
23. Se voir en photo avec une superbe robe.
24. La robe se fait voir.
25. La robe que je porte est très ample.

*B - GROUPES TÉMOINS*

*– Groupe témoin I*
*[D. Leeman, enseignante en linguistique]*

**Lettres modernes et sciences humaines et de la communication, Deug, 2e année, Paris X-Nanterre**

1. Elle se voyait dans cette robe.
2. Elle se voyait déjà en robe du soir.
3. Elle a vu la robe de ses rêves, elle se l'est achetée.

4. Elle se voit en robe.
5. Cette robe ne se reflète pas dans l'eau du lac.
   Rien ne se voit.
6. J'ai vu Isabelle se faire une robe.
7. Elle veut absolument se voir dans cette robe.
8. Elle aime se faire voir avec sa nouvelle robe.
9. J'ai vu qu'elle s'est acheté une belle robe.
10. Elle se voit déjà dans sa robe de mariée.
11. Elle se voyait dans une robe du XVIe siècle.
12. Elle se fait voir dans sa nouvelle robe.
13. Cette robe se voit de loin. Elle est vert phosphorescent.
14. Quand elle se voit dans cette robe, elle se trouve jolie.
15. Elle se voit dans la glace avec cette robe.
16. Elle se voit dans sa robe.
17. Elle se sent jolie quand elle se voit dans sa robe.
18. Elle adore se voir dans le miroir pour admirer sa robe fleurie.
19. On voit la robe qui se lève.
20. Elle a vu une robe dans une vitrine, elle voudrait se l'acheter.
21. Cette robe se voit.
22. Sa robe ne se voit pas.
23. Ellle se voit dans cette robe.
24. Il ne se voit pas portant une robe.
25. Il se vit en robe et en ria *(sic)*.
26. Elle aime se voir en robe.
27. La robe que tu as vu *(sic)* se trouve dans la buanderie.
28. Elle se voit en robe.
29. La robe se voit de loin.
30. Elles se sont vues en belles robes.
31. Il se voit déjà magistrat, portant une belle robe noire.

– *Groupe témoin II*
*[R.-P. DROIT, professeur de philosophie]*

**Lycéennes, terminale A, lycée de Honfleur**

1. Je te vois bien dans cette robe.
2. La couleur de ma robe se voit beaucoup.
3. Cette robe est rouge ; la fille qui la porte aime se faire voir.
4. Quelle robe doit-on porter pour se faire voir ?
5. Cette robe doit se voir dans le noir.
6. Elle aimerait se voir dans cette robe.
7. Cette robe peut se voir.
8. Se voir dans une glace en robe.
9. Ils se voient ce soir, donc elle a mis sa robe.
10. Je me mets dans une belle robe pour aller te voir.
11. Elle ne se voit pas dans cette robe.
12. Elle ne peut pas se voir dans cette robe.
13. J'essaie cette robe pour se *(sic)* soir.
14. J'ai une robe qui se voit.
15. Elle va se mettre une belle robe pour aller te voir.
16. Je vais voir ce soir la robe que tu portera *(sic)*.
17. La robe du curé ne peut se voir.
18. Une robe rouge peut se voir de loin.
19. Quel plaisir de se voir dans cette robe !
20. Qu'une robe soit simple ou sophistiquée, elle est faite pour se voir.

– *Groupe témoin III*
*[É. KOSKAS, enseignante en linguistique]*

**Étudiantes en lettres modernes, niveau licence ou maîtrise, Paris X-Nanterre**

1. La jeune fille essaie sa nouvelle robe et a plaisir à se voir.
2. Elle se voit en robe.
3. Elle se regarde dans la glace pour voir sa robe.

4. Cette robe se voit de loin.
5. Derrière l'arbre clos (?) se voit la robe.
6. Sa robe se voit de loin.
7. Elle se voit dans le miroir avec cette robe.
8. Elle se voit dans sa robe.
9. Elle s'imagine avoir une belle robe mais je ne la vois pas ainsi.
10. Cette robe se voit de loin.
11. Sa robe se voit de loin.
12. Cette robe se voit de loin.
13. J'aimerais voir une robe qui ne se trouve nulle part.
14. Les enfants se sont donné rendez-vous pour aller voir une robe.
15. J'ai vu une robe superbe dans ce magasin.
16. –

– *Groupe témoin IV*
*[L. Irigaray, directrice de recherche en philosophie, CNRS]*

**Niveaux socioculturels variés, adultes (oral)**

1. Je me vois dans une robe.
   Cette robe se voit de loin.
2. Elle se voit en robe.
3. Je me vois avec une belle robe.
   Elle se voit avec une belle robe.
4. Ce jour, j'ai vu une jolie robe.
5. Ce matin, j'ai mis une nouvelle robe. Voulez-vous la voir ?
6. La robe que porte Christine est agréable à voir.
   En ce dimanche, voyez la robe que porte Marie-Claude.
7. La robe du cheval se voit.
8. J'aime me voir dans une robe longue et de couleur.
9. Quand je porte une robe, je me vois entière.
10. Je vais voir cette robe dans ce magasin.
11. On peut voir cette robe exposée.
12. Elle se voit avec sa robe dans la glace.

13. Elle veut voir des robes ou ses robes.
Elle se sert de tissu pour faire des robes.

## *Hommes*

### *A – PREMIER ÉCHANTILLON*

#### *1. Maths et sciences sociales : 1re année*

1. Je me vois en robe.
2. Elle se voit en robe.
3. Se voit en robe.
4. –
5. Elle se voit dans la robe neuve.
6. Elle aime se voir dans sa nouvelle robe.
7. Je ne me vois pas en robe.
8. Elle se voit belle en robe.

#### *2. Maths et sciences sociales : 2e année*

1. –
2. –
3. Elle se voit en robe.
4. Elle se voit dans une robe d'été.
5. Elle se voit dans sa robe.
6. –
7. Elle se voit dans la glace avec sa robe.
8. Cette robe se voit de loin.
9. –
10. Il se voit mal en robe.
11. Mettre une robe, c'est se faire voir.
12. Je te vois dans cette robe.
13. Elle se voit dans cette robe.
14. –

### 3. *Ethnologues*

1. La femme se voit dans la glace avec sa robe.
2. Les robes peuvent se voir dans les magasins de mode.
3. La robe se voit.
4. Voir la robe.
5. Cette robe se voit.

### 4. *Psychologues*

1. La robe se voit.
2. La robe se voit de loin.
3. La robe est faite pour se voir.
4. –
5. Se voir en robe.
6. La femme revêtira sa plus belle robe pour mieux jouer à se voir.
7. La robe se voit.

## *B – GROUPES TÉMOINS*

*– Groupe témoin I*

1. Il se voit marié avec une femme portant une robe noire.
2. Elle se voit dans la robe de ses rêves.
3. La robe qu'elle propose de voir.
4. Sa robe se voit parmi la masse.

*– Groupe témoin II*

1. Elle se voit belle avec cette robe.
2. Elle aime se voir en robe.

3. Avec ta peau noire, cette robe ne peut pas se voir.
4. Une robe peut se voir sur un cheval comme sur une femme.

– *Groupe témoin III*

1. Elle se voyait dans une robe.
2. Je me vois mal dans une robe.
3. Elle se voit belle dans sa robe.
4. Mariane qui a oublié sa robe se fait voir les fesses.
5. Elle s'est aperçu *(sic)* que cette robe se voit de loin.
6. La robe du cheval se voit dans l'obscurité.
7. J'ai vu qu'elle s'est acheté une belle robe.
8. C'est une robe de soirée ; ce devoir ne laisse pas de m'étonner ; voir la nature dans toute sa splendeur, quel spectacle !
9. Elle se voit mal dans une telle robe.

– *Groupe témoin IV*

Une seule réponse très, très longue où la femme est mise en scène comme au théâtre.

## II. SE

### *Femmes*

– *CORPUS I [D. Leeman]*

**Lettres modernes et sciences humaines et de la communication, Deug 2^e^ année, Paris X-Nanterre**

1. Il se mit à voyager en Europe.
2. Il se lave.
3. Il se passe quelque chose.
4. Sevrer.

5. Ils se donnent la main.
6. Il se demande pourquoi elle n'écrit pas.
7. Il se fait plaisir.
8. Il se paie une voiture.
9. Il se peut que je parte en Italie cet été.
10. Elle se bat.
11. Il se lave.
12. Il se lave les dents trois fois par jour.
13. Il n'arrêtait pas de se gratter le bout du nez.
14. Il se lave.
15. Ils se sont battus violemment.
16. Il se regarde dans le miroir.
17. Il se regarde.
18. Il se fit mal en tombant de son lit.
19. Il se leva tôt ce matin-là.
20. Il se demande quoi faire.
21. Il se lave tous les matins.
22. Ce qui m'intéresse ? Le théâtre.

– *CORPUS II [D. LEEMAN]*

**Lettres modernes, Deug 2<sup>e</sup> année, Paris X-Nanterre**

1. Ils se recherchent pendant des heures.
2. Il se penche à la fenêtre.
3. Se mettre au travail.
4. Il se demanda ce qui lui arrivait.
5. Se jouer des autres devrait être interdit !
6. Il aime se baigner dans l'eau froide.
7. Il se baigne régulièrement.
8. Il se promène avec son chien.
9. Il se regarde longuement dans le miroir.
10. Il se regarde dans le miroir tous les matins.

11. L'image se réfléchit dans le miroir.
12. Il se lève.
13. Elle se lave.
14. Il se trouve bien ici.
15. Ils se battent.
16. Il se fâche souvent.
17. Il se regarde dans la glace.
18. Il se regarde dans un miroir doré.
19. Il se baigne.
20. L'enfant se couche.
21. Il se fatigue.
22. Se débrouiller seul.
23. Il se bat.
24. Il se réveille.
25. Il se regarde dans le miroir.
26. Il se peut qu'il pleuve.
27. Il se bat.
28. Il se meurt.
29. Il se sauve.
30. Le professeur se lamente sur son sort.

– *CORPUS III [R.-P. Droit]*

**Lycéennes, terminale A, lycée de Honfleur**

1. Il se sent bien.
2. Il se lève tôt.
3. On se voit demain ?
4. Comment faire pour se comprendre.
5. Même s'il n'est pas fatigué, il se couchera.
6. Se faire plaisir est important.
7. Il se dissimule sous la table.
8. Se reconnaître dans la rue.

9. Elle se promenait dans le zoo de Vincennes.
10. Qu'il aille se faire voir.
11. Il se lave les mains.
12. Se promener en bateau est agréable.
13. Il se croit intelligent.
14. Il se couche.
15. Il se lave.
16. Est-ce ton animal préféré ?
17. Il ne peut se taire.
18. Il se donne beaucoup de mal pour réussir dans la vie.
19. Il se promène dans les bois.
20. Il se fait tard.

– *CORPUS IV [L. Irigaray]*

**Étudiantes de diverses nationalités et langues, niveau doctorat, et assistant(e)s de passage, séminaire École pratique des Hautes études en sciences sociales**

1. Elle s'est réveillée.
2. Il s'est dit que ce n'était pas possible.
3. –
4. Elle se demande s'il fera beau demain.
5. Il se lèvera peut-être très tôt.
6. Se connaître, c'est s'aimer.
7. Se trouver et chanter.
8. Se dire, se parler, se découvrir, j'aime aussi.
9. Qu'on se le dise.
10. Se penser vivante est parfois une découverte jubilatoire.
11. Pourquoi s'en faire ?
12. Il se gratte le bout du nez.
13. Il se regarde.
14. Se séparer n'en finit jamais.

15. Se trouver.
16. Le temps se passe de commentaires.
17. Elle se marre.
18. Comment doit-on se poser des questions ?
19. Elle se regardait.
20. Se déplacer, c'est vivre.
21. Elle se demande pourquoi elle fait cet exercice.
22. Se manifester.
23. On se voit rarement.
24. Elle se regarde.
25. Pourquoi on n'irait pas se balader ?
26. Se croire dire.
27. Elle se sent malade.
28. Se aimer.
29. Cette bêtise, il ne se la pardonnera jamais.

– *CORPUS V [É. Koskas]*

**Étudiantes, niveau licence**

1. Le personnage se retourne au même moment.
2. Elle se sent bien.
3. Elle se promène sur les bords de la Seine.
4. Il s'habille lui-même.
5. ... et elle se caricature.
6. Ils se plaisent.
7. Ils se parlent.
8. Elle se voit dans sa robe.
9. Elle se félicite d'avoir su répondre à cette question qui lui avait été insidieusement posée.
10. Il se penche à la fenêtre.
11. Ils se regardent dans les yeux.
12. Il se fait tard.

13. Elle se déguise pour le bal.
14. Les brouillards du matin se dissipent.
15. Elle se regarde dans la glace.

– *CORPUS VI [L. Irigaray]*

**Niveaux socioculturels variés, adultes (oral)**

1. Ils se sont rencontrés dans la rue.
   Se donner une raison de vivre.
   Les plantes se mettent à pousser.
2. Se confier un secret.
   S'attraper au vol.
   S'imaginer.
3. Elle se voit dans la glace.
   Il se fait une bonne tasse de thé.
   Il se regarde tout le temps, se regarde enfin, s'analyse quoi.
4. Ce nuage est bien noir.
5. Ce matin, je n'ai pas envie de sortir.
6. Il se peut que demain il fasse beau.
7. Ce joli poney se promène au champ.
8. Le visage que je rencontre chaque matin me donne beaucoup de plaisir.
   Ce fils à qui je téléphone souvent me réjouit beaucoup.
   Ce séjour à New York m'a transformée et m'a donné de l'énergie.
9. Se dire est difficile.
10. Ce restaurant est superbe.
11. Ce jardin est calme.
    Ce chat se lèche la patte.
    Elle se déplace.
12. Elle se coiffe.
13. Se prendre au mot.

## *Hommes*

– *CORPUS I [D. Leeman]*

1. Il se demande quelle forme a le vide.
2. Il se regarde dans la glace.
3. Il se plaint.
4. Il se peut que je vienne.

– *CORPUS II [D. Leeman]*

1. Rien ne se perd, tout se transforme.
2. Il se prend les pieds dans le tapis.
3. Il se trouve toujours un nigaud dans la foule.
4. Il se soucie de ses défauts.
5. Se peut-il qu'on soit si bête.
6. Il se lave.
7. Il se prend pour qui ?

– *CORPUS III [R.-P. Droit]*

1. Il se croit au paradis.
2. Il se retourne.
3. Peut-on se voir cette semaine.
4. Se laver les mains avant d'aller à table.

– *CORPUS IV [É. Koskas]*

1. Il se cherche.
2. Se sentir heureux.

3. L'université se trouve ici.
4. Ils se sont battus la veille.
5. Elle s'aime bien.
6. Se définir n'est guère aisé.
7. Il se prend pour le bon Dieu.
8. Il se fâche.
9. Il se sent bien sûr de lui.

# Subjectivité et genres dans la sémantique du verbe : voir

Patrizia Violi

*Assistante en sémiotique,*
*Université de Bologne*

Traduction de

Oristelle Bonis

**Langue italienne**

*PRODUCTION DE PHRASES AVEC LES MOTS :*

*** Gonna – vedersi [jupe – se – voir]**

Ce travail s'inscrit dans le cadre d'une recherche plus large qui se propose de vérifier, sur la langue italienne, les résultats obtenus à ce jour en français et en anglais par un groupe de recherche travaillant sous la direction de Luce Irigaray. L'épreuve linguistique ici présentée consistait à demander aux sujets de produire des phrases à partir de deux mots : *gonna* [jupe] et *vedersi* [se voir]. L'échantillon étudié se compose pour l'instant de 42 hommes et 110 femmes, tous étudiants, inscrits en première et deuxième année de lettres à l'université de Bologne (Italie). Il sera ultérieurement élargi mais d'ores et déjà, en dépit des limites du groupe observé, les éléments recueillis permettent de répondre aux fins comparatives de la phase actuelle de la recherche et révèlent des tendances générales aussi remarquables que significatives.

L'intérêt particulier de cette épreuve tient à la relation sémantique existant en et entre les deux termes de la consigne et, en conséquence, aux contraintes qu'ils imposent (ou devraient imposer) dans la production de phrases. De fait *gonna*, dans sa représentation sémantique, est toujours associé au féminin, comme on le constate aisément dans les définitions du dictionnaire :

> *Gonna* : « Vêtement, ou partie de l'habillement féminin, destiné à couvrir le corps à partir de la ceinture » (Devoto Oli, 1971).

« Partie de l'habillement féminin qui descend plus ou moins bas sur les jambes à partir de la taille » (Zingarelli, 1983).

À partir de ces définitions, il semble possible de proposer cette représentation comme entrée lexicale du terme *gonna*[1] :

*Gonna* : « vêtement » ; « couvre le bas du corps » ; « porté en principe par les femmes ».

Quelques remarques s'imposent quant à l'usage du verbe *vedersi* en italien. En effet, à côté de la forme réfléchie *(Maria si vede bene in gonna = Maria vede bene se stessa in gonna* [Maria se voit (bien) en jupe = Maria voit (bien) elle-même en jupe], avec Maria en place de sujet et *se stessa* [elle-même] en place d'objet), on trouve aussi une forme impersonnelle, comme dans la phrase : *« La gonna si vede da lontano »* [La jupe (ça) se voit de loin]. D'un point de vue grammatical, la situation est en réalité plus complexe encore ; la forme que nous venons de désigner comme impersonnelle est en effet totalement prise dans l'équivoque du double sens de *si* [se] qui, outre la forme impersonnelle, sert également à indiquer le sens passif. Dans la phrase précédente, on peut en effet discuter pour savoir si *gonna* est objet d'un verbe impersonnel (le *si*, alors indéfini, venant en place de sujet) ou sujet d'un verbe entendu au sens passif (le *si* ayant alors la fonction du complément d'agent).

Pour résumer, nous pouvons distinguer entre :

— *vedersi* 1 : réfléchi : *« Maria si vede in gonna »* [Maria se voit (bien) en jupe], avec Maria en sujet et *si* [se] en objet (= elle-même) ;

— *vedersi* 2 : impersonnel (*si* en sujet, NP en objet) ou passif (NP en sujet, *si*).

Quoi qu'il en soit, pris au sens réfléchi, le verbe *vedersi* signifie [se] voir soi-même. Or, dans la mesure où *gonna* est un mot associé au féminin, il semblait qu'on pût raisonnablement s'attendre à trouver dans les phrases produites une fréquence importante de termes féminins en position de sujet. Autrement dit, sur la base de la sémantique des deux termes de la consigne, *gonna* aurait dû provoquer un effet de restrictions sélectives[2] sur la combinaison des autres termes de la phrase. À dire vrai, il est sans doute abusif de parler de restrictions sélectives au sens strict puisque, ici, le non-respect de cette condition n'entraîne pas nécessairement la production de phrases sémantiquement anomales. De fait, il est tout à fait possible de dire « *Giovanni usa la gonna di sua sorella* » [Jean se sert de la jupe de sa sœur] sans pour autant énoncer une aberration sémantique, comme c'est le cas avec les restrictions sélectives stricto sensu. Il me semble toutefois qu'un énoncé de ce genre laisse entendre une certaine anomalie, due à une violation des attentes qui naissent de notre expérience du monde telle qu'elle est inscrite dans le langage ou, si l'on préfère, du sens commun associé aux conventions sociales qui sont, bien entendu, codées dans le langage, comme on peut le voir dans les définitions du dictionnaire[3]. On peut dire que, au niveau du signifié prototypique[4], le mot *gonna* est associé à un individu de sexe féminin.

Mise en relation avec le prédicat *vedersi*, la marque du féminin présente dans *gonna* devrait notamment guider le choix d'un sujet qui renverrait plus facilement à *femme* (puisque, en effet, seule la femme peut se voir en jupe). En d'autres termes, pour s'en tenir aux représentations courantes et souligner la sémantique des mots de la consigne, la situation induite par l'épreuve linguistique suppose un sujet féminin.

Il devient particulièrement intéressant d'examiner les transformations opérées sur le sujet dès lors qu'il n'est plus féminin. En effet, on est alors en droit de penser que toute opération de cet ordre, effectuée à un niveau plus ou moins profond, vise à inscrire un autre sujet (masculin ou indéfini) là où l'usage courant désigne un sujet féminin.

Mais une observation s'impose. Il faut distinguer ici entre sujet grammatical de la phrase et sujet d'un rôle sémantique profond. Comme l'analyse linguistique le souligne depuis longtemps (Fillmore, 1968), les relations grammaticales de surface ne correspondent pas toujours aux cas de nature sémantique qui définissent les apports entre le prédicat et les arguments. Ainsi, dans les phrases :

— « *Giovanni apri la porta* » [Jean ouvre la porte],

— « *La porta fu aperta da Giovanni* » [La porte fut ouverte par Jean],

les sujets grammaticaux changent mais le rôle de sujet profond, ou d'agent, est toujours tenu par Jean.

Suivant Fillmore (Fillmore, 1976a, 1976b), nous indiquerons les cas sémantiques profonds au sein des scènes cognitives déterminées par les prédicats respectifs. Pour *vedere* [voir], nous pouvons ainsi décrypter la scène sous-jacente :

VOIR

| A | B |
| --- | --- |
| (celui qui voit) | (celui qui est vu) |

[A = le sujet de la vision ; B = l'objet de la vision]

Les cas sémantiques profonds ne sont pas affectés par les modifications de la structure syntaxique de surface. Le passage à la forme passive, par exemple, opère sur le niveau superficiel, et donc sur la distribution des relations grammaticales entre sujet et objet, mais ne touche pas la distribution des rôles sémantiques profonds.

Les choses se compliquent avec l'exemple retenu pour notre épreuve comparative, puisque le verbe choisi n'y est pas le transitif *vedere* [voir], mais le réfléchi *vedersi* [se voir], porteur de l'ambiguïté examinée plus haut entre les formes réfléchie et impersonnelle (et de celle, plus difficile à saisir encore, d'une lecture de *vedersi* sur le mode impersonnel ou passif).

En outre, les deux *vedersi* que nous avons distingués ne sont pas équivalents quant à la distribution des rôles profonds éventuels. Il est indispensable de ne pas perdre de vue cette multiplicité de sens afin de bien comprendre l'usage stratégique que l'on peut faire de la forme *vedersi* 2 (celle qui se laisse interpréter comme impersonnelle ou passive, sans qu'il soit facile de trancher entre l'une et l'autre, comme on l'a vu avec quelques exemples, parce qu'il existe en italien une équivoque bien réelle).

Voyons maintenant la représentation, au sens de la scène définie par Fillmore, des deux *vedersi*, le réfléchi et l'impersonnel (ou passif), en fonction de la structure propre aux cas sémantiques profonds.

VEDERSI 1 (réfléchi)

A = B

Pour ce cas sémantique, il y a coïncidence du sujet et de l'objet profonds. Le sujet profond correspond nécessairement au sujet grammatical de surface.

VEDERSI 2 (impersonnel ou passif)

| A | B |
|---|---|
| (celui qui voit mais n'est pas défini) | (l'objet de la vision) |

Ici, pas de coïncidence de A et B : les rôles de sujet et d'objet profonds de la vision restent distincts. Le sujet A n'est jamais exprimé au niveau superficiel, plus exactement il l'est implicitement par le biais du *si*[se] impersonnel qui, en tant que tel, ne porte pas de marque de genre. L'objet B est représenté par le seul NP que *vedersi* 2 sous-catégorise et qui désigne l'objet grammatical si l'on entend la phrase à la forme impersonnelle, le sujet de surface si la lecture s'attache à la forme passive[5].

Toute interprétation sémantique de *vedere* [voir] et *vedersi* [se voir] doit tenir compte, en sus des déterminations du mot grammaticalisé comme sujet de l'énoncé, du sujet profond de l'action de voir. Dire que *gonna* et *vedersi* suggèrent un sujet féminin, c'est se référer à ce niveau profond, au sujet de la vision. Dès lors, l'analyse doit s'articuler aux deux niveaux, celui de la structure des représentations profondes et celui des relations grammaticales de surface, afin de mettre en évidence les transformations qui s'opèrent de l'un à l'autre quant au genre, masculin ou féminin, de qui est placé dans le rôle — profond — de sujet ou d'objet de la vision.

La distinction entre ces deux niveaux est d'une importance toute particulière pour notre étude puisqu'elle permet de relier les analyses de l'énoncé et de l'énonciation, et cela même dans les cas où leur connexion réciproque est peu évidente. Comme nous allons le voir avec plusieurs exemples, le sujet de l'énonciation[6] se dissimule très souvent derrière l'apparente neutralité d'un sujet indéfini, et seul l'examen des rôles sémantiques profonds permet de dévoiler sa présence ainsi que, aspect plus important encore pour notre étude, les possibles déterminations de genre.

Apparaît alors une sorte de contiguïté entre le sujet (caché) de l'énonciation et le sujet (profond) de la vision, l'individuation du second permettant de faire refluer le premier. De la sorte, l'analyse sémantique des rôles thématiques sous-jacents à la structure de surface de l'énoncé vient se raccorder à l'analyse du plan de l'énonciation.

Prenons un exemple pour illustrer ce point. Dans la phrase : « *La gonna non è sempre bella a vedersi* » [La jupe n'est pas toujours belle à voir], toute trace du sujet de l'énonciation a disparu ; *gonna* est sujet grammatical de la proposition, mais non sujet de la vision (c'est, à l'évidence, l'objet de la vision). Dans la scène cognitive rattachée à *voir, gonna* est ce qui est vu. Ici, le sujet de la vision reste indéterminé quant au genre, de la même façon que le sujet de l'énonciation demeure caché.

Dans d'autres cas, l'apparente neutralité du sujet indéfini masque une détermination de genre qui se présente toutefois comme implicite, sous-jacente à la surface de l'énoncé. Considérons par exemple la différence notable, à ce point de vue, entre deux phrases apparemment proches :

1. « *Si vede la gonna* » [La jupe se voit (= on voit la jupe)].
2. « *Si vede in gonna* » [(On) se voit (bien) en jupe].

Alors qu'en 1 nous sommes en présence d'un *si* [se] impersonnel, et qu'il est donc absolument impossible de décider du genre du sujet de la vision qui pourrait aussi bien être masculin que féminin, la situation apparaît plus complexe en 2. En effet, le groupe nominal *in gonna* [en jupe] impose ici une lecture réfléchie de *si*. Puisque, d'après la représentation prototypique de *gonna*, il y a plus de chances que la personne qui porte la jupe soit une femme plutôt qu'un homme, on peut en déduire que le sujet profond est ici implicitement féminin. Mais, n'étant pas explicitement affirmée, cette attribution de genre reste le résultat d'une inférence, raison pour laquelle elle revêt un caractère plus faible que si le marquage de genre en était patent. Il faut en conséquence distinguer les énoncés de ce type de ceux où le sujet est donné de façon explicite (et où on a donc la certitude que le sujet de l'action de *voir* est féminin), par exemple :

1. « *Lei si vede con la gonna* » [Elle se voit (bien) en jupe].
2. « *Maria si vede allo specchio con la gonna* » [Maria se voit en jupe dans le miroir].

## MÉTHODOLOGIE

Conduite à partir des observations que nous venons d'examiner, l'analyse des données s'est effectuée de la façon suivante. Il nous a semblé de première importance d'étudier les modalités selon lesquelles la subjectivité s'exprime en liaison avec le genre, et plus particulièrement la façon dont le sujet féminin apparaît ou, au contraire, se cache dans la phrase. Afin de mieux saisir le problème, il faut considérer d'une part la structure des relations grammaticales (sujet et objet directs), de l'autre l'articulation des rôles thématiques inhérents au sujet et à l'objet profonds. En s'appuyant sur le second point, il devient alors possible, pour quelques cas au moins, de reconstruire la structure d'énonciation cachée.

Dans ce but, nous avons travaillé sur deux plans à la fois : d'abord en analysant la structure grammaticale de surface, afin de retrouver la distribution en classes sémantiques des sujets et objets directs ; ensuite en individualisant les rôles sémantiques profonds, ce qui nous a permis de croiser les résultats obtenus. Nous l'avons déjà vu, les deux niveaux ne coïncident pas et on rencontre parfois des sujets grammaticaux qui n'assument pas le rôle de sujet profond. De telles transformations apparaissent très significatives quant à la question au fondement de ce travail, dans la mesure où elles révèlent les stratégies permettant d'opérer la manipulation du sujet féminin, qu'il soit manifeste ou caché.

Comme on le verra dans la présentation détaillée des données, même dans un contexte expérimental aussi limité que celui-ci, le groupe des femmes et celui des hommes mettent en œuvre des stratégies de production complexes dont les modalités respectives diffèrent cependant sur plusieurs points importants.

## GROUPE DES HOMMES

Examinons maintenant les données relatives à l'échantillon masculin[7], en commençant par la répartition des sujets grammaticaux.

TABLEAU 1

**Sujets grammaticaux**

| | | |
|---|---|---|
| *Je* | 1 | 2,4 % |
| *Tu* | 2 | 4,8 % |
| *Elle* | 3 | 7,3 % |
| *Femme* | 5 | 12,1 % |
| *Jupe* | 6 | 14,6 % |
| *Jambes* | 2 | 4,8 % |
| Indéfini | 21 | 51,2 % |
| Autre (inanimés abstraits) | 2 | 4,8 % |

Le résultat le plus remarquable au plan quantitatif est le nombre de sujets indéfinis, 21 sur 41, ce qui représente une proportion de 51,2 %.

Mais ces indéfinis méritent d'être analysés plus attentivement, à la lumière des observations rapportées plus haut sur le rapport entre sujet de surface et sujet profond. Si l'interprétation de chacune des entrées du tableau requiert la confrontation des deux niveaux d'analyse, celle-ci s'avère plus importante encore dans le cas des sujets indéfinis.

Avant d'entreprendre un examen plus détaillé, passons tout de suite au deuxième tableau, qui concerne non plus le sujet grammatical mais le sujet profond, le vrai sujet de la vision dont le trait le plus intéressant est bien sûr la détermination sexuelle, quelquefois explicitement indiquée, ailleurs implicitement suggérée ou absolument indécidable.

TABLEAU 2

**Sujets profonds**

| | | |
|---|---|---|
| Explicitement homme | 7 | (17 %) |
| Explicitement femme | 7 | (17 %) |
| Probablement homme | 13 | (31,7 %) |
| Probablement femme | 5 | (12,1 %) |
| Indécidable | 9 | (21,9 %) |

L'expression « explicitement homme » renvoie aux énoncés dans lesquels le sujet qui voit est explicitement désigné comme masculin. Elle recouvre aussi bien l'unique cas où le sujet est à la première personne « *Voglio vederti in gonna* » [Je veux te voir en jupe] que tous ceux où, bien que l'on soit en présence d'un sujet grammatical non défini quant au genre (il s'agit précisément du *si* [se] indéfini), la sémantique de l'énoncé impose une définition masculine du sujet profond. Dans ces énoncés, on remarque que l'individuation du sujet profond, entendu comme agent sémantique (le sujet du voir), coïncide avec celle du sujet implicite d'énonciation, lui aussi de genre masculin. Exemples :

— « *Per gli uomini vedersi in gonna non è normale* » [Pour les hommes, il n'est pas normal de se voir en jupe].
— « *Che strano vedersi con la gonna !* » [Que c'est étrange de se voir en jupe !]
— « *Vedersi con una donna in gonna è bello* » [Se voir avec une femme en jupe est agréable].
— « *Vedersi con la gonna allo specchio, che effetto !* » [Quel effet cela fait de se voir en jupe dans un miroir !]

Les énoncés que recouvre l'entrée « explicitement femme » sont plus clairs dans la mesure où ils correspondent à des phrases que l'on pourrait dire plus standard pour ce genre d'épreuve linguistique, des phrases où la position du sujet grammatical incombe soit au syntagme *donna* [femme], soit au pronom *lei* [elle] et où le verbe est utilisé à la forme réfléchie :

— « *Lei va a vedersi la gonna* » [Elle va se voir la jupe (= Elle va admirer sa jupe/s'admirer en jupe)].
— « *Lei si vede bene con la gonna* » [Elle se voit bien en jupe].
— « *Lei si vede bella con la gonna* » [Elle se voit (= se trouve) belle en jupe].

Pour autant, le fait que *donna* ou *lei* soit sujet grammatical ne suffit pas à établir en toute certitude que l'agent de la vision est féminin. De fait, des phrases comme :

— « *Una donna è bella da vedersi con una bella gonna* » [Une femme est belle à voir avec une belle jupe],

— « *Lei con la gonna è bella a vedersi* » [Elle est belle à voir en jupe],

placent sans aucun doute le personnage féminin en tant qu'objet, et non sujet, de la vision. Dans de tels cas, où *vedersi* n'est pas utilisé sous la forme réfléchie mais très clairement au sens passif, ce n'est en effet pas la femme qui se voit elle-même : elle est vue par quelqu'un d'autre. Le sujet grammatical fonctionne alors, du point de vue des rôles sémantiques, comme celui d'un verbe transitif quelconque à la forme passive. En d'autres termes, il correspond à l'objet du niveau sémantique profond. Nous verrons un peu plus loin ce qu'il en est de l'attribution du genre de l'agent de la vision.

Sous l'expression « probablement homme », nous rassemblons les cas où l'inférence qui pousse à attribuer le genre masculin au sujet de la vision est hautement probable, sans être certaine comme dans le groupe précédent. La différence entre les deux groupes n'apparaît bien sûr pas clairement et, souvent, l'attribution s'appuie sur des nuances sémantiques. On a donc affaire à un continuum, à l'intérieur duquel il reste cependant possible d'isoler deux catégories différentes.

Il semble qu'on puisse ranger dans la catégorie « probablement homme » des phrases comme :

— « *Ti si vedono le gambe con la gonna* » [On te voit les jambes avec la jupe].

— « *Sotto la gonna si vedono le gambe* » [Les jambes se voient sous la jupe].

— « *Con la gonna c'è il problema del vedersi le gambe anche le storte* » [Le problème avec les jupes, c'est que les jambes se voient, même quand elles sont torses].

— « *Una donna è bella da vedersi con una bella gonna* » [Une femme est belle à voir avec une belle jupe].

— « *Sotto la gonna lei si vede la...* » [On lui voit la... sous la jupe] *(sic)*.

— « *La gonna non è sempre bella a vedersi* » [La jupe n'est pas toujours belle à voir].

Dans ces exemples et dans d'autres semblables, l'objet de la vision est très évidemment la femme, ou plutôt, sinon la femme elle-même, une partie de son corps (les jambes, en général, ou la jupe) qui renvoie — par le biais des figures de la métonymie et de la synecdoque — au corps féminin dans sa totalité. Dans ce cas, en disant que la femme est objet de la vision, on ne se réfère bien sûr pas aux relations grammaticales de surface (de fait, dans les phrases produites par des hommes, la femme n'apparaît jamais comme l'objet direct au sens grammatical) mais toujours au niveau profond, équivalent thématique de l'objet profond. C'est pourquoi il devient nécessaire d'approfondir encore l'analyse portant sur l'objet grammatical et l'objet profond et de confronter les résultats (cf. ci-dessous les tableaux 3 et 4). Mais restons-en pour le moment à la question de l'attribution de genre du sujet profond.

On pourrait objecter que l'inférence « probablement homme » est insuffisamment fondée. Mais l'objet de la vision n'est pas tant la jupe que la femme qui porte une jupe ; autrement dit, ce qui n'est pas toujours beau à voir, c'est la femme en jupe, et non la jupe en soi. Il y a en outre quelqu'un pour regarder, et ce quelqu'un (implicite) se pose en sujet pour émettre un jugement de valeur vis-à-vis de la femme. Sans doute cela ne suffit-il pas toujours à affirmer qu'il s'agit là d'un sujet masculin. Toutefois, le fait qu'il ne soit pas marqué du côté du féminin laisse suggérer qu'il existe une continuité implicite entre le sujet empirique de l'énonciation et l'indéfini, neutre en apparence, de l'énoncé. Pour le dire autrement, on peut alors faire l'hypothèse que, pour tous les groupes, chaque fois que le genre n'est pas expressément signalé, pas défini, il correspond à celui des locuteurs empiriques et que toute variation susceptible d'apparaître se signale par une marque à cet égard explicite.

L'expression « probablement femme » désigne les cas où le sujet grammatical est un indéfini qu'il est difficile d'assimiler au masculin à cause de la sémantique de la phrase. La phrase suivante est à cet égard typique :

— « *Impossibile vedersi le scarpe con una gonna cosi larga* » [Il est impossible de se voir les souliers avec une jupe aussi large].

Le verbe ici est sans conteste à la forme réfléchie et le groupe circonstanciel « avec une jupe » pousse à attribuer un genre féminin au sujet de la vision.

Enfin, on a regroupé sous le mot « indécidable » les cas où toute inférence sur le genre de l'agent s'avère effectivement impossible :

— *« Si vede la gonna »* [La jupe se voit/On voit la jupe].
— *« È una gonna da vedersi »* [C'est une jupe à voir].

Venons-en à l'interprétation de ces données. On décèle, nous le verrons en détail un peu plus loin, une tendance générale qui vise à l'effacement du sujet au féminin supplanté par un sujet potentiellement homme, d'où une modification et une transformation des « indications sémantiques » des termes de la consigne. Pour le dire autrement, les hommes cherchent à se situer dans le discours en position de sujets, même lorsque la sémantique suggère avec force un sujet marqué au féminin.

Dans le test dont il s'agit ici, leur inscription s'effectue pour l'essentiel au niveau profond, pas au niveau grammatical. (De fait, on ne trouve dans l'ensemble du corpus qu'un seul cas de sujet grammatical qui soit explicitement masculin, et il s'agit précisément du pronom *je*. Partout ailleurs, la subjectivité masculine s'établit par le biais de transformations plus complexes.) Ce faisant, les locuteurs cherchent à transformer les phrases de façon à y inscrire leur propre subjectivité en position de sujets du *voir*, la femme étant alors située comme objet de la vision (la femme, mais pas toujours sur le mode direct, souvent par le biais de la métonymie : parfois en tant que « jambes », parfois en tant que « jupe »).

Cette stratégie d'« effacement du sujet féminin » s'exprime au moyen de formes plus spécifiques qui utilisent de diverses manières les possibilités offertes par la structure grammaticale à la forme impersonnelle en italien (un indéfini à la troisième personne, ou la substantivation de l'infinitif *« il vedersi* [le se (faire) voir] »).

Il est indubitable que la stratégie la plus explicite consiste à se mettre dans le rôle du sujet de la vision, ce qui correspond à 7 cas sur 41 (17 %). On observe d'ailleurs un chiffre équivalent pour les sujets explicitement féminins, mais cette égalité numérique est trompeuse car elle masque une profonde disparité : en effet, étant donné la structure sémantique de la phrase, il est pour le moins surprenant de trouver aussi souvent un sujet masculin avoué dans la production d'une phrase qui, *a priori*, semble difficilement le tolérer. On ne peut d'ailleurs contester que, pour arriver à s'inscrire en tant que sujets, les hommes doivent modifier profondément la sémantique de la phrase. De fait, il n'y a qu'un exemple où cette inscription investit le sujet grammatical : « *Io voglio vederti in gonna* » [Je veux te voir en jupe]. Tous les autres énoncés exploitent les possibilités que recèle l'indéfini pour construire des phrases sémantiquement acceptables : par exemple « *Per gli uomini, vedersi in gonna non è normale* » [Pour les hommes, se voir en jupe n'est pas normal].

Les choses sont plus nuancées lorsque le sujet de la vision apparaît comme « probablement » masculin. De tels cas s'avèrent fort intéressants quant aux transformations grammaticales, car ils mettent à profit l'ambiguïté qui existe en italien entre les modes impersonnel et passif. On obtient ainsi des phrases comme : « *Lei, con la gonna, è bella da vedersi* » [Elle est belle à voir avec la jupe], « *Una donna con una bella gonna è bella da vedersi* » [Une femme avec une belle jupe est belle à voir] ou bien « *Ti si vedono le gambe* » [On te voit les jambes], où le *si* réfléchi (qui devrait imposer un sujet féminin) est transformé en un indéfini ou, plus explicite encore pour ce qui regarde la place dévolue à l'objet, sert à indiquer un mode passif.

Il s'agit alors d'une stratégie qui, me semble-t-il, ne vise pas tant à s'instaurer directement dans le discours qu'à tirer parti des possibilités inhérentes à la forme linguistique de l'italien pour gommer le féminin et se placer — si peu que ce soit et serait-ce de manière implicite — plutôt dans la position d'un possible sujet du voir que dans celle du sujet grammatical immédiat.

— « *La gonna non è sempre bella da vedersi* » [La jupe n'est pas toujours belle à se (faire) voir].

— « *Con la gonna, c'è il problema di vedersi le gambe, anche quelle storte* » [Le problème avec la jupe, c'est qu'on voit les jambes, même quand elles sont torses].

— « *Ti si vedono le gambe con la gonna* » [Avec la jupe, on te voit les jambes].

— « *Più si vede meno è gonna* » [Moins il y a de jupe, plus on en voit].

— « *Mettiti la gonna rossa e ci vedono in piazza* » [Mets ta jupe rouge et qu'on nous voie sur la place].

Dans le dernier exemple, le sujet n'est pas masculin, mais celui qui parle a inscrit sa propre subjectivité par le biais d'une structure actantielle[8] inscrite dans la narration. Cet autre énoncé narratif n'est pas moins intéressant :

— « *La gonna che lui le aveva regalato era stretta per cui hanno deciso di vedersi l'indomani per poterla cambiare* » [La jupe qu'il lui avait offerte était trop étroite, aussi avaient-ils décidé de se voir le lendemain pour essayer de la changer].

La présence effective d'un sujet masculin provoque la transformation très élaborée de toute la phrase, qui devient longue et syntaxiquement complexe. On y remarque, comme dans l'énoncé précédent, le déplacement sémantique de *vedersi* ; mais, alors que dans le premier cas le verbe était référé aux deux protagonistes, il adopte ici une acception idiomatique (= se retrouver).

Quand on additionne les cas où le sujet se donne comme explicitement masculin et ceux où il n'apparaît tel qu'implicitement, la comparaison des pourcentages est très révélatrice. En effet, on s'aperçoit, en confrontant les tableaux 1 et 2, qu'aux 8 sujets grammaticaux « explicitement femme » [« *lei* » + « *donna* »] (19,4 %) correspondent, au niveau profond, 7 sujets « explicitement femme » et 5 « implicitement femme », soit un total de 29,1 %. La somme des sujets profonds masculins, tant implicites qu'explicites, est 48,7 %, pourcentage étonnamment élevé lorsqu'on considère que la sémantique de la consigne induisait avec force un sujet féminin.

La dernière stratégie d'effacement du féminin pourrait se définir comme « stratégie du neutre ». Elle revient à inscrire un sujet de la vision indéfini, pour lequel il est absolument impossible de décider d'une attribution de genre. Dans ce cas, présent dans 21,1 % des énoncés, toute trace de différenciation par le genre est abolie.

La tentative de « neutraliser » le féminin (au double sens qu'un sujet neutre en apparence et non marqué sexuellement est instauré en place du féminin gommé) est parfois totale, dans la mesure où elle n'est pas seulement exprimée sous une forme linguistique mais aussi revendiquée au niveau du contenu même de l'énoncé, qui réfute, explicitement pour ainsi dire, le jeu suggéré par la consigne.

— *« L'importante è il vedersi a prescindere dall'abigliamento, gonna, pantalone, il lato umano è l'importante »* [L'important, c'est de se voir en faisant abstraction de l'habit, de la jupe, du pantalon ; c'est le côté humain qui est important].

— *« Vedersi spesso e portare la gonna sona tornati di moda »* [Se voir souvent et porter la jupe, c'est de nouveau à la mode].

Examinons maintenant, sans trop nous y attarder, les résultats relatifs à l'objet, considéré soit comme objet grammatical direct (tableau 3), soit comme objet profond de la vision (tableau 4).

TABLEAU 3

**Objets directs**

| | | |
|---|---|---|
| Réfléchi | 14 | 34,1 % |
| féminin | 5 | 12,1 % |
| masculin | 5 | 12,1 % |
| neutre | 4 | 9,7 % |
| *Jupe* | 8 | 19,5 % |
| *Jambes* | 1 | 2,4 % |
| *Chaussures* | 1 | 2,4 % |
| *Nous* | 1 | 2,4 % |
| *Toi* | 1 | 2,4 % |
| Autres | 1 | 2,4 % |

TABLEAU 4

**Objets profonds**

| | | |
|---|---|---|
| *Femme* | 3 | 7,3 % |
| *Jupe* | 15 | 36,5 % |
| Réfléchi | 14 | 34,1 % |
| expl. femme | 6 | 14,6 % |
| impl. femme | 1 | 2,4 % |
| masculin | 6 | 14,6 % |
| neutre | 1 | 2,4 % |
| *Jambes* | 3 | 7,3 % |
| *Chaussures* | 1 | 2,4 % |
| *La...* | 1 | 2,4 % |
| *Nous* | 1 | 2,4 % |

Ces résultats sont cohérents avec ceux qui concernent la position du sujet. On remarquera d'emblée les 6 réfléchis masculins du tableau 4. Quant aux autres données, il faut les comparer à celles relatives au sujet. Ainsi, le pourcentage élevé de *gonna* en position d'objet participe de la stratégie de neutralisation du féminin en tant que sujet. Cela signifie qu'il y a eu modification de la phrase standard (celle qui comprend un verbe réfléchi et un objet réfléchi au féminin), l'objet *gonna* venant se substituer à cet objet réfléchi « naturel », opération qui accompagne en général des énoncés fortement impersonnels du point de vue de l'énonciation « sexuée », du genre :

— *« Si vede la gonna »* [La jupe (ça) se voit].

Pour résumer, on peut relever, dans le groupe des hommes, une propension à ne pas mettre la femme en position de sujet, pas plus au niveau profond qu'au niveau superficiel. Cette tendance s'articule ensuite à des stratégies plus spécifiques visant soit à substituer au sujet féminin un sujet explicitement ou, cas plus fréquent, implicitement masculin, soit à exploiter les possibilités inhérentes à l'indéfini.

## GROUPE DES FEMMES

Nous venons de le voir, la stratégie de transformation des phrases produites par les hommes naît de la nécessité de modifier les termes de la consigne afin de pouvoir y inscrire une subjectivité propre au masculin.

Compte tenu de la sémantique suggérée par les mots proposés, il semblerait logique que la subjectivité propre aux femmes s'inscrive de manière plus linéaire et plus immédiate dans les énoncés qu'elles formulent. En réalité, les femmes opèrent elles aussi des transformations dans les phrases, mais pour obtenir un effet de sens diamétralement opposé à celui que visent les hommes. Au lieu d'exploiter la forme du test pour instaurer une sorte de « contiguïté » de l'énonciation, elles tendent, dans une proportion considérable, à neutraliser leur présence en tant que sujets d'énonciation.

Mais procédons avec méthode. Imaginons qu'il existe une échelle idéale de la force énonciative, allant de l'explicitation maximale du sujet d'énonciation féminin à son total effacement et à sa substitution par un sujet masculin, selon une gradation de ce type :

1. *Elle*, ou la femme :

   *a)* « *Lei si vede la gonna* » [Elle se voit la jupe].
   *b)* « *Maria si è vista allo specchio con la gonna* » [Marie s'est vue dans le miroir avec la jupe].

2. Indéfini :

   *a)* « *Si vede in gonna* » [On se voit (bien) en jupe].
   *b)* « *Si vede la gonna* » [La jupe, on la voit].

3. *Jupe :*

   « *La gonna deve vedersi da lontano* » [La jupe doit se voir de loin].

4. Sujet masculin :

   « *L'uomo si vede nella gonna di sua madre* » [L'homme se voit dans la jupe de sa mère].

Cette échelle ne fait pas apparaître le pronom personnel à la première personne, *io* [je], auquel il faut accorder une attention particulière. Du point de vue de l'énonciation en soi, le sujet à la première personne détermine incontestablement le cas d'énonciation le plus explicite : marquant une forte continuité entre le locuteur et l'énoncé, il peut donc être considéré comme le degré maximal de subjectivité linguistique inscrite. Toutefois, du point de vue cette fois de l'énonciation « sexuée », le « je » du sujet parlant témoigne moins explicitement que le sujet féminin à la troisième personne de l'appartenance propre au genre.

Les énoncés où celui-ci apparaît, qu'il s'agisse du pronom « elle », du générique « femme » ou d'un nom propre féminin (« Marie »), ont été regroupés dans la même catégorie car, en dépit de quelques différences qui les distinguent et selon les critères que nous venons de définir, ils représentent autant de cas de la forme d'énonciation féminine la plus explicite. La différence fondamentale qui les sépare des énoncés à la première personne tient au fait que la subjectivité inscrite dans la phrase n'est pas directement celle du sujet parlant, de l'énonciatrice, mais celle du genre, comme si, parmi tous les traits qui marquent sa propre subjectivité, le sujet d'énonciation ne retenait que celui qui se réfère à l'identité sexuelle, s'inscrivant ainsi dans la catégorie plus large du genre féminin. L'analyse doit en outre tenir compte des diverses nuances qui permettent par exemple de distinguer cette phrase :

— *« Maria si è vista allo specchio con la gonna »* [Marie s'est vue dans le miroir avec la jupe]

(où, le verbe étant réfléchi, *si* ou *se stessa* [elle-même] constitue l'objet), de celle-ci :

— *« Lei si vede la gonna »* [Elle se voit la jupe],

dont on a déjà pointé la légère incorrection (cf. note 5) et qui, au lieu de sous-catégoriser l'objet réfléchi, met *gonna* en place d'objet.

La forme impersonnelle est bien évidemment la plus neutre en ce qui concerne l'énonciation ; elle masque la subjectivité de l'énonciatrice, même si, nous l'avons vu, la combinaison syntagmatique des éléments de la phrase peut révéler la tacite présence d'une énonciation au féminin, par exemple dans « *Si vede in gonna* » [(On) se voit (bien) en jupe], phrase qui présuppose un sujet féminin. Ailleurs au contraire, l'indéfini apparaît en tant que tel, ce qui occulte complètement la subjectivité de genre de l'énonciatrice : « *Si vede la gonna* » [On voit la jupe].

Les énoncés où *gonna* vient en place de sujet constituent eux aussi des cas de dissimulation du sujet d'énonciation et se situent au plus près de la neutralité la plus forte, celle de l'indéfini. Très souvent, on n'observe aucune différence, et leur classement au sein de ce groupe ou du précédent — dans son acception la plus « neutre » — devient indécidable.

Viennent enfin les cas où le sujet d'énonciation se donne comme explicitement masculin (*lui*[lui], *l'uomo*[l'homme]), ce qui implique bien sûr l'effacement de toute référence à la subjectivité féminine.

Entre ces deux extrêmes — le sujet explicitement féminin d'un côté, masculin de l'autre — se développe la multiplicité des divers modes d'énonciation du sujet féminin.

À la lumière de ces observations, nous pouvons maintenant examiner les données relatives aux sujets grammaticaux et aux sujets profonds des phrases produites par les femmes (tableaux 5 et 6, représentant un échantillon de 101 femmes[9]).

TABLEAU 5

**Sujets grammaticaux**

| | | |
|---|---|---|
| *Je* | 15 | 14,8 % |
| 3e personne | 11 | 10,8 % |
| *elle* | 4 | |
| *femme* | 5 | |
| nom propre | 2 | |
| Indéfini | 55 | 54,4 % |
| *Jupe* | 16 | 15,8 % |
| *Homme* | 2 | 1,9 % |
| *Jambes* | 1 | 0,9 % |
| *Tu* | 1 | 0,9 % |

TABLEAU 6

**Sujets profonds**

| | | |
|---|---|---|
| Explicitement femme | 24 | 23,7 % |
| *je* | 15 | 14,8 % |
| *elle, femme* | 9 | 8,9 % |
| Explicitement homme | 2 | 1,9 % |
| Probablement femme | 31 | 30,69 % |
| Probablement homme | | |
| Indécidable | 44 | 43,5 % |

Si l'on confronte ces résultats à la hiérarchie énonciative suggérée ci-dessus, on voit que l'énonciation se fait explicitement à la première personne pour 14,8 % d'entre eux, mais à la troisième pour 8,9 % seulement (nous n'avons retenu que 9 des 11 exemples où le sujet de surface appartient à cette catégorie ; en effet, si « femme » apparaissait bien deux fois comme sujet grammatical, ce n'était pas en place de sujet profond de la vision : il s'agissait de phrases du type *« Una donna è bella a vedersi con la gonna »* [Une femme est belle à voir en jupe], pour lesquelles on ne saurait parler de sujet féminin de la vision). Le nombre des sujets de surface indéfinis est très élevé puisqu'il représente 54,4 %. Si l'on décompose ce chiffre d'après les entrées du tableau 6, et si on distingue parmi les indéfinis ceux qui masquent un sujet féminin implicite et ceux qui restent vraiment indécidables, y compris au niveau profond, on obtient les proportions suivantes : « implicitement femme » = 30,6% ; « indécidable » = 23,7 %. (Ce dernier résultat est bien sûr inférieur aux 43,5 % du tableau 6 qui, eux, représentent le pourcentage complexe de *tous* les cas indécidables, c'est-à-dire aussi bien, par exemple, ceux où le sujet grammatical de surface est *gonna* [jupe], que les autres.) Les 15,8 % de cas où « jupe » est sujet de surface représentent un degré d'effacement plus marqué encore de l'énonciation au féminin. L'énonciation ne se donne comme explicitement masculine que dans 1,9 % des phrases.

Comment interpréter ces résultats ? On observe avant tout que le chiffre le plus significatif quantitativement parlant correspond aux cas où le genre du sujet est indécidable : ils représentent bel et bien 43,5 % du total. Ce chiffre d'emblée rend compte de la tendance qu'on peut alors considérer comme la plus forte, celle qui vise l'effacement de l'énonciation au féminin. Ce gommage s'effectue par le biais de plusieurs stratégies grammaticales, dont la plus fréquente est l'utilisation de la forme impersonnelle de *vedersi* (23,7 %), juste avant le déplacement de « jupe » en sujet de surface (15,8 %). On trouve au contraire un sujet de surface masculin dans 1,9 % des cas, et deux phrases (qui, additionnées, correspondent à 1,9 %) font appel à d'autres solutions (« jambes », « toi »). Malgré des différences notables, l'ensemble de ces stratégies tend à supprimer de l'énonciation toute trace du genre féminin. Au lieu d'occuper le lieu d'énonciation de façon explicite — selon l'indication implicitement fournie par la consigne —, les femmes cherchent donc une voie détournée leur permettant soit de ne pas du tout apparaître en tant que sujets, soit de n'apparaître que de façon indirecte.

De fait, il s'agit là de la deuxième grande stratégie. Si l'on confronte les données concernant les sujets implicitement et explicitement féminins, on s'aperçoit que les premiers représentent 30,6 % des cas et les seconds 23,7 % seulement. On se souvient que par sujets « implicitement » ou « probablement femmes » nous désignons tous les énoncés où seule l'inférence permet de reconstruire comme féminin le sujet profond, ou l'agent, de la vision, mais qu'on ne trouve à cet égard aucune indication à la surface de la phrase qui, en général, présente un sujet indéfini. Typique de ce groupe est la phrase *« Si vede in gonna »* [(On) se voit (bien) en jupe]. À l'évidence, de tels énoncés mettent en œuvre une stratégie de non-explicitation du genre, au contraire de ceux qui spécifient un sujet féminin jusque dans la forme grammaticale, par exemple :

— *« Anna di solito non si vede con la gonna stretta »* [Habituellement Anna ne se voit pas avec une jupe étroite].

— *« Mi vedo senza la gonna »* [Je me vois sans jupe].

— *« La donna si vede la gonna »* [La femme se voit la jupe].

Ce dernier groupe de phrases où le sujet est explicitement féminin constitue 23,7 % du total, mais il faut cependant relever qu'il comprend surtout des sujets à la première (14,8 %), les sujets à la troisième personne ne comptant que pour 8,9 %. Nous l'avons déjà souligné, en ce qui concerne l'énonciation du genre, la troisième personne du féminin ou le substantif « femme » sont plus explicites que le pronom de la première personne. Aussi peut-on sans doute avancer que, pour les femmes, l'interdit le plus fort n'est pas tant de dire « je » que de mettre en place de sujet un terme explicitement féminin.

À ce point, il convient d'ajouter une précision supplémentaire. Les phrases produites par des femmes où l'on relève une énonciation au féminin présentent presque toutes, dans une très forte proportion, des expressions circonstancielles de différents types (démonstratifs, adverbes, localisations spatiales, adjectifs) qui modifient l'énonciation et la circonscrivent. Nous reviendrons bientôt sur cette question très importante et sur sa possible interprétation. Pour le moment, restons-en aux données relatives à l'objet, tant superficiel que profond.

Quand on compare les tableaux 5 et 6, concernant le sujet, aux tableaux 7 et 8, à propos de l'objet, une substantielle homogénéité se fait jour. La proportion très importante de « jupe » en objet profond (42,5 %) correspond en particulier à la fréquence élevée des phrases dont le sujet est indéfini — du type *« Si vede la gonna »* [On voit la jupe] —, très couramment produites par les femmes.

Autre résultat intéressant, celui qui touche à l'objet réfléchi : les *se stessa* [elle-même] explicitement féminins comptent pour la moitié des objets profonds implicites (11,8 % contre 23,7 %), ce qui vient confirmer ce que nous avons avancé plus haut à propos des sujets féminins.

TABLEAU 7

**Objets grammaticaux**

| | | |
|---|---|---|
| Réfléchi : | | |
| elle-même (expl. ou impl.) | 27 | 26,7 % |
| *moi-même* | 9 | 8,9 % |
| *lui-même* | 2 | 1,9 % |
| *Jupe* | 33 | 32,6 % |
| *Femme* | 2 | 1,9 % |
| *Toi* | 2 | 1,9 % |

TABLEAU 8

**Objets profonds**

| | | |
|---|---|---|
| *Elle-même* (expl.) | 12 | 11,8 % |
| *Elle-même* (impl.) | 24 | 23,7 % |
| *Lui-même* | 2 | 1,9 % |
| *Jupe* | 43 | 42,5 % |
| *Femme* | 4 | 3,9 % |
| *Toi* | 2 | 1,9 % |
| *Jambes* | 1 | 0,9 % |

## Expressions circonstancielles

Les expressions circonstancielles apparaissent très fréquemment dans les phrases produites par les femmes. Nous rangeons dans cette catégorie toutes les locutions qui « circonscrivent » l'énoncé et le relativisent eu égard au temps, à l'espace et à la manière. On y trouvera donc des démonstratifs *(« questa gonna »* [cette jupe]), des adjectifs et des adverbes (*« Anna di solito non si vede con la gonna stretta »* [Anna d'habitude ne se voit pas avec une jupe serrée]), des déterminations temporelles et spatiales.

Dans l'ensemble, si l'on considère toutes les catégories mentionnées, le nombre des phrases ainsi modifiées s'élève à 38 chez les femmes, soit 37,6 %, alors qu'il n'était que de 5 chez les hommes, soit 12,1 % seulement.

Pour mieux détailler ces données, nous avons distingué en trois sous-catégories les expressions de lieu, de temps et de manière, chez les femmes d'une part et les hommes de l'autre.

| Expressions de | | FEMMES | HOMMES |
|---|---|---|---|
| | Adverbes | 2 — 1,9 % | |
| | Expansions, par ex. : | | |
| lieu | *dans la vitrine* | 4 — 3,9 % | |
| | *dans le miroir* | 11 — 10,8 % | 2 — 4,8 % |
| | Total | 17 — 16,8 % | 2 — 4,8 % |
| temps | Adverbes | 3 — 2,9 % | 1 — 2,4 % |
| | Adjectifs | | |
| | *serrée, courte* | | 1 — 2,4 % |
| | *ajustée, déchirée* | 5 — 4,9 % | |
| | Adverbes | 2 — 1,9 % | |
| | Démonstratifs | | 1 — 2,4 % |
| manière | *cette jupe-ci* | | |
| | *cette jupe-là* | 9 — 8,9 % | |
| | Expansions | | |
| | *de sa mère* | | |
| | *avec son amie* | 2 — 1,9 % | |
| | Total | 18 — 17,8 % | 2 — 4,8 % |
| | **Total général** | **38 — 37,5 %** | **7 — 16,8 %** |

On notera, dans les données relatives aux femmes, la proportion élevée tant des expressions circonstancielles relatives à l'espace que des expressions circonstancielles de manière faisant appel à des démonstratifs (« *Mi vedo bene con* » [Je me vois bien avec], « *questa gonna* » [cette jupe-ci], ou « *quella gonna* » [cette jupe-là], à la place du plus courant « *Lei si vede con la gonna* » [Elle se voit (bien) en jupe]).

On notera aussi le nombre des adjectifs (« *Non è facile vedersi eleganti con una gonna strappata* » [Il n'est facile de se voir (= de paraître) élégante avec une jupe déchirée], « *Anna di solito non si vede con la gonna stretta* » [En temps normal, Anna ne se voit pas avec une jupe étroite], etc.), ou des expansions. Autant de déterminations qui concourent à rendre l'énoncé plus concret et plus spécifique, plus lié à un espace, un temps, des qualités particulières et individuelles.

On peut faire l'hypothèse que, par le biais de ces expressions, l'énonciation féminine revêt une forme plus relativisée et plus circonscrite que l'énonciation masculine ; en effet, le *je* qu'on y rencontre n'est pas le *je* universel, expression absolue de la subjectivité « transcendantale », mais un *je* beaucoup plus spécifique, concret et délimité par le temps et l'espace, un *je* qui se définit toujours en relation à un *ici* et un *maintenant*. Les femmes signent leurs propres énoncés en les ancrant à une qualité (manière, temps, lieu) spécifique plutôt qu'à une forme générale, comme le font généralement les hommes.

Le pourcentage élevé (10,8 %) des expressions telles que *« vedersi allo specchio », « vedersi nello specchio »* [se voir dans le miroir] mérite d'être considéré à part. Les femmes définissent relativement souvent leur *vedersi* à elles comme une image réfléchie, qui ne s'effectue donc pas directement mais par la médiation d'un objet réfléchissant. Cette observation peut elle aussi s'interpréter comme une confirmation de la tendance générale examinée ci-dessus, qui consiste à ne pas se poser comme sujet explicite de la vision, et donc à remplacer le *« vedere se stesse »* [se voir soi-même] par un *« vedersi »* [se voir/se regarder] réfléchi dans une image spéculaire.

En conclusion, on peut observer que les énoncés produits par les hommes et les femmes diffèrent à plusieurs égards, et de façon importante, même lorsque les résultats paraissent à première vue similaires, comme c'est le cas avec la proportion élevée des indéfinis. De fait, une forme identique sert deux stratégies distinctes. Pour les hommes, il s'agit surtout de destituer le féminin de sa position de sujet afin d'inscrire une subjectivité proprement masculine, serait-ce implicitement ou indirectement. Pour les femmes, le plus difficile semble de s'en tenir à une énonciation explicitement féminine (*« lei »* [elle], ou *« la donna »* [la femme]), qui apparaît beaucoup plus rarement que l'énonciation subjective « je ». Les phrases des femmes, plus riches en déterminations concrètes et spécifiques, témoignent d'un rapport à la réalité contextuelle que pourtant celles-ci n'organisent ni ne possèdent en propre. Comme si les femmes étaient plus proches de l'expérience du réel, mais laissaient à l'autre, l'homme, la tâche de le structurer, en évitant, elles, de s'y inscrire pleinement comme sujets de l'expérience, même là où cette expérience est le plus typiquement la leur.

## NOTES

1. La représentation que nous proposons ici, même si elle se présente sous la forme d'un modèle au trait, n'est toutefois liée à aucune des assomptions fortes propres à ce genre de modèle, en particulier l'analyticité des traits et leur caractère nécessaire et suffisant. Elle vise simplement à caractériser les plus typiques des traits rattachés à une représentation encyclopédique restreinte. (Sur la question de la représentation encyclopédique, cf. Eco, 1984).

2. Par restrictions sélectives, nous désignons les conditions qui règlent la combinaison d'un item lexical à d'autres items. Ainsi, le NP sous-catégorisé comme sujet par le prédicat *mangiare* [manger] doit posséder le caractère « animé » afin de prévenir des phrases sémantiquement anomales telles que : *« Il tavolo mangia »* [La table mange]. Cf. Katz, 1972.

3. On le sait, la distinction entre connaissance strictement linguistique et connaissance du monde est aujourd'hui une des questions les plus controversées en sémantique. Pour une discussion sur ce point, on pourra consulter le chapitre « Dizionario e enciclopedia », in Eco, 1984.

4. Sur la notion de prototype comme concept central de la représentation sémantique, cf. Fillmore, 1975 ; Putnam, 1975 ; Rosch, 1978.

5. On trouve dans certaines phrases un autre usage de *vedersi*, qui n'est ni impersonnel ni réflexif à proprement parler mais présente des traits agrammaticaux : *« La donna si vede la gonna allo spechio »* [La femme se voit la jupe dans le miroir]. L'agrammaticalité est relative à la violation des sous-catégorisations. En effet, alors que *vedere* [voir] comme transitif sous-catégorise deux NP (sujet et objet), *vedersi* [voir/se voir], qu'il soit impersonnel ou réflexif, ne peut en sous-catégoriser qu'un seul, selon un schéma de ce type :

– *vedere :* NP + NP
– *vedersi* réflexif : NP + *si*[se]
– *vedersi* impersonnel : NP + *si*(ou *si* + NP)

Or, dans la phrase donnée en exemple, *vedersi* est utilisé en même temps que deux NP (*donna* [femme] et *gonna* [jupe], respectivement sujet et objet).

Quoi qu'il en soit, au niveau de la distribution des cas profonds, *donna* est ici sujet profond et *gonna* objet de la vision.

6. J'utilise l'expression « sujet de l'énonciation » dans l'acception désormais classique formulée par Benveniste (1966, 1974) et développée ensuite par Greimas (Greimas et Courtés, 1979).

7. Les données ici analysées concernent 41 hommes, et non 42, parce que dans un cas le verbe *vedersi* [(se) voir] a été remplacé par *guardare* [regarder]. Ainsi les pourcentages ont-ils été calculés à partir des 41 cas ayant respecté la consigne.

8. Le concept d'actant a été introduit par Greimas qui le définit de la façon suivante : « L'actant peut être conçu comme celui qui accomplit ou qui subit l'acte, indépendamment de toute autre détermination » (Greimas et Courtés, 1979). La structure actantielle est alors celle qui montre le rôle des divers actants sous-jacents à un énoncé (ou un texte).

9. Dans l'échantillon féminin également, seuls ont été retenus les cas où la consigne de l'épreuve linguistique avait été correctement suivie, à savoir 101 réponses sur 110. Dans 9 des énoncés, le verbe *vedersi* a en effet été remplacé par *guardare* ou *guardarsi* [se regarder]. Les données et les pourcentages concernent donc une population de 101 sujets.

## BIBLIOGRAPHIE


BENVENISTE, É., 1966, *Problèmes de linguistique générale*, t. I, Paris, Gallimard.

BENVENISTE, É., 1974, *Problèmes de linguistique générale*, t. II, Paris, Gallimard.

ECO, U., 1988, *Sémiotique et philosophie du langage*, Paris, PUF.

FILLMORE, C., 1968, « The Case for Case », in Bach et Harms (éd.), *Universals in Linguistic Theory*, New York, Holt, Rinehart and Winston.

FILLMORE, C., 1975, « An Alternative to checklist Theories of Meaning », *Proceedings of the First Annual Meeting of the Berkeley Linguistics Society*, Berkeley, Californie.

FILLMORE, C., 1976a, « Frame Semantics and the Nature of Language », in Harnard, Steklis, Lancaster (éd.), *Origins and Evolution of Language and Speech*, Annals of the New York Academy of Science, vol. 280.

FILLMORE, C., 1976b, « Topics in Lexical Semantics », in Cole (éd.), *Current Issues in Linguistic Theory*, Bloomington, Indiana University Press.

GREIMAS, A.J., COURTÉS, J., 1979, *Sémiotique, Dictionnaire raisonné de la théorie du langage*, Paris, Hachette.

KATZ J.J., 1972, *Semantic Theory*, New York, Harper.

PUTNAM, H., 1975, « The Meaning of "Meaning" », in Gunderson (éd.), *Minnesota Studies in Philosophy* VII, Minneapolis, University of Minnesota.

ROSCH, E., 1978, « Principles of Categorization », in Rosch, Lloyd (éd.), *Cognition and Categorization*, Hillsdale, Lawrence Erlbaum.

## Corpus*

### PRODUCTION DE PHRASES À PARTIR DE MOTS CLÉS

### GONNA – VEDERSI

*Femmes*

1. La gonna volteggiava nell'aria, a vederla pareva proprio la Monroe.
2. Vai a vederti la gonna davanti allo specchio.
3. Non le piaceva vedersi con la gonna.
4. Non riesco a vedermi in gonna.
5. Con la gonna ti vedo più femminile.
6. Non tutte le donne riescono a vedersi più donne indossando una gonna.
7. Una donna in gonna è bella a vedersi.
8. Vedersi con le gonne può farsi sentire più femminile.
9. Con questa gonna non mi vedo.
10. Una donna è bella a vedersi con la gonna.
11. La gonna era da vedersi.
12. A vedersi la gonna è molto bella ma può essere scomoda.
13. È una delle poche volte che ti vedo in gonna.
14. La gonna deve vedersi.
15. La gonna deve vedersi da lontano.
16. Vedermi con la gonna.
17. Si vede la gonna.
18. Vedersi bene con la gonna addosso.
19. Anna di solito non si vede con la gonna stretta.
20. Si vede la gonna.

*Hommes*

1. Con la gonna c'è il problema del vedersi le gambe, anche le storte.
2. Vedersi allo specchio con la gonna : che effetto !
3. La gonna non è sempre bella da vedersi.
4. L'importante è vedersi a prescindere dall'abbigliamento : gonna, pantaloni, l'importante è il lato umano.
5. È poi così bello vedersi in gonna ?
6. Indossare la gonna e vedersi donna.
7. Alcune donne non si possono vedere in gonna.
8. Impossibile vedersi le scarpe con una gonna così larga.
9. Sotto la gonna si vedono le gambe.
10. Vedere una gonna non significa solo donna.
11. Ti si vedono le gambe con la gonna.
12. Più si vede meno è gonna.
13. Metti la gonna rossa e ci vedono in piazza.
14. Cosa c'è di più femminile che una gonna intesa come strumento di copertura oppure come evidenziatore di ciò che c'è da vedersi.
15. La gonna che le aveva regalato era stretta per cui hanno deciso di vedersi l'indomani per poter la cambiare.

---

* Étudiant(e)s, de l'université de Bologne, en première et deuxième année de lettres.

21. Le piace vedersi la gonna riflessa nello specchio.
22. Si vede sotto la gonna.
23. Mi vedo senza la gonna.
24. Si vede in gonna.
25. Si vedeva bene in quella gonna.
26. Si vede la gonna.
27. ...............................
28. ...............................
29. Si vede la gonna allo specchio.
30. L'uomo si vede nella gonna di sua madre.
31. Si vede una gonna cadere.
32. ...............................
33. Si vede con la gonna.
34. Una gonna bella a vedersi.
35. Indossa una gonna e si vede allo specchio.
36. Non si vede con la gonna.
37. È bello vedersi in gonna.
38. Vede la gonna.
39. Non si vede con quella gonna.
40. Mi vedo la gonna nello specchio.
41. Con la gonna si vedeva più femminile.
42. Non si vede in gonna.
43. La gonna non si vede dal cappotto.
44. Si vede la gonna.
45. La tua gonna si vede bene in molte boutique.
46. Il colore della gonna può vedersi se vi è della luce.
47. Si vede la gonna allo specchio.
48. Vuole vedersi la gonna.
49. Mi vedo la gonna.
50. Si vede la gonna.
51. Vedere la gonna.
52. Si vede la gonna.
53. Si vede una donna con la gonna.
54. La donna si vede la gonna.
55. Con questa gonna non mi vedo.
56. La gonna è bella vedersi.
57. La gonna è bella a vedersi.
58. Mi vedo bene con questa gonna.
59. Con questa gonna mi vedo molto bene.

16. Vedersi con gonna.
17. ...............................
18. Si guarda la gonna.
19. Si vede la gonna.
20. Una donna si vede molto bene con una gonna.
21. Per gli uomini vedersi in gonna non è normale.
22. Lei si vede bella colla gonna.
23. ...............................
24. La donna ama vedersi la gonna allo specchio.
25. Vedersi spesso e portare la gonna sono tornati di moda.
26. Si vede la gonna.
27. A Daniela non piace vedersi con la gonna.
28. Gonna bella a vedersi.
29. Si vede la gonna.
30. Vede sotto la gonna.
31. Che strano vedersi con la gonna.
32. È una gonna da vedersi.
33. Vedersi quella gonna indosso è piacevole.
34. ...............................
35. Lei si vede bene con la gonna.
36. Vedi la gonna che si è messa quella signora.
37. Sotto la gonna lei si vede la ...
38. Vede la gonna.
39. Una gonna da vedersi.
40. La gonna si vede.
41. Lei va a vedersi la gonna.
42. Lei, con la gonna, è bella da vedersi.
43. Voglio vederti in gonna.
44. Vedersi con una donna in gonna è bello.
45. Una donna con una bella gonna è bella da vedersi.

60. Mi vedo bella con questa gonna.
61. Si guarda la gonna.
62. Si vedeva con la gonna.
63. Non a ogni donne piace vedersi con una gonna.
64. Vedersi con la gonna.
65. Vedersi con le gonne.
66. Vedersi la gonna.
67. La gonna si vede.
68. Si vede la gonna.
69. Indossare una gonna e non vedersi bene.
70. Lei si vede la gonna.
71. Si vede la gonna.
72. Si vede la gonna.
73. È sempre piacevole vedere una donna con la gonna.
74. Si vede la gonna.
75. Si vede con la gonna.
76. Si vede bene con la gonna.
77. Si vede una gonna.
78. Si vede la gonna.
79. Vedersi la gonna addosso fa una strana sensazione.
80. È elegante vestirsi con la gonna.
81. La ragazza ha indossato la gonna e vuole vedersi allo specchio.
82. Si vede la gonna.
83. Si guarda la gonna.
84. Mio fratello ha indossato una mia gonna e il vedersi allo specchio lo ha fatto morir da ridere.
85. Vedersi con la gonna.
86. Con la gonna si vede.
87. Maria si è vista allo specchio con la gonna.
88. Si vede la gonna.
89. Si vede una gonna.
90. Si guarda la gonna.
91. Guarda la gonna.
92. Affermo di non vedersi elegante con quella gonna.
93. È una gonna strana a vedersi ma bella da portare.
94. Si guarda la gonna.

95. Si guarda la gonna.
96. Si guarda la gonna.
97. Sotto il cappotto si vede la gonna.
98. Vedo una gonna in vetrina.
99. Con la gonna corta si vedono le gambe.
100. Mi vedo bene con questa gonna.
101. Indossa la gonna, si guarda.
102. Si vede la gonna.
103. Per vedersi con l'amica indossa una gonna colorata.
104. Là si vede una gonna.
105. Mi sono vista in una vetrina con la gonna cho ho appena comprato.
106. Vedersi eleganti con una gonna strappata non è facile.
107. Che bello vedersi con la gonna.
108. Lei indossa la gonna per vedersi allo specchio.
109. La donna si guarda allo specchio e si vede vestita con una gonna che ha indossato distrattamente.
110. Lei si vede la gonna.
111. Si vede la gonna troppo atillata.
112. Vedersi la gonna.
113. Lei si vede bene con la gonna.
114. ................................

# L'instance visuelle : analyse syntagmatique d'un corpus anglais

KATHERINE STEPHENSON

*Assistante en langues et littératures modernes,*
*Université de Charlotte, Caroline du Nord*

**Langue anglaise**

*PRODUCTION DE PHRASES AVEC LES MOTS :*

* **Dress — self — see [robe — se — voir]**

* **Skirt — self — see [jupe — se — voir]**

## CONSIGNE : DRESS – SELF – SEE [ROBE – SE – VOIR]

Dans « L'ordre sexuel du discours[1] », Luce Irigaray présente des recherches récentes sur la sexuation du discours. Ces travaux témoignent d'un nouveau stade de la réflexion philosophique sur la représentation de la subjectivité dans le langage. Ils s'étendent désormais à une participation internationale, comme en atteste ce recueil, et sont l'aboutissement logique de sa philosophie articulée dans *Speculum, De l'autre femme*[2], pour n'en citer que l'exemple le plus connu, et de ses recherches psycholinguistiques, qu'il s'agisse de son élaboration d'une grammaire démentielle dans *Le langage des déments*[3] ou de celle d'une grammaire de l'énonciation et d'une première réflexion théorique sur la sexuation du discours dans *Parler n'est jamais neutre*[4]. Partant du fait que ni la langue ni le langage ne sont asexués, son analyse d'énoncés de locuteurs de sexes différents montre comment « l'ordre grammatical détermine la programmation, non consciente, de leurs messages, leur intuition ou représentation du monde, de l'autre, du sens, de la langue[5] ». En reprenant comme instrument d'investigation les épreuves développées pendant ses premières recherches psycholinguistiques, elle examine l'acte d'énonciation pour y appréhender le sujet parlant sexué, car c'est dans son rapport à la parole, dans « le contenu même des formes linguistiques[6] » qu'il utilise, qu'on peut repérer

> [ce] sujet [qui] ne sera plus simplement le « sujet parlant » des linguistes, sujet idéal, neutre (?), supposé parler la langue de tout le monde, mais une instance subjective dont la science linguistique, du moins dans sa plus grande part, ne sait rien : sujet singulier, avec son histoire, sa situation unique, son inconscient, son sexe[7].

J'ai abordé les préliminaires de l'étude actuelle lors du séminaire « L'ordre sexuel du discours » mené par Luce Irigaray sous les auspices de l'International Summer Institute of Structuralist and Semiotic Studies (ISISSS) au Victoria College de Toronto en juin 1987. Un groupe de femmes dont je faisais partie avait travaillé sur des corpus en anglais rassemblés pour le séminaire et en avait présenté les résultats pendant une séance exceptionnelle. Une première comparaison et une discussion des résultats aux épreuves en français, italien, et anglais eurent lieu à cette occasion. Depuis, j'ai fait passer des épreuves en anglais à diverses catégories de personnes : à des étudiants de l'université de Caroline du Nord (UNCC) et à des professionnels travaillant en Caroline du Nord et dans d'autres États. Les épreuves ont été présentées sous forme orale et écrite. Les épreuves orales ont été données en classes de français et d'anglais « undergraduate » à l'UNCC par moi et deux professeurs d'anglais. Nous avons lu les consignes à haute voix et les étudiants ont écrit leurs réponses. Les épreuves écrites, correspondant à l'indication par écrit des instructions et des consignes, ont été distribuées à des professeurs, à d'autres professionnels, et à des étudiants avec pour seule recommandation de donner des réponses spontanées*. Les corpus ainsi recueillis comprennent les réponses aux épreuves de 92 femmes (F) et de 54 hommes (H), dont la distribution entre épreuves orales et écrites est la suivante :

---

* Il n'y a donc que des réponses écrites à des consignes données oralement ou par écrit. [Note de L. Irigaray].

| | Épreuves écrites | | Épreuves orales | |
|---|---|---|---|---|
| | F (50) | H (30) | F (42) | H (24) |
| Étudiant(e)s en université | 21 | 11 | 42 | 24 |
| Professionnels (niveau licence ou plus) | 24 | 19 | – | – |
| Professionnels (niveau bac ou moins) | 5 | – | – | – |

La version anglaise de l'épreuve (reproduite en introduction) a été préparée pour le séminaire de l'ISISSS par Barbara Godard, professeur à York College de Toronto, qui l'a traduite de la version française proposée par Luce Irigaray. Je vais analyser les réponses à la consigne *robe-se-voir* [*dress-self-see*] appartenant à la quatrième partie de la version anglaise de l'épreuve dans laquelle il est demandé de produire une phrase à partir de plusieurs mots.

Comme pour la plupart des items de cette partie de l'enquête, les mots de la consigne, tels qu'ils sont proposés, ne permettent pas de former une phrase correcte sans modification de leur ordre de présentation et ajout d'autres syntagmes. Le but de la phrase modèle, indiquée au début de chaque item, est d'ailleurs de signifier qu'il est possible d'effectuer un changement de la consigne, qu'il s'agisse de l'ordre ou du nombre des mots proposés, à condition d'intégrer à la phrase les mots indiqués.

La consigne *robe-se-voir* a été choisie en français, selon moi, parce qu'elle offre la possibilité de produire une phrase qui mette en scène la relation visuelle, spécifiquement en ce qui concerne les femmes, le mot *robe* étant marqué sémantiquement du genre féminin et le pronom *se* pouvant s'intégrer à une phrase simple contenant *voir*, *elle, robe* et *se*.

La consigne en anglais diffère de celle en français sur plusieurs points :

1. Le verbe *voir* n'a qu'un homonyme – l'adverbe *voire* – dont l'usage est plutôt rare. La traduction anglaise de *voir : see* a un homonyme – *sea* – d'usage aussi acceptable que *see*. Le verbe *see* figurant dans l'épreuve dite écrite, il n'y était pas question d'ambiguïté phonologique. Mais, dans l'épreuve de

présentation orale, la réponse *sea* apporte une signification qui ne se trouve pas dans le verbe *voir*. Ainsi la consigne orale anglaise présente-t-elle la possibilité de sortir de l'instance visuelle avec le choix du mot *sea* [mer] au lieu du verbe *see* [voir], ce qui s'est produit assez peu dans ces corpus.

2. Le pronom *se* a comme traduction le mot *self* qui, en anglais, peut être utilisé comme substantif aussi bien que comme pronom. La forme pronominale de *self* se réalise en ajoutant la marque du sujet (e.g. *myself, yourself,* etc.), ce qui correspond en français et au pronom *se** et aux pronoms *moi-même, toi-même,* etc.

3. La plus grande différence entre les deux consignes se situe dans le mot *robe*, qui, en anglais, se traduit par *dress*. *Robe* est exclusivement un substantif, tandis que *dress* peut être un substantif ou un verbe [s'habiller]. Cela donne la possibilité d'interpréter la consigne comme comportant deux verbes (*dress* [s'habiller] et *see* [voir]) — choix le plus répandu dans mes corpus — à la différence de la consigne française qui n'indique qu'un verbe : *voir*. En outre, l'ordre des mots dans la consigne *dress-self-see* induit aisément l'interprétation *s'habiller* : *[to dress oneself]*, tandis que la consigne française évoque les formes réfléchies, passives ou réciproques de *voir*.

Cette étude sera forcément partielle et s'appliquera principalement à une analyse des différents niveaux de structuration du discours pour examiner : a) comment les réponses des deux sexes représentent l'instance visuelle de « se voir » ou de « voir quelqu'un » par rapport au mot *dress* (qui voit ? qui ou qu'est-ce qui est l'objet du regard ?), b) les rapports entre les sujets indiquant des femmes, des hommes, et des objets (qui parle ? à qui ? de quoi ?), et c) le rapport du sujet parlant sexué à son message (qui est le vrai sujet et objet du regard ?).

Dans la majorité des réponses de ces corpus la consigne est interprétée comme comportant deux verbes — *dress* [s'habiller] et *see* [voir] :

---

* Il convient d'ajouter au moins cette différence de plus : en français, *se* peut être entendu *ce*. [Note de L. Irigaray.]

| Consigne | F (92) | H (54) |
|---|---|---|
| à 2 verbes | 63 – 68,47 % | 32 – 59,25 % |
| à 1 verbe (*voir*) | 18 – 19,56 % | 13 – 24,07 % |
| à 1 verbe (*s'habiller*) | 2 – 2,17 % | 1 – 1,85 % |
| sans verbe | 1 – 1,08 % | 1 – 1,85 % |
| non-réponse/incomplète | 8 – 8,69 % | 7 – 12,96 % |

Dans les épreuves orales, où il y avait la possibilité d'utiliser *sea* [mer] au lieu de *see* [voir], 3 femmes sur 42 (7,14 %) et 2 hommes sur 24 (8,33 %) ont produit une phrase avec *sea*. Ce pourcentage assez bas peut s'expliquer par le fait qu'il n'existe pas de rapport sémantique entre *dress* et *sea* sans construction d'un contexte particulier pour les mettre ensemble, dans une phrase du type « récit » avec une expansion importante de la consigne. Cela n'est pas nécessaire avec l'emploi des mots *see* et *dress* qui peuvent exprimer une opération visuelle dans des phrases avec une expansion minime de la consigne : « Je me vois m'habiller » ou « Je me vois dans la robe » se réalisent aisément à l'aide d'un miroir, instrument servant dans la vie quotidienne d'accessoire à l'habillement, et « On voit quelqu'un s'habiller » ou « ... dans une robe » de même, avec comme instrument le regard de l'autre. Pour cette raison sans doute, beaucoup de réponses se limitent à une légère expansion de la consigne, ce qui, en leur donnant une certaine uniformité, permet de centrer l'analyse sur la représentation de l'instance visuelle et le fait qu'elle soit sexuée ou non.

Le grand pourcentage de choix du verbe *dress* [s'habiller] – F 70,65 %, H 61,11 % – par rapport à celui du substantif *dress* [robe] – F 20,65 %, H 25,92 % – s'explique en partie par l'influence de l'ordre des mots dans la consigne. Pourtant, il faut reconnaître que ce choix d'un verbe non marqué par le genre évite l'usage d'un substantif qui est marqué par le féminin. Cela permet aux hommes de se saisir d'un mot qui a la possibilité d'être marqué par le féminin et de le marquer par le masculin du sujet de l'énoncé. En ce qui concerne les femmes, écarter le choix d'un nom qui fait partie de l'identité féminine, et pour 10 % de plus que les hommes, c'est au moins éviter, à quelque degré que ce soit, la marque du féminin. Cette tendance s'étend même aux réponses choisissant le substantif *dress* [robe] (cf. tableau 1), dont le pourcentage chez les hommes (25,92 %) est supérieur à celui des femmes (20,65 %). De plus, ce choix n'effectue pas toujours un lien entre le mot *dress* et une femme, la marque du féminin étant souvent appropriée par un sujet animé neutre ou masculin (par exemple, chez les femmes : « On voit la robe » *[« The self sees the dress »]*, et, chez les hommes : « Je ne me vois pas dans une robe » *[« I don't see myself in a dress »]*). Ainsi les pourcentages de réponses qui mettent en rapport un sujet féminin avec le nom *dress* ne sont que F 15,21 % et H 12,96 %.

Il y a d'autres faits qui témoignent d'une stratégie, chez les femmes comme chez les hommes, pour éviter l'appropriation du féminin par et pour la femme. Il est certainement significatif qu'il y ait un pourcentage aussi bas de sujets indiquant des femmes dans ces corpus — F 12,25 %, H 18,39 % (cf. tableau 2) —, étant donné les contraintes déjà mentionnées à l'égard du mot *robe [dress]* et du pronom *se [self]*. Il y a plus de sujets indiquant des hommes ou des sujets neutres (F 20,65 %, H 20,37 %) que de sujets indiquant des femmes. Quand on ajoute aux sujets qui sont féminins à cause de la marque grammaticale dans l'énoncé (*elle, la jeune fille,* etc.), les *je* dont le sujet d'énonciation est féminin, ce pourcentage chez les femmes s'élève à 62,58 %. Il n'en reste pas moins que 36,77 % des sujets utilisés par les femmes évitent la marque du féminin induite par la consigne, et 81,61 % de ceux utilisés par les hommes. D'ailleurs, il se peut que la forme de la consigne influence en partie ce pourcentage élevé de *je* dans les réponses des femmes, qui l'utilisent comme sujet d'un verbe conjugué autant que les hommes — F 50,32 %, H 49,42 % (cf. tableau 3, dont les pourcentages comprennent les sujets élidés par transformation, indiquée entre parenthèses : ainsi la phrase *« I see myself dress »* [Je me vois m'habiller] comporte en anglais deux verbes conjugués, dont le second a comme sujet *myself*, l'objet direct du premier, ce qui revient donc à une transformation de la phrase à deux sujets *« I see myself (as) (I) dress »* [Je me vois (je) m'habillant]). Bien que ces résultats semblent confirmer ceux d'une étude antérieure correspondant à d'autres consignes, étude dans laquelle j'avais débattu d'une tendance répandue chez les femmes américaines à utiliser *je*[8] à la différence des résultats français obtenus par Luce Irigaray[9], le rôle de la consigne rend difficile une conclusion à cet égard dans ces corpus. Si l'expression *to dress oneself* [s'habiller] est aisément induite par la consigne, il est possible que les réponses du type « Je me vois m'habiller » *[« I see myself dress »]* le soient aussi par extension, dans le sens qu'elles pourraient être interprétées comme une expansion minimale de la consigne dans une performance linguistique irréfléchie. Pour cette raison, il serait mieux de préparer une autre batterie d'épreuves où l'ordre des mots serait changé dans la consigne pour se rendre mieux compte de son influence sur le choix du verbe *dress* [s'habiller] et l'emploi de *je*.

Un autre phénomène existe concernant l'emploi de *je* dans ces corpus : les épreuves de présentation orale ont deux fois plus de *je* que les épreuves écrites. Ce phénomène peut s'expliquer par la situation même de l'épreuve orale où la personne qui donne la consigne peut être perçue comme allocutaire possible, c'est-à-dire, peut être considérée comme un *vous [you]* par rapport au *je [I]* de la personne qui passe l'épreuve. Dans ce cas, cette dernière pourrait être tentée de ne pas impliquer la première dans un *vous* qui serait l'objet du regard de *je* (dans une phrase du type « *I see you dress yourself* » [Je vous vois vous habiller]) et de s'approprier l'énoncé plus que les gens qui affrontent la page blanche de l'épreuve écrite, contexte plus neutre. Cette interprétation est renforcée par les pourcentages des rapports entre les sujets *je* (P1)/*vous*(P2) et *vous* (P1)/*je* (P2) (cf. tableau 4). Il y a très peu de phrases où *vous* est l'objet du regard de *je* — F 4,34 %, H 5,55 % — mais cela est vrai pour les épreuves écrites aussi bien que pour les épreuves orales. Si les pourcentages des phrases *vous/je* sont plus élevés chez les femmes (F 13,04 %, H 5,55 %), ils restent bien inférieurs à ceux pour *je* tout seul — F 32,6 %, H 25,92 %.

Ainsi *je* domine comme sujet préféré des deux sexes dans ces corpus — F 50,32 %, H 49,42 % (cf. tableau 3) — suivi, chez les femmes, dans des pourcentages régulièrement deux fois inférieurs au précédent, par *vous* (24,51 %) et les sujets indiquant des femmes (12,25 %), tandis que, chez les hommes, les sujets indiquant des femmes (18,39 %), les *vous* (17,24 %), et les sujets neutres animés (11,11 %) sont en nombre bien inférieur aux sujets *je*. Quant à la distribution et fréquence des sujets dans la même phrase, *je* domine comme seul sujet d'une phrase – F 32,60%, H 25,92% (cf. tableau 4) – suivi par *je* et *vous* en combinaison avec tous les autres sujets, qui s'utilisent plus souvent avec *je* et *vous* que seuls. Cette distribution de sujets semble indiquer que l'instance visuelle se représente dans ces corpus comme expérience médiatisée le plus souvent par *je* ou *vous*. Cependant, la distribution des sujets selon les verbes utilisés (cf. tableau 5) révèle que *vous* s'utilise de loin le plus souvent avec *voir* (F 76,31%, H 66,66%), tandis que *je* ne s'utilise avec *voir* que dans moins de la moitié des cas (F 44,87%, H 48,83%), et les pourcentages de son emploi avec *s'habiller* n'y sont pas très inférieurs (F 37,17%, H 30,23%). Ces pourcentages montrent que, chez les femmes, *vous* est utilisé en tant que sujet du regard par 10% de plus que chez les hommes, et que le *je* féminin se met sous le regard en s'utilisant avec *s'habiller* par 7% de plus que le *je* masculin. Chez les deux sexes, les autres sujets s'utilisent plus avec *s'habiller* qu'avec *voir*.

Pour comprendre la fonction du sujet par rapport à l'instance visuelle, c'est-à-dire du sujet qui voit et du sujet qui est vu, j'ai groupé les phrases selon les représentations de cette instance, ce qui a révélé neuf phrases types dont toutes les réponses sont des manifestations variées. Dans la description ci-dessous des phrases types, j'emploie *on* et *quelqu'un* pour désigner tous les sujets possibles.

TYPE 1 : on (se) voit (peut voir) (quelqu'un) s'habiller *[« I see myself dress »]*.

TYPE 2 : on voit comment on (quelqu'un) est habillé, i.e. après s'être habillé *[« Dress yourself and see how you look »]*.

TYPE 3 : on voit (peut voir) qu'on (quelqu'un) s'habille *[« I see that you dress yourself »]*.

TYPE 4 : on voit (peut voir) qu'on (quelqu'un) peut s'habiller [« You see that I can dress myself »].

TYPE 5 : on peut voir *a)* quelqu'un s'habillant *b)* pour s'habiller *[« Can you see me dress myself ? »* ou *« She can see to dress herself »].*

TYPE 6 : on peut se voir dans une robe *[« I can see myself in the blue dress »].*

TYPE 7 : on se voit dans une robe *[« She sees herself in a dress »].*

TYPE 8 : on voit un objet inanimé *[« I see a dress that I made for myself »].*

TYPE 9 : phrases sans *voir* en tant qu'instance visuelle, soit emploi figuratif du verbe *voir*, soit type « récit » avec expansion importante de la consigne.

Le premier type de phrase, qui apparaît le plus souvent dans des corpus, met un sujet animé sous le regard, soit de lui-même, soit de l'autre, au moment de s'habiller. Cela correspond au regard le plus intime figurant dans des phrases réduites, celui qui voit un sujet animé aussi bien nu qu'habillé. Cela correspond aussi à l'instance visuelle la plus fondamentale, la phrase n'ayant pour but que de mettre en scène cette instance dont l'objet est le sujet animé comme objet corporel ; c'est-à-dire que, bien qu'il soit en train de s'habiller, ni cet acte ni les vêtements ne sont mis en valeur par rapport au regard.

Les phrases du type 2 limitent l'objet du regard à un sujet animé déjà habillé. Elles mettent en scène l'instance visuelle sur laquelle est ou sera basé un jugement de valeur à l'égard de la façon dont on est habillé. Ainsi le vrai objet du regard ici est plutôt les vêtements ou l'habileté de s'habiller bien.

Dans les phrases du type 3 et 4, le verbe *voir* prend le statut de constatation en vérifiant le fait qu'on s'habille (type 3) ou qu'on peut s'habiller (type 4). L'emploi d'une modalité (pouvoir *[can]*) avec *voir* ne fait que mettre l'accent sur la constatation, tandis qu'avec *dress* [s'habiller], elle désambiguïse le vrai objet du verbe *voir*, ce qui reste obscur dans la phrase du type 3. « Voir que quelqu'un peut s'habiller » (type 4) ne s'applique en général qu'au regard approbateur de l'adulte (parent ?) sur l'enfant qui peut enfin s'habiller sans aide. L'objet du verbe *voir* est l'acte de s'habiller en tant que capacité, sans doute nouvellement acquise.

Le troisième type de phrase a soit cette signification, soit une autre, plus rare ou recherchée mais qu'on doit envisager. Si la phrase *« I see that you dress yourself »* [Je vois que tu t'habilles toi-même] s'adresse à un adulte, et non à un enfant, elle met en scène l'acte de s'habiller en tant qu'habileté liée au (mauvais) jugement de celui qui s'habille plutôt que comme capacité à s'habiller ; c'est-à-dire le *je* met (ironiquement) en doute le goût de *tu*. Ce sens n'est perceptible qu'en anglais, et vient du fait que l'addition du pronom *yourself* [toi-même] indique qu'on s'habille sans aide, ce qui pour un enfant impliquerait l'acquisition d'une capacité, tandis que pour un adulte l'implication serait qu'on aurait dû se faire aider et, ainsi, qu'on s'est mal habillé.

Dans les phrases du type 5, l'emploi d'une modalité sans la conjonction *que [that]* met en valeur l'action de voir et non l'objet du regard ou l'action de s'habiller. Les phrases du type « pouvoir se voir s'habiller » établissent un rapport de (non-) nécessité ou de capacité de voir pour s'habiller, ce qui implique la (non-) présence d'un miroir ou d'assez de lumière ; elles sont des transformations des phrases du type « Il y a assez de lumière/un miroir pour que je puisse me voir m'habiller ». Les phrases du type « pouvoir voir quelqu'un s'habiller » ressemblent à celles du type 1 en ce que le sujet animé comme objet corporel est l'objet du regard ; mais la modalité, en mettant l'accent sur la capacité de voir, détourne l'attention de l'objet du regard vers la (non-) capacité de voir du sujet. Le vrai objet de ces phrases n'est plus l'objet du regard, le sujet qui est vu, mais le sujet qui voit.

Les phrases du type 6 mettent en scène une instance visuelle imaginaire, l'emploi de la modalité avec le verbe *voir* signifiant alors « pouvoir s'imaginer dans une robe ». Constituer l'image mentale de soi ou de quelqu'un dans une robe, c'est entre autres se demander si elle me/vous/lui va. Le vrai objet du regard dans ces phrases serait souvent *robe*.

Les phrases du type 7, en laissant tomber la modalité devant le verbe *voir*, sont ambiguës : soit elles gardent la signification du type 6 (*voir = s'imaginer*), soit elles mettent en scène l'instance visuelle fondamentale du type 1, mais sans l'intimité qu'implique le fait de voir quelqu'un en train de s'habiller. Dans ces deux cas de figure, l'objet du regard est *robe*, ou un sujet animé en tant que porteur de robe.

Le huitième type de phrase met en scène l'instance visuelle dont l'objet est inanimé (le plus souvent *robe*).

Le neuvième type de phrase sort de l'instance visuelle proprement dite en utilisant *sea* [mer] au lieu de *see* [voir], ou en utilisant *voir* dans un sens figuratif.

L'analyse des phrases réduites révèle que les objets de l'instance visuelle, de la structure profonde de ces phrases, se limitent à quatre (hormis ceux du type 9 qui excluent l'instance visuelle) : 1. le sujet animé comme objet corporel, ce que j'appellerai l'instance visuelle pure ; 2. la capacité de s'habiller ou de voir du sujet animé , l'instance visuelle servant de constatation de cette capacité ; 3. le sujet animé habillé, en tant qu'il est habillé convenablement ou non, l'instance visuelle servant de lieu ou de prétexte à ce jugement ; 4. le sujet inanimé, l'instance visuelle dans la plupart de ces phrases étant mise à l'arrière-plan, soit reléguée dans une proposition subordonnée, soit réduite à l'introduction d'une qualité de l'objet.

Quand on groupe les phrases selon cet objet profond auquel correspond l'instance visuelle (cf. tableau 7), on remarque que, pour les deux sexes, le sujet animé est l'objet profond le plus utilisé ; il figure dans un tiers des réponses (F 30,43 %, H 35,18 %). Ces pourcentages sont probablement influencés par la consigne, ce type de phrase en étant une expansion minimale et pour ainsi dire une performance linguistique automatique pour un certain pourcentage des réponses. Ils sont donc moins significatifs que les pourcentages des autres groupes en ce qui concerne la possibilité de déterminer une intentionnalité à l'égard du choix d'objet.

Les phrases des trois autres groupes présentent une instance visuelle utile ou pratique, c'est-à-dire une instance qui est mise en rapport avec d'autres éléments de la phrase qu'elle sert, le plus souvent, à mettre en scène. Le deuxième objet le plus utilisé n'est pas le même pour les deux sexes. Les femmes choisissent comme deuxième objet une instance visuelle liée à une capacité, soit de s'habiller, soit de voir pour s'habiller, dans un pourcentage très proche (26,08 %) de celui pour le sujet animé (30,43 %). Ce choix témoigne d'une préoccupation ou souci plus forts chez les femmes que chez les hommes (F 26,08 %, H 14,81 %) concernant la possibilité d'effectuer une action et de l'assumer comme telle, la modalité marquant cette trace du sujet dans l'énoncé. Le nombre élevé de sujets *je* dans les réponses des femmes semble représenter une autre façon pour elles de s'exprimer comme sujets de l'énonciation. Cependant, il faut remarquer que la plupart de ces phrases (19,56 %) mettent en scène la capacité de l'enfant de s'habiller sans aide, et non celle d'un sujet féminin, et beaucoup de ces phrases sont à l'impératif. Aussi il vaudrait mieux mettre l'accent sur le lien entre ce choix et le nombre élevé de phrases avec *vous* comme sujet (F 30,43 %, H 20,37 %), dont 17,39 % (F) et 11,11 % (H) mettent en rapport les sujets *je* et *vous*, et sur le plus grand usage de la modalité *pouvoir* [can] dans les énoncés féminins (F 18,45 %, H 12,24 %). Ces phénomènes indiquent une tendance plus répandue chez les femmes à représenter les rapports entre les protagonistes de l'énonciation, tout en subordonnant souvent le *je* au *vous*.

Les hommes préfèrent comme deuxième objet, pour 10 % de moins (25,92 %) que le sujet animé (35,18 %), une instance visuelle liée à un jugement qu'elle implique ou dont elle sert de base. Cette catégorie pourrait représenter plus que les autres l'appropriation du féminin par la femme dans des phrases du type « Elle se voit dans une robe », le jugement concernant ici non seulement le fait que le vêtement est considéré comme « convenable », mais aussi l'identification de la femme avec le féminin. Il est peu surprenant que les hommes se montrent moins portés à produire des phrases qui mettent en cause la capacité et, au contraire, soient plus susceptibles de produire des phrases où il est question d'un sujet qui s'impose en produisant, explicitement ou implicitement, un jugement. Ce qui est notable est le peu de réponses d'hommes qui représentent un jugement produit par un sujet féminin (26,66 %) par rapport aux sujets masculins (60,00 %) et neutres (13,33 %).

Les hommes évitent, s'emparent de, ou détiennent le pouvoir d'accorder la marque du féminin de diverses manières.

1. Ils se jugent : « Je me regarde dans un miroir pour voir si je me suis bien habillé » *[« I look at myself in the mirror to see if I dressed right »]* ;
2. Ils jugent une femme ou un autre : « Je la vois dans la robe moi-même » *[« I see her in the dress myself »]*, « Habille-toi, puis fais-moi voir » *[« Dress yourself, then let me see »]* ;

3. Ils se jugent en se voyant (!) ou ne se voyant pas dans une robe : « Je me vois dans une robe pourpre » *[« I see myself in a purple dress »]*, « Je ne me vois pas dans une robe » *[« I don't see myself in a dress »]* ;

4. Un sujet neutre juge une façon (neutre) de s'habiller : « On peut voir une autre façon de s'habiller » *[« The self may see an alternative way to dress »]*.

Les femmes produisent moins de phrases qui mettent en scène un jugement que les hommes (F 18,47 %, H 25,92 %) et, bien que leurs réponses expriment plus de jugements par un sujet féminin que celles des hommes (F 64,70 %, H 26,66 %), plus d'un tiers d'entre elles renvoie le pouvoir de juger aux autres (aux sujets neutres : 29,41 %, aux sujets masculins : 5,88 %).

Le dernier groupe présente comme objet le sujet inanimé, le plus souvent *robe [dress]*, et l'instance visuelle dans ces phrases sert souvent à mettre en valeur une qualité de l'objet. En général, ces phrases dans mes corpus présentent, avec celles du type 9, la plus grande expansion de la consigne. Cette expansion est due à l'emploi de *dress* [robe] comme objet direct plutôt que comme verbe [s'habiller], ce qui nécessite un deuxième syntagme verbal pour incorporer *self* [se] dans la phrase — par exemple, « Je vois une robe que je me suis faite » *[« I see a dress that I made for myself »]* — ou l'emploi d'un circonstant dans une phrase du type « Je vois la robe sur moi », *[« I see the dress on myself »]*, phrase lourde dont il n'y a que deux exemples, dans les corpus des femmes. On peut se demander si ces expansions, souvent compliquées, et quelquefois franchement gauches, ne sont pas un refus de la phrase plus simple « Elle se voit dans une robe » qui associe le vêtement féminin avec un sujet marqué par le même genre, car ces phrases témoignent aussi de la tendance à mettre un sujet non directement marqué par le féminin en rapport avec *robe* [dress] : F 50,00 %, H 66,66 %.

L'analyse des phrases réduites et de leurs objets profonds confirme les résultats concernant les syntagmes nominaux et verbaux et les éclaire en illustrant comment fonctionne l'instance visuelle dans les phrases de ces corpus. Les femmes et les hommes évitent, dans des proportions importantes (d'un tiers à plus de la moitié des cas) : 1. d'interpréter la consigne comme marquée par le féminin en employant le verbe *dress* [s'habiller] au lieu du substantif [robe] ; 2. d'associer le substantif *dress*, quand ils l'utilisent, avec un sujet féminin ; 3. de mettre en scène une simple instance visuelle, l'emploi de *dress* comme verbe avec *see* [voir] induisant une scène à caractère peut-être trop intime pour certains, ce qui les mène à l'associer avec, la faire introduire, ou évoquer autre chose comme contenu de leur message.

L'uniformité de cette tendance, qui représente un des aspects les plus singuliers de ces corpus, doit dériver en partie de la spécificité de la consigne en anglais. En suggérant l'expression *« to dress oneself »* [s'habiller], celle-ci présente des contraintes particulières par rapport à celles des consignes en français et en italien et elle donne lieu de ce fait à des expansions spécifiques à l'anglais.

Les différences entre les réponses des deux sexes, cependant, semblent confirmer plusieurs résultats d'études antérieures en français. Si les femmes américaines n'évitent pas l'emploi de *je* comme les femmes françaises, on peut repérer dans leurs phrases les mêmes tendances : *a)* à parler aux autres, *b)* à exprimer dans leurs énoncés des rapports avec le monde et les autres, *c)* à les laisser parler et agir, à leur remettre souvent la responsabilité du message ou le rôle d'actant. Par ailleurs, bien que les réponses des hommes présentent une variété de pronoms relativement semblable à celles des femmes, leurs phrases manifestent une tendance marquée à représenter un monde où l'homme, ses actes et ses désirs dominent, où les autres sont le plus souvent ramenés à lui en tant qu'objets de son regard ou de son récit. L'exemple le plus frappant de cela est leur appropriation de *dress* comme verbe et comme substantif, ce qui les amène à se mettre eux-mêmes en rapport avec les deux en tant que sujet au lieu de recourir aussi à un sujet féminin. Il serait utile de comparer ces résultats avec ceux d'autres consignes, les unes mettant en jeu des contraintes similaires, les autres remplaçant *dress* par un substantif marqué par le féminin mais sans homonyme (par exemple, *skirt [jupe] ou blouse* [chemisier]). La question des différences entre le pronom réfléchi français *se*, et le mot *self* en anglais est l'objet de recherches actuelles de ma part, recherches dont les résultats s'appliqueront à la modification de la consigne *dress-self-see.*

# ÉPREUVE DE CONTRÔLE* :

# SKIRT - SELF - SEE [JUPE - SE - VOIR]

Voici quelques-uns des résultats de mon analyse des réponses pour *skirt-self-see*. J'ai donc modifié la première consigne en remplaçant *dress* [robe ou habiller] par *skirt* [jupe] pour voir si, dans ce deuxième corpus, il y aurait la même tendance à éviter l'association de la femme avec un vêtement de femme. En annexe, se trouvent les réponses, y compris par phrases types, pour la consigne *skirt-self-see*. Je ne prendrai pas le temps ici de les analyser en détail, mais j'indiquerai les résultats pertinents pour comparer avec les autres consignes (anglais, français).

La plus grande différence entre les deux corpus (pour *dress-self-see* et *skirt-self-see*) est l'utilisation presque exclusive dans le deuxième du substantif au lieu de son homonyme verbal (qui pour *skirt* est d'usage assez rare et veut dire « éluder un problème » ou « contourner un endroit »). Ainsi la majorité des réponses sont du type « Je me vois ou peux me voir dans une robe » (types 1 et 2 sur le tableau 9) : F 70 %, H 52 %. Bien que ces réponses s'approchent plus de celle induite par la consigne que celles obtenues pour *dress-self-see*, on y voit la même tendance à éviter des sujets femmes se voyant en jupe : 7 % dans les réponses des femmes, 12 % dans celles des hommes. Chez les femmes, le sujet *je* figure dans 86 % des réponses, et dans 64 % chez les hommes, qui ont produit des phrases du type « Je ne me vois pas dans une jupe » ou « Je me vois dans une jupe et je ris ». Il y a aussi, pour 15 % des réponses d'hommes, une phrase du type « Je me vois en jupe », ce qui peut être considéré comme réponses correspondant à une performance linguistique

* Travail réalisé pour le colloque *Sexes et genres à travers les langues*, au Collège international de philosophie, le 14 décembre 1988.

irréfléchie. Les hommes utilisent, à part le *je*, plus de sujets neutres (23 %) que de sujets femmes (12 %).

La distribution importante de sujets *je* dans les réponses des deux sexes confirme la tendance des résultats obtenus aux autres consignes en anglais, notamment à *dress-self-see* (que j'ai hésité d'abord à interpréter à cause de l'influence possible de la consigne). Il me semble nécessaire de tenter de vérifier à quel point ces réponses avec *je*, dans une expansion minimale de la consigne, représentent pour les Américains le fait de s'acquitter simplement de la consigne sans trop s'occuper de communiquer un message.

Dans les réponses des deux sexes, il y a le plus souvent une médiatisation du rapport entre le sujet et l'instance visuelle : c'est-à-dire qu'il y a très peu de phrases du type « Elle se voit... » ou « Je me vois dans une jupe ». La plupart des phrases où le sujet se voit dans une jupe ont recours à une modalité, au conditionnel, au négatif, à des circonstances (adjectifs, adverbes, expressions de manière), ou au sens figuré pour réaliser l'instance visuelle. Par exemple : « Je peux me voir dans une jupe », « Elle devrait se voir dans cette jupe », « Elle voulait se voir dans une jupe », « Je me vois dans une jupe dans la glace », « Je me vois dans une jupe rouge en cuir », etc. Pour les femmes, tous ces procédés effectuent une distanciation du sujet par rapport à une simple instance visuelle, en reléguant l'acte de se voir soit hors de leur portée, soit dans un domaine autre que la réalité. Ainsi ces phrases manifestent la difficulté, sinon l'impossibilité, pour les femmes de s'approprier l'instance visuelle pour se représenter sans intermédiaires.

Dans le peu de réponses où les hommes utilisent un sujet femme, ces mêmes procédés médiatiseurs servent à distancier la femme de l'instance visuelle. Dans les réponses d'hommes où le sujet n'est pas une femme, c'est-à-dire dans la plupart des réponses, ces procédés servent à l'exclusion des femmes de la représentation du rapport entre *jupe* et femme et à l'appropriation par un sujet masculin de ce mot marqué féminin pour sa propre auto-représentation.

Ainsi les résultats pour *skirt-self-see* confirment les principales tendances de ceux pour *dress-self-see*, et signalent d'autres directions à poursuivre avec de nouvelles consignes.

NOTES

1. L. IRIGARAY, « L'ordre sexuel du discours », dans *Langages* 85, mars 1987, p. 81-123.
2. L. IRIGARAY, *Speculum, De l'autre femme*, Paris, Éditions de Minuit, 1974.
3. L. IRIGARAY, *Le langage des déments*, La Haye, Éditions Mouton, 1973.
4. L. IRIGARAY, *Parler n'est jamais neutre*, Paris, Éditions de Minuit, 1985.
5. « L'ordre sexuel du discours », p. 81.
6. *Parler n'est jamais neutre*, p. 37.
7. « L'ordre sexuel du discours », p. 82.
8. Dans « Luce Irigaray's "L'ordre sexuel du discours" : A Comparative English Study on Sexual Differentiation in Language Use », *Semiotics 1987*, University Press of America, pp. 257-266.
9. « L'ordre sexuel du discours », p. 108.

# TABLEAUX

TABLEAU 1

**Distribution des sujets par rapport à *dress***

| Épreuves | écrites | | orales | | | | écrites | | orales | | | |
|---|---|---|---|---|---|---|---|---|---|---|---|---|
| | F (50) | | F (42) | | F (92) | | H (30) | | H (24) | | H (54) | |
| | # | % | # | % | # | % | # | % | # | % | # | % |
| *Je* | 5 | 10,00 | 5 | 11,90 | 10 | 10,86 | 2 | 6,66 | 2 | 8,33 | 4 | 7,40 |
| Féminins | 4 | 8,00 | - | - | 4 | 4,34 | 4 | 13,33 | 3 | 12,50 | 7 | 12,96 |
| % féminins | - | - | - | - | 14 | 15,21 | - | - | - | - | 7 | 12,96 |
| % masculins | - | - | - | - | - | - | 2 | 6,66 | 2 | 8,33 | 4 | 7,40 |
| *Vous* | 3 | 6,00 | - | - | 3 | 3,26 | 1 | 3,33 | - | - | 1 | 1,85 |
| Neutres | 2 | 4,00 | - | - | 2 | 2,17 | 2 | 6,66 | - | - | 2 | 3,70 |
| | 14 | 28,00 | 5 | 11,90 | 19 | 20,65 | 9 | 30,00 | 5 | 20,83 | 14 | 25,92 |

TABLEAU 2

**Distribution des sujets par genre**

| Épreuves | écrites | | orales | | | | écrites | | orales | | | |
|---|---|---|---|---|---|---|---|---|---|---|---|---|
| # de SUJETS | F (79) | | F (76) | | F (155) | | H (51) | | H (36) | | H (87) | |
| | # | % | # | % | # | % | # | % | # | % | # | % |
| Féminins | 13 | 37,97 | 6 | 7,89 | 19 | 12,25 | 12 | 23,52 | 4 | 11,11 | 16 | 18,39 |
| *Je* fém. | 30 | 37,97 | 48 | 63,15 | 78 | 50,32 | - | - | - | - | - | - |
| | 43 | 54,43 | 54 | 71,05 | 97 | 62,58 | 12 | 23,52 | 4 | 11,11 | 16 | 18,39 |
| Masculins | 5 | 6,32 | 5 | 6,57 | 10 | 6,45 | 3 | 5,88 | - | - | 3 | 3,44 |
| *Je* masc. | - | - | - | - | - | - | 18 | 35,29 | 25 | 69,44 | 43 | 49,42 |
| | 5 | 6,32 | 5 | 6,57 | 10 | 6,45 | 21 | 41,17 | 25 | 69,44 | 46 | 52,87 |
| *Neutres animés* | | | | | | | | | | | | |
| *On* | 4 | 5,06 | 4 | 5,26 | 8 | 5,16 | 5 | 9,80 | 3 | 8,33 | 8 | 9,19 |
| *Vous* | 25 | 31,64 | 13 | 17,10 | 38 | 24,51 | 11 | 21,56 | 4 | 11,11 | 15 | 17,24 |
| | 29 | 36,70 | 17 | 22,36 | 46 | 29,67 | 16 | 31,37 | 7 | 19,44 | 23 | 26,43 |
| *Neutres inanimés* | | | | | | | | | | | | |
| *Robe* | 1 | 1,26 | - | - | 1 | 0,64 | 2 | 3,92 | - | - | 2 | 2,29 |
| Infinitif | 1 | 1,26 | - | - | 1 | 0,64 | - | - | - | - | - | - |
| | 31 | 39,24 | 17 | 22,36 | 48 | 30,96 | 18 | 35,29 | 7 | 19,44 | 25 | 28,73 |

TABLEAU 3

**Distribution des sujets**
**(syntagmes nominaux 1)**

| Épreuves | écrites | | orales | | | | écrites | | orales | | | |
|---|---|---|---|---|---|---|---|---|---|---|---|---|
| # de SUJETS | F (79) | | F (76) | | F (155) | | H (51) | | H (36) | | H (87) | |
| | # | % | # | % | # | % | # | % | # | % | # | % |
| *Je* | 26 | 32,91 | 37 | 48,68 | 63 | 40,64 | 14 | 27,45 | 19 | 52,77 | 33 | 37,93 |
| (Je) | 4 | 5,06 | 11 | 14,47 | 15 | 9,67 | 4 | 7,84 | 6 | 16,66 | 10 | 11,49 |
| | 30 | 37,97 | 48 | 63,15 | 78 | 50,32 | 18 | 35,29 | 25 | 69,44 | 43 | 49,42 |
| *Vous* | 10 | 12,65 | 7 | 9,21 | 17 | 10,96 | 2 | 3,92 | 3 | 8,33 | 5 | 5,74 |
| (Vous) | 15 | 18,98 | 6 | 7,89 | 21 | 13,54 | 9 | 17,64 | 1 | 2,77 | 10 | 11,49 |
| | 25 | 31,64 | 13 | 17,10 | 38 | 24,51 | 11 | 21,56 | 4 | 11,11 | 15 | 17,24 |
| Féminins | 7 | 8,86 | 2 | 2,63 | 9 | 5,80 | 5 | 9,80 | 3 | 8,33 | 8 | 9,19 |
| (F) | 6 | 7,59 | 4 | 5,26 | 10 | 6,45 | 7 | 13,72 | 1 | 2,77 | 8 | 9,19 |
| | 13 | 16,45 | 6 | 7,89 | 19 | 12,25 | 12 | 23,52 | 4 | 11,11 | 16 | 18,39 |
| Masculins | 4 | 5,06 | 1 | 1,31 | 5 | 3,22 | - | - | - | - | - | - |
| (M) | 1 | 1,26 | 4 | 5,26 | 5 | 3,22 | 3 | 5,88 | - | - | 3 | 3,44 |
| | 5 | 6,32 | 5 | 6,57 | 10 | 6,45 | 3 | 5,88 | - | - | 3 | 3,44 |
| Neutres animés | 3 | 3,79 | 3 | 3,94 | 6 | 3,87 | 4 | 7,84 | 2 | 5,55 | 6 | 11,11 |
| (NA) | 1 | 1,26 | 1 | 1,31 | 2 | 1,29 | 1 | 1,96 | 1 | 2,77 | 2 | 2,29 |
| Neutres inanimés | 2 | 2,53 | - | - | 2 | 1,29 | 2 | 3,92 | - | - | 2 | 2,29 |
| (NI) | 6 | 7,59 | 4 | 5,26 | 10 | 6,45 | 7 | 13,72 | 3 | 8,33 | 10 | 11,49 |

TABLEAU 4

## Distribution des sujets P1/P2 dans la même phrase

| Épreuves | écrites | | orales | | | | écrites | | orales | | | |
|---|---|---|---|---|---|---|---|---|---|---|---|---|
| P1/P2 | F (50) # | % | F (42) # | % | F (92) # | % | H (30) # | % | H (24) # | % | H (54) # | % |
| Je | 12 | 24,00 | 8 | 42,85 | 30 | 32,60 | 4 | 13,33 | 10 | 41,66 | 14 | 25,92 |
| Je/vous | 2 | 4,00 | 2 | 4,76 | 4 | 4,34 | 1 | 3,33 | 2 | 8,33 | 3 | 5,55 |
| Je/féminins | 2 | 4,00 | 1 | 2,38 | 3 | 3,26 | 4 | 13,33 | 2 | 8,33 | 6 | 11,11 |
| Je/masculins | 3 | 6,00 | 4 | 9,52 | 7 | 7,60 | 1 | 3,33 | - | - | 1 | 1,85 |
| Je/neutres | - | - | - | - | - | - | - | - | 2 | 8,33 | 2 | 3,70 |
| Neutre/je | 1 | 2,00 | - | - | 1 | 1,08 | 1 | 3,33 | - | - | 1 | 1,85 |
| | 20 | 40,00 | 25 | 59,52 | 45 | 48,91 | 11 | 36,66 | 16 | 66,66 | 27 | 50,00 |
| Vous | 6 | 12,00 | 1 | 2,38 | 7 | 7,60 | 2 | 6,66 | 1 | 4,16 | 3 | 5,55 |
| Vous/je | 5 | 10,00 | 7 | 16,66 | 12 | 13,04 | 2 | 6,66 | 1 | 4,16 | 3 | 5,55 |
| Vous/fém. | 6 | 12,00 | 2 | 4,76 | 8 | 8,69 | 2 | 6,66 | - | - | 2 | 3,70 |
| Vous/masc. | - | - | - | - | - | - | 2 | 6,66 | - | - | 2 | 3,70 |
| Vous/neutres | 1 | 2,00 | - | - | 1 | 1,08 | 1 | 3,33 | - | - | 1 | 1,85 |
| | 18 | 36,00 | 10 | 23,80 | 28 | 30,43 | 9 | 30,00 | 2 | 8,33 | 11 | 20,37 |
| Je/vous + Vous/je | 7 | 14,00 | 9 | 21,42 | 16 | 17,39 | 3 | 10,00 | 3 | 12,50 | 6 | 11,11 |
| Féminins | 3 | 6,00 | 1 | 2,38 | 4 | 4,34 | 3 | 10,00 | 2 | 8,33 | 5 | 9,25 |
| Fém./neutres | - | - | - | - | - | - | 1 | 3,33 | - | - | 1 | 1,85 |
| Neutre/fém. | 1 | 2,00 | - | - | 1 | 1,08 | - | - | - | - | - | - |
| | 4 | 8,00 | 1 | 2,38 | 5 | 5,43 | 4 | 13,33 | 2 | 8,33 | 6 | 11,11 |
| Masculins | 1 | 2,00 | - | - | 1 | 1,08 | - | - | - | - | - | - |
| Masc./fém. | - | - | 1 | 2,38 | 1 | 1,08 | - | - | - | - | - | - |
| | 1 | 2,00 | 1 | 2,38 | 2 | 2,17 | - | - | - | - | - | - |
| Neutres animés | 2 | 4,00 | 2 | 4,76 | 4 | 4,34 | 2 | 6,66 | 1 | 4,16 | 3 | 5,55 |

TABLEAU 5

**Distribution des sujets selon verbes**

| Épreuves | écrites | orales | | écrites | orales | |
|---|---|---|---|---|---|---|
| # de VERBES | F (79) # % | F (76) # % | F (155) # % | H (51) # % | H (36) # % | H (87) # % |
| **Vous** | (25) | (13) | (38) | (11) | (4) | (15) |
| Voir | 19 76,00 | 10 76,92 | **29 76,31** | 9 81,81 | 1 25,00 | **10 66,66** |
| S'habiller | 4 16,00 | 3 23,00 | **7 18,42** | - - | 2 50,00 | **2 13,33** |
| Autres vbs | 2 8,00 | - - | **2 5,26** | 1 9,00 | 1 25,00 | **2 13,33** |
| ***Je*** | (30) | (48) | (78) | (18) | (25) | (43) |
| Voir | 18 60,00 | 17 35,41 | **35 44,87** | 9 50,00 | 12 48,00 | **21 48,83** |
| S'habiller | 9 30,00 | 20 41,66 | **29 37,17** | 4 22,22 | 9 36,00 | **13 30,23** |
| Autres vbs | 3 10,00 | 11 22,91 | **14 17,94** | 5 27,77 | 4 16,00 | **9 20,93** |
| **Féminins** | (13) | (6) | (19) | (12) | (4) | (16) |
| Voir | 3 23,07 | 1 16,66 | **4 1,05** | 4 3,33 | - - | **4 25,00** |
| S'habiller | 8 61,53 | 5 83,33 | **13 68,42** | 6 50,00 | 1 25,00 | **7 43,75** |
| Autres vbs | 2 15,38 | - - | **2 10,52** | 2 16,66 | 3 75,00 | **5 31,25** |
| **Masculins** | (5) | (5) | (10) | (3) | | (3) |
| Voir | 1 20,00 | 1 20,00 | **2 20,00** | - - | - - | **- -** |
| S'habiller | 4 80,00 | 4 80,00 | **8 80,00** | 3 100,00 | - - | **3 100,00** |
| Autres vbs | - - | - - | **- -** | - - | - - | **- -** |
| **Neutres animés** | (6) | (4) | (10) | (7) | (3) | (10) |
| Voir | 2 33,33 | 2 50,00 | **4 40,00** | 3 42,85 | 1 33,33 | **4 40,00** |
| S'habiller | 2 33,33 | 2 50,00 | **4 40,00** | - - | 2 66,66 | **2 20,00** |
| Autres vbs | - - | - - | **- -** | 2 28,57 | - - | **2 20,00** |
| **Inanimés** | | | | | | |
| S'habiller | - - | - - | **- -** | 1 14,28 | - - | **1 10,00** |
| Autres vbs | 2 33,33 | - - | **2 20,00** | 1 14,28 | - - | **1 10,00** |

TABLEAU 6

## Distribution des phrases noyaux

| Épreuves | écrites | | orales | | | | écrites | | orales | | | |
|---|---|---|---|---|---|---|---|---|---|---|---|---|
| | F (50) | | F (42) | | F (92) | | H (30) | | H (24) | | H (54) | |
| | # | % | # | % | # | % | # | % | # | % | # | % |
| TYPE 1 | 9 | 18,00 | 13 | 30,95 | **22** | **23,91** | 8 | 26,66 | 6 | 25,00 | **14** | **25,92** |
| TYPE 2 | 4 | 8,00 | 6 | 14,28 | **10** | **10,86** | 4 | 13,33 | 2 | 8,33 | **6** | **11,11** |
| TYPE 3 | 1 | 2,00 | 3 | 7,14 | **4** | **4,34** | 1 | 3,33 | - | - | **1** | **1,85** |
| TYPE 4 | 11 | 22,00 | 3 | 7,14 | **14** | **15,21** | 1 | 3,33 | 1 | 4,16 | **2** | **3,70** |
| TYPE 5 | 6 | 12,00 | 6 | 14,28 | **12** | **13,04** | 4 | 13,33 | 5 | 20,83 | **9** | **16,66** |
| TYPE 6 | 1 | 2,00 | - | - | **1** | **1,08** | 1 | 3,33 | 1 | 4,16 | **2** | **3,70** |
| TYPE 7 | 5 | 10,00 | 1 | 2,38 | **6** | **6,52** | 4 | 13,33 | 3 | 12,50 | **7** | **12,96** |
| TYPE 8 | 7 | 14,44 | 3 | 7,14 | **10** | **10,86** | 3 | 10,00 | - | - | **3** | **5,55** |
| TYPE 9 | 1 | 2,00 | 2 | 4,76 | **3** | **3,26** | - | - | 2 | 8,33 | **2** | **3,70** |

TABLEAU 7

## Distribution des objets profonds dans les phrases noyaux (PN)

| Épreuves | F (92) | | H (54) | |
|---|---|---|---|---|
| | # | % | # | % |
| **OBJETS** | | | | |
| **1. Sujet animé** | | | | |
| PN Type 1 | 22 | | 14 | |
| PN Type 5 | 6 | | 4 | |
| PN Type 7 | | | 1 | |
| | **28** | **30,43** | **19** | **35,18** |
| **2. Capacité** | | | | |
| PN Type 3 | 4 | | 1 | |
| PN Type 4 | 14 | | 2 | |
| PN Type 5 | 6 | | 5 | |
| | **24** | **26,08** | **8** | **14,81** |
| **3. Sujet animé habillé** | | | | |
| PN Type 2 | 10 | | 6 | |
| PN Type 6 | 1 | | 2 | |
| PN Type 7 | 6 | | 6 | |
| | **17** | **18,47** | **14** | **25,92** |
| **4. Sujet inanimé** | | | | |
| PN Type 8 | 10 | 10,86 | 3 | 5,55 |
| PN Type 9 | 5 | 11,90 | 3 | 5,55 |
| (Non-réponse) | 8 | 8,69 | 7 | 12,96 |

TABLEAU 8

## Distribution des syntagmes par propositions

| $SN_1$ | SV | $SN_2$ | $SN_3$ | ATTRIB | EXP | CN | → | $SN_1$ | SV | $SN_2$ | $SN_3$ | ATTRIB | EXP | CN |
|---|---|---|---|---|---|---|---|---|---|---|---|---|---|---|
| I | see | Andy | | | | | (as) | (he) | dress | himself | | | | |
| (You) | See | the child | | | | | (as) | (she) | dress | herself | | | | |
| (You) | See | that child | | | | | (as) | (it) | dress | its self | | | | |
| (You) | See | the girl | | | | | (as) | (she) | dress | herself | | | | |
| I | will see | her | | | | | (as) | (she) | dress | herself | | | | |
| I | see | you | | | | | (as) | (you) | (are) | | | | | |
| | | | | | | | | | dressing | | | | | |
| you | did see | the girl | | | Little ($SN_2$) | | (as) | (she) | dress | | by herself | | all ($SN_3$) | |
| I | see | myself | | | | | (as) | (I) | dress | | | | | |
| I | see | myself | | | | | (as) | (I) | dress | | | | | |
| (You) | Dress | yourself | | | | | and | (you) | see | | | | | |
| | | | | | | | how | you | look | | | | | |
| I | see | | | | | | (that) | he | dresses | | | | | |
| | | | | | | | (so that) | (he) | to please | his self | | | | |
| I | hate | | | | | | (that) | (I) | to see | the way | | | | |
| | | | | | | | (that) | I | dressed | myself | today | | | |
| Mary | | | | | | | | | | | | | | |
| (you) | put on | your dress | | | NEW ($SN_2$) | | so | you | can see | yourself | in the mir-ror | | | |
| you | Can see | | | | | | that | I | dress | myself | | | | |
| (You) | See | | | | | | (that) | I | can dress | myself | | | | |
| I | see | | | | | | that | he | is able | | | | | |
| | | | | | | | | | to dress | himself | | | | |
| I | see | | | | | | (that) | you | can dress | yourself | | | | |
| The child | wants | | | | | | if | he | can dress | himself | | | | |
| | to see | | | | | | | | | | | | | |
| (You) | See | | | | | | if | you | can dress | yourself | | | | |
| (You) | See | | | | | | (that) | the baby | can dress | herself | | | | |
| (You) | See | | | | | | how | the child | can dress | herself | | | well (SV) | |
| (You) | See | | | | | | (that) | I | can dress | myself | | | | |
| You | see | | | | | | (that) | I | can dress | myself | | | | |
| The girl | dresses | herself | | | | | and | (she) | says | | | | | |
| | | | | | | | (that) | Mommy | | | | | | |
| | | | | | | | | (you) | see | | by myself | | all ($NS_3$) | |
| I | see | | | | | | (that) | she | can dress | herself | | | | |
| She | can see | | | | | | (so that) | (she) | to dress | herself | | | | |
| you | Can see | me | | | | | (as) | (I) | dress | myself | | | | |
| I | can see | | | | | | (so that) | (I) | to dress | myself | | | | |
| One | should | one's self | | | | | (who) | who | can see | | | | | |
| | be able | | | | | | | | | | | | | |
| | to dress | | | | | | | | | | | | | |
| I | have to | | | | | | (so that) | (I) | to dress | myself | | | | |
| | be able | | | | | | | | | | | | | |
| | to see | | | | | | | | | | | | | |
| I | can see | | | | not (SV) | | (so that) | (I) | to dress | myself | | | | |
| I | can see | myself | in the dress | | blue ($NS_3$) | | | | | | | | | |
| I | see | myself | in that dress | | | | | | | | | | | |
| you | Did see | yourself | in that dress | | | | | | | | | | | |
| (You) | See | yourself | in the dress | | | | | | | | | | | |
| She | sees | herself | in a dress | | | | | | | | | | | |
| I | see | the dress | on myself | | | | | | | | | | | |
| I | see | a dress | | | | | that | I | made | | for myself | | | |
| I | dressed | myself | | | | | (so that) | (I) | to go see | a movie | | | | |
| The self | sees | the dress | | | | | | | | | | | | |
| The dress | was | | | self-made | | | (that) | I | see | | | | | |
| (It) | made | her | | proud | | | (that) | (she) | to see | her dress | | | self-made | |
| you | Did see | the dress | | | | | (that) | she | made | | (by) herself | | | |
| (You) | See | the dress | (for) | | | | | | | | | | | |
| | | | yourself | | | | | | | | | | | |
| I | do see | myself | | | not (SV) | | as | (I) | putting | dress | on a scale | | high ($SN_3$) | |
| | | | | | | | | | | | | | of values | |

| $SN_1$ | SV | $SN_2$ | $SN_3$ | ATTRIB | EXP | CN | → | $SN_1$ | SV | $SN_2$ | $SN_3$ | ATTRIB | EXP | CN |
|---|---|---|---|---|---|---|---|---|---|---|---|---|---|---|
| (You) | See | me | | | | | (as) | (I) | dress | myself | | | | |
| I | see | my | | | | | | | | | | | | |
| | | appearance | in the mir- | | | | | | | | | | | |
| | | | ror | | | | when | I | dress | myself | | | | |
| (You) | See | me | | | | | (as) | (I) | dress | myself | | | | |
| I | see | the child | | | | | (as) | (he) | dress | himself | | | | |
| I | see | the child | | | | | (as) | (he) | dress | himself | every | | | |
| | | | | | | | | | | | morning | | | |
| You | have | me | | | | | (as) | (I) | dress | myself | | | | |
| | to see | | | | | | | | | | | | | |
| you | Did see | her | | | | | (as) | (she) | dress | herself | | | | |
| I | see | the boy | | | small ($SN_2$) | | (as) | (he) | dress | himself | | | | |
| (You) | See | me | | | | | (as) | (I) | dress | myself | | | | |
| I | will see | the girl | | | | | (as) | (she) | dress | herself | | | | |
| I | see | myself | in the mir- | | | | | | | | | | | |
| | | | ror | | | | (as) | (I) | dress | | | | | |
| He | sees | her | | | | | (as) | she | (is) | herself | | | | |
| | | | | | | | | | dressing | | | | | |
| I | used | | | | | | (that) | (I) | to see | me | | | | |
| | to like | | | | | | (as) | (I) | dress | myself | | | | |
| | | | | | | | when | I | was | | | little | | |
| I | like | | | | | | (that) | (I) | to see | myself | | | | |
| | | | | | | | after | I | dress | | | | | |
| | to see | | | | | | | | | | | | | |
| I | will | | | | | | (so that) | (I) | to see | myself | | | | |
| | dress up | | | | | | | | | | | | | |
| I | look | | | | | | (so that) | (I) | to see | | | | | |
| | | | | | | | after | I | dress | myself | | | | |
| One | must | ones self | | | early (SV) | | in order | (one) | to see | | | | | |
| | | | | | | | whether | (one) | (is) | | | appropriate | | |
| | | | | | | | or not | | | | | | | |
| I | like | | | | | | (that) | (I) | to see | myself | | | | |
| | | | | | | | (that) | (I) | dress | | in clothes | | | my |
| | | | | | | | | | | | | | | friends |
| We | see | | | | | | how | one | may dress | themself | | | nice (SV) | |
| I | see | | | | | | that | I | dress | myself | | | | |
| I | see | | | | | | that | you | dress | yourself | | | | |
| I | can see | | | | | | that | you | dress | | by your self | | all ($SN_3$) | |
| (You) | See | | | | | | if | you | can dress | yourself | | | | |
| You | see | | | | | | that | I | can dress | myself | | | | |
| (You) | See | | | | | | (that) | Ann | can dress | herself | now | | | |
| I | can see | him | | | | | (as) | (he) | trying | his self | | | | |
| | | | | | | | | | to dress | | | | | |
| She | can see | herself | | | | | (as) | (she) | dress | | in | | | |
| You | can see | me | | | not (SV) | | (as) | (I) | dress | myself | | | | |
| I | could | myself | in the mir- | | | | | | | | | | | |
| | | | ror | | | | (as) | (I) | dress | | | | | |
| | see | | | | | | | | | | | | | |
| I | can | myself | | | only (SV) | | when | I | can see | myself | | | | |
| | dress | | | | | | | | | | | | | |
| I | could | myself | | | | | (as) | (I) | get dressed | | | | | |
| | see | | | | | | | | | | | | | |
| I | see | the dress | on myself | | | | | | | | | | | |
| I | see | that dress | everyday | | | | and | (I) | want | it | for my | | | |
| | | | | | | | | | | | self-image | | | |
| I | wanted | the dress | for myself | | | | that | I | saw | | in the | | | |
| | | | | | | | | | | | window | | | |
| (You) | See | the dress | | | | | (that) | I | bought | | (for) myself | | | |
| I | dress | myself | | | | | when | I | go | | by myself | | | |
| I | dress | myself | in the sea | | | | | | | | to the sea | | | |
| I | see | | | | | | that | I | dressed | myself | in time | | | |
| | | | | | | | | | | | for class | | | |
| I | wore | my dress | | | | | when | I | went | | to the sea | | | |
| Hommes | | | | | | | | | | | | | | |
| I | see | myself | in the mir- | | | | | | | | | | | |
| | | | ror | | | | (as) | (I) | dress | | | | | |
| (You) | See | Jane | | | | | (as) | (she) | dress | herself | | | | |
| (You) | See | the | | | | | | | | | | | | |
| | | mannequin | | | | | (as) | (it) | dress | itself | | | | |
| (You) | See | Sally | | | | | (as) | (she) | dress | herself | | | | |

| $SN_1$ | SV | $SN_2$ | $SN_3$ | ATTRIB | EXP | CN | → | $SN_1$ | SV | $SN_2$ | $SN_3$ | ATTRIB | EXP | CN |
|---|---|---|---|---|---|---|---|---|---|---|---|---|---|---|
| I | saw | her | | | | | (as) | (she) | dress | herself | | | | |
| I | would | | | | | | (that) | (I) | to see | Debbie | | | | |
| | like | | | | | | | | | Gilson | | | | |
| | | | | | | | (as) | (she) | dress | myself | | | | |
| (You) | See | the boy | | | | | (as) | (he) | dress | himself | | | | |
| (You) | See | Patrick | | | | | (as) | (he) | dress | himelf | | | | |
| She | sees | herself | in the mir- | | | | | | | | | | | |
| | | | ror | | | | and | (she) | admires | her dress | | | new ($SN_2$) | |
| This dress | makes | me | | | | | (that) | (I) | feel | | about my- | | | |
| | | | | | | | | | | | self | | better (SV) | |
| | | | | | | | and | I | think | | | | | |
| | | | | | | | (that) | others | see | me | | | | |
| | | | | | | | as | (I) | being | | | better | | |
| She | can | herself | now | | | | and | (she) | see | | | | | |
| | dress | | | | | | what | she | is wearing | | | | | |
| (You) | Dress | yourself | | | | | then | (you) | let | me | | | | |
| | | | | | | | (that) | (I) | see | | | | | |
| I | dress | myself | | own ($SN_2$) | | | as | you | see | | | | | |
| You | can see | | | | | | that | I | can dress | myself | now | | | |
| I | could see | | | | | | (so that) | (I) | to dress | myself | | | | |
| I | need | myself | | | | | when | I | get dressed | | | | | |
| | to see | | | | | | (so that) | (I) | too see | | | | | |
| | | | | | | | if | I | look | | | | OK (SV) | |
| I | can see | him | | | | | (as) | (he) | dress | himself | | | | |
| I | could | her | | | | | (as) | (she) | dress | herself | | | | |
| | see | | | | | | | | | | | | | |
| The self | may see | a way | | alterna- | | | | | | | | | | |
| | | | | tive | | | (that) | (it) | to dress | | | | | |
| | | | | ($SN_2$) | | | | | | | | | | |
| The self | is | | in a dress | | | | (that) | we | see | | | | | |
| I | see | myself | in a dress | purple | | | | | | | | | | |
| | | | | $SN_3$ | | | | | | | | | | |
| She | sees | herself | in the dress | new ($SN_3$) | | | | | | | | | | |
| | | | in the mir- | | | | | | | | | | | |
| | | | ror | | | | | | | | | | | |
| I | see | her self | in that dress | pink | | | | | | | | | | |
| | | | | ($SN_3$) | | | | | | | | | | |
| (You) | See | the dress | for (your) | | | | | | | | | | | |
| | | | self | | | | | | | | | | | |
| She | could see | | | | | | that | the dress | was | | | beauty's | | |
| (You) | See | the dress | | self-clea- | | | | | | | | self | | |
| | | | | ning | | | | | | | | | | |
| I | see | her | | | | | (as) | (she) | dress | herself | | | | |
| I | see | myself | | | | | (as) | (I) | dress | | | | | |
| I | do like | | | | | not | | | | | | | | |
| | | | | | | (SV) | for | people | to see | me | | | | |
| | | | | | | | (as) | (I) | dress | myself | | | | |
| I | see | a self | | | | | (as) | (it) | dress | | | | | |
| I | see | myself | | | | | (as) | (I) | dress | | | | | |
| you | would | | | | | | (that) | (you) | to see | me | | | | |
| | like | | | | | | (as) | (I) | dress | myself | | | | |
| I | dressed | myself | | | | | and | (I) | saw | | | | | |
| | | | | | | | what | I | looked | like | | | | |
| I | look | | at myself | | | | (so that) | (I) | to see | | | | | |
| | | | in the mir- | | | | | | | | | | | |
| | | | ror | | | | if | I | dressed | | | | right (SV) | |
| I | see | | | | | | (that) | you | can dress | yourself | | | | |
| I | can see | myself | in the mir- | | | | | | | | | | | |
| | | | ror | | | | (as) | (I) | dress | | | | | |
| I | do need | myself | | | | not | | | | | | | | |
| | | | | | | (SV) | (so that) | (I) | to dress | | | | | |
| | to see | | | | | | | | | | | | | |
| I | can see | you | | | | | (as) | (you) | dress | yourself | | | | |
| You | do need | | | | | not | | | | | | | | |
| | | | | | | (SV) | (so that) | | (one) | to dress | one self | | | |
| | to see | | | | | | | | | | | | | |
| One | must see | | | | | | (so that) | (one) | to dress | one's self | | | | |
| I | can see | myself | in a dress | | | not | | | | | | | | |
| | | | | | | (SV) | | | | | | | | |

| $SN_1$ | SV | $SN_2$ | $SN_3$ | ATTRIB | EXP | CN | → | $SN_1$ | SV | $SN_2$ | $SN_3$ | ATTRIB | EXP | CN |
|---|---|---|---|---|---|---|---|---|---|---|---|---|---|---|
| She | wanted to see | her self | in the dress | new ($SN_2$) | | | | | | | | | | |
| I | do see | myself | in a dress | | | not (SV) | | | | | | | | |
| I | see | her | in the dress myself | | | | | | | | | | | |
| I | have to dress | myself | | | | | (so that) | (I) | to go | | to the sea | | | |
| My sister | could've killed | herself | | | | | when | she | dropped | her dress | in the sea | | | |
| I | dress | myself | | | | | as | I | see fit | | | | | |

TABLEAU 9

**Skirt – Self – See**
**épreuves orales**

| PHRASES TYPES | F (61) | % | H (45) | % |
|---|---|---|---|---|
| **Type 1** (se voir en jupe) | 22 | 36,1 | 7 | 15,6 |
| **Type 2** (modalité + se voir en jupe) | 21 | 34,4 | 16 | 35,6 |
| **Type 3** (voir comment habillé) | 3 | 4,9 | 2 | 4,4 |
| **Type 4** (voir quelqu'un en jupe) | 1 | 1,6 | 3 | 6,7 |
| **Type 5** (voir une jupe) | 8 | 13,1 | 7 | 15,6 |
| **Type 6** (suj. neut. se voir en jupe) | - | - | 5 | 11,1 |
| **Type 7** (*see* ou *jupe* + autre vb) | 5 | 8,2 | 4 | 8,9 |
| **Type 8** (réponses aberrantes) | 1 | 1,6 | - | - |
| **Non-réponse** | - | - | 1 | 2,2 |
| | **61** | **100,0** | **45** | **100,0** |

| INSTANCE VISUELLE | F (61) | % | H (45) | % |
|---|---|---|---|---|
| Obj. animé en jupe | 47 | 77,0 | 28 | 62,2 |
| Obj. animé | 4 | 6,6 | 4 | 8,9 |
| Obj. inanimé | 8 | 13,1 | 8 | 17,8 |
| Sans objet | - | - | 1 | 2,2 |
| Sans instance visuelle | 2 | 3,3 | 4 | 8,9 |
| | **61** | **100,0** | **45** | **100,0** |

| OBJET DU REGARD DE L'ÉNONCIATION | F (61) | % | H (45) | % |
|---|---|---|---|---|
| Soi-même (*Me*) | 46 | 75,4 | 25 | 55,6 |
| (Autre) femme | 4 | 6,6 | 10 | 22,2 |
| (Autre) homme | 1 | 1,6 | | |
| Obj. *neut.* animé | 1 | 1,6 | 4 | 8,9 |
| *Le moi* | 1 | 1,6 | 1 | 2,2 |
| *« Ogre »* | | | 1 | 2,2 |
| *Les politiciens* | | | 1 | 2,2 |
| *Tu* | | | 1 | 2,2 |
| Obj. neut. inanimé | 9 | 14,8 | 6 | 13,3 |
| *Jupe* | 9 | 14,8 | 5 | 11,1 |
| *Table* | | | 1 | 2,2 |
| | **61** | **100,0** | **45** | **100,0** |

| OBJET PAR GENRE | F (61) | % | H (45) | % |
|---|---|---|---|---|
| Féminin | 50 | 82,0 | 10 | 22,2 |
| Masculin | 1 | 1,6 | 25 | 55,6 |
| Neutre animé | 1 | 1,6 | 4 | 8,9 |
| Neutre inanimé | 9 | 14,8 | 6 | 13,3 |
| | **61** | **100,0** | **45** | **100,0** |

| TRANSFORM. | F (61) | % | H (45) | % |
|---|---|---|---|---|
| Négative | 5 | 8,2 | 15 | 33,3 |
| Interrog. | - | - | 1 | 2,2 |
| Impérative | - | - | 4 | 8,9 |

| VERBES : TEMPS | F (86) | % | H (64) | % |
|---|---|---|---|---|
| Présent | 58 | 67,4 | 37 | 57,8 |
| Conditionnel | 8 | 9,3 | 6 | 9,4 |
| Futur | 3 | 3,5 | 2 | 3,1 |
| Passé | 17 | 19,8 | 15 | 23,4 |
| Impératif | - | - | 4 | 6,3 |
| | **86** | **100,0** | **64** | **100,0** |

| SUJETS | F (86) | % | H (64) | % |
|---|---|---|---|---|
| *Je* | 74 | 86,0 | 41 | 64,1 |
| *Elle* | 6 | 7,0 | 8 | 12,5 |
| Neutre inanimé | 2 | 2,3 | 5 | 7,8 |
| Neutre animé | 2 | 2,3 | 6 | 9,4 |
| *Tu* | 1 | 1,2 | 4 | 6,3 |
| *Il* | 1 | 1,2 | - | - |
| | **86** | **100,0** | **64** | **100,00** |

| SUJ. GENRE | F (86) | % | H (64) | % |
|---|---|---|---|---|
| Féminins | 80 | 93,0 | 8 | 12,5 |
| Masculins | 1 | 1,2 | 41 | 64,1 |
| Neutres animés | 3 | 3,5 | 10 | 15,6 |
| Neutres inanimés | 2 | 2,3 | 5 | 7,8 |

| VBS + OBJ. DIRECTS | F (73) | % | H (54) | % |
|---|---|---|---|---|
| **Se voir** | | | | |
| *Je/me* (en jupe) | 36 | 49,3 | 18 | 33,3 |
| *Elle/se* (") | 2 | 2,7 | 3 | 5,6 |
| *Tu/te* (") | - | - | 1 | 1,9 |
| *Je/me* | 2 | 2,7 | 1 | 1,9 |
| *Elle/se* | - | - | 2 | 3,7 |

| | | | | |
|---|---|---|---|---|
| **Voir quelqu'un (")** | | | | |
| *Je/le* | 1 | 1,4 | - | - |
| *Je/la* | - | - | 1 | 1,9 |
| *Je/« ogre »* | - | - | 1 | 1,9 |
| *Tu* ou *Tous/me* | - | - | 2 | 3,7 |
| *Tu/la* | - | - | 1 | 1,9 |
| *Ils/les* | - | - | 1 | 1,9 |
| **Se regarder** | | | | |
| *Je/me* | 2 | 2,7 | - | - |
| *Elle/se* | 1 | 1,4 | - | - |
| **Penser à soi** | | | | |
| *Je/à moi-même* | 1 | 1,4 | - | - |
| **Voir une jupe** | | | | |
| *Je* | 7 | 9,6 | 6 | 11,1 |
| *Elle* | 1 | 1,4 | 1 | 1,9 |
| Tout le monde | 1 | 1,4 | - | - |
| *Tu* | - | - | 1 | 1,9 |
| *Je/sur moi* | 5 | 6,8 | 1 | 1,9 |
| *Elle/sur elle* | - | - | 1 | 1,9 |
| **Ce que je vois** | 1 | 1,4 | - | - |
| **Porter une jupe** | | | | |
| *Je* | 2 | 2,7 | 4 | 7,4 |
| *Il* | 1 | 1,4 | - | - |
| *Elle* | 1 | 1,4 | - | - |
| Neutre animé | 1 | 1,4 | - | - |
| **Autre vb + jupe** | | | | |
| *Je* | 8 | 11,0 | 3 | 5,6 |
| *Elle* | - | - | 1 | 1,9 |
| **Autre vb + obj** | - | - | 5 | 9,3 |
| | **73** | **100,0** | **54** | **100,0** |

| OBJECTS DIRECTS | F (73) | % | H (54) | % |
|---|---|---|---|---|
| Se/soi | 44 | 60,3 | 27 | 50,0 |
| Autre | 1 | 1,4 | 5 | 9,3 |
| TOTAL ANIM. | **45** | **61,6** | **32** | **59,3** |
| Skirt | 27 | 37,0 | 18 | 33,3 |
| Autre inan. | 1 | 1,4 | 4 | 7,4 |
| TOTAL INAN. | **28** | **38,4** | **22** | **40,7** |

| OBJ. GENRE | F 73 | % | H 54 | % |
|---|---|---|---|---|
| Féminins | 44 | 60,3 | 7 | 13,0 |
| Masculins | 1 | 1,4 | 21 | 38,9 |
| Neutres animés | - | - | 4 | 7,4 |
| Neutres inanimés | 28 | 38,4 | 22 | 40,7 |

| GENRE/PHRASE | F (61) | % | H (45) | % |
|---|---|---|---|---|
| **Un genre** | 59 | 96,7 | 34 | 75,6 |
| Féminin | 58 | 95,1 | 6 | 13,3 |
| Masculin | - | - | 23 | 51,1 |
| Neutres animés | 1 | 1,6 | 4 | 8,9 |
| Neutres inanimés | - | - | 1 | 2,2 |
| **Multiples g.** | 2 | 3,3 | 10 | 22,2 |
| Fém. + na. | 1 | 1,6 | 1 | 2,2 |
| Fém. + masc. | 1 | 1,6 | - | - |
| Masc. + na. | - | - | 5 | 11,1 |
| Masc. + fém. | - | - | 3 | 6,7 |
| Na. + ni. | - | - | 1 | 2,2 |
| **Non-réponse** | - | - | 1 | 2,2 |

# Corpus

## I. DRESS – SELF – SEE
## résultats groupés selon phrases types

### *Femmes*

*a) Épreuves écrites*

**Type 1**

I see Andy dress himself.
See the child dress herself.
See that child dress its self.
See the girl dress herself.
I will see her dress herself.
I see you dressing.
Did you see the little girl dress all by herself?
I see myself dress.
I see myself dress.

**Type 2**

Dress yourself and see how you look.
I see he dresses to please his self.
I hate to see the way I dressed myself today.
Mary, put on your new dress so you can see yourself in the mirror.

**Type 3**

Can you see that I dress myself.

**Type 4**

See, I can dress myself
I see that he is able to dress himself.
I see you can dress yourself.

The child wants to see if he can dress himself.
See if you can dress yourself.
See the baby can dress herself.
See how well the child can dress herself.
See, I can dress myself.
You see, I can dress myself.
The girl dresses herself and says « Mommy, see, all by myself ».
I see she can dress herself.

**Type 5**

She can see to dress herself.
Can you see me dress myself.
I can see to dress myself.
One who can see should be able to dress one's self
I have to be able to see to dress myself.
I cannot see to dress myself.

**Type 6**

I can see myself in the blue dress.

**Type 7**

I see myself in that dress.
Did you see yourself in that dress?
See yourself in the dress.
She sees herself in a dress.
I see the dress on myself.

**Type 8**

I see a dress that I made for myself.
I dressed myself to go see a movie.
The self sees the dress.
The dress I see was self-made.
To see her self-made dress made her proud.
Did you see the dress she made herself.

See the dress yourself.

**Type 9**

I don't see myself as putting dress high on a scale of values.

**Réponses incomplètes**

Jan's dress is self-made.
I can to dress myself.
I think that outfit will improve my self esteem.
See yourself in a dream.

**Non-réponse : 1**

*b) Épreuves orales*

**Type 1**

See me dress myself.
I see my appearance in the mirror when I dress myself.
See me dress myself.
I see the child dress himself.
I see the child dress himself every morning.
You have to see me dress myself.
Did you see her dress herself?
I see the small boy dress himself.
See me dress myself.
I will see the girl dress herself.
I see myself dress in the mirror.
He sees her dressing herself.
I used to like to see me dress myself when I was little.

**Type 2**

I like to see myself after I dress.
I will dress up to see myself.
I look to see after I dress myself.

One must dress ones self early in order to see whether appropriate or not.
I like to see myself dress in my friends clothes.
We see how nice one may dress themself.

**Type 3**

I see that I dress myself.
I see that you dress your self.
I can see that you dress all by your self.

**Type 4**

See if you can dress yourself.
You see that I can dress myself.
See, Ann can dress herself now.

**Type 5**

I can see him trying to dress his self.
She can see herself dress in.
You cannot see me dress myself.
I could see myself dress in the mirror.
I can only dress myself when I can see myself.
I could see myself get dressed.

**Type 6**

I see the dress on myself.

**Type 7**

I see that dress everyday and want it for my self image.
The dress I saw in the window I wanted for myself.
See the dress I bought myself.

**Type 8**

I dress myself when I go to the sea.
I dress myself in the sea.
I see that I dressed myself in time for class.

I wore my dress when I went by myself to the sea.

**Réponses incomplètes**

I will see

**Non-réponse : 2**

## *Hommes*

*a) Épreuves écrites*

**Type 1**

I see myself dress in the mirror.
See Jane dress herself.
See the mannequin dress itself!
See Sally dress herself.
I saw her dress herself.
I would like to see Debbie Gibson dress myself.
See the boy dress himself.
See Patrick dress himself.

**Type 2**

She sees herself and admires her new dress in the mirror.
This dress makes me feel better about my self and I think others see me as being better.
She can dress herself now and see what she is wearing.
Dress yourself, then let me see.

**Type 3**

I dress my own self as you see.

**Type 4**

You can see that I can dress myself now.

**Type 5**

I could see to dress myself.
When I get dressed I need to see myself to see if I look OK.
I can see him dress himself.

I could see her dress herself.

**Type 6**

The self may see an alternative way to dress.

**Type 7**

The self we see is in a dress.
I see myself in a purple dress.
She sees herself in the new dress in the mirror.
I see her self-image in that pink dress.

**Type 8**

See the dress for (your) self.
She could see that the dress was beauty's self.
See the self-cleaning dress.

**Réponses incomplètes : 0**

**Non-réponse : 4**

*b) Épreuves orales*

**Type 1**

I see her dress herself.
I see myself dress.
I don't like for people to see me dress myself.
I see a self dress.

I see myself dress.
Would you like to see me dress myself?

**Type 2**

I dressed myself and saw what I looked like.
I look at myself in the mirror to see if I dressed right.

**Type 4**

I see you can dress your-self.

**Type 5**

I can see myself in the mirror.
I don't need to see myself to dress.
I can see you dress yourself.
You don't need to see to dress one self.
One must see to dress one's self.

**Type 6**

I can not see myself in a dress.

**Type 7**

She wanted to see her new self in the dress.
I don't see myself in a dress.
I see her in the dress myself.

**Type 9**

I have to dress myself to go to the sea.
My sister could've killed herself when she dropped her dress in the sea.
I dress myself as I see fit.

**Réponses incomplètes**

Did you see her dress?
My sister sees herself.

**Non-réponse : 1**

## II. SKIRT – SELF – SEE
### résultats groupés selon phrases types

### *Femmes*

*Épreuves orales*

**Type 1** (On se voit en jupe/On voit une jupe sur soi)

I see my self in a skirt.
I see myself in a skirt.
I see myself in a skirt.
I see myself in a skirt.
I see myself in a skirt.
I don't see myself in a skirt.
I see myself in the skirt.
I often see myself in a skirt.
I see myself in a skirt in the mirror.
I see myself in that skirt.
I see myself in that skirt.
I see myself in the mirror wearing a skirt.
I see myself in a red leather skirt.

I see myself with a poor self-image in that skirt.
I see the skirt on myself.
I see the skirt on my self.
I see the skirt on myself.
I see the skirt on myself.
Whenever I see a skirt that I like, I see myself in it.
I saw myself in the mirror wearing my new skirt.
I saw my new skirt on myself in the mirror.
She saw herself in the mirror wearing the skirt.

**Type 2** (On peut se voir en jupe)

I can see myself in a skirt.
I can see myself in a skirt.
I can see myself in a skirt.
I can see my self in a skirt.
I can see myself in a skirt at the sea.
I can see myself in that skirt.
I can see myself in this skirt.
I can see myself in that new skirt.
I can see my self in that pretty skirt.
I can see myself in that nice blue skirt.
I cannot see myself in a skirt.
I never can see myself in a skirt.
I can't see myself in a skirt like that.
I could see myself in that skirt.
I could see myself in that skirt.
I could see myself in the new skirt.
I could see myself in the new plaid skirt.
I could easily see myself in that leather skirt.
I could never see my self in a very short skirt.
I tried to see myself in the new skirt.
The girl seemed to see herself in a skirt.

**Type 3** (Voir comment on est habillé)

I like what I see when I look at myself in a skirt.
The girl looked at her self in the mirror to see what the skirt was like.
I put the skirt on myself to see if it fit.

**Type 4** (On voit quelqu'un en jupe)

I see Ron Self wearing a skirt.

**Type 5** (On voit une jupe...)

Mary and myself see that pretty skirt.
I see a skirt I want for myself.
I see a skirt I want for myself.
I see a skirt that I want for myself.
I see a skirt I'm going to buy for myself.
I see a skirt I would like to make for myself.
I saw a skirt I want to buy for myself.
I bought myself a skirt for the world to see.

**Type 6** (Sujet neutre – animé/inanimé – *sans [se] voir en jupe*)

*Pas de réponse de ce type*

**Type 7** (*sea* [mer] vs. *see* [voir] ou d'autres verbes + *jupe*)

I bought a skirt the color of the sea for myself.
You can get in touch with the self wearing a skirt by the sea.
I went to the store to see if I could buy a skirt for myself.
I can see myself buying the skirt.
Thinking only of myself at Christmas, I can see me buying a skirt.

**Type 8** (Réponses aberrantes)

I'm going on a skirt to see myself.

## *Hommes*

*Épreuves orales*

**Type 1** (On se voit en jupe/On voit une jupe sur soi)

I see myself in a skirt.
I see my self in a skirt.
I see my self wearing a skirt.

I see myself wearing a skirt and I laugh.
I probably will never see myself in a skirt because I wear pants because I'm a guy.
I see a skirt on myself.
Use a mirror to see yourself in that skirt.

**Type 2** (On peut se voir en jupe)

I can see myself in that skirt.
I can see Ogre in a skirt but not myself.
I can not see my self in a skirt.
I can't see myself in a skirt.
I can't see myself in a skirt.
I can't see myself in a skirt.
I can't see myself in a skirt.
I can't see myself in a skirt.
I can't see myself wearing a skirt.
I could not see myself in a skirt.
I couldn't see myself wearing a skirt.
I could never see myself in a skirt.
She could not see her self in that skirt.
Sister hates to see herself in that skirt.
She ought to see herself in that skirt.
She wanted to see her skirt on herself.

**Type 3** (Voir comment on est habillé)

She put on the skirt to see herself in the mirror.
I put the skirt on myself to see how it looked.

**Type 4** (On voit quelqu'un en jupe)

Myself, I'd like to see her in this skirt.
See myself in a skirt.
I see myself in your mirrored skirt.

**Type 5** (On voit une jupe...)

I see the skirt myself.
Can you see the skirt yourself?
I see the skirt in the window self-imposed.

She looked in the mirror to see her skirt and her self.
I, myself, see the short skirt on this blond girl.
As for my self I like to see a skirt on females.
I don't see skirts expressing self.

**Type 6** (Sujet neutre – animé/inanimé – sans *[se] voir en jupe*)

See up her skirt yourself.
See the table skirt itself.
Some politicians skirt the issues so the voters won't see their true selves.
The self in the skirt sees well.
My skirt blew in the wind for all to see myself.

**Type 7** (*Sea* [mer] vs. *see* [voir] ou d'autres verbes + *jupe*)

I wore a skirt when I went to the sea by myself.
The skirt itself fell in the sea.
I see myself lifting the skirt.
I went to the see to pick up some skirt.

**Type 8** (Réponses aberrantes)

**Non-réponse : 1**

## III. SKIRT – SELF – SEE

Corpus non analysé en phrases types

### *Femmes*

*Épreuves orales*

I see the skirt on myself.
I could never see my self in a very short skirt.
I bought a skirt the color of the sea for myself.

I can't see myself in a skirt like that.
Mary and myself see that pretty skirt.
I can see myself in that skirt.
I went to the store to see if I could buy a skirt for myself.
I like what I see when I look at myself in a skirt.
I tried to see myself in the new skirt.
I don't see myself in a skirt.
I could see myself in that skirt.
I see myself in a skirt.
I can see myself in this skirt.
I'm going on a skirt to see myself.
I see myself in the mirror wearing a skirt.
I never can see myself in a skirt.
I often see myself in a skirt.
I see myself in a red leather skirt.
I could easily see myself in that leather skirt.
I see my self in a skirt.
I see the skirt on my self.
I see a skirt I'm going to buy for myself.
I could see myself in the new skirt.
I cannot see myself in a skirt.
I can see myself in that new skirt.
I saw my new skirt on myself in the mirror.
I see myself in a skirt.
I see a skirt I would like to make for myself.
Thinking only of myself at Christmas, I can see me buying a skirt.
I see Ron Self wearing a skirt.
I see a skirt I want for myself.
I bought myself a skirt for the world to see.
I see myself in a skirt in the mirror.
I see myself with a poor self-image in that skirt.
I see myself in the skirt.
The girl looked at her self in the mirror to see what the skirt was like.
I could see myself in the new plaid skirt.
Whenever I see a skirt that I like, I see myself in it.
I can see myself in a skirt at the sea.
The girl seemed to see herself in a skirt.
I see the skirt on myself.
I can see myself in a skirt.

I see myself in a skirt.
I can see my self in a skirt.
I see myself in that skirt.
I saw a skirt I want to buy for myself.
I see myself in that skirt.
You can get in touch with the self wearing a skirt by the sea.
I put the skirt on myself to see if it fit.
I see the skirt on myself.
I can see myself buying the skirt.
I can see myself in a skirt.
I can see myself in that nice blue skirt.
I can see my self in that pretty skirt.
I see a skirt that I want for myself.
She saw herself in the mirror wearing the shirt.
I see a skirt I want for myself.
I could see myself in that skirt.
I see myself in a skirt.
I saw myself in the mirror wearing my new skirt.
I can see myself in a skirt.

## *Hommes*

*Épreuves orales*

I see my self in a skirt.
She looked in the mirror to see her skirt and her self.
The self in the skirt sees well.
She put on the skirt to see herself in the mirror.
I can see Ogre in a skirt but not myself.
I can not see my self in a skirt.
I could not see myself in a skirt.
I can't see myself in a skirt.
I put the skirt on myself to see how it looked.
I see the skirt myself.
I can't see myself in a skirt.
I don't see skirts expressing self.
I see the skirt in the window self-imposed.

Some politicians skirt the issues so the voters won't see their true selves.
I can't see myself in a skirt.
I, myself, see the short skirt on this blond girl.
I see a skirt on myself.
Sister hates to see herself in a skirt.
I can't see myself in a skirt.
See myself in a skirt.
The skirt itself fell in the sea.
I see my self wearing a skirt.
She wanted to see her skirt on herself.
I can't see myself in a skirt.
Myself, I'd like to see her in this skirt.
My skirt blew in the wind for all to see myself.
She ought to see herself in that skirt.
As for my self I like to see a skirt on females.
I probably will never see myself in a skirt because I wear pants because I'm a guy.
Can you see the skirt yourself?
I see myself in your mirrored skirt.
I see myself lifting the skirt.
She could not see her self in that skirt.
See the table skirt itself.
I couldn't see myself wearing a skirt.
I can't see myself wearing a skirt.
See up her skirt yourself.
I see myself wearing a skirt and I laugh.
I wore a skirt when I went to the sea by myself.
I see myself in a skirt.
I went to the see to pick up some skirt.
Use a mirror to see yourself in that skirt.
I can see myself in that skirt.
I could never see myself in a skirt.

# Discours sexué et intersexué

MARK CALKINS

*Undergraduate, Université d'Irvine, Californie*

KATY SWENSON

*Undergraduate, Université de Berkeley, Californie*

**Langue anglaise**

*PRODUCTION DE PHRASES AVEC LES MOTS:*

* **Blouse — see — self**

  **[Chemisier — se — voir]**

Les énoncés des hommes et des femmes sont-ils sexués ? Y a-t-il une différence entre les réponses des hommes et des femmes suivant qu'il s'agit d'un interlocuteur ou d'une interlocutrice ? Si oui, qu'est-ce que cela implique ?

Étant donné ces questions, nous avons fait passer des épreuves linguistiques en anglais à des étudiant(e)s anglophones du Centre parisien d'études critiques ou étranger(e)s à ce Centre. Le nombre de ceux qui ont répondu s'élève à 38 femmes et 28 hommes dont l'âge s'étale entre dix-neuf et trente-six ans. Les épreuves ont été présentées seulement sous forme orale par chacun(e) individuellement. Nous avons donné les consignes à haute voix et les étudiant(e)s ont écrit leurs réponses. Nous leur avons dit de faire spontanément une phrase assez simple.

## REMARQUES MÉTHODOLOGIQUES

### *A) Comment traduire la consigne ?*

Les corpus ont été recueillis à partir de la consigne *blouse - see - self*. Cette consigne est la traduction de *robe - se - voir* mais une traduction différente de celle utilisée par Katherine

Stephenson dans son enquête à l'université de Caroline du Nord. Mme Stephenson a traduit *robe - se - voir* en anglais par *dress - see - self* et, plus tard, par *skirt - see - self.* À la suggestion de Luce Irigaray, nous avons utilisé le mot *blouse*, *chemisier*, au lieu de *robe.* Comme *dress* et *skirt*, *blouse* est marqué sémantiquement du genre féminin mais pas aussi fortement. De plus, en anglais, *dress* peut s'utiliser comme un verbe mais *blouse* reste toujours un substantif.

Il faut noter aussi que l'ambiguïté du *se* de la consigne française est perdue dans la traduction anglaise. Par contre, il y a une ambiguïté dans le mot *see* [voir] : c'est un homonyme de *sea* [mer]. Lors du passage de cette épreuve, quand quelqu'un(e) demandait si le mot était *see* ou *sea*, nous laissions le sens rester ambigu pour permettre de faire apparaître si le choix serait sexué.

### *B) Problèmes d'échantillon*

Au Centre parisien d'études critiques, la majorité des étudiants sont des étudiantes. Le nombre des réponses reflète ce déséquilibre. Mais il nous a semblé que, généralement, les hommes n'ont pas participé aussi souvent que les femmes et qu'ils manifestaient plus de résistance. Serait-ce un manque de maturité ? De plus, malgré nos efforts, à cause du caractère familial du Centre, beaucoup d'étudiant(e)s connaissaient le but de cette enquête. Il est possible que les réponses ont été choisies en fonction de l'enjeu de l'enquête et qu'elles sont, de ce fait, un peu moins naïves ou même contre-sexuées, sexuées à l'inverse de ce qui est prévisible, ce choix manifestant un effort de la part des sujets pour déguiser la nature sexuée des énoncés.

## ANALYSE DES DIFFÉRENCES ENTRE LES RÉPONSES DES FEMMES ET DES HOMMES

*A)* Chez les femmes, 40 % des phrases produites contiennent l'idée de se voir dans un chemisier. Elles sont l'objet de leur propre regard. Ainsi :

— « *I can see myself in that blouse* » (5 variations) [Je peux me voir moi-même dans ce chemisier],

— « *I see myself in that beautiful white blouse* » (4 variations) [Je me vois moi-même dans ce beau chemisier blanc],

— « *I could never see myself wearing that blouse* » (1 phrase) [Je ne pourrais jamais me voir porter ce chemisier].

Toutes ces phrases, sauf une, sont affirmatives. Elles sont toutes assez courtes, simples et directes*. Les adjectifs sont utilisés pour décrire le chemisier ou pour mettre en valeur, soit le chemisier, soit la manière dont le sujet se voit dans le chemisier. Les hommes décrivent le chemisier tandis que les femmes utilisent souvent les adjectifs (*red, beautiful, lovely, new, warm,* etc.) ou, du moins, elles spécifient de quel chemisier il s'agit *(that, this, that she had bought)*. Les hommes utilisent l'indéfini *un* chemisier, neuf fois ; les femmes utilisent *un* chemisier, cinq fois et, deux des cinq fois, les phrases sont adressées à un homme. Cela veut-il dire simplement qu'un chemisier est un vêtement avec lequel les femmes sont familières ?

Ainsi, dans les phrases :

— « *You see yourself in the blouse* » [Tu te vois toi-même dans le chemisier],

— « *Can you see yourself in a blouse ?* » [Peux-tu te voir dans un chemisier ?],

la première phrase est probablement adressée à une femme parce qu'il n'y a pas de doute dans la phrase. Dans la deuxième phrase, il s'agit probablement d'un énoncé d'une femme adressé à un homme car la phrase est interrogative et elle contient l'indéfini : *un* chemisier.

*B)* Les phrases avec des interrelations entre les sexes se trouvent plus souvent dans les réponses des hommes, mais, si on considère la consigne (avec le mot *chemisier* connoté sémantiquement féminin parce que porté par une/des femme[s]), il est néanmoins étonnant qu'il n'y ait que 14 % des phrases avec interrelations. Ainsi, dans les phrases des hommes :

* Elles sont cependant très souvent modalisées et comprennent pour la plupart des adjectifs et des déictiques. (Note de L.I.)

— « *If you see the one you want, go ahead and buy it* » [Si vous voyez le chemisier que vous voulez, allez et achetez-le pour vous],

— « *Speaking for myself, I can't see you in that blouse* » [Pour ma part, je ne peux pas vous voir dans ce chemisier],

la première phrase exprime un rapport à l'impératif et la deuxième phrase n'appelle pas une réponse. Au contraire, les phrases des femmes adressées aux hommes sont toutes des interrogatives.

*C)* Dans les réponses des femmes, il n'y a que deux phrases dont le sujet est une femme (*the girl* et *she*) :

— « *The girl wearing the purple and orange blouse saw herself in the mirror and fainted* » [La fille qui portait le chemisier violet et orange s'est vue elle-même dans le miroir et s'est évanouie],

— « *She wandered past each boutique window seeing the blouse in the reflections that she had just bought for herself* » [Elle a vagabondé devant toutes les vitrines des boutiques en regardant (admirant) en reflet le chemisier qu'elle venait d'acheter pour elle-même].

Les deux phrases contiennent l'image d'une femme en action. Cependant les verbes « *fainted* » [elle s'est évanouie] et « *wandered* » [elle a parcouru au hasard] sont des verbes actifs grammaticalement mais leur sens est plutôt passif.

*D)* Six femmes et deux hommes ont utilisé l'image en miroir dans leurs phrases :

— « *I saw myself in the mirror...* » [Je me voyais dans le miroir],

— « *I bought a mirrored blouse to see myself* » [J'ai acheté un chemisier de miroirs pour me voir moi-même].

Les phrases des femmes parlent de se voir dans le miroir mais les phrases des hommes sont plus énigmatiques, ambiguës ou négatives.

*E)* Chez les hommes, 43 % des phrases sont énigmatiques, abstraites ou fragmentaires. Il y a aussi une fréquente résistance à la consigne. Les femmes, elles, semblent à l'aise avec ce type de situation et elles produisent des phrases concrètes telle : « Je me vois dans un chemisier rouge. » Les hommes semblent faire des phrases abstraites pour se distancier de tout contenu de mots ou de messages.

Exemples de phrases d'hommes :

— « *See, self and blouse are just words* » [Voir, soi et chemisier sont seulement des mots],

— « *A sea-blouse self* » [Un soi mer-chemisier],

— « *We have selves, not blouses, sea ?* » [Nous avons des sois, non des chemisiers, mer ?],

— « *I see in a sea of self-blouses the devilish latitudes of the never-yonder* » [Je vois dans une mer de « chemisiers-de-sois » les latitudes méchantes des profondeurs lointaines].

Il y a douze phrases de ce type chez les hommes et trois chez les femmes. Chez les femmes, 10 % des phrases sont bizarres mais il n'y a pas de phrases inachevées. *Chemisier* est sujet de deux phrases qui sont absurdes :

— « *The blouse did not see itself as it has not eyes* » [Le chemisier ne se voit pas lui-même car il n'a pas d'yeux],

— « *The blouse flew a over the sea by itself* » [Le chemisier a volé de lui-même au-dessus de la mer].

Les femmes sont davantage liées avec le chemisier qui est un de leurs vêtements ; elles interviennent donc facilement dans les phrases avec tous les mots. Au contraire, les hommes, qui sont plus étrangers au mot *chemisier*, car ce mot est marqué sémantiquement par le genre féminin parce que porté par des femmes, rencontrent une difficulté pour faire les phrases. Ce qui est remarquable, c'est qu'ils n'ont pas utilisé le féminin comme sujet (il n'y a pas de sujet *elle* ). Ils ont essayé de trouver un moyen, quel qu'il soit, pour se mettre comme sujets des phrases produites. *Je*, dans leurs réponses, est sujet à 47 %. Même si la phrase la plus simple à faire est : Elle se voit dans sa/la/une robe, les hommes essaient de se retrouver comme sujets dans cette situation où, croirait-on, ils ne sont normalement ni sujets ni objets.

*F)* Avec les trois mots *blouse - see - self*, il est compliqué pour les hommes de faire une phrase où un sujet masculin peut voir une femme. À cause du mot *self*, 65 % des phrases des hommes et des femmes ont une structure réflexive telle : *je... moi-même,* etc. Or il est difficile de faire une phrase où *il* ou *lui-même* est sujet et *elle* l'objet. On ne peut pas dire : Je vois elle-même, par exemple. Néanmoins, il y a quatre phrases (14 %) dans lesquelles les hommes ont trouvé un moyen d'exprimer leur désir de voir une/la femme. Par exemple :

— « *The drama coach who sees the actresses' blouse is a self-fulfilling* (sic) *professor* » [Le professeur de théâtre qui voit les chemisiers des comédiennes est un professeur autosatisfait (?)],

— « *Speaking for myself, I can't see you in that blouse* » [Pour ma part, je ne peux pas vous voir dans ce chemisier].

## RAPPORT ENTRE LES RÉPONSES OBTENUES ET LE SEXE DE L'ENQUÊTEUR-TRICE (Cf. Tableaux p. 181-184)

### *A) Pourcentages respectifs**

#### *1. See/sea*

Katy (K) ; Mark (M).

| | | H | F |
|---|---|---|---|
| *a) See*, verbe [voir] | K | 62 % | 47 % |
| | M | 86 % | 84 % |
| | **Total Moyenne** | **75 %** | **66 %** |
| *b) Sea*, substantif [mer] | K | 38 % | 53 % |
| | M | 14 % | 16 % |
| | **Total Moyenne** | **25 %** | **33 %** |

#### *2. Self*

| | | H | F |
|---|---|---|---|
| *a) Self*, substantif [le soi] | K | 22 % | 17 % |
| | M | 33 % | 0 % |
| | **Total Moyenne** | **27 %** | **9 %** |

| | | | | | |
|---|---|---|---|---|---|
| *b) Self*, pronominal | K | — | 77 % | — | 83 % |
| | M | — | 66 % | — | 100 % |
| | **Total Moyenne** | — | **71 %** | — | **92 %** |
| *c) Myself* [moi-même] | K | — | 39 % | — | 39 % |
| | M | — | 47 % | — | 58 % |
| | **Total Moyenne** | — | **43 %** | — | **49 %** |
| *d) Yourself* [toi/vous-même] | K | — | 15 % | — | 11 % |
| *Yourselves* [vous-mêmes] | M | — | 20 % | — | 16 % |
| | **Total Moyenne** | — | **18 %** | — | **14 %** |
| *e) Himself* [lui-même] | K | — | 0 % | — | 11 % |
| | M | — | 0 % | — | 5 % |
| | **Total Moyenne** | — | **0 %** | — | **8 %** |
| *f) Herself* [elle-même] | K | — | 8 % | — | 11 % |
| | M | — | 0 % | — | 5 % |
| | **Total Moyenne** | — | **4 %** | — | **8 %** |
| *g) Itself* [neutre] | K | — | 0 % | — | 0 % |
| | M | — | 0 % | — | 18 % |
| | **Total Moyenne** | — | **0 %** | — | **9 %** |
| *h)* Autre (le soi intérieur, respect du soi) | K | — | 8 % | — | 11 % |
| | M | — | 0 % | — | 0 % |
| | **Total Moyenne** | — | **4 %** | — | **5 %** |

*3. Sujets*

| | | | | | |
|---|---|---|---|---|---|
| *a) Je* | K | — | 46 % | — | 58 % |
| | M | — | 47 % | — | 63 % |
| | **Total Moyenne** | — | **47 %** | — | **61 %** |
| *b) Tu - vous* | K | — | 23 % | — | 11 % |
| | M | — | 20 % | — | 11 % |
| | **Total Moyenne** | — | **21 %** | — | **11 %** |
| *c) Elle* | K | — | 0 % | — | 11 % |
| | M | — | 0 % | — | 5 % |
| | **Total Moyenne** | — | **0 %** | — | **8 %** |

| | | | |
|---|---|---|---|
| *d) Il* | K | 0 % | 11 % |
| | M | 0 % | 5 % |
| | **Total Moyenne** | **0 %** | **8 %** |
| *e) Nous* | K | 7 % | 0 % |
| | M | 0 % | 0 % |
| | **Total Moyenne** | **4 %** | **0 %** |
| *f)* Inanimé *(blouse*, chemisier) | K | 7 % | 11 % |
| | M | 13 % | 0 % |
| | **Total Moyenne** | **10 %** | **5 %** |
| *g)* Animé (*the man*, l'homme ; *the kid*, le/*la gamin(e)* ; *the girl*, la fille, etc.) | K | 7 % | 5 % |
| | M | 0 % | 11 % |
| | **Total Moyenne** | **4 %** | **8 %** |

## *4. Interrelations*

| | | | |
|---|---|---|---|
| *a) Je... tu/vous* | K | 8 % | 5 % |
| | M | 7 % | 5 % |
| | **Total Moyenne** | **7 %** | **5 %** |
| *b) Je... vois* | K | 23 % | 30 % |
| | M | 27 % | 53 % |
| | **Total Moyenne** | **25 %** | **41 %** |
| *c) Tu/vous... vois/voyez* | K | 23 % | 5 % |
| | M | 20 % | 11 % |
| | **Total Moyenne** | **21 %** | **8 %** |

## *5. Temps du verbe*

| | | | |
|---|---|---|---|
| *a)* Présent | K | 77 % | 47 % |
| | M | 85 % | 68 % |
| | **Total Moyenne** | **81 %** | **57 %** |
| *b)* Passé | K | 23 % | 53 % |
| | M | 15 % | 32 % |
| | **Total Moyenne** | **19 %** | **42 %** |

c) Futur

### 6. *Transformations*

| | | | |
|---|---|---|---|
| a) Négative | K | 15 % | 16 % |
| | M | 8 % | 5 % |
| | **Total Moyenne** | **12 %** | **11 %** |
| *b)* Impérative | K | 8 % | 0 % |
| | M | 23 % | 5 % |
| | **Total Moyenne** | **15 %** | **3 %** |
| *c)* Interrogative | K | 15 % | 0 % |
| | M | 0 % | 11 % |
| | **Total Moyenne** | **8 %** | **5 %** |

### 7. *Phrases à structure réflexive*

| | | | |
|---|---|---|---|
| *Tu/vous... toi/vous-mêmes*<br>*Je... moi-même*<br>*Elle... elle-même*<br>*Il... lui-même* | K | 62 % | 68 % |
| | M | 47 % | 84 % |
| | **Total Moyenne** | **54 %** | **76 %** |

* Pourcentages arrondis au chiffre supérieur ou inférieur.

### *B) Remarques générales sur les pourcentages*

1. Quand Katy a fait passer l'épreuve, il y a eu une plus grande différence entre hommes et femmes dans l'usage de *sea* par rapport à *see*.

2. Les hommes ont utilisé *self* substantif [le soi] plus souvent que les femmes, en particulier quand Mark a fait passer l'épreuve. Aucune femme n'a utilisé *self* substantif quand Mark faisait l'enquête.

3. Les femmes ont utilisé *self* pronominal plus souvent que les hommes, spécialement quand Mark a fait passer l'épreuve.

4. L'usage de *moi-même* est équivalent pour les deux sexes mais il est utilisé plus souvent avec Mark.

5. Les femmes ont utilisé *toi/vous-même(s)* moins souvent que les hommes mais plus souvent avec Mark qu'avec Katy.

6. Les deux sexes ont utilisé *moi-même* plus souvent que *toi/vous-même(s)*.

7. L'usage de *lui-même* et *elle-même* est équivalent chez les femmes. *Lui-même* n'est pas utilisé chez les hommes.

8. Le neutre anglais *itself* a été utilisé seulement par les femmes et quand Mark a fait passer l'épreuve. (Dans toutes les phrases, *itself* se rapporte à *blouse* ; donc cela équivaut en français à *lui-même* pour *chemisier*.)

9. *Soi* en combinaison avec d'autres mots, par exemple *the innerself* [le soi intérieur], *self-respect* [respect du soi], est utilisé avec Katy.

10. *Je* comme sujet est employé plus souvent chez les femmes et *tu/vous* comme sujet s'utilise plus souvent chez les hommes.

11. *Elle* et *il* ne se trouvent jamais comme sujet chez les hommes.

12. *Nous* comme sujet est employé seulement chez les hommes et avec Katy.

13. Il y a polarisation entre les hommes et les femmes relative au choix de l'animé ou de l'inanimé comme sujet. Quand Mark a fait passer l'épreuve : chez les femmes, il n'y a pas eu du tout d'inanimés comme sujet ; chez les hommes, il n'y a pas eu du tout d'animés comme sujet. Avec Katy, les deux se trouvent en même nombre chez les hommes mais il y a plus d'inanimés chez les femmes.

14. Il y a une petite différence entre les sexes dans la structure des phrases du type : *Je... tu/vois*.

15. Quand Mark a fait passer l'épreuve, il y a eu une différence notable entre les sexes dans les phrases du type : *Je... vois*, beaucoup plus nombreuses chez les femmes, alors que, surtout avec Katy, il y a eu plus de phrases : *Tu/vous... vois/voyez* chez les hommes.

16. Avec Mark, les hommes et les femmes ont utilisé le *présent* plus souvent que le *passé*. Avec Katy, les hommes ont utilisé le *présent* moins qu'avec Mark, et les femmes ont utilisé le passé beaucoup plus qu'avec Mark. Dans l'ensemble, les hommes ont utilisé le *présent* beaucoup plus que les femmes, et le *passé* se trouve beaucoup plus souvent chez les femmes.

17. La *négation* intervient chez les hommes et chez les femmes plus souvent avec Katy comme enquêtrice.
18. Les hommes ont eu recours à l'*impératif* plus souvent que les femmes, en particulier avec Mark.
19. L'*interrogatif* est employé seulement par les hommes avec Katy, et seulement par les femmes avec Mark.
20. Les femmes ont utilisé des phrases avec une *construction réflexive* plus souvent que les hommes, en particulier avec Mark.

## CONCLUSION

À cause du mot *blouse*, marqué sémantiquement par le genre féminin, on pouvait penser que, le plus souvent, la forme de l'énoncé des femmes serait du type « Je me vois dans le chemisier », énoncé exprimant un rapport direct entre la femme et le chemisier, et que la forme de l'énoncé des hommes serait « Elle se voit dans le chemisier », exprimant un rapport entre une femme et le chemisier. Nous avons trouvé des résultats différents, mais néanmoins sexués. Par exemple, les hommes ont identifié *self* avec *self* substantif [le soi], en particulier avec un interlocuteur. *Self* substantif est plus abstrait que le *self* pronominal (par exemple : *moi-même*, *toi/vous-même(s)*, etc.) employé plus souvent par les femmes. *Self* pronominal indique un *soi* particulier, et exprime un rapport plus intime avec *le/un* soi.

La configuration suivante récapitule la plupart des résultats. Dans leurs réponses, les femmes expriment un rapport avec elles-mêmes, avec des autres, avec des objets, et leurs énoncés sont plus concrets et plus précis. Les hommes répondent avec des énoncés qui sont plus abstraits, et, même avec *blouse*, ils essaient de récupérer leur *je*.

Mais la chose que nous avons trouvée la plus intéressante est que les hommes et les femmes répondent différemment à un interlocuteur et à une interlocutrice. Quand Mark a fait passer l'épreuve, les réponses des femmes étaient plus « masculines ».

Quand c'était Katy, les réponses des hommes étaient plus « féminines ». Les énoncés des hommes et des femmes sont donc sexués de deux façons : selon qu'un homme ou une femme parlent, et selon le sexe de la personne à qui il et elle parlent, donc selon le sexe du locuteur-trice et de l'interlocuteur-trice.

# TABLEAUX

## concernant certains choix différentiels

TABLEAU 1

### Hommes avec enquêtrice (Katy)

| | CHOIX | | | | TRANSFORMATIONS | | |
|---|---|---|---|---|---|---|---|
| | *see/sea* | sujets | *self* | temps | Négative | Impérative | Interrogative |
| 1 | *see* | *you* | *yourself* | présent | | | |
| 2 | *see* | *I* | *myself* | présent | | | |
| 3 | *sea* | *I* | *myself* | passé | | | |
| 4 | *seashore* | *bimbo* | *herself* | passé | | | |
| 5 | *see* | *I* | *myself* | présent | | | |
| 6 | *see, seeing* | *you* | *yourself* | présent | | imp. | |
| 7 | *see* (?) | *we* | *selves* | présent | nég. | | inter. |
| 8 | *see* | *you* | *the self* | présent | | | |
| 9 | *see* | *drama coach* | *self fulfilling (him)* | présent | | | |
| 10 | *sea* | *I* | *myself* | passé | | | |
| 11 | *sea* | *blouse* | *inner-self* | présent | nég. | | inter. |
| 12 | *see* | *I* | *self-blouses* | présent | | | |
| 13 | *see* | *I* | *myself* | présent | | | |

*

TABLEAU 2

**Hommes avec enquêteur (Mark)**

| | CHOIX | | | | TRANSFORMATIONS | | |
|---|---|---|---|---|---|---|---|
| | *see/sea* | sujets | *self* | temps | Négative | Impérative | Interrogative |
| 1 | *see* | *you* | *yourself* | présent | | | |
| 2 | *see* | *I* | *myself* | présent | | | |
| 3 | *to be seen* | *to be seen* | *self* | présent | | | |
| 4 | *see* | *the cut* | *yourself* | présent | | imp. | |
| 5 | *see* (pas une phrase) | *I* | *myself* | présent | nég. | | |
| 6 | *sea* | | *self* | - | | | |
| 7 | *see* | *I* | *myself* | présent | | | |
| 8 | *see* | *(you)* | *self (oneself)* | présent | | imp. | |
| 9 | *see* | *see, self, blouse* | *self* | présent | | | |
| 10 | *see* | *I* | *the self* | passé | | | |
| 11 | *see* | *(you)* | *yourself* | présent | | imp. | |
| 12 | *sea* (pas une phrase) | *blouse, myself* | *myself* | - | | | |
| 13 | *see* | *I* | *myself* | présent | | | |
| 14 | *see* | *I* | *myself* | passé | | | |
| 15 | *see* | *I* | *myself* | présent | | | |

*

TABLEAU 3

**Femmes avec enquêteur (Mark)**

| | CHOIX | | | | TRANSFORMATIONS | | |
|---|---|---|---|---|---|---|---|
| | *see/sea* | sujets | *self* | temps | Négative | Impérative | Interrogative |
| 1 | *see* | *I* | *myself* | présent | | | |
| 2 | *see* | *I* | *myself* | présent | | | |
| 3 | *sees* | *blouse* | *itself* | passé | | | |
| 4 | *sea* | *I* | *myself* | présent | | | |
| 5 | *see* | *I* | *myself* | présent | | | |
| 6 | *see* | *I* | *myself* | passé | | | |
| 7 | *sea* | *I* | *myself* | passé | | | |
| 8 | *see* | *you* | *yourself* | présent | | | inter. |
| 9 | *see* | *I* | *myself* | présent | | | |
| 10 | *see* | *blouse* | *itself* | passé | nég. | | |
| 11 | *see* | *kid* | *himself* | présent | | imp. | |
| 12 | *see* | *I* | *myself* | passé | | | |
| 13 | *see* | *I* | *myself* | présent | | | |
| 14 | *see* | *girl* | *herself* | passé | | | |
| 15 | *sea* | *blouse* | *itself* | passé | | | |
| 16 | *see* | *I* | *myself* | présent | | | |
| 17 | *see* | *you* | *yourself* | présent | | | inter. |
| 18 | *see* | *I* | *yourself* | présent | | | |
| 19 | *see* | *I* | *myself* | présent | | | |

*

TABLEAU 4

**Femmes avec enquêtrice (Katy)**

| | CHOIX | | | | TRANSFORMATIONS | | |
|---|---|---|---|---|---|---|---|
| | *see/sea* | sujets | *self* | temps | Négative | Impérative | Interrogative |
| 1 | *sea* | *man* | *himself* | passé | | | |
| 2 | *see* | *I* | *myself* | passé | nég. | | |
| 3 | *see* | *I* | *myself* | passé | | | |
| 4 | *sea* | *I* | *myself* | passé | | | |
| 5 | *sea* | *she* | *herself* | passé | | | |
| 6 | *see* | *you* | *yourself* | présent | | | |
| 7 | *see* | *I* | *the self* | présent | nég. | | |
| 8 | *sea* | *what* | *a self* | présent | | | |
| 9 | *sea* | *I* | *myself* | présent | | | |
| 10 | *see* | *I* | *myself* | présent | | | |
| 11 | *sea* | *you* | *yourself* | passé | | | |
| 12 | *sea* | *I* | *myself* | passé | | | |
| 13 | *sea* | *there* | *s(h)elf* | présent | nég. | | |
| 14 | *sea* | *I* | *self esteem* | présent | | | |
| 15 | *seeing* | *she* | *herself* | passé | | | |
| 16 | *sea* | *he* | *himself* | passé | | | |
| 17 | *see, sea, saw* | *I* | *self service* | passé | | | |
| 18 | *sea* | *I* | *the self* | présent | | | |
| 19 | *see* | *I* | *myself* | présent | | | |

*

## Corpus

### *Hommes*

***a) Interrogés par une femme***

20 ans – 1. *If you see a (B)louse and talk with (it, her) you'll probably learn something about yourself* [Si vous voyez (un chemisier) un pou et parlez avec (elle, lui), il est probable que vous apprendrez quelque chose sur vous-même].

21 ans – 2. *Myself, I don't wear blouses, but I think you can see why* [Moi-même, je ne porte pas de chemisiers, mais je pense que vous pouvez voir pourquoi].

21 ans – 3. *I myself lost my blouse while swimming in the sea* [Moi-même, j'ai perdu mon chemisier pendant que je nageais dans la mer].

21 ans – 4. *The weird bimbo in the pink blouse standing on the seashore was looking at herself* [La sotte bizarre dans le chemisier rose debout au bord de la mer se regardait elle-même].

21 ans – 5. *When I look at myself in a mirror, I just can't see me wearing a neon green blouse* [Quand je me regarde moi-même dans un miroir, je suis incapable de me voir portant un chemisier d'un vert-néon].

22 ans – 6. *If you see yourself in a blouse, ask yourself if you are seeing the real you* [Si vous vous voyez vous-même dans un chemisier, demandez-vous si vous voyez votre vrai vous].

22 ans – 7. *We are selves, not blouses, see !* [Nous sommes des sois, pas des chemisiers, voyons !]

22 ans – 8. *The self within me you can see by looking behind your blouse* [Le soi dans moi vous pouvez le voir en regardant derrière votre chemisier].

23 ans – 9. *The drama coach who sees the actresses' blouse is a self-fulfilling* (sic) *professor* [Le professeur de théâtre qui voit les chemisiers des comédiennes est un professeur autosatisfait (?)].

23 ans – 10. *As I stared at her swaying breasts through her shining blue blouse, all I could think of was the notion of waves upon the sea... But alas, I am*

*left alone, by myself* [Pendant que je regardais fixement ses seins tanguer dans son chemisier bleu lustré, tout ce que je pouvais penser correspondait au mouvement des vagues sur la mer... Mais hélas, je suis seul, avec moi-même].

26 ans – 11. *A blouse cannot conceal the sea of innerself ! ?* [Un chemisier ne peut pas cacher la mer du soi intérieur ! ?]

27 ans – 12. *I see in a sea of self-blouses the devilish latitudes of the netheryonder* [Je vois dans une mer de « chemisiers-des-sois » les latitudes méchantes des profondeurs lointaines].

29 ans – 13. *I see myself in a blouse but I don't like it* [Je me vois moi-même dans un chemisier, mais je n'aime pas ça].

***b) Interrogés par un homme***

Ba (p : Jr high, m : HS)*

couple – 1. *If you see the one you want, go ahead and buy yourself the blouse* [Si vous voyez celui que vous voulez, allez acheter pour vous-même le chemisier].

MA (p : Ph.D, m : MA)

marié – 2. *I see a blouse I want to buy myself* [Je vois un chemisier que je veux acheter pour moi-même].

Post-grad (p : MA, m : MA)

seul – 3. *To be seen in a blouse might change one's sense of self* [Être vu dans un chemisier peut changer le sentiment du soi de quelqu'un].

MS (p : HS, m : HS)

marié – 4. *See for yourself the cut of her blouse* [Voyez pour vous-même la coupe de son chemisier].

---

* Code abréviations :

p : père
m : mère

| | | | |
|---|---|---|---|
| Jr high : | scolarisé jusqu'à 14 ans. | Post-grad : | cycle études universitaires terminé. |
| HS : | lycée. | MA : | maîtrise art. |
| BA : | Bac art. | MAs : | maîtrise science. |
| BS : | Bac science. | MD : | médecin. |
| C : | niveau universitaire. | Law : | avocat. |
| AA : | Deug 2e année. | PhD : | doctorat en philosophie. |

Malheureusement, K. Swenson a omis ou oublié de demander leur niveau socioculturel aux personnes qui ont répondu à l'enquête et M. Calkins, leur âge.

C (p : MA, m : BA)
couple – 5. *Speaking for myself, I can't see you in that blouse* [Pour ma part, je ne peux pas vous voir dans ce chemisier].
C (p : law, m : law)
couple – 6. *A sea blouse self (fragment)* [Un soi chemisier-mer].
C (p : law, m : PhD)
seul – 7. *I myself can see the blouse* [Moi-même je peux voir le chemisier].
Post-grad (p : MD, m : MA)
seul – 8. *See a blouse on one's self* [Voir un chemisier sur son soi].
C (p : BA, m : C)
seul – 9. *See, and blouse and I self are just words* [Voir et chemisier et soi sont simplement des mots].
C (p : MA, m : MA)
seul – 10. *I was sitting in class dealing with "the self" when a girl in front of me ripped open her blouse and approached me saying "see what you get, get what you see"* [J'étais assis dans un cours sur « le soi » quand une fille devant moi a déchiré son chemisier et s'est approchée de moi en disant « Vois ce que tu reçois, reçois ce que tu vois »].
C (p : PhD, m : PhD)
seul – 11. *See the blouse on yourself* [Voyez le chemisier sur vous-même].
C (p : HS, m : HS)
seul – 12. *My blouse and myself in the sea (fragment)* [Mon chemisier et moi-même dans la mer].
C (p : PhD, m : MAs)
seul – 13. *I seldom see myself as a blouse* [Je me vois moi-même rarement comme un chemisier].
C (p : MA, m : HS)
couple – 14. *I bought a mirrored blouse to see myself* [J'ai acheté un chemisier de miroirs pour me voir moi-même].
C (p : PhD, m : BA)
seul – 15. *I see that, while my mother chooses a different blouse, I myself could never be in this class* [Tandis que ma mère choisit un chemisier différent, je sais que je ne pourrais jamais être moi-même de cette classe-là].

## *Femmes*

### ***a) Interrogées par un homme***

HS (p : C, m : HS)
couple – 1. *I can see myself in that blouse* [Je peux me voir moi-même dans ce chemisier].

(p : C, m : HS)
couple – 2. *I see myself a particular way in that blouse* [Je me vois moi-même de façon particulière dans ce chemisier].
C (p : law, m : MS)
couple – 3. *The blouse sees itself in the mirror* [Le chemisier se voit dans le miroir].
C (p : PhD, m : MA)
couple – 4. *I threw my blouse in the sea and was then mad at myself* [J'ai jeté mon chemisier dans la mer et ensuite j'étais furieuse contre moi-même].
C (p : MA, m : HS)
couple – 5. *I see myself in that beautiful white blouse* [Je me vois moi-même dans ce beau chemisier blanc].
post-grad (p : HS, m : HS)
seule – 6. *I saw myself in the mirror the day I was wearing my black blouse* [Je me suis vue moi-même dans le miroir le jour où j'ai porté mon chemisier noir].
C (p : BA, m : AA)
couple – 7. *As I sat myself on the shore, I took my blouse off and threw it in the sea* [Pendant que j'étais assise au bord de la mer, j'ai ôté mon chemisier et je l'ai jeté dans la mer].
C (p : C, m : C)
couple – 8. *Can you see yourself in a blouse ?* [Pouvez-vous vous voir vous-même dans un chemisier ?]
C (p : PhD, m : MA)
seule – 9. *I can see myself in the mirror and I don't like this blouse* [Je peux me voir moi-même dans le miroir et je n'aime pas ce chemisier].
Post-grad (p : AA, m : BA)
seule – 10. *The blouse could not see itself as it had no eyes* [Le chemisier ne pouvait pas se voir lui-même parce qu'il n'avait pas d'yeux].
C (p : BA, m : BA)
couple – 11. *See ! That kid can put his blouse on by himself* [Voyez ! Ce gamin peut mettre son chemisier lui-même].
C (p : PhD, m : MA)
seule – 12. *I could see myself in a nice warm blouse* [Je pouvais me voir moi-même dans un joli chemisier chaud].
C (p : law, m : BA)
seule – 13. *In the mirror I can see myself in my new blouse* [Dans le miroir, je peux me voir moi-même dans mon nouveau chemisier].

Post-grad (p : PhD, m : HS)
couple – 14. *The girl wearing the purple and orange blouse saw herself in the mirror and fainted* [La fille qui portait le chemisier violet et orange s'est vue elle-même dans le miroir et elle s'est évanouie].
C (p : PhD, m : MA)
seule – 15. *The blouse flew over the sea by itself* [Le chemisier a volé de lui-même au-dessus de la mer].
C (p : BA, m : BA)
couple – 16. *I see myself in the blouse* [Je me vois moi-même dans le chemisier].
C (p : MA, m : MA)
seule – 17. *Can you see yourself in a blouse !* [Pouvez-vous vous imaginer vous-même dans un chemisier !]
C (p : BA, m : HS)
seule – 18. *I see you made that blouse yourself* [Je vois que vous avez fait ce chemisier vous-même].
2 BA (p : HS, m : MA)
couple – 19. *I see myself in a red blouse, gliding over the sea* [Je me vois moi-même dans un chemisier rouge planant au-dessus de la mer].

***b) Interrogées par une femme***

19 ans – 1. *The man by the sea in the lavender blouse thought of himself and went into the house* [L'homme dans le chemisier lavande au bord de la mer a pensé à lui-même et puis il est entré dans la maison].
20 ans – 2. *I could never see myself wearing that blouse* [Je n'ai jamais pu me voir moi-même portant cette blouse].
20 ans – 3. *I found myself seeing through the dots on your blouse* [Je me suis surprise moi-même à regarder à travers les points de votre chemisier].
20 ans – 4. *I threw myself in the sea without taking off my blouse* [Je me suis jetée dans la mer sans ôter mon chemisier].
20 ans – 5. « *That blouse is the color of the sea* », *she said to herself* [Ce chemisier est de la couleur de la mer, s'est-elle dit à elle-même].
21 ans – 6. *You see yourself in the blouse* [Vous vous voyez vous-même dans le chemisier].
21 ans – 7. *I do not see the self in the blouse* [Je ne vois pas le soi dans le chemisier].
23 ans – 8. *What is a self with no blouse by the sea ?* [Qu'est-ce qu'un soi sans chemisier près de la mer ?]

23 ans – 9. *I myself do not have a see-through blouse* [Moi-même, je n'ai pas de chemisier transparent (*see-through*)].

24 ans – 10. *I can see myself in this lovely blouse* [Je peux me voir moi-même dans ce joli chemisier].

25 ans – 11. *Within yourself you found yourself* [Dans vous-même vous avez trouvé vous-même].

26 ans – 12. *I found myself without my blouse in the sea* [Je me suis trouvée moi-même dans la mer sans mon chemisier].

28 ans – 13. *There is nothing like a see-through blouse for finding a book on the s(h)elf* [Rien de tel qu'un chemisier transparent (*see-through*) pour trouver un livre sur le rayon (s(h)elf)].

33 ans – 14. *Whenever I'm suffering from lack of self-esteem, I walk down to sea in my favorite blouse and jump in* [Toutes les fois que je souffre d'un manque de respect de moi, je me promène à la mer dans mon chemisier favori et je saute dedans].

– – 15. *She wandered past each boutique-window seeing (admiring) the blouse in the reflections that she had just bought for herself* [Elle a vagabondé devant toutes les vitrines des boutiques en regardant (en admirant) en reflet le chemisier qu'elle vient d'acheter pour elle-même].

– – 16. *He himself chose to wear a blouse the color of the sea at night* [Lui-même a choisi de porter un chemisier de la couleur de la mer la nuit].

– – 17. *I was wearing a blouse when I went to the sea and then I saw a self-service : and then I went swimming with him* [Je portais un chemisier quand je suis allée à la mer, puis j'ai vu un « self-service » : et puis j'ai nagé avec lui].

– – 18. *Standing by the sea in swimmers and only a blouse, I reflect on the self* [Debout près de la mer dans « swimmers » et seulement un chemisier, je réfléchis sur le soi].

– – 19. *I see a blouse myself* [Je vois moi-même un chemisier].

# Qui dit ses ennuis à qui ?

ADÈLE SULCAS
*Undergraduate (senior), Université de Pennsylvanie*

**Langue anglaise**

*PRODUCTION DE PHRASES AVEC LES MOTS:*

* **Troubles — you — say**

  **[Ennuis — tu/vous — dire]**

* **Pat — troubles — say**

  **[Pat — ennuis — dire]**

Les phrases produites en réponse à la consigne constituent un corpus de réponses de 40 personnes: 22 femmes et 18 hommes, de dix-neuf à quarante-cinq ans. Les sujets dont j'ai recueilli les réponses étaient tous et toutes des anglophones, dont la plupart (80 %) étaient des étudiant(e)s américain(e)s. Les autres étaient des Anglais.

L'épreuve a été réalisée par écrit, avec les mots *troubles-you-say* et *Pat-troubles-say*. Les consignes, elles, étaient données oralement. Généralement, les consignes étaient présentées une à une. Dans certains cas, cependant, elles ont été présentées ensemble. La passation de l'épreuve était individuelle.

Avant de présenter certaines analyses des réponses à l'épreuve, je dois mentionner quelques problèmes que j'ai rencontrés pendant la récolte de ce corpus. D'abord, j'ai eu du mal à trouver un nombre suffisant d'hommes anglophones pour passer l'épreuve. Peut-être cela provient-il du fait que, comme femme, je trouve beaucoup plus facile de demander à des femmes de contribuer à une enquête? Les Américains, qui ont accepté de répondre aux consignes, sont toutes et tous des étudiants au Centre parisien d'études critiques, où la population (des étudiants) consiste en une majorité considérable de femmes. Ensuite, le problème le plus important était que la consigne *troubles-you-say* est une traduction de la consigne française *ennui(s)-lui-dire*. Mais, pour chacun de ces trois mots, la traduction ne correspond pas exactement au sens du mot en français, ce qui rend la comparaison entre les résultats un peu difficile. *Ennui* [*troubles*] a un sens bien moins précis en français comme nom et comme verbe. *Troubles* peut s'utiliser comme nom et comme verbe en anglais, mais avec une intention plus aiguë, plus négative ; il y a, en anglais, le sens de peine, d'inquiétude, plutôt que d'indifférence ou de manque d'intérêt. *Lui,* pronom personnel masculin et féminin, objet indirect de la troisième personne en français, a été traduit par un pronom personnel, objet direct et indirect, de la deuxième personne en anglais : *you,* à cause de la distinction explicite faite en anglais dans l'usage des pronoms de la troisième personne *he/she*. Mais, même ces pronoms, ne s'utilisent pas comme objets indirects. Par exemple, une phrase comme « Elle lui dit ses ennuis » se traduit en anglais par *« She told her troubles to him »*, le *to* étant compris, grammaticalement, dans le dernier cas. L'utilisation des pronoms *him/her*, au lieu de *he/she,* dans cette consigne aurait limité les réponses au type de phrase mentionné ci-dessus. Cette consigne présente aussi le problème de la traduction de *dire* comme *say*. En anglais, il est impossible de dire *« She said him her troubles »* (*said* étant la conjugaison au passé composé de *say*, pour toutes les personnes) et, moins impossible mais peu probable, est la phrase *« She said to him her troubles »*. Ces phrases signifient, toutes les deux : « Elle lui disait ses ennuis ». Les deux formes sont correctes en français, mais sont maladroites et peu utilisées en anglais.

Cela dit, je précise que cette traduction a été faite d'un commun accord avec tous ceux et celles qui ont participé au cours et qui ont fait passer des épreuves. Nous en avons décidé ainsi pour éviter les problèmes entraînés par une traduction différente ou plus proche du sens de la consigne française *ennui(s)-lui-dire*. Ces remarques rappellent les problèmes existant avec n'importe quelle traduction. Particulièrement quand il s'agit d'une épreuve linguistique. N'importe quelle traduction utilisée produira des résultats propres à la consigne dans la langue de l'épreuve. C'est la raison pour laquelle je choisis d'exposer mes résultats dans leur propre contexte, sans faire la comparaison avec les réponses à l'épreuve *ennui(s)-lui-dire* en français.

Une des étudiantes qui passait l'épreuve m'a fait remarquer que l'ordre dans lequel la consigne était donnée induisait une construction grammaticale commençant avec *you say*..., c'est-à-dire que le sujet *you* était imposé comme sujet de l'énoncé. Peut-être cette remarque explique-t-elle, partiellement, la très grande proportion de *you* sujets de l'énoncé dans les réponses des hommes *et* des femmes : 15 sur 18 hommes (83,3 %) et 15 sur 22 femmes (68,2 %) ont choisi *you* comme sujet de l'énoncé pour leur première phrase. Pourtant, il y a bien des distinctions à faire entre les *you* des hommes et ceux des femmes. Seulement 6 sur 22 des phrases des femmes présentent une transformation interrogative, tandis que 10 sur 18 des phrases des hommes ont cette forme. Cela peut sembler aller à l'inverse des résultats généralement obtenus dans l'analyse de la parole des hommes, où il apparaît qu'ils tendent moins à dialoguer, et qu'ils ne donnent pas, autant que les femmes, la parole à l'interlocuteur (en admettant qu'il y ait bien un interlocuteur !), la forme interrogative étant une manière de donner ou laisser la parole à l'autre. Mais des exemples peuvent illustrer le fait que la phrase interrogative typique des hommes, dans les résultats que j'ai obtenus, est de l'ordre d'un constat assez agressif. En revanche, la phrase interrogative typique des femmes est plutôt intersubjective et questionnante et de l'ordre du constat. Pour les explications détaillées ci-dessous, je ne choisirai que certaines phrases que je pense particulièrement représentatives des énoncés des femmes et des hommes. Le reste du corpus se trouve en annexe.

## *Hommes*

1. « *You say have troubles.* » [Tu dis que tu as des ennuis.] L'interrogatif est compris dans le sens de la phrase, mais il n'y a pas de point d'interrogation. Cela implique pour moi un certain rejet ou scepticisme concernant les ennuis de «*toi* ».

2. « *You've got troubles you say ?* » [Tu as des ennuis, dis-tu ?] Ici, un ton cynique, selon moi, n'invite pas à une réponse affirmative comme : « Oui, tu sais ce qui m'est arrivé... » Grammaticalement, c'est une phrase interrogative, mais les modalités du ton vont à l'inverse du questionnement.

3. « *You say you have troubles? It's pat to say you have troubles.* » [Tu dis que tu as des ennuis ? C'est un cliché de dire que tu as des ennuis.] La première phrase est bien une phrase typique en réponse à la consigne, me semble-t-il. La deuxième phrase (cette fois donnée en même temps) correspond à la consigne *Pat-troubles-say*, où Pat est un nom propre. Mais, ici, le locuteur a utilisé *pat* comme adverbe, le sens idiomatique en anglais voulant dire quelque chose comme « Dire que tu as des ennuis, c'est nul ». Entendu ainsi, il s'agit bien de rejet explicite d'une communication.

4. « *You say* **you** *have troubles ! I don't know what to say to you about your troubles.* » [Tu dis que *tu* as des ennuis ! Je ne sais pas quoi te dire de tes ennuis *(Insistance de l'énonciateur.)*] La mise au point du deuxième *you* exprime une connotation du type : Mais c'est vraiment moi qui ai des ennuis ! Comment tu peux dire que c'est *toi* ? En dépit du point d'exclamation, je trouve que la phrase a la structure d'une phrase interrogative, dont la fonction est contrariée par le ton imposé par le point d'exclamation. Encore une fois, il s'agit d'un rejet implicite de la parole de l'autre dans une forme grammaticale qui, normalement, lui *donne* la parole. Seule une des 18 réponses des hommes est nettement de structure communicative :

5. « *These are not your troubles, but you say responsibility is for all to share. Please explain this* » [Il ne s'agit pas de tes ennuis, mais tu dis que la responsabilité est à partager par tout le monde. Explique-moi ça, s'il te plaît.] Cette phrase manifeste deux choses différentes des autres réponses. Premièrement, elle indique que cet homme entend bien ce que son interlocuteur/trice lui dit. Deuxièmement, qu'il répond avec une *vraie* question, une question qui invite réellement l'interlocuteur/trice à prendre la parole.

### *Femmes*

Ce phénomène paraît plus habituel chez les femmes, dont quatre sur six phrases interrogatives étaient *vraiment* interrogatives au niveau de l'intersubjectivité :

1. « *Why do you say that my troubles are so simple ?* » [Pour-

quoi dis-tu que mes ennuis sont si simples?] Cette phrase comporte une question qui a *tu* comme sujet de l'énoncé, même s'il s'agit dans la phrase de *mes* ennuis. Elle demande une explication, peut-être même une validation de la part de quelqu'un supposé minimiser des ennuis. Elle ne répond pas immédiatement « Mais non, ils sont sérieux », mais laisse la parole à l'autre, malgré le refus de l'interlocuteur concernant la réalité des ennuis.

2. *« I say to you "what are your troubles"? »* [Je te demande « quels sont tes ennuis? ».] Cette phrase a *je* comme sujet de l'énoncé, mais la question concerne l'interlocuteur: *your/tes*. L'accent est mis sur le dialogue, sur l'intersubjectivité. C'est une phrase qui contient à la fois une question, et en même temps une intersubjectivité explicite.

3. *« You say you have troubles? If you say your troubles, I'll pat you compassionately. »* [Tu dis que tu as des ennuis? Si tu dis tes ennuis, je te caresserai avec compassion.] Encore une phrase, de femme cette fois, où l'énonciatrice a confondu *Pat* (nom propre) et *pat* (verbe ou adverbe). Ici, *pat* s'utilise comme verbe. Cette phrase est d'une construction un peu maladroite en anglais, où elle a le sens de « Si tu parles de tes ennuis » ou « Si tu constates tes ennuis ». De plus, *pat* ne veut pas dire exactement *caresser*, mais plutôt caresser comme on caresserait un chat ou un chien. La première phrase se rapproche de la phrase interrogative typique des hommes, mais, suivie par la deuxième, elle a un contexte, et un contexte plus favorable à la communication. C'est vrai que la parole de l'interlocuteur est interrompue, mais très brièvement. Ce qui interrompt la parole — la deuxième phrase — en fait encourage une réponse. Voici donc encore une épreuve de l'intersubjectivité plus présente dans la parole des femmes, avec le souci du bien-être de l'interlocuteur.

Dans ces phrases en anglais, en général, il n'y a pas l'utilisation sexuée de *you*. Ainsi, quand j'ai demandé aux sujets qui passaient l'épreuve de spécifier le sexe de *you*, chacun(e) exprimait qu'il ou qu'elle ne savait pas, que ce n'était que *you*, peut-être comme *on* en français dans les circonstances les plus neutres possible.

En prévision de ce genre de réponse, une partie de l'épreuve consistait à proposer la consigne *Pat-troubles-say*, Pat étant un nom propre bisexué en anglais. Après avoir fait la phrase, le sujet qui passait l'épreuve devait me dire, si ce n'était pas évident dans la phrase, quel était le sexe de Pat. La fonction de cette deuxième phrase était de donner, de façon plus concrète, un sexe à *you* comme autre pôle de la communication.

Dans les phrases correspondant à cette deuxième consigne, 10 sur 22 des *Pat* des femmes étaient féminines (45,4 %) et 6 sur 18 des *Pat* des hommes étaient féminines (33,3 %). Ce phénomène peut déjà avoir une signification, celui d'un choix lié à un interdit de *elle* comme sujet de l'énoncé. Les hommes hésiteraient à donner le sexe féminin aux sujets de leurs phrases, parce qu'un sujet féminin porte trop de « bagages », trop de connotations. La parole ne peut jamais se confier à un sujet féminin... Pourtant, à partir d'un échantillon tellement petit, il est difficile et un peu risqué d'établir une conclusion de cet ordre pour la langue anglaise. Néanmoins, les différences de contenu des phrases entre les *Pat* masculins et féminins ne manquent pas d'intérêt !

## *Hommes*

D'abord, les phrases des hommes où *Pat* est désigné(e) comme femme ressemblent beaucoup à la phrase typique des hommes faite à partir de la consigne *troubles-you-say* :

1. « *Say Pat what are your troubles ?* » [Dis, Pat, quels sont tes ennuis ?]
2. « *Pat, say* ***you*** *have troubles ?* » [Pat, dire que **tu** as des ennuis ?]
3. « *Say Pat has troubles.* » [« Dire que Pat a des ennuis » ou « Dis : Pat a des ennuis. »] Ici le manque d'un « que » a le même effet d'ambiguïté en anglais.
4. « *Say, Pat you have troubles !* » [Dis, Pat tu as des ennuis !] Là aussi, une ambiguïté est produite par le manque de ponctuation.

Deux autres phrases avec une *Pat* féminine ont une autre structure :

5. « *You know what they say about Pat: troubles is her middle name.* » [Tu sais ce qu'on dit de Pat : « ennui » est son deuxième nom.]
6. « *Pat, I'm in trouble; can you please help me as I can not speak French very well.* » [Pat, j'ai des ennuis, peux-tu m'aider puisque je ne peux pas parler très bien le français.]

Un simple constat : quelqu'un(e) qui a des ennuis est désigné comme une femme. Une phrase plus complexe parle, d'une façon cancanière, d'une femme avec ennuis, dont la connotation est qu'on n'attend *que* des ennuis d'elle (de Pat). La dernière phrase est une demande de secours, avec l'accent sur *je*. Dans aucune phrase parmi celles citées ci-dessus, Pat ne se présente comme une force active autonome. Voici quelques phrases où Pat est masculin :

1. « *Pat says he has troubles, too.* » [Pat dit que, lui aussi, a des ennuis.]
2. « *Pat, say "troubles".* » [Pat, dis « ennuis ».]
3. « *Pat's troubles were indeed caused by the strikes, he said.* » [Les ennuis de Pat étaient bien produits par la grève, a-t-il dit.]
4. « *Did you say Pat troubles you?* » [Est-ce que tu as dit que Pat te dérange ?]

Ici, on voit clairement que c'est Pat qui a des ennuis, c'est Pat qui parle lui-même de ses ennuis (ou bien un autre homme qui parle des ennuis d'un *Pat* masculin). Pat a un rôle actif. Pat (homme) est à la troisième personne trois fois sur quatre. Cela rejoint le constat de la distanciation possible de l'homme du sujet de l'énoncé laissé à *il*, un autre lui-même, sujet masculin alternatif quand *je-homme* n'est pas sujet. Cela montre aussi l'attachement de la femme (souvent exprimé) au sujet de *son* énoncé, perçu par l'homme.

## *Femmes*

Chez les femmes, les *Pat* désignés masculins, même s'ils ne sont pas les sujets de l'énoncé, prennent la parole d'une manière ou d'une autre, en ce sens que la phrase décrit des actions ou des paroles de Pat. Par exemple :

1. « *It troubles me that Pat always says he's not smart enough.* » [Ça m'ennuie que Pat dise toujours qu'il n'est pas suffisamment intelligent.]
2. « *Pat can't say anything but his troubles.* » [Pat ne peut rien dire à part ses ennuis.]
3. « *You say postman Pat is the basis of all your troubles.* » [Tu dis que le facteur Pat est la base de tous tes ennuis.]
4. « *Pat says that, quite to the contrary, most lives are filled with troubles.* » [Pat dit que, bien au contraire, la plupart des vies sont remplies d'ennuis.]

Dans la première phrase, ce que Pat dit cause des ennuis ; puis, Pat ne parle que de ses ennuis ; ensuite, Pat le facteur est la base des ennuis ; enfin, Pat dit quelque chose, d'une manière certaine et assurée. Cette dernière phrase suit la phrase de la première consigne. « *You might say that my troubles are few* » [Tu pourrais dire que j'ai peu d'ennuis]. On remarque ici un effacement de soi-même typiquement féminin, un effacement qui mène à valider les paroles de l'*homme* plus que les siennes. Il y a un consentement implicite à ce que Pat (homme) ait raison et que sa négation des ennuis de l'énonciatrice soit juste. Contrairement aux résultats de Katherine Stephenson, la femme ici s'efface par rapport à l'homme. Katherine Stephenson a trouvé, dans les résultats à l'épreuve *bore-say-him/her* — traduction différente de *ennui(s)-lui-dire* —, que les Américaines ne s'effaçaient pas autant que les Françaises. Les résultats que j'ai obtenus sont différents.

La responsabilité vis-à-vis de l'action que la phrase décrit est exprimée quand Pat est masculin. Par contre, les phrases des femmes dans lesquelles Pat est du féminin ont une structure plus floue, vague, ambiguë. Il me semble qu'un élément d'incertitude s'introduit, un doute par rapport à l'autorité possible de Pat (femme) et de sa parole.

1. « *Pat wouldn't say that her troubles are any different than most.* » [Pat ne dirait pas que ses ennuis sont différents de ceux des autres.]

Le conditionnel exprime une certaine hésitation et un manque de confiance. Pat, désignée comme femme, par une femme, manque d'assurance.

2. « *Say, Pat asked me to tell her all of my troubles yesterday.* » [Tiens, Pat m'a demandé hier de lui dire tous mes ennuis.]

Pat, une femme, donne la parole à l'autre ; c'est elle qui veut écouter (en un rôle plus passif) ; ce qui témoigne d'une intersubjectivité explicite.

3. « *Pat may say that she has troubles.* » [Pat peut dire qu'elle a des ennuis.]

Encore une fois, se retrouve l'élément de passivité, de respect vis-à-vis de l'autorité d'un autre. Pat ne dit pas tout simplement qu'elle *a* des ennuis, ou bien l'énonciatrice ne dit pas que Pat *dit* qu'elle a des ennuis.

4. « *Pat, what you say troubles me.* » [Pat, ce que tu dis me dérange.]

Cette phrase met en scène un dialogue : Pat et sa confidente dans un discours probablement affectif. Les deux femmes s'écoutent.

*
**

Je reviens à la consigne *troubles-you-say* pour faire quelques remarques en guise de conclusion.

1. Au niveau du temps, toutes les phrases sont au présent, sauf une seule dans laquelle l'imparfait est utilisé en discours direct, entre guillemets. Je ne suis pas arrivée à trouver un motif pour l'usage généralisé du présent. Mais, comme il n'y a pas de différence entre hommes et femmes dans *cet* aspect de l'épreuve, je ne le traiterai pas ici.

2. Au niveau du contenu de l'énonciation, on peut noter une grande différence entre hommes et femmes comme sujets de l'énoncé : 13 sur 18 hommes (72 %) ont donné une phrase du type « Tu dis que tu as des ennuis » [*You say you have troubles*], pendant que 4 sur 22 femmes (18,1 %) écrivaient une phrase semblable (et une des quatre était suivie par « je te caresserai avec compassion »). Les phrases des femmes sont beaucoup plus

complexes au niveau de ce qu'elles veulent communiquer. Cette complexité me semble liée au fait d'exprimer un dialogue *dans* l'énoncé, ou, du moins, un rapport entre *je* et *tu*. Par exemple :

— *« Why do you say that my troubles are so simple? »* [Pourquoi dis-tu que mes ennuis sont si simples?]

— *« You say you have troubles but I say you are full of shit! »* [Tu dis que tu as des ennuis mais moi je dis que tu es plein(e) de merde !]

— *« You can't say my troubles, only I can. »* [Tu ne peux pas dire mes ennuis ; ce n'est que moi qui peux les dire.]

— *« It's hard to say what troubles you. »* [Il est difficile de dire ce qui t'ennuie.]

— *« I say you don't know the troubles I've seen. »* [Je dis que tu ne connais pas les ennuis que j'ai connus.]

3. Chez les femmes, il y a donc bien l'intention de s'exprimer, de communiquer, et d'exprimer un *message* tandis que les hommes, selon moi, veulent plutôt utiliser les mots de la consigne dans la phrase la plus commode à produire. Dans leurs phrases se trouvent incluses une pensée ou une intention personnelles. On peut donc conclure que les phrases des femmes sont, pour la plupart, plus proches de leurs propres expériences, de leurs propres corps, plus engagées émotionnellement, et plus dialogiques. Même pendant l'exécution de l'épreuve, j'ai remarqué que les femmes, en général, pensaient plus longtemps avant de commencer à écrire. Les hommes, par contre, commençaient à écrire presque immédiatement.

4. Les phrases produites montrent que les hommes ont une certaine confiance dans l'acceptabilité de leur parole, dans le fonctionnement effectif de celle-ci, qu'il s'agisse de l'impact sur le monde en général ou du fait que quelqu'un les écoute et remarque ce qu'ils disent. Quand ils énoncent quelque chose, il y a, me semble-t-il, une certitude que c'est un message accompli et reçu. Quoique leurs phrases soient assez objectives en leur contenu, ils ont une vision du monde plus subjective que les femmes, en ce sens qu'ils voient les objets et les sujets en relation avec eux-mêmes — énonciateurs masculins — plutôt qu'en relation avec les interlocuteurs/trices. Les femmes souvent ne

s'attendent pas à être écoutées ; elles manquent de confiance en la validité ou la valeur de leurs paroles ; elles utilisent le langage pour décrire les relations intersubjectives plus que pour exprimer des relations avec l'ensemble supposé de la société.

Faire passer cette épreuve a été une sorte de révélation pour moi, et pas une bonne révélation. Avant de faire ce travail, je *croyais* savoir que ce n'est pas uniquement la structure sociale patriarcale qui *se* perpétue, mais que le langage *accepté* par les deux sexes renforçait certaines inégalités fondamentales. Je sais maintenant que ce langage est en bonne partie imposé à chaque sexe et surtout aux femmes. J'espère que nous, toutes et tous, et les générations à venir auront le courage de mettre en place un langage adéquat à la mesure des besoins et des désirs des deux sexes, sans hiérarchie entre eux.

## BIBLIOGRAPHIE

IRIGARAY, L., « L'ordre sexuel du discours », dans *Langages 85, Le sexe linguistique*, Paris, Larousse, mars 1987, pp. 81-123.

IRIGARAY, L., *Parler n'est jamais neutre,* Paris, Minuit, 1985.

IRIGARAY, L., Notes personnelles des séminaires donnés au Collège international de philosophie de Paris, de novembre à janvier, 1988-1989.

YAGUELLO, M., *Les mots et les femmes,* Paris, Payot, coll. « Prismes », 1987.

## Corpus

### *Hommes*

1. « *You say you have troubles.* » [Tu dis que tu as des ennuis.]

   « *Troubles are something you say Pat has many of.* » [Des ennuis, tu dis que Pat en a beaucoup.] H*

2. « *You've got troubles you say?* » [Tu as des ennuis, dis-tu?]

   « *Pat began to say repeatedly, "Yeah we got troubles, right here in Rivercity...".* » [Pat commençait à dire très souvent, « Ouais, nous avons des ennuis, ici à Rivercity... ».] H

3. « *You say you have troubles?* » [Tu dis que tu as des ennuis?]

   « *It's pat to say you have troubles.* » [C'est un cliché de dire que tu as des ennuis.]

4. « *You say **you** have troubles! I don't know what to say to you about your troubles.* » [Tu dis que **tu** as des ennuis! Je ne sais pas quoi te dire de tes ennuis.] *(Souligné par l'énonciateur.)*

   « *Pat, say **you** have troubles.* » [Pat, dire que **tu** as des ennuis.] F

5. « *These are not your troubles, but you say responsibility is for all to share. Please explain this.* » [Il ne s'agit pas de tes ennuis, mais tu dis que la responsabilité est à partager par tout le monde. Explique-moi ça, s'il te plaît.]

   « *Pat had the cheek to ask me for cigarettes, and I replied: "Why should I go to such trouble for you to dare to say such nonsense?"* » [Pat a eu le culot de me demander des cigarettes, et j'ai répondu: « Pourquoi devrais-je me déranger pour que tu oses dire de telles sottises? »] H

---

* Les lettres H ou F désignent le sexe de *Pat.*

6. *« You say you have troubles! »* [Tu dis que tu as des ennuis!]

   *« Say Pat what are your troubles? »* [Dis, Pat, quels sont tes ennuis?] F

7. *« You say that you always have troubles. »* [Tu dis que tu as toujours des ennuis.]

   *« Say Pat has troubles. »* [Ici le manque d'un « que » a le même effet d'ambiguïté en anglais : « Dire que Pat a des ennuis » ou « Dis: Pat a des ennuis ».] F

8. *« You say you have troubles? »* [Tu dis que tu as des ennuis?]

   *« Say, Pat, you have troubles! »* [Dis, Pat, tu as des ennuis!] F

9. *« Say, have you got troubles? »* [Dis, est-ce que tu as des ennuis?]

   *« You know what they say about Pat: "trouble" is her middle name. »* [Tu sais ce qu'on dit de Pat: « ennui » est son deuxième nom.] F

10. *« If you are in trouble where do you say please help me. »* [Si tu as des ennuis où dit-on aide-moi s'il te plaît.]

    *« Pat, I'm in trouble; can you please help me as I can not speak French very well. »* [Pat, j'ai des ennuis; peux-tu m'aider puisque je ne peux pas parler très bien le français.] F

11. *« You say you have troubles? »* [Tu dis que tu as des ennuis?]

    *« Pat says he has troubles, too. »* [Pat dit que lui aussi a des ennuis.] H

12. *« "Troubles" are you say. »* [« Des ennuis » sont tes paroles.]

    *« Pat, say "troubles". »* [Pat, dis « ennuis ».] H

13. *« Did you say your troubles were caused by the strikes? »* [Est-ce que tu disais que tes ennuis étaient produits par la grève?]

    *« Pat's troubles were indeed caused by the strikes, he said. »* [Les ennuis de Pat étaient bien produits par la grève, a-t-il dit.] H

14. *« You say it troubles you? »* [Tu dis que ça t'ennuie?]

    *« Did you say Pat troubles you? »* [Est-ce que tu as dit que Pat te dérange?] H

15. *« You say there are troubles? »* [Tu dis qu'il y a des ennuis?]

    *« Did Pat trouble to say to you? »* [Est-ce que Pat s'est dérangé pour te parler?] H

16. *« You say you have troubles. »* [Tu dis que tu as des ennuis.]

    *« You say postman Pat troubles you. »* [Tu dis que le facteur Pat t'ennuie.] H

17. « *In northern Ireland, you say troubles; in South America, you say revolution.* » [En Irlande du Nord, tu dis: ennuis; en Amérique du Sud, tu dis: révolution.]

    « *Pat troubles to say, Hello to you, even when time is tight.* » [Pat se dérange pour te dire « Bonjour », même quand il n'a pas beaucoup de temps.] H

18. « *You say you have troubles.* » [Tu dis que tu as des ennuis.]

    « *Pat said she had troubles when she tried to leave the country.* » [Pat a dit qu'elle avait eu des ennuis quand elle avait essayé de partir du pays.] F

## *Femmes*

1. « *You say you have troubles, but you really haven't even seen suffering.* » [Tu dis que tu as des ennuis, mais tu n'as vraiment jamais vu la souffrance.]

   « *It troubles me that Pat always says he's not smart enough.* » [Ça m'ennuie que Pat dise toujours qu'il n'est pas suffisamment intelligent.] H

2. « *You can't say my troubles, only I can.* » [Tu ne peux pas dire mes ennuis, ce n'est que moi qui puisse les dire.]

   « *Pat can't say anything but his troubles.* » [Pat ne peut rien dire à part ses ennuis.] H

3. « *You say your troubles are getting you down.* » [Tu dis que tes ennuis te dépriment.]

   « *You say postman Pat is the basis of all your troubles.* » [Tu dis que le facteur Pat est la base de tous tes ennuis.] H

4. « *You might say that my troubles are few.* » [Tu pourrais dire que mes ennuis sont peu nombreux.]

   « *Pat says that, quite to the contrary, most lives are filled with troubles.* » [Pat dit que, bien au contraire, la plupart des vies sont remplies d'ennuis.] H

5. « *Why do you say that my troubles are so simple?* » [Pourquoi dis-tu que mes ennuis sont si simples?]

   « *Pat wouldn't say that her troubles are any different than most.* » [Pat ne dirait pas que ses ennuis sont différents de ceux des autres.] F

6. « *You say you have troubles? If you say your troubles, I'll pat you compassionately.* » [Tu dis que tu as des ennuis? Si tu dis tes ennuis, je te caresserai avec compassion.]

« *Say, Pat asked me to tell her all of my troubles yesterday.* » [Tiens, Pat m'a demandé hier de lui dire tous mes ennuis.] F

7. « *Say, do you have troubles?* » [Dis, tu as des ennuis?]

   « *Pat may say that she has troubles.* » [Pat peut dire qu'elle a des ennuis.] F

8. « *It's hard to say what troubles you.* » [Il est difficile de dire ce qui t'ennuie.]

   « *Pat, what you say troubles me.* » [Pat, ce que tu dis me dérange.] F

9. « *You say you have troubles but I say you are full of shit!* » [Tu dis que tu as des ennuis, mais moi je dis que tu es plein(e) de merde!]

   « *They say Pat has troubles, but I think Pat is a nasty bastard; Pat wouldn't know a trouble if it bit him on the ass.* » [On dit que Pat a des ennuis, mais je pense que Pat est un salaud méchant; Pat ne connaîtrait pas un ennui s'il lui mordait le cul.] H

10. « *I say you don't know the troubles I've seen.* » [Je dis que tu ne connais pas les ennuis que j'ai connus.]

    « *Troubles is what Pat has since he says his name shorter!* » [Des ennuis, c'est ce que Pat a depuis qu'il prononce son nom plus court!] H

11. « *I say to you "What are your troubles?"* » [Je te dis « Quels sont tes ennuis? »]

    « *What did you say to Pat about her troubles? Nothing, she has none.* » [Qu'est-ce que tu disais à Pat au sujet de ses ennuis? Rien, elle n'en a pas.] F

12. « *May I say the word "troubles" to you?* » [Puis-je te dire le mot « ennuis »?]

    « *"Troubles" is not an easy word to say.* » [« Ennuis » est un mot qui ne se dit pas facilement.]

13. « *You have troubles, you say... I'll tell you troubles!* » [Tu as des ennuis, tu dis... Je t'en dirai des ennuis!]

    « *Say, Pat, do you still have the same troubles with your apartment?* » [Tiens, Pat, est-ce que tu as toujours les mêmes ennuis avec ton appartement?] F

14. « *You say that the troubles should end soon.* » [Tu dis que les ennuis devraient s'arrêter bientôt.]

    « *Pat says that she has no troubles.* » [Pat dit qu'elle n'a pas d'ennuis.] F

15. « *You say you have troubles.* » [Tu dis que tu as des ennuis.]

    « *When people say "PAT" to me, it troubles me.* » [Quand les gens me disent « PAT », ça m'ennuie.] F

16. *« I say, sugar, those troubles you were having with that confounded anti-christ pasta machine, you remember, I think I can help you fix it. »* [Je dis, chéri(e), ces ennuis que t'avais avec cette machine de pasta condamnée anti-christ, tu te souviens, je crois que je peux t'aider à la fixer.]

 *« There are things I would like to* **say** *to Pat, but instead we talk a lot, just about things, and his troubles and such, and* **this** *I find much better. »* [Il y a des choses que je voudrais **dire** à Pat, mais au lieu de cela, on parle généralement beaucoup au sujet de choses, ses ennuis et tout, et **cela** je trouve mieux.] H

17. *« You say you have troubles. »* [Tu dis que tu as des ennuis.]

 *« Pat, say you have troubles. »* [Pat, dis que tu as des ennuis.] H

18. *« You say you'll soon be in trouble. »* [Tu dis que bientôt tu auras des ennuis.]

 *« You say Pat will get you into trouble. »* [Tu dis que Pat te mettra dans le pétrin.] H

19. *« If you say to me that you are having troubles, I would say relax, everything will work out. »* [Si tu me dis que tu as des ennuis, je te dirai détends-toi, tout va s'arranger.]

 *« I would say Pat was a woman with some slight troubles. »* [Je dirais que Pat était une femme avec des petits ennuis.] F

20. *« You say you have troubles but you're a silly thing. »* [Tu dis que tu as des ennuis mais tu es sotte.]

 *« Pat, your troubles are but puffs of air. »* [Pat, tes ennuis ne sont que des bouffées d'air.] H

21. *« You say you have troubles? »* [Tu dis que tu as des ennuis?]

 *« Pat, who says you have troubles? »* [Pat, qui dit que tu as des ennuis?] F

22. *« To say you have troubles distances you from yourself. »* [Dire que tu as des ennuis, t'éloigne de toi-même.]

 (Pas de phrase avec *Pat.*)

# Semblables et dissemblables. Notes pour une sémantique sexuée

CRISTINA CACCIARI
*Assistante en psychologie, Université de Bologne*

Traduction de
ORISTELLE BONIS

**Langue italienne**

*SYNONYMES:*

* **Pensare [penser]**
* **Vivere [vivre]**
* **Possesso [possession]**
* **Stato [état, été]**
* **Provare [éprouver, essayer]**
* **Guardare [regarder]**

*CONTRAIRES:*

* **Caro [cher]**
* **Duro [dur]**
* **Profondo [profond]**
* **Alzarsi [se lever]**
* **Dire [dire]**

# ANALYSE DES CONSIGNES

« Le monde vivant est sexué », a écrit Luce Irigaray dans le numéro que, sous sa direction, la revue *Langages* (nº 85, mars 1987) a consacré au thème de la différence sexuelle dans le langage. Dire que le monde, tel qu'il est, est sexué autorise-t-il à penser qu'il en va de même pour la perception que nous en avons et les catégorisations à partir desquelles nous organisons notre expérience ? Dans quelle mesure l'expérience quotidienne de la sexuation du monde (objets, animaux, êtres humains, etc.) se reflète-t-elle dans le langage et dans les systèmes de catégorisation que nous exprimons à travers lui ? La complexité et les implications théoriques et empiriques de telles questions pourraient faire renoncer à l'aventure d'une recherche se proposant de les traverser à partir du point de vue, déjà complexe en soi, de la différence sexuelle. Pourtant, sous des formulations différentes, ces interrogations sont déjà à l'ordre du jour dans bien des disciplines : en linguistique, en sémiotique, dans une partie au moins de la psychologie, par exemple quand on questionne le rapport entre perception et langage, entre perception, pensée et objets perçus. Jamais, ou presque jamais, la réflexion ne va jusqu'à considérer le problème de la différence sexuelle, pour la bonne raison que celle-ci n'est en général pas représentée dans ces univers conceptuels, ou tout au moins pas dans l'esprit de la plupart des chercheur(se)s qui ont dirigé et dirigent ces réflexions.

Dans cet article, je présenterai les premiers résultats d'une recherche internationale, partiellement empirique, sur la différence sexuelle dans le langage. En Italie, elle a porté sur 129 personnes de sexe féminin et 47 de sexe masculin, étudiant(e)s de l'université de Bologne[1]. À chacun(e) d'entre eux/elles, on a présenté une liste de consignes (reproduite dans l'« Introduction ») divisée en plusieurs parties. Celles dont les premiers résultats ont été analysés correspondent à deux types d'opérations s'appliquant à différents termes inducteurs : dans un cas les sujets devaient inscrire en face de chaque terme sa *transformation négative*, dans l'autre son *synonyme*.

Cette partie de la recherche touche essentiellement aux compétences sémantiques et perceptives des hommes et des femmes, autrement dit à leurs systèmes de catégorisation. Elle se propose d'analyser et d'interpréter les différences entre les réponses féminines et masculines, leur nature, systématicité et cohérence.

Pour le dire autrement, je considérerai les synonymes et les contraires comme des fenêtres ouvertes sur les systèmes de catégorisation : dire qu'un mot est semblable à un autre ou indiquer quel est le terme qui s'y oppose équivaut de fait à exprimer un jugement de *ressemblance* ou *dissemblance*, qui implique d'exprimer linguistiquement la perception du réel, de ses interrelations et oppositions.

Plusieurs auteurs ont insisté sur l'extrême complexité de la définition du synonyme ou du contraire, de sorte qu'il existe diverses classifications pour rendre compte des relations de sens que recouvrent communément les noms de synonymie ou d'antonymie (cf. Lyons, 1977). Pour certains auteurs, il apparaît même discutable de parler de relation de synonymie entre deux termes. Ce problème est au moins aussi vieux que les disciplines qui étudient le langage, comme le montre la citation suivante, tirée du traité *les Tropes* rédigé par Dumarsais en 1729 et réédité avec une présentation de Fontanier en 1818 :

> Si par synonymes vous entendez des mots qui ont une ressemblance de signification si entière et parfaite que le sens pris dans toute sa

> force et dans toutes ses circonstances soit toujours et absolument le même, en sorte qu'un des synonymes ne signifie ni plus ni moins que l'autre, qu'on puisse les employer indifféremment dans toutes les occasions, et qu'il n'y ait pas plus de choix à faire entre eux pour la signification et pour l'énergie qu'entre les gouttes d'eau d'une même source pour le goût et pour la qualité : dans ce sens il n'y a point de mots synonymes en aucune langue. [...] Une langue sera véritablement riche si elle a des termes pour distinguer, non seulement les idées principales mais encore leurs différences, leurs délicatesses, le plus ou moins d'énergie, d'étendue, de précision, de simplicité et de composition.

Les choses ne sont pas plus simples s'agissant du contraire des mots. En fait, cette relation a été complètement décomposée en une famille de termes qui la constitueraient : contraire, contradictoire, antonyme, opposé, etc. Mais, si le contraire par excellence ne semble pas exister, il paraît cependant plus facile de trouver une forme de consensus que dans le cas des synonymes. Cette différence tient en grande partie au fait que deux mots, deux concepts peuvent se ressembler de bien des façons. Il est toujours possible de trouver une dimension qui souligne quelque ressemblance entre des mots ou des concepts, et c'est précisément là ce qui empêche de trancher. Si les dimensions de l'opposition sont elles aussi complexes, peut-être le sont-elles moins que celles de la ressemblance. En toute rigueur le jugement de synonymie ne devrait pas impliquer la ressemblance mais une relation plus étroite, par exemple la possibilité de substituer un terme à un autre. Or, comme on l'a déjà souligné, non seulement il existe des mots chargés de plusieurs sens, et qui donc admettent au moins un synonyme pour chaque signifié, ce qui rend l'opération de substitution plus complexe, mais les mots revêtent diverses connotations selon le contexte, chose qui, d'une façon ou d'une autre, se perd lorsqu'on substitue un terme par un autre. Autrement dit, le synonyme et le contraire d'un même terme ne sont pas réciproques, ou, de façon générale, deux contraires d'un même mot ne sont pas du tout synonymes entre eux, ce qui une fois de plus démontre que les signifiés des mots sont influencés par les situations discursives. Un des critères possibles de classification des synonymes ou des transformations négatives d'un terme est donné par l'appartenance à un ou plusieurs domaines sémantiques auxquels le terme inducteur appartient ou s'oppose. C'est à cette idée de domaines sémantiques[2], qui a une longue tradition dans les études sur le langage, que je me référerai dans l'analyse des données.

Il ne s'agit pas, dans ce travail, de juger de la validité et de l'adéquation des réponses des sujets. Toutes les réponses sont acceptables, puisque, précisément, l'intérêt porte ici sur la variété des domaines sémantiques exprimés. Mais il est très difficile, compte tenu non seulement des affirmations de divers auteurs mais aussi de ma propre expérience d'analyse des données et des discussions dans un groupe[3], de trouver un accord sur ce qui serait le plus synonyme des synonymes ou le plus contraire des contraires.

Qu'il s'agisse des synonymes ou des contraires, je ne présenterai que les résultats relatifs à une partie des mots donnés comme inducteurs. En effet, il m'importe surtout de faire ressortir les différences qui apparaissent entre les réponses des femmes et celles des hommes. On trouvera en annexe l'ensemble des mots inducteurs et des réponses et, dans cet article, des résultats déjà interprétés.

### *Les synonymes*

J'examinerai ici les termes inducteurs suivants : les verbes *pensare* [penser], *vivere* [vivre], *provare* [éprouver, essayer], et *guardare* [voir] ; les substantifs *possesso* [possession] et *stato* [état, été (participe passé du verbe « être »)].

1. PENSARE [penser]. — Les réponses ont été classifiées selon la position du sujet à l'égard de l'objet ou de l'événement pensé qu'elles impliquaient ; cela a suscité la création de deux catégories qui traduisent l'opposition personnel *vs.* impersonnel. Sous l'intitulé « personnel » sont inclus les verbes exprimant une intervention directe du sujet d'énonciation, à savoir *rimuginare* [ruminer], *meditare* [méditer], *cogitare* [cogiter], *elucubrare* [élu-

cubrer], *ritenere* [trouver], *ideare* [concevoir], *contemplare* [contempler], *realizzare* [réaliser], *scavare* [approfondir], et *credere* [croire]. Sous l'intitulé « impersonnel » sont regroupés les verbes exprimant une position de distanciation du sujet par rapport à l'objet: *ponderare* [peser le pour et le contre], *organizzare* [organiser], *ragionare* [raisonner], *elaborare* [élaborer], *mettere in relazione* [mettre en relation] et *analizzare* [analyser]. Le tableau suivant donne les résultats en pourcentages[4] :

| | H | F |
|---|---|---|
| Personnel | 95,8 % | 88,3 % |
| Impersonnel | 4,1 % | 9,4 % |

On trouve dans les réponses masculines une légère dominance de verbes impliquant une position subjective, personnelle, de l'agent à l'égard de l'objet ou de l'événement pensé. Bien que la différence soit légère, elle est significative d'une tendance qui, nous le verrons, se trouve confirmée par les résultats aux autres épreuves, et qui, de plus, a été mise en lumière par d'autres auteurs de cette recherche internationale (cf. L. Irigaray, 1987; P. Violi, 1987).

2. VIVERE [vivre]. — Le choix des synonymes exprimés par les sujets permet de définir quatre dimensions sémantiques caractéristiques du verbe *vivere* [vivre]. Après l'énoncé de chacune, je cite entre parenthèses la liste des verbes qui, selon moi la composent: dimension « physique-concrète » (*respirare* [respirer], *essere* [être], *esistere* [exister], *conoscere* [connaître], *abitare* [habiter], *esserci* [être, exister, au sens de « y avoir »], *crescere* [grandir], *percepire* [percevoir], *sentirsi* [se sentir], *esperire* [tenter], *essere in vita* [être en vie], *mangiare* [manger], *sentire* [sentir], *ambientarsì* [s'adapter], *essere al mondo* [être au monde]) ; dimension « affective » (*amare* [aimer], *donare* [faire don], *partecipare* [participer]) ; dimension « hédoniste » (*divertirsi* [s'amuser], *gioire* [jouir], *svegliarsi* [s'éveiller], *agire* [agir], *giocare* [jouer], *ballare* [danser], *godere* [être heureux], *essere attivi* [être actif]) ; dimension « négative » (*trascorrere* [passer], *campare* [vivre, au sens de « végéter »], *trascorrere la vita* [passer

sa vie], *non morire* [ne pas mourir], *stare* [rester/se maintenir], *tirare avanti* [faire aller], *sopravvivere* [survivre], *vegetare* [végéter], *passare il tempo* [passer le temps]). Le tableau ci-dessous rend compte des pourcentages de chaque choix :

| | H | F |
|---|---|---|
| Physique | 59,09 % | 71,07 % |
| Affective | - | 3,3 % |
| Hédoniste | 11,4 % | 7,4 % |
| Négative | 25 % | 13,2 % |

Le premier résultat méritant d'être commenté, et qui se répète d'ailleurs à plusieurs reprises, est la fréquence importante avec laquelle les femmes, plus que les hommes, choisissent des termes liés à l'aspect physique ou matériel du vivre : ce que j'ai appelé la dimension physique-concrète. Elle semble correspondre à ce type de désignation que Luce Irigaray (1987) nomme « animé ou inanimé-concret », en opposition à la modalité « animé ou inanimé-abstrait », typique du discours masculin.

Le second élément intéressant concerne la présence, chez les hommes, de synonymes à connotation négative, en accord avec le premier choix ; ce que l'on ne retrouve pas chez les femmes. Pour près de la moitié, les réponses masculines se répartissent entre les dimensions hédoniste et négative, celles-ci ne représentant qu'un peu plus du cinquième des réponses féminines. La quasi-absence de réponses de type « affectif » est elle aussi assez intéressante, surtout si l'on tient compte du fait que, en italien du moins, *vivere* a des résonances affectives, et de la croyance selon laquelle les femmes seraient plus centrées sur l'émotivité et sur la subjectivité que les hommes.

3. POSSESSO [possession]. — Le terme inducteur est volontairement ambigu ; il peut désigner une relation à un objet aussi bien qu'un sentiment. Les deux mots les plus fréquemment choisis, *proprietà* [propriété ] (H : 42,8 % ; F : 30,3 %) et *avere* [avoir] (H : 26,2 % ; F : 42,6 %) ne permettent pas de lever l'ambiguïté, mais il est en revanche possible de classer les réponses en fonction du niveau d'abstraction de la relation décrite et du

niveau d'implication subjective. Ainsi, *avere* [avoir], qui, en italien comme en français, s'utilise aussi comme substantif, exprime une relation plus abstraite aux objets que celle que traduit *proprietà* [propriété], en même temps que *avere* suppose qu'il existe un sujet qui a, alors que *proprietà* désigne des objets possédés mais pas forcément un sujet. Nous qualifierons la première dimension d'« abstraite-subjective » (elle comprend: *avere* [avoir], *mia* [mien], *avere totalmente* [avoir complètement]), et la seconde de « concrète-objective » (*proprietà* [propriété], *patrimonio* [patrimoine, capital], *approprio* [approprié], *appartenenza* [appartenance], *l'avere* [l'avoir], *appropriazione* [appropriation], *bene* [bien], *detenzione* [détention], *possedimento* [possession], *tenuta* [domaine], *vendita* [vente]). Une troisième dimension concerne ce que l'on pourrait appeler les « conséquences » de la possession ; il s'agit de termes désignant les attributs possibles de qui détient, ou non, une possession (*potere* [pouvoir], *richezza* [richesse], *gelosia* [jalousie], *avidità* [avidité], *egoismo* [égoïsme]). Ces trois dimensions sont ainsi représentées dans les réponses des sujets:

| | H | F |
|---|---|---|
| Abstraite-subjective | 26,2 % | 47,5 % |
| Concrète-objective | 59,5 % | 41 % |
| Conséquences | 7,1 % | 3,3 % |

Comme le montre clairement le tableau, le choix de la dimension abstraite-subjective pour donner des synonymes au terme *possesso* est plus le fait des femmes que celui des hommes, ceux-ci paraissant plus liés à la dimension de possession des objets, des biens. Cette constatation se résume dans le fait que, si presque la moitié des femmes choisissent *avere* comme synonyme, les hommes citent *proprietà* dans les mêmes proportions.

4. STATO [état, été (participe passé du verbe « être »)]. — Ce mot recouvre au moins trois significations possibles: *nazione* [nation], c'est-à-dire une entité abstraite ; *condizione* [condition], terme référé au sujet, et temps verbal [été], c'est-à-dire le participe passé du verbe « être » et donc, si l'on veut, une variante du sens précédent. Les réponses se distribuent ainsi:

| | H | F |
|---|---|---|
| Entité abstraite | 46,5 % | 55,6 % |
| Condition | 46,5 % | 38,7 % |
| Participe passé | 7 % | 0,8 % |

On note, dans les réponses des femmes, une préférence marquée pour les synonymes focalisés sur le signifié abstrait du mot, alors que les réponses des hommes se distribuent plus régulièrement, avec, si l'on ajoute les résultats relatifs au signifié de condition à ceux du verbe « être », une légère prédominance pour le côté subjectif.

5. PROVARE [éprouver]. — Nous examinerons les deux signifiés principaux du verbe: *provare* au sens de *percepire* [percevoir] et de *cimentarsi* [se mettre à l'épreuve]. On a inclus les verbes suivants dans le premier domaine sémantique « percevoir une sensation »: *sentire* [sentir], *avvertire* [pressentir], *agire* [se conduire], *assagiare* [goûter]. Dans le second domaine sémantique « épreuve », on a regroupé: *tentare* [tenter], *sperimentare* [expérimenter], *verificare* [vérifier], *collaudare* [essayer], *attestare* [attester], *ripetere* [recommencer], *cimentarsi* [se mettre à l'épreuve], *cercare* [chercher], *azzardarsi* [se hasarder], *misurarsi* [se mesurer], *testare* [tester], *controllare* [contrôler].

| | H | F |
|---|---|---|
| Perception | 17,8 % | 23,8 % |
| Épreuve | 80 % | 73,8 % |

Ici, les différences entre les réponses des femmes et celles des hommes paraissent plus estompées. Pour ce terme aussi, on retrouve la tendance plus féminine que masculine à employer des mots qui connotent un rapport au concret, à la matérialité de la perception.

6. GUARDARE [regarder]. — Les réponses ont été regroupées en fonction du degré d'« activité » du sujet percevant devant l'objet, l'événement ou la scène perçue impliquée par le verbe. Pour

donner un exemple, la personne qui *observe* est, me semble-t-il, selon la polarité activité/passivité, plus active face à l'objet que celle qui *jette un coup d'œil*, mais l'une et l'autre sont moins actives que celle qui *voit* un événement. Qui *admire* se situe dans une position intermédiaire entre qui *observe* et qui jette un coup d'œil, dans la mesure où la relation est alors plus déterminée par l'objet que par celui/celle qui le perçoit. *Vedere* [voir] semble « impliquer » la pleine responsabilité du sujet à l'égard de l'objet, ou d'un dévoilement possible de la scène, alors que *osservare* [observer] met en cause une position d'extériorité du sujet, *ammirare* [admirer] exprime la « dominance » de l'objet sur le sujet et *sbirciare* [jeter un coup d'œil] un caractère « fortuit » ou l'exclusion du sujet de la scène qu'il voit[5]. Ces quatre domaines (activité, non-implication, assujettissement et hasard) sont ainsi répartis :

| | H | F |
|---|---|---|
| Activité | 34,8 % | 41,9 % |
| Non-implication | 50 % | 52 % |
| Assujettissement | 6,5 % | 3,1 % |
| Hasard | 6,5 % | 2,3 % |

Les réponses données par les femmes paraissent s'orienter plus que celles des hommes vers le pôle de l'activité du sujet par rapport à la scène.

### *Les transformations négatives, ou contraires*

Les termes que je vais examiner sont les suivants : les adjectifs *caro* [cher], *duro* [dur] et *profondo* [profond], les verbes *alzarsi* [se lever] et *dire* [dire].

1. CARO [cher]. — Le terme présente une ambiguïté que reflètent les deux principaux types de réponses : les unes jouent en effet sur le signifié « économique », au sens restreint, du mot, les autres sur son signifié « affectif ».

| | H | F |
|---|---|---|
| Domaine économique | 37,7 % | 46,6 % |
| Domaine affectif | 53,3 % | 51,7 % |

Comme on le voit, il existe une légère dominance des réponses féminines dans le domaine économique et une petite prépondérance des réponses masculines dans le domaine affectif. La tendance des femmes à donner des synonymes centrés sur l'aspect « inanimé-concret » paraît trouver confirmation jusque dans les transformations négatives du mot *caro* [cher].

2. DURO [dur]. — Les contraires fournis par les sujets se réfèrent essentiellement à trois domaines différents : la « perception tactile » (*morbido* [doux], *tenero* [tendre], *soffice* [moelleux]), la « consistance des objets » (*fragile* [fragile], *leggero* [léger], *duttile* [ductile/souple]) et la « connotation négative » (*molle* [mou], *moscio* [flasque]). On trouve une quatrième dimension, se référant à la « description des personnes ». Il n'y a, hélas, pas moyen de distinguer quelle est, dans les réponses des sujets, la véritable intention communicative, et, de toute manière, le contraire qui pourrait le plus directement se rattacher au domaine descriptif, à savoir le mot *tenero* [tendre], a été choisi de façon à peu près égale par les hommes (23,4 %) et par les femmes (29,4 %). Les trois dimensions que nous avons d'abord distinguées sont ainsi distribuées :

| | H | F |
|---|---|---|
| Toucher | 57,4 % | 81,2 % |
| Objets | 2,2 % | 2,3 % |
| Jugement négatif | 34 % | 16,4 % |

La dimension tactile, perceptive, qui prévaut nettement dans les réponses des femmes, apparaît moins fréquemment dans celles des hommes. J'ai choisi de classer l'adjectif *molle* [mou], ainsi que *moscio* [flasque] dans les connotations négatives. Quand bien même on préférerait considérer que le premier appartient au domaine de la perception tactile, cela ne modifierait pas la prédominance du choix féminin dans ce domaine sémantique de la transformation négative de *duro*.

3. PROFONDO [profond]. — Il s'agit ici encore d'un mot ambigu, mais les réponses sont, d'une certaine façon, plus faciles à décoder. Considérons deux d'entre elles seulement : *superficiale* [superficiel] et *ristretto* [limité], celles qui sont le plus souvent utilisées comme attributs de personne. 68,8 % des hommes et 78,8 % des femmes ont cité ces deux adjectifs. On constate donc ici que les réponses féminines s'orientent plus vers la description des personnes que des objets.

4. ALZARSI [se lever]. — Ce terme présente deux dimensions spatiales que l'on retrouve dans les contraires indiqués par les sujets. La dimension « horizontale » suppose des mots tels que *stendere* [étendre], *distendersi* [s'étendre], *stendersi* [(s')étendre], *dormire* [dormir], *coricarsi* [se coucher], *sdraiarsi* [s'allonger], et la dimension « verticale » est indiquée par des termes comme *sedersi* [s'asseoir], *abbassarsi* [se baisser], *sedere* [s'asseoir], *stare seduti* [être assis] et *cadere* [tomber]. Toutes les deux sont ainsi représentées :

| | H | F |
|---|---|---|
| Horizontalité | 27,7 % | 18,3 % |
| Verticalité | 65,9 % | 81,3 % |

La verticalité, qui constitue une des dimensions fondamentales de l'activité physique quotidienne est massivement présente dans les réponses des femmes. Ces réponses, une fois encore, se situent plus en contiguïté avec le milieu ambiant et la matérialité de son fonctionnement que les réponses masculines.

5. DIRE [dire]. — Les contraires mentionnés peuvent être répartis selon trois axes : ceux qui sont centrés sur la façon de « réagir » de l'actant lui-même vis-à-vis du partenaire du discours (par exemple *tacere* [se taire], *ammutolire* [rester muet], *stare zitti*

[rester silencieux]), ou bien sur son « action » (par exemple *zittire* [faire taire], *fare* [faire], *nascondere* [cacher]), ou encore sur un « échange » entre actants (par exemple *ascoltare* [écouter], *sentire* [entendre], *udire* [écouter]). Ils se distribuent de la façon suivante :

| | H | F |
|---|---|---|
| Réaction | 60 % | 86,7 % |
| Action | 11,1 % | 5,5 % |
| Échange | 28,9 % | 7,8 % |

Les réponses des femmes font nettement prévaloir les contraires centrés sur la réaction du sujet à une action située dans un rapport à l'autre, au « partenaire » de l'énonciation. Les hommes, au contraire, choisissent plus que les femmes l'échange entre actants, maintenant d'une manière ou d'une autre le sujet dans une position centrale-active que n'impliquent certainement pas des verbes tels que *tacere* [taire] ou *ammutulire* [rester muet], choisis en majorité par les femmes. Toujours sur le versant de l'action, on trouve des réponses apparemment anomales que j'ai regroupées sous le terme « action » du sujet. Si on les ajoute aux précédentes, on voit clairement que les hommes, plus que les femmes, ont tendance à choisir des exemples qui les placent en position de sujet.

Je voudrais pour finir présenter quelques résultats touchant le niveau de richesse sémantique manifestée par les sujets, autrement dit le nombre de synonymes et de contraires fournis par les hommes et les femmes. Ils sont résumés dans le tableau ci-dessous :

| | H | | F | |
|---|---|---|---|---|
| | Total | Moyenne* | Total | Moyenne |
| Synonymes | 128 | 12,8 | 133 | 6,3 |
| Contraires | 205 | 20,5 | 204 | 9,7 |

* La moyenne fait référence au nombre de mots fournis pour chaque terme inducteur.

Comme on le constate, les femmes ont, en moyenne, fourni un nombre plus élevé de réponses, ce qui témoigne d'une meilleure collaboration à la recherche (dont les buts restaient bien sûr ignorés des sujets, hommes et femmes). Le nombre moins élevé de termes avancés pour les contraires, tant par les hommes que par les femmes, permet de déduire que, si les ressemblances sont plus facilement accessibles, ou du moins si le vocabulaire permettant de les désigner est davantage exploité, le choix du contraire est d'une certaine manière moins sujet à hésitations. Cela est peut-être dû au fait que les objets et les actions désignés par les termes inducteurs peuvent se ressembler par bien des traits, selon le monde auquel on se réfère pour établir la relation de ressemblance ou les dimensions que l'on souligne, alors que la transformation négative d'un terme est plus rigide et prédéfinie.

## EN CONCLUSION

Que peut-on dégager de cette première analyse des données? D'abord, qu'il existe des différences entre les réponses des femmes et celles des hommes. Cela ne se vérifie pas de la même façon pour tous les termes inducteurs que nous avons choisis, mais, chaque fois que l'on observe des différences, elles concernent précisément les systèmes de catégorisation que nous nous étions proposé d'approfondir. Certes, il existe une part d'arbitraire dans la façon dont j'ai organisé les résultats et les ai regroupés, tout comme on peut considérer arbitraire le choix des termes inducteurs. Les différences apparaissent néanmoins, et elles sont intéressantes parce qu'elles touchent à des domaines fondamentaux de l'expérience humaine.

Contrairement à la plupart des attentes nées du sens commun, les hommes font des réponses orientées de façon à insister sur leur subjectivité propre, en particulier à l'égard de l'événement, de l'état, etc. décrits par le terme inducteur, ou à l'égard de l'objet impliqué (cf. *pensare* [penser], *possesso* [possession], *dire* [dire]).

Les femmes, elles, s'expriment par des références à l'aspect matériel-physique de l'expérience, dans la mesure où elles mentionnent les perceptions fondamentales qui animent notre vie (les sensations, le toucher, la verticalité liée à la force de gravité ; cf. *vivere* [vivre], *provare* [éprouver], *duro* [dur], *alzarsi* [se lever]). Elles sont orientées vers un pôle d'activité, vers le monde, mais pas vers sa possession. Elles savent se situer en position abstraite à l'égard du monde, presque à l'extérieur de lui, puisqu'elles ne le représentent pas comme correspondant à leurs décisions et actions personnelles (cf. *stato* [état/été : participe passé du verbe « être »]).

Peut-on en conclure que, d'une certaine façon, les femmes se montrent, par leurs réponses, plus réalistes, plus proches des dimensions invariantes de la perception, moins tentées de s'affirmer comme subjectivité qui contrôle au lieu de percevoir ce qui se passe ? Cette interprétation concorde, avec ce que d'autres parties de la recherche ont déjà démontré (cf. L. Irigaray, « L'ordre sexuel du discours »). Les femmes, parce qu'elles restent plus que les hommes proches du monde réel, de l'environnement, ne le subjectivisent pas de la même façon qu'eux. Il reste pour elles le lieu de l'expérience de la réalité concrète, mais elles laissent à l'autre le soin de l'organiser et de le dominer subjectivement. Elles se saisissent du côté invariant de l'expérience (le toucher, la gravité, la matérialité, etc.), mais elles ne se l'approprient pas pour en faire un prolongement de leur subjectivité.

## NOTES

1. Le questionnaire et les consignes ont été présentés sous forme écrite. Les sujets disposaient du temps nécessaire pour rédiger leurs réponses.

2. Un domaine sémantique peut être considéré comme un groupe de mots ayant ensemble des relations sémantiques, que l'on distingue selon qu'il s'agit de relations fonctionnelles, de relations de synonymie, de relations d'association, etc. Ce concept de domaine sémantique correspond à une théorie de représentation des signifiés du vocabulaire personnel en termes d'organisation (cf., entre autres, Fillenbaum et Rapaport, 1971 ; Miller et Johnson-Laird, 1976). A vrai dire, il n'y a pas encore de consensus sur le contenu des domaines sémantiques. Utilisant pour ma part ce terme selon la tradition de la

psychologie cognitive, j'ai organisé les réponses formulées par les sujets selon un certain nombre de domaines qui, c'est là mon hypothèse, viennent recouper les associations sémantiques propres à chacun.

3. Je remercie le groupe de travail avec lequel j'ai discuté une première fois de parties de ces résultats : Luce Irigaray, qui a en outre bien voulu relire et commenter une première version de cet article, Marina Mizzau, Adèle Pesce, Patrizia Violi.

4. Dorénavant, les résultats seront toujours donnés en pourcentages. Le total des tableaux n'est pas toujours égal à 100 % des réponses, car certaines d'entre elles, qui ne représentaient que des déviations négligeables, n'ont pas été intégrées dans les principales catégories examinées. Pour éviter de trop surcharger le texte, je n'ai pas systématiquement fourni les termes qui constituent ces catégories. Le/la lecteur(trice) que cela intéresserait pourra se reporter à la liste complète des réponses donnée en annexe.

5. Cette interprétation des données, basée sur une échelle du degré d'activité qu'impliquent les verbes *voir, observer* et *admirer* est bien sûr très subjective et discutable. Ainsi Luce Irigaray m'a-t-elle proposé une interprétation pour une part autre en ce sens qu'elle tient compte différemment du mode de passivité ou activité du regard. Pour elle, par exemple, *admirer* implique un sujet avec un regard qui accepte d'être passif, contemplatif.

## BIBLIOGRAPHIE

DUMARSAIS, C. C., et FONTANIER, P., 1729-1818, *Les Tropes,* Genève-Paris, Slatkine Reprints, 1984.

FILLENBAUM, S., RAPAPORT, A., 1971, *Structures in the Subjective Lexicon,* New York, Academic Press.

IRIGARAY, L., 1987, (éd), « Le sexe linguistique », *Langages,* n° 85.

IRIGARAY, L., 1987, « L'ordre sexuel du discours », *ibid.*

MILLER, G. A., JOHNSON-LAIRD, P. N., 1976, *Language and Perception,* Cambridge, Harvard University Press.

LYONS, J., 1977, *Semantics,* Cambridge, Cambridge University Press.

VIOLI, P., 1987, « Les origines du genre grammatical », *Langages,* 1987.

# Corpus*

## AYANT SERVI À L'ANALYSE ET TOUTES RÉPONSES SYNONYMES ET TRANSFORMATIONS NÉGATIVES

### *A) SYNONYMES (% SUR LE TOTAL DES RÉPONSES)*

| | M | F |
|---|---|---|
| PAURA (H 46, F 129) | | |
| terrore | 23,9 | 27,1 |
| timore | 43,5 | 55,8 |
| angoscia | - | 1,5 |
| panico | 4,3 | 3,9 |
| spavento | 8,6 | 4,6 |
| fifa | 2,2 | 1,5 |
| ansia | 2,2 | 1,5 |
| temere | 4,3 | 1,5 |
| patema | - | 0,8 |
| inorridire | - | 0,8 |
| fobia | 4,3 | 0,8 |
| terrore debole | 2,2 | - |
| inquietudine | 2,2 | - |
| ignoranza | 2,2 | - |
| PENSARE (H 47, F 128) | | |
| rimuginare | - | 2,3 |
| riflettere | 42,5 | 60,9 |

| | M | F |
|---|---|---|
| credere | - | 2,3 |
| ponderare | - | 0,8 |
| meditare/cogitare | - | 1,5 |
| meditare | 27,6 | 16,4 |
| organizzare | - | 0,8 |
| cogitare | 12,8 | 3,1 |
| elucubrare | 4,2 | 0,8 |
| ragionare | 4,2 | 5,5 |
| elaborare | - | 0,8 |
| realiazzare | - | 0,8 |
| scavare | - | 0,8 |
| contemplare | 2,2 | - |
| ideare | 2,2 | - |
| cogito | 2,2 | - |
| mettere in relazione | 2,2 | - |
| ritenere | 2,2 | - |
| analizzare | 2,2 | - |
| ESCLUDERE (H 46, F 128) | | |
| segregare | - | 0,8 |

* Étudiant(e)s, Université de Bologne, Ire et 2e année de lettres.

| | M | F |
|---|---|---|
| emarginare | 4,3 | 14,8 |
| scartare | 2,2 | 3,1 |
| eliminare | 23,9 | 34,6 |
| evitare | 2,2 | 5,5 |
| tagliare fuori | - | 1,5 |
| rifiutare | 2,2 | 7 |
| eludere | - | 2,3 |
| accantonare | - | 2,3 |
| fuori | - | 1,5 |
| lasciare fuori | 2,2 | 3,1 |
| allontanare | 6,5 | 4 |
| gettare fuori | - | 0,8 |
| togliere | 13,04 | 3,1 |
| tralasciare | - | 1,5 |
| integrare | - | 0,8 |
| non accettare | - | 0,8 |
| tenere a parte | - | 0,8 |
| trascurare | - | 0,8 |
| ignorare | - | 0,8 |
| separare | - | 0,8 |
| discriminare | - | 0,8 |
| estromettere | 13,04 | 1,5 |
| non accogliere | - | 0,8 |
| omettere | - | 0,8 |
| non considerare | 2,2 | 0,8 |
| eccettuare | - | 0,8 |
| negare | 6,5 | 0,8 |
| esulare | 2,2 | - |
| impossibilitare | 2,2 | - |
| impedire | 2,2 | - |
| ripudiare | 2,2 | - |
| ostracizzare | 2,2 | - |
| precludere | 2,2 | - |
| annullare | 2,2 | - |
| sconsiderare | 2,2 | - |
| mettere da parte | 2,2 | - |
| saltare | 2,2 | - |

Maestro (H 44, F 121)

| | M | F |
|---|---|---|
| educatore | 8,5 | 6,4 |
| docente | 4,2 | 8,5 |
| insegnante | 61,7 | 75,1 |
| professore | 8,5 | 3,1 |
| maestra/insegnante | 2,2 | 0,8 |
| istruttore | 4,2 | 1,5 |
| precettore | 4,2 | 0,8 |
| duca | - | 0,8 |
| guida | 2,2 | 0,8 |
| leader | 2,2 | - |
| esperto | 2,2 | - |
| guru | 2,2 | - |
| manipolatore | 2,2 | - |

Vivere (H 44, F 121)

| | M | F |
|---|---|---|
| respirare/essere | - | 0,8 |
| respirare | 2,2 | 5,8 |
| essere | 6,8 | 10,7 |
| divertirsi | - | 0,8 |
| esistere | 31,8 | 41,8 |
| trascorrere | - | 1,5 |
| campare | 13,6 | 6,6 |
| essere attivi | - | 1,5 |
| conoscere | - | 0,8 |
| amare | - | 1,5 |
| abitare | 4,5 | 1,5 |
| trascorrere la vita | - | 0,8 |
| non morire | - | 0,8 |
| esserci | - | 1,5 |
| crescere | 4,5 | 1,5 |
| essere al mondo | 2,2 | 0,8 |
| stare | - | 0,8 |
| percepire | - | 0,8 |
| donare | - | 0,8 |
| agire | - | 2,3 |
| gioire | 2,2 | 0,8 |
| « svegliarsi » | - | 0,8 |
| essere pienamente | - | 0,8 |
| vegetare | 4,5 | 0,8 |
| essere in vita | - | 0,8 |
| partecipare | - | 0,8 |
| nutrirsi | - | 0,8 |
| tirare avanti | 2,2 | 0,8 |
| sopravvivere | 2,2 | 0,8 |
| esperire | - | 0,8 |
| mangiare | 2,2 | - |
| ballare | 2,2 | - |
| giocare | 2,2 | - |

| | M | F |
|---|---|---|
| ambientarsi | 2,2 | - |
| passare il tempo | 2,2 | - |
| sentire | 2,2 | - |
| fluire | 2,2 | - |
| godere | 2,2 | - |
| POSSESSO (H 42, F 122) | | |
| proprietà | 42,8 | 30,3 |
| avere | 26,2 | 42,6 |
| patrimonio | - | 0,8 |
| approprio | - | 0,8 |
| appartenenza | 7,1 | 2,4 |
| l'avere | - | 2,4 |
| potere | - | 2,4 |
| proprietario | - | 1,5 |
| appropriazione | - | 0,8 |
| bene (materiale) | - | 0,8 |
| mio | - | 0,8 |
| avere totalmente | - | 0,8 |
| detenzione | 2,2 | 2,4 |
| trattenere/avere | - | 0,8 |
| avidità | - | 0,8 |
| possedimento | - | 0,8 |
| dominio | 2,2 | 2,4 |
| tenuta | - | 0,8 |
| acquisto | - | 0,8 |
| egoismo | - | 0,8 |
| ritenzione | 2,2 | - |
| tenere | 2,2 | - |
| gelosia | 2,2 | - |
| vendita | 2,2 | - |
| ricchezza | 2,2 | - |
| STATO (H 43, F 124) | | |
| potere | - | 1,5 |
| condizione | 15,2 | 16,9 |
| paese | 4,3 | 5,6 |
| patria | - | 0,8 |
| nazione | 34,8 | 31,4 |
| situazione | 17,4 | 11,3 |
| organizzazione | - | 0,8 |
| governo | 2,2 | 4 |
| governo ? | - | 0,8 |
| repubblica | - | 1,5 |

| | M | F |
|---|---|---|
| essere | 4,3 | 8,9 |
| repubblica/nazione | - | 0,8 |
| grande regione | - | 0,8 |
| società | - | 0,8 |
| fase | - | 0,8 |
| classe | - | 0,8 |
| territorio | - | 0,8 |
| posizione | 2,2 | 0,8 |
| accaduto | - | 0,8 |
| nazione (o condizione) | - | 1,5 |
| comunità | - | 0,8 |
| leggi (« incoerenze ») | - | 0,8 |
| non stato | - | 0,8 |
| nazione/situazione | 2,2 | - |
| istituzione | - | 1,5 |
| contratto | - | 0,8 |
| esistito | 2,2 | - |
| esistenza | 2,2 | - |
| vissuto | 2,2 | - |
| unità | 2,2 | - |
| avvenuto | 2,2 | - |
| PROVARE (H 45, F 126) | | |
| sentire | 17,8 | 18,2 |
| tentare | 48,9 | 60,3 |
| sperimentare | 13,3 | 5,5 |
| verificare | - | 0,8 |
| cercare | 4,4 | 0,8 |
| attestare | 2,2 | 1,5 |
| avvertire | - | 0,8 |
| giustificare | - | 0,8 |
| ripetere | - | 0,8 |
| agire | - | 0,8 |
| assaggiare | - | 1,5 |
| tentare (o sentire) | - | 1,5 |
| cercare di | 4,4 | 0,8 |
| collaudare | - | 1,5 |
| vivere | - | 0,8 |
| azzardare | - | 0,8 |
| misurarsi | - | 0,8 |
| testare | 2,2 | - |
| ricevere | 2,2 | - |
| cimentarsi | 2,2 | - |
| per credere | 2,2 | - |

| | M | F |
|---|---|---|
| acconsentire | 2,2 | - |
| controllare | 2,2 | - |

GUARDARE (H 46, F 129)

| | M | F |
|---|---|---|
| vedere | 34,5 | 38,7 |
| osservare | 47,8 | 51,1 |
| dare un'occhiata | - | 0,8 |
| vedere/osservare | - | 0,8 |
| mirare | 4,3 | 2,3 |
| fissare | - | 0,8 |
| sbirciare | 2,2 | 1,5 |
| notare | 2,2 | 0,8 |
| scrutare | - | 1,5 |
| ammirare | - | 0,8 |
| scorgere | 2,2 | - |
| fare | 2,2 | - |
| contemplare | 2,2 | - |
| occhieggiare | 2.2 | - |

NEUTRALIZZARE (H 43, F 113)

| | M | F |
|---|---|---|
| rimuovere | - | 0,8 |
| distruggere | - | 4,4 |
| eliminare | 23,2 | 19,5 |
| rendere impotente | - | 1,5 |
| uccidere | - | 1,5 |
| annichilire | - | 1,5 |
| annullare | 11,6 | 15,9 |
| disattivare | 4,6 | 0,8 |
| uccidere o annientare | - | 0,8 |
| galvanizzare | - | 0,8 |
| esorcizzare | - | 0,8 |
| rendere innocuo | 4,6 | 11,3 |
| annientare | 9,3 | 6,2 |
| disarmare | 2,2 | 1,5 |
| rendere inoffensivo | 4,6 | 2,6 |
| cancellare | - | 1,5 |
| negativo | - | 0,8 |
| elidere (es. carica positiva e carica negativa) | - | 0,8 |
| togliere | - | 1,5 |
| annullo | - | 0,8 |
| fermare | 2,2 | 2,6 |
| vivere | - | 0,8 |
| disinnescare | - | 1,5 |
| calmare | - | 0,8 |
| spolverizzare | - | 0,8 |
| opprimere | - | 0,8 |
| azzerare | - | 1,5 |
| immobilizzare | - | 1,5 |
| bloccare | 9,3 | 1,5 |
| eludere | - | 0,8 |
| ammonire | - | 0,8 |
| inficiare | - | 0,8 |
| disintegrare | - | 0,8 |
| inibire | - | 0,8 |
| tamponare | 2,2 | - |
| pareggiare | 2.2 | - |
| limitare | 2,2 | - |
| opprimere | 2,2 | - |
| disimpegnare | 2,2 | - |
| vanificare | 2,2 | 2,6 |
| immunizzare | - | 0,8 |
| isolare | - | 0,8 |

*

## B) TRANSFORMATIONS NÉGATIVES

### 1. Contraires lexicaux (% sur le total des réponses)

| | M | F |
|---|---|---|
| VERO (H 47, F 129) | | |
| falso | 100 | 99,2 |
| povero | - | 0,8 |
| CARO (H 45, F 129) | | |
| odioso | 11,1 | 26,3 |
| buon prezzo | - | 0,8 |
| malvagio | - | 0,8 |
| economico | 26,7 | 29,7 |
| a buon mercato | - | 3,4 |
| odiato | 15,5 | 5,9 |
| lontano | - | 0,8 |
| indifferente | 13,3 | 12,7 |
| poco costoso | 2,2 | 0,8 |
| conveniente | 2,2 | 2,5 |
| non caro | - | 0,8 |
| a buon prezzo | - | 0,8 |
| cattivo | - | 0,8 |
| poco costoso | - | 2,5 |
| odioso/a poco prezzo (se inteso in senso economico) | - | 0,8 |
| estraneo | - | 1,7 |
| accessibile | - | 0,8 |
| modesto | - | 0,8 |
| poco prezzo | - | 0,8 |
| antipatico | - | 0,8 |
| nemico | - | 0,8 |
| feroce | - | 0,8 |
| onesto | - | 0,8 |
| misero | - | 0,8 |
| modico | - | 0,8 |
| sgarbato | 2,2 | - |
| spregevole | 2,2 | - |
| estrameo/economico | 2,2 | - |
| odioso/conveniente | 2,2 | - |
| fasullo | 2,2 | - |
| bruto | 2,2 | - |
| economico/a poco prezzo | 2,2 | - |
| gratis | 2,2 | - |
| povero | 2,2 | - |
| regalato | 2,2 | - |
| odio | 2,2 | - |
| temuto | 2,2 | - |
| GRANDE (H 45, F 118) | | |
| piccolo | 100 | 100 |
| PESANTE (H 46, F 129) | | |
| leggero | 97,8 | 99,2 |
| lieve | - | 0,8 |
| libellula | 2,2 | - |
| DURO (H 47, F 128) | | |
| morbido | 34 | 48,4 |
| tenero | 23,4 | 29,7 |

| | M | F |
|---|---|---|
| morbido/molle | - | 0,8 |
| molle | 31,9 | 16,4 |
| soffice | - | 2,3 |
| fragile | - | 1,6 |
| leggero | - | 0,8 |
| duttile | 2,2 | - |
| moscio | 2,2 | - |
| soft | 2,2 | - |

LENTO (H 47, F 129)

| | M | F |
|---|---|---|
| veloce | 61,7 | 94,5 |
| svelto | 2,2 | 3,9 |
| rapido | - | 1,6 |
| subito | 30 | - |
| scattante | 2,2 | - |
| spidi gonzales | 2,2 | - |

CALDO (H 46, F 129)

| | M | F |
|---|---|---|
| ghiacciato | - | 0,8 |
| freddo | 97,8 | 99,2 |
| ghiaccio | 2,2 | - |

BELLO (H 47, F 129)

| | M | F |
|---|---|---|
| brutto | 100 | 99,2 |
| orrendo | - | 0,8 |

PROFONDO (H 43, F 124)

| | M | F |
|---|---|---|
| superficiale | 72,1 | 79,8 |
| piatto | - | 2,4 |
| alto | 11,6 | 4,8 |
| chiuso | - | 0,8 |
| piano/superficiale | - | 0,8 |
| marginale, superficiale, basso (ad es. acqua bassa) | - | 0,8 |
| basso | 9,3 | 5,6 |
| poco profondo | - | 0,8 |
| piano | - | 0,8 |
| superficie | 2,2 | - |
| livellato | - | 0,8 |
| prossimo | - | 0,8 |
| ristretto | 2,2 | - |
| stratosfera | 2,2 | - |
| elevato | 2,2 | - |

CHIARO (H 46, F 129)

| | M | F |
|---|---|---|
| scuro | 97,8 | 93 |
| oscuro | 2,2 | 3,1 |
| opaco | - | 1,6 |
| confuso | - | 1,6 |
| nascosto | - | 0,8 |

NASCERE (H 45, F 129)

| | M | F |
|---|---|---|
| morire | 95,7 | 100 |
| perire | 2,2 | - |
| non nascere | 2,2 | - |

AMARE (H 45, F 129)

| | M | F |
|---|---|---|
| odiare | 95,7 | 96,1 |
| tradire | - | 0,8 |
| odio | - | 0,8 |
| detestare | - | 0,8 |
| ignorare | 2,2 | 0,8 |
| morire | 2,2 | 0,8 |
| essere indifferenti | - | 0,8 |
| indifferenza | - | 0,8 |

SAPERE (H 43, F 126)

| | M | F |
|---|---|---|
| nascondere | - | 0,8 |

| | M | F |
|---|---|---|
| ignorare | 91,5 | 95,2 |
| non sapere | 2,2 | 0,8 |
| conoscere | - | 0,8 |
| ignoranza | 2,2 | 0,8 |
| inculturazione | - | 0,8 |
| essere | - | 0,8 |
| disconoscere | 2,2 | - |
| misconoscere | 2,2 | - |

CHIUDERE (H 47, F 129)

| | M | F |
|---|---|---|
| aprire | 100 | 99,2 |
| schiudere | - | 0,8 |

ALZARSI (H 47, F 128)

| | M | F |
|---|---|---|
| sedersi | 36,2 | 58,6 |
| sedersi/sdraiarsi | - | 0,8 |
| distendersi | - | 1,6 |
| chinarsi (coricarsi) | - | 0,8 |
| abbassarsi | 25,5 | 18,7 |
| dormire | - | 0,8 |
| sdraiarsi/coricarsi/ sedersi | - | 0,8 |
| sdraiarsi | 10,6 | 7,3 |
| coricarsi | 8,5 | 5,5 |
| sedere | 2,2 | 1,6 |
| coricarsi/sedersi | 2,2 | 0,8 |
| restare seduti | - | 0,8 |
| stendersi | 4,2 | 1,6 |
| cadere | - | 0,8 |
| non alzarsi | 2,2 | 0,8 |
| stendere | 2,2 | 0,8 |

DARE (H 47, F 129)

| | M | F |
|---|---|---|
| tenere | - | 3,1 |
| prendere | 19,1 | 24,2 |
| avere | 34 | 33,3 |
| ricevere | 38,3 | 34,5 |
| togliere | - | 1,5 |
| chiedere | - | 2,3 |
| accettare | - | 0,8 |
| prendere/ricevere | 2,2 | - |

ASSORBIRE (H 45, F 111)

| | M | F |
|---|---|---|
| impermeabilizzare | - | 0,9 |
| espellere | 20 | 23,4 |
| diffondersi | - | 0,9 |
| impermeabile | - | 2,7 |
| rigettare | 13,3 | 10 |
| versare | - | 0,9 |
| respingere | 11,1 | 11,7 |
| emanare | 6,6 | 8,1 |
| rifiutare | - | 4,5 |
| bagnare | 2,2 | 1,6 |
| emettere | 8,8 | 2,7 |
| diffondere | - | 1,9 |
| defluire | - | 0,9 |
| essere impregnato | - | 0,9 |
| non assorbire | 2,2 | 3,6 |
| espandere | 4,4 | 3,6 |
| rilasciare | 4,4 | 3,6 |
| rigurgitare | - | 0,9 |
| essere impermeabile | - | 2,7 |
| attaccare | - | 0,9 |
| repellere | 8,8 | 2,7 |
| eliminare | - | 0,9 |
| lasciare | - | 0,9 |
| riflettere | - | 1,8 |
| idrorepellente | - | 0,9 |
| trasudare | 2,2 | 0,9 |
| vuotare | - | 0,9 |
| scivolare | - | 0,9 |
| spandere | 2,2 | - |
| esternare | 2,2 | - |

| | M | F |
|---|---|---|
| deflettere | 2,2 | - |
| spandere/diffondere/ | | |
| strizzare | 2,2 | - |
| inumidire | 2,2 | - |
| spurgare | 2,2 | - |
| eruttare | - | 0,9 |
| rigettare | - | 0,9 |

DIRE (H 45, F 128)

| | M | F |
|---|---|---|
| tacere | 47,8 | 75,8 |
| zittire | - | 1,6 |
| ammutolire | 2,2 | 2,3 |
| ascoltare | 22,2 | 6,2 |
| sentire | 4,4 | 0,8 |
| stare zitti | 6,6 | 2,3 |
| fare | 8,8 | 3,1 |
| udire | - | 0,8 |
| non dire/tacere | - | 1,6 |
| silenzio | 2,2 | 1,6 |
| ammutolire/tacere | - | 0,8 |
| non dire | 2,2 | 1,6 |
| nascondere | - | 0,8 |
| contraddire | 2,2 | 0,8 |
| disdire | 2,2 | 0,8 |

***2. Transformations de propositions***

PIOVE (H 42, F 124)

| | M | F |
|---|---|---|
| c'e'il sole | 16,6 | 37,9 |
| c'e' bel tempo | - | 0,8 |
| sole | 9,5 | 12,4 |
| non piove | 19,4 | 17,4 |
| e'sereno | 2,2 | 7,2 |
| essica | - | 0,8 |
| fa bello | 7,1 | 0,8 |
| splende il sole | 2,2 | 1,6 |
| sereno | 2,2 | 7,2 |
| fa bel tempo | - | 0,8 |
| bel tempo | 2,2 | 0,8 |
| soleggia | 9,5 | 4 |
| siccita' | 2,2 | 0,8 |
| splende | 2,2 | 1,6 |
| risplende il sole | - | 0,8 |
| asciutto | - | 0,8 |
| spiove | 7,1 | 1,6 |
| c'e'la siccita' | - | 0,8 |
| e' secco | - | 0,8 |
| fa sereno | 2,2 | 0,8 |
| stato di siccita' | - | 0,8 |
| assolato | - | 0,8 |
| nevica | - | 0,8 |
| e' soleggiato | 2,2 | - |
| schiarisce | 2,2 | - |
| inaridisce | 2,2 | - |
| soleggiato | 2,2 | - |
| bello | 2,2 | - |

SORGE IL SOLE (H 32, F 110)

| | M | F |
|---|---|---|
| tramonta il sole | 43,7 | 65,4 |
| tramonta | 18,8 | 14,5 |
| tramontare | - | 0,8 |
| c'e' la luna | - | 0,8 |
| tramonta la luna | 6,2 | 1,6 |
| cala la sera | - | 0,8 |
| cala la notte | - | 0,8 |
| cala il sole | 6,2 | 3,9 |
| non c'e' il sole | - | 0,8 |
| non sorge il sole | - | 0,8 |
| sorge la luna | - | 2,3 |
| tramonto | 18,8 | 3,1 |
| cala la luna | - | 0,8 |
| buio | - | 0,8 |
| declina il sole | 2,2 | - |

LEI SPEGNERA' LA LUCE (H 36, F 128)

| | M | F |
|---|---|---|
| lei accendera' il buio | - | 0,8 |
| la accendera' | 5,5 | 1,6 |
| lei accendera' la luce | 52,8 | 56,2 |
| accendera' la luce | 5,5 | 1,6 |

| | M | F |
|---|---|---|
| lei non spegnera' la luce | - | 1,6 |
| accendera' | 5,5 | 3,1 |
| lei spegnera' la luce | - | 0,8 |
| lui accendera' | - | 1,6 |
| lui accendera' la luce | 5,5 | 6,2 |
| lei accendera' | - | 0,8 |
| lui accese la luce | 2,2 | 1,6 |
| accendere la luce | - | 1,6 |
| lei/lui accendera' la luce | - | 0,8 |
| lui spegnera' la luce | - | 1,6 |
| lei non spegnera'... | - | 0,8 |
| lui accendera' il buio (con la sua presenza) | - | 0,8 |
| lei la riaccendera' | - | 0,8 |
| io l'accendo | - | 0,8 |
| lei lascera' la luce accesa | - | 0,8 |
| lei accende la luce | - | 0,8 |
| lei stara' al buio | - | 0,8 |
| lui la accendera' | - | 1,6 |
| io vedro' il buio | - | 0,8 |
| io accendero' un fiammifero | - | 0,8 |
| accendere | 5,5 | - |
| accendere la luce | 2,2 | - |
| lui accendera' il buio | 8,3 | - |
| lui la riaccendera' | 2,2 | - |

# Manifestations de la différence sexuelle à travers synonymes, contraires, définitions

Rachel Bers
*Undergraduate, Université de Brown, Rhode Island*

Paul Galison
*Undergraduate, Université de Madison, Wisconsin*

**Langue anglaise**

*SYNONYMES:*

* **Life [vie]**
* **To neutralize [neutraliser]**
* **Attraction [attraction]**
* **To think [penser]**

*CONTRAIRES:*

* **To give [donner]**
* **To tell [dire]**
* **To absorb [absorber]**
* **To know [connaître]**

*DÉFINITIONS:*

* **Body [corps]**
* **Virginity [virginité]**

## COMMENTAIRES DES RÉSULTATS

### *A) Synonymes*

1. LIFE [vie]. — Généralement, les hommes et les femmes ont choisi le mot *existence* [existence] comme synonyme pour *life* [vie]. Les hommes ont choisi aussi le mot *being* [être]. Ces deux mots sont des synonymes linguistiques, des mots quasi interchangeables dans la conversation quotidienne et dans des champs traditionnellement masculins comme la philosophie.

Les femmes ont employé plus souvent comme synonymes des mots qui évoquent un processus concret et physique ou un procès de création, parfois mystérieux. Par exemple, les mots *laugh* [rire] et *breath* [souffle] comportent des aspects corporels spécifiques de la vie, et les mots *voyage* [traversée] et *create* [enfanter] se réfèrent à la naissance et au mystère de l'existence. Quand les hommes ont choisi des mots concrets comme *friends* [amis], *speak* [parler] et *bubbles* [bulles], les phrases qu'ils ont produites indiquent une prise de pouvoir. Les hommes ont également utilisé le mot *being* [être] avec un accent possessif comme *my being* [mon être ou mon existence].

Les deux sexes ont traité le mot *existence* [existence] comme enjeu d'une sorte de lutte ou d'une question incertaine. Par exemple « *It is depressing to think about life being merely existence* » [Il est déprimant de penser à la vie comme à une simple existence], et « ... *whether one likes it or not one exists* » [... qu'on le veuille ou non, on existe].

2. TO NEUTRALIZE [neutraliser]. — Comme synonyme pour *neutralize* [neutraliser], les hommes et les femmes ont choisi en même quantité des mots comme *balance* [équilibrer], *equalize* [égaliser] et *stabilize* [stabiliser], qui évoquent généralement un sens positif d'égalité. Mais leur traitement des mots dans les phrases fait apparaître de grandes différences. Les femmes ont posé des questions concernant la signification, comme : « *Is equalize a synonym to neutralize?* » [Égaliser est-il un synonyme de neutraliser ?], ou elles ont essayé d'échapper au langage dans lequel elles étaient obligées de parler : « *Balance, to me, isn't necessarily equal but more what harmony means when used as a musical term* » [Équilibrer selon moi ne signifie pas nécessairement égaliser mais son sens est plus proche du terme harmonie en langage musical]. Les hommes, eux, ont produit des affirmations comme : « *There should be balance* » [Il devrait y avoir un équilibre]. De plus, les hommes ont fait référence à la science et ont manipulé le langage par des jeux de mots : « *After going to the otptomotrist, Jean realized that she had equalize, you know, 20-20 vision* » [Après être allée chez l'ophtalmologiste, Jean a compris qu'elle a obtenu, vous entendez, 20/20 de vision].

Les deux sexes ont traité de manière tout à fait différente les synonymes ayant des connotations négatives. A l'exception des mots *castrate* [châtrer] et *numb* [engourdir], les femmes ont élaboré un sens positif dans leurs phrases. Par exemple, avec le mot *disempower* [rendre impuissant], le *disempowerment* du chef se passe quand les *stockholders* [actionnaires] sont égaux. Les implications négatives ont donc été supplantées par les implications positives dans les énoncés des sujets féminins. Les hommes, eux, ont choisi comme synonymes des mots comme *kill* [tuer], *destroy* [détruire] et *terminate* [descendre] qui ont des connotations explicitement négatives et leurs phrases confirment ou accentuent cette connotation.

3. ATTRACTION [attraction]. — Dans les phrases produites par les femmes avec le mot « attraction », il y a beaucoup de cas où il s'agit d'être « attrayante(s) » pour un autre. Une relation avec les autres, en particulier avec les hommes, est donc impliquée dans l'énoncé. A ce propos, il est intéressant de noter que, dans la phrase 5 : *« The granny glasses added a repelling quality to the ladies appearance »* [Les lunettes à l'ancienne ajoutaient une qualité repoussante à l'apparence des femmes], malgré la consigne de donner un synonyme, la réponse consiste dans une transformation négative, le négatif étant associé à la femme faisant référence à elle-même (en parlant des *« ladies »*). Il y a une transformation négative dans les réponses des hommes : *« That girl was absolutely repellant »* [Cette fille était absolument repoussante], mais, dans l'exemple donné, la phrase ne désigne pas le sujet masculin comme enjeu de connotations négatives mais une femme que celui-ci trouve « repoussante ».

Ces jugements négatifs sur l'apparence physique des femmes sont articulés par les deux sexes comme s'il s'agissait d'un fait normal accepté de tous.

L'autre phrase d'un homme utilisant un sujet féminin est construite pour que l'homme soit la référence centrale : la femme dont il parle le désire, lui.

Le plus souvent, le mot *attraction* (ou plutôt ses synonymes) est employé de manière plus abstraite par les hommes que par les femmes.

4. TO THINK [penser]. — Les réponses des femmes concernant les synonymes de ce mot sont plus variées que celles des hommes et elles comportent plus de connotations d'incertitude. Celle-ci est traitée par les sujets femmes comme une caractéristique dont elles devraient avoir honte. Cette attitude est tributaire d'un jugement social venant d'une société dominée par les hommes. Les femmes, dans leurs réponses, se mettent en position de sujet *(je, elle)*, mais elles se critiquent. Il ne s'agit donc pas d'une affirmation subjective positive. De plus, les femmes semblent n'avoir pas de pouvoir sur ce à quoi elles pensent. Le cinquième sujet a encore répondu par une transformation négative et non par un synonyme, comme pour l'item précédent. Elle s'est située dans la position d'un stéréotype féminin dévalorisé par la société

masculine : la femme ne pense pas, n'utilise pas son intelligence mais réagit à tout avec émotion.

Les hommes, loin de témoigner d'une incertitude associée au fait de penser, ont fait des phrases avec des synonymes qui impliquent un certain pouvoir. Ils ont produit des énoncés où leurs propres interprétations des choses sont supposées créer une nouvelle vérité. Dans la phrase 11, le sujet a indiqué comme synonyme *believe* [croire] qui n'a aucune connotation d'incertitude.

### *B) Contraires*

1. TO GIVE [donner]. — Les hommes et les femmes ont cité à égalité comme contraires de *to give* [donner], les mots *to take* [prendre] et *to receive* [recevoir]. Les femmes ont aussi donné les mots *to take away* [reprendre], tandis que les hommes ont donné *to keep* [garder].

Les phrases des femmes sont presque toutes passives. A part quelques exceptions, toutes les phrases situent quelqu'un d'autre dans une position de pouvoir qui agit activement sur la femme. Par exemple, dans les phrases : *« The government taketh away »* [Le gouvernement enlève] et *« She was deprived »* [Elle a été privée], les institutions comme le gouvernement ou un sujet masculin [the lord] fonctionnent comme réalités oppressives.

Les phrases des hommes sont presque toutes concrètes et actives : *« I took the bread »* [J'ai pris le pain], *« I took an apartment »* [J'ai pris un appartement] et *« I received a letter »* [J'ai reçu une lettre]. Le sujet est *je* dans la majorité des phrases des hommes alors qu'il figure peu comme tel dans les phrases des femmes.

2. TO TELL [dire]. — Les réponses des femmes sont beaucoup plus variées que celles des hommes. Une grande partie de ce corpus révèle quelque chose qui est souvent implicite dans les

phrases des femmes. Les mots comme *withhold* [retenir, dissimuler], *lie* [mentir] et *conceal* [cacher] évoquent une relation inégale où quelqu'un qui possède le pouvoir contrôle l'autre. De plus, les sujets féminins sont plutôt passifs dans les phrases comme « *Why did you lie to me?* » [Pourquoi m'as-tu menti ?] et « *It seems I was listening for hours* » [Il me semble que j'écoutais depuis des heures].

Les réponses des hommes sont nettement moins variées. Presque tous les hommes ont donné *listen* [écouter] ou *hear* [entendre] comme contraires. Leurs phrases sont beaucoup plus actives que celles des femmes. Malgré le sens passif implicite dans le sens d'écouter, les hommes se sont transformés en sujets actifs dans leurs énoncés. Écouter, pour eux, est devenu un moyen de comprendre, d'acquérir des connaissances et, par là, le pouvoir.

3. TO ABSORB [absorber]. — Toutes les réponses des femmes, sauf une, font référence à des objets concrets qui sont souvent les sujets de la phrase et qui réalisent l'action eux-mêmes : *the fluid* [l'eau, le fluide], *the sponge* [l'éponge], *the rain* [la pluie]. La seule réponse qui parle d'une idée abstraite est la phrase 9 extrêmement négative par rapport à la femme : « *He always reject her ideas* » [Il rejette toujours ses idées à elle].

Dans les phrases des hommes, il y a des références à des réalités moins tangibles : *noise* [bruit], *politeness* [politesse], *happiness* [bonheur]. Quand ils parlent d'objets concrets, ce sont eux, les hommes, qui agissent sur les objets et y causent une réaction. Néanmoins, une des phrases qui utilise un inanimé concret en position d'objet a pour sujet une femme mais celle-ci est représentée négativement et comme étant très violente : « *Jessica wants to wring my neck* » [Jessica veut me tordre le cou]. La femme manifeste donc un pouvoir ou, du moins, le désir d'un pouvoir négatif.

Il y a beaucoup moins de variétés dans les contraires donnés par les hommes que par les femmes. Cela indique peut-être une certaine maîtrise de la langue, une certaine assurance qui leur permet de trouver le mot juste sans y réfléchir beaucoup. Il est possible que leurs réponses témoignent d'une plus grande inertie linguistique que celles des femmes.

4. TO KNOW [connaître]. — Pour cette épreuve, les réponses des hommes et des femmes semblent à peu près les mêmes : la

plupart des réponses des deux sexes donnent *to be ignorant* [être ignorant(e)] comme contraire de *to know* [savoir]. Mais les phrases données en exemples montrent une différence importante entre les sexes. Comme pour l'item *to think* [penser], l'élément de doute, d'incertitude, se manifeste chez les femmes. Dans presque toutes les phrases faites par les femmes avec *je* et *elle* comme sujets, la femme se trouve ou se met dans une position d'infériorité par rapport aux autres, rapport aux autres à peu près toujours présent. Les femmes se décrivent elles-mêmes comme ignorantes notamment dans la relation avec leur monde, avec leurs pairs : « *She is ignorant about semiotics* » [Elle est ignorante en sémiotique], « *She is ignorant of his plans* » [Elle ignore ses projets]. Un exemple d'infériorité féminine liée au doute ou à l'ignorance est « *She doubted her ability to survive without him* » [Elle doutait de sa capacité à vivre sans lui]. La seule phrase avec des connotations positives relatives au doute a pour sujet un homme et son *wondering brain* [cerveau questionnant] qui le mène à des expériences magnifiques.

Dans les phrases des hommes, il y a beaucoup moins d'incertitude. Le premier sujet produit une phrase qui manifeste une assurance personnelle par rapport à l'ignorance comme concept : « *Who is ignorant of their existence?* » [Qui ignore son existence ?]. Comme dans l'épreuve *to think* [penser], les hommes produisent des énoncés qui sont des déclarations de vérité. Ils ont tendance à faire de l'ignorance une qualité positive sur laquelle ils ont un contrôle : « *I want to be ignorant* » [Je désire être ignorant] et « *They are only three things I don't know* » [Il n'y a que trois choses que je ne sais pas]. Les connotations négatives sont moins nombreuses quand le sujet est *je*.

### *C) Définitions*

1. BODY [corps]. — Les hommes et les femmes ont donné, pour le mot *body* [corps], des définitions presque semblables. Les réponses se répartissent entre des définitions concrètes et scienti-

fiques, des définitions plus abstraites qui concernent le corps humain et des définitions tout à fait abstraites qui décrivent la nature, des objets inanimés, etc.

Les phrases des femmes sont très diverses. Une phrase seulement a comme sujet *je*, mais cette phrase : « *I wish my hair had more body* » [Je souhaite que mes cheveux aient plus de corps], semble être une partie d'une publicité et évoque un manque de satisfaction avec son corps, même s'il s'agit de cheveux. Deux phrases évoquent un sens plus ou moins sexuel et la phrase dont les connotations sont les plus sexuelles évoque le corps d'une autre femme.

Les phrases des hommes parlent pour la plupart du corps humain dans un sens calme et positif. Par exemple, les phrases : « *His body is warm* » [Son corps est chaud], « *My body felt every movement of the earth* » [Mon corps sentait chaque mouvement de la terre], « *I watched my body do things* » [J'observais mon corps faire des choses] et plusieurs autres impliquent une vivacité et un sens du confort corporel. De plus, d'autres phrases traduisent une sensation corporelle comme « *Our bodies were sweaty* » [Nos corps étaient en sueur]. Le sujet des phrases est presque toujours *je*.

2. VIRGINITY [virginité]. — Toutes les femmes, sauf une, ont donné une définition de la virginité relative au corps, à un état du corps perdu pour toujours à partir de la défloration. Elles ont utilisé le mot *virginity* [virginité] dans leurs phrases en le mettant en relation avec le sujet *je* ou avec un sujet féminin avec lequel elles peuvent s'identifier. Dix femmes sur douze ont fait référence à l'acte sexuel dans leurs définitions et/ou leurs phrases.

Dans les réponses des hommes, il n'y a que deux définitions sur douze qui font une référence explicite au corps et à l'acte amoureux. Trois hommes ont produit des phrases qui parlent de la virginité des objets inanimés. En général, les définitions des hommes sont beaucoup plus abstraites que celles des femmes et, quand ces définitions sont plus spécifiquement liées au corps humain, elles font référence au corps des femmes. La virginité (du moins la virginité du corps) semble donc, pour les deux sexes, liée à l'identité corporelle féminine.

TABLEAU 1

**Genre des sujets des phrases données en exemples par les femmes**

| | ♂ | ♀ *je* | ♀ *elle* | ♂ + ♀ | Non spécifié |
|---|---|---|---|---|---|
| *A)* 1. *Life* [vie] | 1 | 1 | 3 | 1 | 3 |
| 2. *To neutralize* [neutraliser] | 1 | 2 | – | – | 5 |
| 3. *Attraction* [attraction] | 1 | – | 2 | – | 5 |
| 4. *To think* [penser] | – | 5 | 3 | – | 2 |
| *B)* 1. *To give* [donner] | 2 | 2 | 3 | – | 4 |
| 2. *To tell* [dire] | – | 2 | 6 | – | 2 |
| 3. *To absorb* [absorber] | 1 | 1 | 3 | – | 5 |
| 4. *To know* [connaître] | 3 | 2 | 5 | – | 1 |
| *C)* 1. *Body* [corps] | 1 | 2 | 1 | – | 5 |
| 2. *Virginity* [virginité] | 1 | 1 | 6 | – | 1 |

TABLEAU 2

**Genre des sujets des phrases données en exemples par les hommes**

| | ♂ | ♀ *je* | ♀ *elle* | ♂ + ♀ | Non spécifié |
|---|---|---|---|---|---|
| *A)* 1. *Life* [vie] | 1 | 3 | 1 | - | 5 |
| 2. *To neutralize* [neutraliser] | 1 | - | 1 | 1 | 7 |
| 3. *Attraction* [attraction] | 2 | 1 | 2 | 2 | 3 |
| 4. *To think* [penser] | 1 | 6 | 2 | - | 1 |
| *B)* 1. *To give* [donner] | 2 | 6 | - | 1 | 1 |
| 2. *To tell* [dire] | 1 | 6 | 3 | - | - |
| 3. *To absorb* [absorber] | 2 | 2 | 1 | - | 5 |
| 4. *To know* [connaître] | 3 | 5 | 1 | - | 1 |
| *C)* 1. *Body* [corps] | 1 | 6 | 2 | - | 2 |
| 2. *Virginity* [virginité] | 1 | 1 | 2 | 1 | 5 |

# Corpus

## RÉPONSES : SYNONYMES, CONTRAIRES ET DÉFINITIONS

### *A) Synonymes*

1. LIFE

*Femmes*

1. *Energy, vibrant – She was full of energy + enthusiasm in her youth* [L'énergie, vibrant – Elle était pleine d'énergie et d'enthousiasme pendant sa jeunesse[1]].
2. *Existence – Our existence is certain* [L'existence – Notre existence est certaine].
3. *Laugh – I laughed and ran down the hill feeling the puddles squish between my toes* [Le rire – J'ai ri et j'ai dévalé la colline sentant les flaques d'eau éclabousser entre mes doigts de pied].
4. *Existence – Denise knows of several random frames of existence* [L'existence – Denise connaît plusieurs structures arbitraires de l'existence].
5. *Vivacity – She bubbled with vivacity*[La vivacité – Elle pétillait de vivacité].
6. *Breath* [Le souffle].
7. *Reality* [La réalité].
8. *Earth* [La terre].
9. *Existence – He thinks often about the meaning of existence* [L'existence – Il pense souvent au sens de l'existence].
10. *Existence – It's depressing to think about life being merely existence* [L'exis-

1. Pour la traduction du passé composé et de l'imparfait, la traductrice G. Schwab les a distingués selon le contexte, dans la majorité des cas trop sommaire pour trancher la question de façon définitive. R. Bers et P. Galison ont demandé un synonyme et une phrase intégrant celui-ci en réponse à la consigne.

tence – Il est déprimant de penser que la vie n'est rien d'autre que l'existence].

11. *Voyage* [Le voyage].
12. *Create – The negative space created by the legs of Jack and Jane became for me a question* [Créer – L'espace négatif créé par les jambes de Jack et de Jane est devenu une question pour moi].

## *Hommes*

1. *Existence –* Dasein *means existence* [L'existence – *Dasein* veut dire l'existence].
2. *Vitality – She exudes vitality* [La vitalité – Elle exsude la vitalité].
3. *Friends – I had many friends from Northport* [Les amis – J'avais beaucoup d'amis à Northport].
4. *Existence – Whether one likes it or not, one exists* [L'existence – Qu'on le veuille ou non, on existe].
5. *To speak – I speak* [Parler – Je parle].
6. *Existence – Our existence is constantly in jeopardy* [L'existence – Notre existence est constamment menacée].
7. *Bubbles* [Des bulles].
8. *To exist* [Exister].
9. *Death* [La mort].
10. *Being – Tom was being bogus today* [L'être – Tom était faux jeton aujourd'hui].
11. *Being – My being that* (sic) *is so confusing has only become more so this fall* [L'être – Mon être, que *(sic)* est si embrouillé, l'est devenu encore plus cet automne].
12. *Existence – Existence is a daily battle* [L'existence – L'existence est un combat quotidien].

# 2. TO NEUTRALIZE

## *Femmes*

1. *To disempower – The chairman was disempowered when all stockholders were given equal voting power* [Rendre impuissant – Le président a été

rendu impuissant quand tous les actionnaires ont eu le même pouvoir de vote].

2. *To create balance* [Créer un équilibre].
3. *To numb – Numbed, I sank back in the facton* [Engourdir – Engourdi(e)[1], je me suis laissé(e) tomber dans le factan[2]].
4. *To decharge – Decharge anything you want* [Débrancher[3] – Débranche tout ce que tu[4] veux].
5. *To be reduced to nothing – The baking soda neutralized the acidity of the vinegar* [Être réduit au néant – Le bicarbonate de soude a neutralisé l'acidité du vinaigre].
6. *To equate* [Mettre en équation].
7. *To make even* [Rendre égal].
8. *To calm* [Calmer].
9. *To equalize – Is « equalize » a synonym to « neutralize »?* [Égaliser – « Égaliser » est-il synonyme de « neutraliser »?]
10. *To balance – Balance, to me, isn't necessarily equal but more what « harmony » means when used as a musical term* [Tenir en équilibre – « Équilibre », selon moi, n'est pas nécessairement « égal » mais davantage « harmonie » tel qu'il est utilisé en terme musical].
11. *Castrate* [Châtrer].
12. *Equate – The equation of their relationship went from lukewarm wire to a pair of frozen gloves* [Mettre en équation – L'équation de leur relation allait du vin tiède à une paire de gants glacés[5]].

---

1. Toutes les fois où le masculin et le féminin se présentaient comme également possibles, la traductrice a donné les deux alternatives.
2. Ce mot indéchiffrable pour la traductrice a été transcrit comme il a été possible de le lire, c'est-à-dire lettre par lettre.
3. Le mot exact du corpus étant « *decharge* » qui n'existe pas en anglais, la traductrice s'est permis d'interpréter le sens possible selon le contexte de toutes les réponses données pour *neutraliser*.
4. La distinction tu/vous n'existant pas en anglais courant, la traductrice les a distingués selon le contexte, encore une fois trop sommaire pour trancher définitivement.
5. L'effort a été de garder tout l'inattendu bizarre de cette phrase où surgissent plusieurs métaphores incompatibles, l'effet en anglais étant tout aussi déroutant qu'en français.

### *Hommes*

1. *To stop – Stop that, you fool* [Arrêter – Arrête, idiot].
2. *To equalize – He equalized the portions* [Égaliser – Il a égalisé les portions].
3. *To stabilize – The caustic mixture was stabilized* [Stabiliser – Le mélange caustique a été stabilisé].
4. *To balance – There should be a balance* [Tenir en équilibre – Il devrait y avoir un équilibre].
5. *To terminate – Do you think we should terminate that bastard?* [Descendre – Tu penses que nous devrions descendre ce sale con?]
6. *To balance – In order to sustain peace, a balance of power is necessary* [Tenir en équilibre – Pour soutenir la paix, la balance politique est nécessaire].
7. *To kill* [Tuer]
8. *To destroy* [Détruire].
9. *Energy* [L'énergie].
10. *Equalize – After going to the optomastrist, Jean realised that she had equalize, you know, 20-20* [Égaliser – Après être allée chez l'ophtalmologiste *(sic)* Jean a réalisé qu'elle avait égalisé *(sic)*, vous voyez, dix sur dix].
11. *Stabilize – One could not stabilize the chemical components* [Stabiliser – On ne pouvait pas stabiliser les éléments chimiques].
12. *Cancel – The 2 opposing forces cancelled each other out* [Annuler – Les deux forces opposées se sont annulées].

## 3. ATTRACTION

### *Femmes*

1. *Appeal – Chocolate cake has great appeal as a substitute for the phallus* [La séduction – Le gâteau au chocolat a beaucoup de séduction comme remplacement du phallus].
2. *To draw something toward another* [Attirer – Attirer une chose vers une autre *(sic)*].
3. *To cover – His glance covered me like his arms* [Couvrir – Son regard m'a couvert(e) comme ses bras].
4. *To feel the vibes – She saw the man and felt the vibes* [Avoir le frisson – Elle a vu l'homme et a eu le frisson].
5. *Repelling quality – The granny glasses added a repelling quality to the ladies*

*appearance* [Une qualité repoussante – Les lunettes à l'ancienne ajoutaient une qualité repoussante à l'apparence des dames *(sic)*].

6. *Drawing – Her bosom is drawing looks* [Attrayant – Sa poitrine (à elle) attire les regards].
7. *Hormones* [Les hormones].
8. *Drawing towards* [Attirer vers].
9. *Magnetism – Magnetism is a strong kind of thing, you know?* [Le magnétisme – Le magnétisme est comme une chose forte, vous savez?]
10. *Appeal – Close-up toothpast for more sex-appeal* [La séduction – Le dentifrice Close-up pour plus de séduction].
11. *Magnet* [L'aimant].
12. *Magnetization – The magnetization he felt towards the bird statue wouldn't allow him to leave that spot for hours* [La magnétisation – La magnétisation qu'elle sentait envers la statue de l'oiseau ne lui permettait pas de quitter l'endroit pendant des heures].

## *Hommes*

1. *Magnetic – It was totally magnetic, man!* [Magnétique – C'était totalement magnétique, mon vieux!]
2. *Obsession – He has an obsession for him* [L'obsession – Il a une obsession pour lui].
3. *Repellant – That girl was absolutely repellant* [Repoussant – Cette fille était absolument repoussante].
4. *Join together – The two lovers were joined together spiritually, emotionally* [Unir – Les deux amants étaient unis spirituellement et émotionnellement].
5. *To intice – Does this dish intice you?* [Allécher *(sic)* – Ce plat vous allèche *(sic)*?]
6. *Longing – Jessica has a longing for me* [Le désir languissant – Jessica a un désir languissant de moi].
7. *Connection* [Le branchement].
8. *Magnetize* [Magnétiser].
9. *Fatality* [La fatalité].
10. *Pull – He picked up the rifle and yelled « pull » and fired twice* [Tirer – Il a ramassé le fusil et a crié « tirez » et a fait deux coups de feu].
11. *Interest – My interest in that long curly muscle that filled the ripped stocking was fleeting* [L'intérêt – Mon intérêt pour ce long muscle incurvé qui remplissait le bas déchiré a été fugace].

12. *Magnetism – There was a certain magnetism between Jane and Bill* [Le magnétisme – Il y avait un certain magnétisme entre Jane et Bill].

## 4. TO THINK

### *Femmes*

1. *To ponder – She pondered over the best possible solution for hours* [Peser – Elle a pesé la meilleure solution possible pendant des heures].
2. *To ruminate – She ruminate over the possibilities* [Ruminer – Elle a ruminé les possibilités].
3. *To look – I ordered another coffee, lit a cigarette and looked out the window* [Regarder – J'ai recommandé un café, allumé une cigarette et regardé par la fenêtre].
4. *To contemplate, muse, consider, ponder – She was a goddess and mused over the idiosynchrasies of life* [Contempler, rêver, considérer, peser – Elle était une déesse et elle rêvait aux idiosynchrasies *(sic)* de la vie].
5. *To react emotionally with instinct – Instead of using her head, the woman reacted with emotion* [Réagir émotionnellement par instinct – Au lieu de réfléchir, la femme a réagi avec émotion].
6. *To ponder – I ponder too much these questions* [Peser – Je pèse trop ces questions].
7. *To concentrate* [Se concentrer].
8. *To deliberate* [Délibérer].
9. *To reflect – Dogs probably don't reflect about the meaning of life* [Réfléchir – Probablement les chiens ne réfléchissent pas au sens de la vie].
10. *To wonder – I wonder about a lot of things* [Se poser des questions – Je me pose des questions à propos de beaucoup de choses].
11. *To meditate* [Méditer].
12. *To ponder – While pondering whether to be or not, I was seized by a fierce craving for cold spaghetti-o's*[1] [Peser – En pesant l'être et le non-être j'ai été... saisi(e) par une furieuse envie de Spaghetti-o's froids].

---

1. Produit américain, des spaghetti en boîte, consommé normalement par de petits enfants.

### *Hommes*

1. *To construe – How can I construe this?* [Comprendre – Comment est-ce que je peux comprendre ça?]
2. *To contemplate – He contemplate life* [Contempler – Il contemplait la vie].
3. *To create – I have created something new* [Créer – J'ai créé quelque chose de nouveau].
4. *To ponder – I pondered over your reponse – did you mean it?* [Peser – J'ai pesé votre réponse – c'est bien ça que vous vouliez dire?]
5. *To seem (to) – It seems to me that this baguette is stale* [Sembler (à) – Il me semble que cette baguette est rassie].
6. *To ponder – Jessica sits down to ponder why we exist* [Peser – Jessica s'assied pour peser le pourquoi de notre existence].
7. *To reflect* [Réfléchir].
8. *To ponder* [Peser].
9. *To think* [Penser].
10. *To envision – She tried to envision her being over coffee* [Envisager – Elle a essayé de l'envisager (elle) en train de prendre un café].
11. *To believe – I tend to believe that God doesn't exist* [Croire – J'ai tendance à croire que Dieu n'existe pas].
12. *To ponder – I often ponder the meaning of life* [Peser – Je pèse souvent le sens de la vie].

#### *B) Contraires*

1. TO GIVE

### *Femmes*

1. *To deprive – She was deprived of a happy childhood* [Priver – Elle a été privée d'une enfance heureuse].
2. *To take – I will take some more* [Prendre – J'en prendrai encore].
3. *To take – She took the coat away from him and he began to shiver* [Prendre – Elle lui a pris le manteau et il a commencé à frissonner].
4. *To take away – The land giveth, the government taketh away* [Reprendre – La terre a tout donné, le gouvernement a tout repris].
5. *To take away – The Lord taketh away* [Reprendre – Le Seigneur a tout repris].
6. *To take – Please take this cake* [Prendre – S'il vous plaît, prenez ce gâteau].
7. *To take – To take a shower* [Prendre – Prendre une douche].

8. *To receive* [Recevoir].
9. *To take – He takes what she gives* [Prendre – Il prend ce qu'elle donne].
10. *To take – I take classes at CIEE* [Prendre – Je prends des cours au CIEE].
11. *To take* [Prendre].
12. *To receive – Upon receiving the cherry tart, Joe divided it up between his friends and they walked and ate* [Recevoir – En recevant la tarte aux cerises, Joe l'a partagée entre ses amis, et ils ont marché et mangé].

### *Hommes*

1. *To take – I took the bread* [Prendre – J'ai pris le pain].
2. *To take – I took the bread* [Prendre – J'ai pris le pain].
3. *To take – I took an apartment* [Prendre – J'ai pris un appartement].
4. *To receive – I received a nice letter from my grandmother* [Recevoir – J'ai reçu une bonne lettre de ma grand-mère].
5. *To take – I usually take my martini with a twist* [Prendre – D'habitude, je prends mon martini dry avec zest].
6. *To take – Bob and Jessica went to take a bath* [Prendre – Bob et Jessica sont allés prendre un bain].
7. *To keep* [Garder].
8. *To take* [Prendre].
9. *To take* [Prendre].
10. *To receive – It is better to give than to receive* [Recevoir – Il vaut mieux donner que recevoir].
11. *To take – Larry is going to take the exam*[1] [Prendre – Larry va passer l'examen].
12. *To take – I took 20 francs from the table* [Prendre – J'ai pris 20 francs sur la table].

## 2. TO TELL

### *Femmes*

1. *To withhold – They withheld the information until a time they felt was appropriate* [Retenir – Ils ont retenu l'information jusqu'au moment où ils l'ont trouvée appropriée].

---

1. Le sujet a utilisé deux fois le verbe « prendre ». En anglais « passer » un examen, c'est le « prendre ».

2. *To listen – She listened to me* [Écouter – Elle m'a écouté(e)].
3. *To lie – Why did you lie to me?* [Mentir – Pourquoi m'as-tu menti ?]
4. *To conceal – She concealed her identity with French-fish-eyeglasses* [Cacher – Elle a caché son identité derrière des lunettes-poisson françaises[1]].
5. *To retract – The young girl retracted her accusation of the rapi* [Rétracter – La jeune fille a retiré son accusation contre le violeur].
6. *Closed – She is a closed person* [Fermé(e) – Elle est une personne fermée].
7. *To listen* [Écouter].
8. *To ask* [Demander].
9. *To be silent – She is often silent* [Être silencieux(se) – Elle est souvent silencieuse].
10. *To listen – I often prefer to listen without contributing to the conversation* [Écouter – Souvent je préfère écouter sans contribuer à la conversation].
11. *To conceal* [Cacher].
12. *To listen – It seems I was listening for hours* [Écouter – Il me semble que j'écoutais pendant des heures].

### *Hommes*

1. *To listen* [Écouter].
2. *To listen – I listen to the wind* [Écouter – J'écoute le vent].
3. *To hear – I heard that she was married* [Entendre dire – J'ai entendu dire qu'elle était mariée].
4. *To hear – I heard of the news last night* [Entendre – J'ai entendu la nouvelle hier soir].
5. *To hear – I heard that your mother died* [Entendre dire – J'ai entendu dire que votre mère est morte].
6. *To hear – Jessica went to hear the orchestra* [Entendre – Jessica est allée écouter l'orchestre[2]].

---

1. Ce que le sujet voulait dire par « *French-fish-eyeglasses* » n'est pas tout à fait clair. La traductrice a supposé qu'il s'agissait de lunettes françaises qui devaient ressembler aux yeux d'un poisson.

2. Les réponses 3, 4, 5, 6 ont pour verbe principal l'anglais « *to hear* » [entendre] qui se traduit différemment d'une réponse à l'autre ainsi que dans les phrases données en explication.

7. *To shut up* [Se taire].
8. *To listen* [Écouter].
9. *To ask* [Demander].
10. *To withhold – I withheld the information I should have told* [Retenir – J'ai retenu l'information que j'aurais dû raconter].
11. *To listen – I can't stand to listen to Dan's extreme right wing ideologies* [Écouter – Je ne supporte pas d'écouter les idéologies d'extrême droite de Dan].
12. *To listen – She listened to what Jane said with interest* [Écouter – Elle a écouté avec intérêt ce que Jane disait].

## 3. TO ABSORB

### *Femmes*

1. *To discharge – The fluid was discharged from her right eye* [Suppurer – Le fluide suppurait de son œil (à elle) droit].
2. *To secrete – The sponge secrete water everywhere* [Sécréter – L'éponge sécrétait de l'eau partout].
3. *To squeeze – She squeezed the last droplets of wine out of the sponge* [Presser – Elle a pressé les dernières gouttelettes de vin de l'éponge].
4. *To spew – Denise ate some flan and spewed it* [Vomir – Denise a mangé du flan et l'a vomi].
5. *To precipitate – The rain precipitated on the raincoat* [Tomber – La pluie tombait sur l'imperméable].
6. *To oozed – It oozed water* [Suinter – Ça suintait l'eau].
7. *To squeeze* [Presser].
8. *To release* [Relâcher].
9. *To reject – He always have to take a leak after drinking coffee* [Rejeter – Il rejette toujours ses idées (à elle)].
10. *To leak – I always have to take a leak after drinking coffee* [Fuir – J'ai toujours besoin d'aller pisser après avoir bu du café[1]].

---

1. L'expression vulgaire anglaise « *to take a leak* », qui correspond à peu près à « pisser », a pour verbe principal « fuir » [to leak].

11. *To overflow* [Déborder].
12. *To repel – The child repels the spoon of cream of wheat as if it were a nasty nightmare* [Repousser – L'enfant repousse la cuillerée de porridge comme si c'était un vilain cauchemar].

### *Hommes*

1. *To emit – Will they emit noises?* [Émettre – Émettront-ils (elles) des bruits ?]
2. *To exude – He exudes politeness* [Exsuder – Il exsude la politesse].
3. *To exude – The dinner exuded happiness* [Exsuder – Le dîner exsudait de bonheur].
4. *To give off – The leaves on the ground gave off a soothing smell of fall* [Répandre – Les feuilles tombées répandaient une odeur apaisante d'automne].
5. *To secrete – May I lick your body's secretions?* [Sécréter – Puis-je lécher les sécrétions de ton corps ?]
6. *To wring – Jessica wants to wring my neck* [Tordre – Jessica veut me tordre le cou].
7. *To release* [Relâcher].
8. *To release* [Relâcher].
9. *To shut off* [Éteindre].
10. *To expel – Upon squeezing the sponge it expelled all of the water* [Expulser – En pressant l'éponge elle *(sic)* a expulsé toute l'eau].
11. *To exude – His breath exuded the luscious smell of chauarmas* [Exsuder – Son haleine exsudait l'odeur savoureuse de chauarmas[1]].
12. *To execrete – When I squashed the bug it execreted a green juice* [Excréter – Quand j'ai écrasé la bête, elle a excrété un jus vert].

## 4. TO KNOW

### *Femmes*

1. *To be ignorant – He was ignorant of the actual facts of the situation* [Ignorer – Il ignorait les faits actuels de la situation].

---

1. Ce mot indéchiffrable pour la traductrice a été transcrit comme il a été possible de le lire, c'est-à-dire lettre par lettre.

2. *To be ignorant – He is ignorant* [Être ignorant(e) – Il est ignorant[1]].
3. *To be/feel ignorant – I wish I didn't feel so ignorant* [Être/se sentir ignorant(e) – Je souhaite ne pas me sentir si ignorant(e)].
4. *To not know, to have no clue – They were vague and had no clue* [Ne pas savoir, ne pas avoir la moindre idée – Ils (elles) étaient vagues et n'en avaient pas la moindre idée].
5. *To doubt – She doubted her ability to survive without him* [Douter – Elle doutait de sa capacité de survivre sans lui].
6. *To be ignorant – She is ignorant about semiotics* [Être ignorant(e) – Elle est ignorante en sémiotique].
7. *To be unaware* [Être non informé(e)].
8. *To wonder* [Se demander].
9. *To be ignorant – She is ignorant of his plans* [Ignorer – Elle ignore ses projets à lui].
10. *To wonder – I wonder if my stomach ache will go away soon* [Se demander – Je me demande si mes douleurs d'estomac partiront bientôt].
11. *To ignore* [Ne pas faire attention].
12. *To wonder – All of Sal's great experiments began with his fantastical pulsing wondering brain* [Questionner[2] – Toutes les grandes expériences de Sal ont commencé par son fantasque cerveau pompant-questionnant].

## Hommes

1. *To be ignorant – Who is ignorant of their existence?* [Ignorer – Qui ignore leur *(sic)* existence?]
2. *To be ignorant – He is ignorant* [Être ignorant – Il est ignorant].
3. *To be ignorant – She was ignorant of her illness* [Ignorer – Elle ignorait sa maladie (à elle)].
4. *To be ignorant – I was ignorant of the circumstances surrounding the affair* [Ignorer – J'ignorais les circonstances qui entouraient l'histoire].
5. *To not know – There are only three things I don't know* [Ne pas savoir – Il n'y a que trois choses que je ne sais pas].

---

1. L'expression anglaise « *to be ignorant* » a été traduite par « ignorer » ou « être ignorant » selon le contexte des phrases données en illustration des réponses. Voir réponses Femmes 1, 2, 3, 6, 9 et Hommes 1, 2, 3, 4, 12.

2. Le sujet avait répondu par le verbe principal « *to wonder* » comme dans les réponses précédentes 8 et 10. Le contexte a exigé une traduction différente soulignant l'activité de mettre en question.

6. *To be ignorant – I want to be ignorant* [Être ignorant – Je veux être ignorant(e)].
7. *Ignorer (french translation)* [Ignorer (traduction française)].
8. *To ignore* [Ne pas faire attention].
9. *Ignorance* [L'ignorance].
10. *To forget* [Il a oublié ce qu'il savait autrefois].
11. *To fail – I failed to understand Jean-Marie's idea* [Ne pas réussir – Il n'a pas réussi à comprendre l'idée de Jean-Marie].
12. *To be ignorant – I was ignorant of anything concerning math* [Ignorer – J'ignorais tout ce qui concernait les maths].

### *C) Définitions*

1. BODY

*Femmes*

1. *Figure, entity, form, boundary – The body of the car was beginning to rust, but the engine remained in prime condition* [La ligne, l'entité, la forme, la limite – La carrosserie de la voiture commençait à se rouiller mais le moteur restait en excellent état].
2. *The physical representation of a being* [La représentation physique d'un être].
3. *A mass of humanity in which a soul is contained – People are too obsessed with their bodies* [Une masse d'humanité dans laquelle l'âme est contenue – Les gens sont trop obsédés de leur corps].
4. *A constituted form – Rock your body* [Une forme constituée – Berce ton corps].
5. *The flesh blood and bones of someone – The wafer is the body of Christ* [La chair, le sang et les os de quelqu'un – L'hostie est le corps du Christ].
6. *A whole entity – The body of protesters marched on the Bastill* [Une entité complète – La foule[1] des manifestants s'est dirigée contre la Bastille].
7. *Your physical form* [Votre forme physique].

---

1. Le sujet a utilisé le mot « *body* », « *the body of protesters* » qui se traduit par « foule ».

8. *A coming together of separate parts* [Une union de parties séparées].
9. *That which encloses one's vital organs – He has a fine body* [Ce qui enferme les organes vitaux de quelqu'un – Il a un beau corps].
10. *That which is from the kneck down – I wish my hair had more body* [Ce qui est au-dessous du kou *(sic)* – Je souhaite que mes cheveux aient plus de corps].
11. *Human machine* [La machine humaine].
12. *A fullness, a wholeness that works together. A unity not entirely dependent on all its parts, yet feels the repercussions when a part ceases to function or is sickly – My favorite subject to draw is the body a nude woman* [Une plénitude, un tout qui s'harmonise. Une unité qui ne dépend pas entièrement de ses parties, mais qui sent les répercussions quand il y a une partie qui cesse de fonctionner ou qui est maladive – Mon sujet favori de dessin c'est le corps d'une femme nue].

## *Hommes*

1. *Torso and limbs of a person – Our bodies were sweaty* [Le torse et les membres d'une personne – Nos corps étaient en sueur].
2. *Skin around bones – His body is warm* [La peau autour des os – Son corps (à lui) est chaud].
3. *The collective mass of something abstract or real – My body felt every movement of the earth* [La masse collective de quelque chose d'abstrait ou de réel – Mon corps sentait chaque mouvement de la terre].
4. *The flesh and bones. My body reflect the fact that I cannot restrain myself from eating cookies* [La chair et les os. Mon corps reflète le fait que je ne peux pas m'empêcher de manger des petits gâteaux].
5. *Whatever is « enclosed » in temporary borders – My body is only slightly different from yours* [Tout ce qui est « enfermé » dans des bornes temporaires – Mon corps n'est qu'un tout petit peu différent du vôtre].
6. *Home of the mind – Jessica has a nice body* [Le domicile de l'esprit – Jessica a un beau corps].
7. *Vehicle – I watched my body do things* [Un véhicule – J'observais mon corps faire des choses].
8. *A prison* [Une prison].
9. *Central* [Un central].

10. *The house where one's being lives – Lake Michigan is a beautiful body of water* [La maison où habite son être – Le lac Michigan est une belle masse d'eau[1]].
11. *All the components (visible organs and intangible ideas) that are pulled together by 7 layers of skin – My body lay motionless in the bed, asleep* [Tous les éléments (les organes visibles et les idées intangibles) qui sont unis par 7 couches de peau – Mon corps était couché immobile dans le lit, endormi].
12. *The whole of many parts that function together – My body feels in the hell after I drink or smoke too much* [Le tout de beaucoup de parties qui fonctionnent ensemble – Mon corps se sent dégueulasse après que j'ai trop bu ou trop fumé].

## 2. VIRGINITY

### *Femmes*

1. *Hypocricy, « untaintedness » chastity, innocence – A woman's virginity is her most prized possession* [L'hypocrisie *(sic)*, « un état sans souillure », la chasteté, l'innocence – La virginité d'une femme est sa possession la plus prisée].
2. *The state of being where one is untouched sexually, when 1 person hasn't had sexual intercourse with another – She lost her virginity at the age of 18* [L'état d'être où l'on est intouché sexuellement, quand une personne n'a pas eu de rapports sexuels avec une autre – Elle a perdu sa virginité à l'âge de 18 ans].
3. *A state in which one has not experienced the sexual act – Sarah said she would have to be in love to lose her virginity* [L'état dans lequel on n'a pas éprouvé l'acte sexuel – Sarah a dit qu'il faudrait qu'elle soit amoureuse pour perdre sa virginité].
4. *That which has not been defiled – She met a Morocan and lost her virginity* [Ce qui n'a pas été souillé– Elle a rencontré un Marocain et a perdu sa virginité].
5. *An unbroken hymen in a woman – Mary's virginity was intact when she was impregnated by the holy ghost* [Un hymen non brisé chez une femme – La virginité de Marie était intacte quand elle a été fécondée par le Saint-Esprit].
6. *A purity of person, thought or thing – The virginity of the stream was*

1. En anglais une masse d'eau comme le lac Michigan est un « corps d'eau », *« a body of water »*.

*apparent* [Une pureté de personne, de pensée ou d'objet – La virginité du ruisseau était apparente].

7. *To have not had sexual intercourse* [Ne pas avoir eu de rapports sexuels].
8. *A culturally imposed state of purity – I did not understand what virginity meant when I lost mine* [Un état de pureté culturellement imposé – Je ne comprenais pas ce que la virginité voulait dire quand j'ai perdu la mienne].
9. *Never having had intercouse before – Virginity's a drag* [N'ayant jamais eu de rapports sexuels auparavant – La virginité, c'est la barbe].
10. *Technically, something you have until you have sex – like innocence – both are eventually lost – I lost my virginity when I was 15* [Techniquement, une chose que vous avez jusqu'au moment où vous avez des rapports sexuels – comme l'innocence – les deux se perdent éventuellement – J'ai perdu ma virginité à 15 ans].
11. *Never had sexual intercourse – Her virginity resulted from her fear of the human body* [N'ayant jamais eu de rapports sexuels – Sa virginité résultait de sa peur du corps humain].
12. *The state of not experiencing something to its fullest, whether or not the « act » has been performed or executed a million times – His child like virginity worries her not the least* [L'état de ne pas éprouver quelque chose au maximum, que l'« acte » ait été exécuté un million de fois ou non – Sa virginité enfantine (à lui) ne l'inquiète pas (elle) le moins du monde].

## *Hommes*

1. *Not to have engaged in sexual intercourse – They lost their virginity together* [Ne pas avoir eu de rapports sexuels – Ils ont perdu ensemble leur virginité].
2. *Unattached – She has still not lost her virginity* [Sans attache – Elle n'a toujours pas perdu sa virginité].
3. *The state of having abstained from whatever one's mind perceives as impure – I am a virgin* [L'état de s'être abstenu de tout ce que son esprit conçoit comme impur – Je suis vierge].
4. *The state of being pure – My mother told me that the virginity of the olive oil was important so that my arterial health would be fine* [L'état d'être pur – Ma mère m'a dit que l'huile d'olive vierge était importante pour la bonne santé de mes artères].
5. *Undefinable* [Indéfinissable].
6. *Lack of experience – The act of losing one's virginity can be a painful experience* [Le manque d'expérience – L'acte de perdre sa virginité peut être une expérience douloureuse].

7. *The state of being undefiled – Virginity is a threat* [L'état d'être non souillé – La virginité est une menace].
8. *A state of being* [Un état d'être].
9. *Special* [Spécial].
10. *Body and mine pre sexual intercourse – In Western society the longer one goes without having sexual intercourse the longer one thinks about the importance of one's virginity* [Le corps et l'esprit avant les rapports sexuels – Dans la société occidentale plus on continue sans rapports sexuels, plus on pense à l'importance de sa virginité].
11. *The state of pureness, untainted – The snow's virginity was peaceful* [L'état de pureté, sans souillure – La virginité de la neige était tranquille].
12. *A certain purity, naivity or lack of awareness – The virgin fields lay untainted by the hands of the detergent company* [Une certaine pureté, naïveté, ou manque de connaissance – Les champs vierges s'étendaient, non souillés des mains de la manufacture de détergent].

---

* Les corpus sont transcrits tels qu'ils ont été recueillis, fautes y comprises. La traduction de cet article a été revue (texte) et faite (corpus) par Gail Schwab.

# Étude comparative sur la différenciation sexuelle

PAULA ECIMOVIC

*Niveau doctorat,*
*Université de Toronto*

Traduction de
ORISTELLE BONIS

**Langue anglaise**

*CONTRAIRES:*

* **Hard [dur]**
* **To absorb [absorber]**

*SYNONYMES:*

* **To live [vivant, vivre]**

*DÉFINITION:*

* **Body [corps]**

*PRODUCTION DE PHRASES AVEC LES MOTS:*

* **Bore — say — him**
  **[Ennui — lui — dire]**
* **Femininity [féminité]**

Le matériel ici analysé — des épreuves linguistiques données à différents groupes d'étudiants de l'université de Toronto et de la York University d'Ontario, au Canada — a été recueilli et examiné à l'occasion et à partir du séminaire sur « L'ordre sexuel du discours » que Luce Irigaray a assuré en juin 1987 à l'ISISSS. Cette étude s'inspire de la recherche qu'elle a menée sur l'utilisation du langage par des sujets dits pathologiques et des sujets dits normaux, recherche qu'elle a exposée dans *le Langage des déments* (1973), dans *Parler n'est jamais neutre* (1985) et dans le texte intitulé « L'ordre sexuel du discours » du numéro de mars 1987 de la revue *Langages*. Ce numéro comprend plusieurs contributions de chercheurs et chercheuses en linguistique, philosophie, psychologie et biologie, qui constituent l'arrière-plan à partir duquel j'ai analysé les épreuves linguistiques, présentées et recueillies en juin 1987 à Toronto.

Mises au point en français par Luce Irigaray, traduites en anglais par Barbara Godard, ces épreuves et les consignes relatives à leur utilisation ont été soumises à différents groupes d'étudiants par Barbara Godard et David Reynolds. Les résultats en furent ensuite répartis en vue de leur analyse au sein d'un groupe de personnes ayant participé au séminaire « L'ordre sexuel du discours », chacune d'entre elles se chargeant d'une tâche particulière[1].

La situation même de l'épreuve linguistique est un lieu favorable pour examiner ces trois composantes fondamentales de l'acte d'énonciation — le locuteur, l'allocutaire et le référent, ou objet de la communication — puisqu'elle permet d'isoler la façon particulière qu'a chacun(e) de produire la relation à soi, à l'autre et au monde en concepts ou en objets. A ce propos, je me suis plus particulièrement intéressée à la question du genre et à l'utilisation propre à chaque sujet de catégories de langage telles qu'animé/inanimé ou concret/abstrait, à la singularité de la fonction et de la valeur relationnelle des pronoms personnels dans les corpus, à l'utilisation spécifique des modalités de transformation (formes négatives, interrogatives, exclamatives, impératives) et au type des entités syntaxiques et sémantiques choisies par l'un et l'autre sexe.

J'ai choisi d'analyser dans cette perspective les réponses aux consignes suivantes : l'adjectif *hard* [dur], les verbes *live* [vivre] et *absorb* [absorber], le substantif *body* [corps], la formation de phrases à partir des mots *bore* [ennui], *say* [dire], *her* [elle ; son, sa, ses] et la définition du terme *femininity* [féminité].

***Transformation négative : adjectif***

— HARD [dur]. — Cet item appartient à la section A de l'épreuve, où la tâche demandée consistait à donner le contraire lexical d'un mot. J'ai examiné les réponses de 94 femmes (F) et 56 hommes (H).

Il importe de noter que *hard* [dur] peut être utilisé comme adjectif ou adverbe. Dans le premier cas, il signifie « ferme », « qui résiste à la pression », « solide » ; dans le second, il a le sens d'« énergiquement », « sévèrement »[2]. On le trouve également dans un certain nombre de mots composés.

Le contraire *soft* [doux] a été retenu par 95,7 % F et 91 % H. Parmi les autres mots choisis, on trouve : *easy* [facile] 2,1 % F ; *mushy* [fleur bleue] 1 % F ; *strong* [fort] 1,7 % H ; *erect* [droit, érigé] 1,7 % H ; *firm* [ferme] 1,7 % H ; *cold* [froid] 1,7 %H.

*Soft* [doux] s'emploie comme adjectif ou adverbe. Il recouvre toute une variété de sens appartenant aux domaines physique ou psychologique. Il signifie « qui manque de fermeté, qui cède à la contrainte, malléable » ; « à la surface lisse, ni rêche ni rude » ; « velouté, léger » ; « qui n'est pas grossier » ; « aimable, calme, conciliant, amène » ; « bienveillant, compatissant » ; « paisible » ; « mou, faible, débile, émotif, idiot » ; « sot, sans caractère ». Presque toutes ces définitions connotent une qualité, décrite comme *féminine* et excluant la possibilité de « se montrer fort », de « prendre des décisions », d'« assumer un rôle dominant », etc.

Employé comme adjectif ou comme adverbe, *easy* [facile, agréable] traduit une attitude positive, à la différence de *mushy* [fleur bleue] qui, utilisé de façon similaire, dénote la faiblesse et la sentimentalité, qualités couramment utilisées pour décrire les femmes de façon désobligeante.

Au lieu du contraire lexical de *hard* [dur], on trouve dans les réponses masculines, et chaque fois dans la proportion de 1,7 %, les adjectifs *strong* [fort], *erect* [droit, érigé], *firm* [ferme] et *cold* [froid] qui expriment des qualités que la culture attribue généralement aux hommes. *Erect* [droit, érigé] possède de plus une connotation sexuelle masculine prononcée. En outre, dans la mesure où il s'agit plus de synonymes que d'antonymes, de telles réponses indiquent une certaine résistance à la procédure de l'épreuve linguistique, ou la prégnance du choix « masculin » qui rend le sujet sourd à la demande de la consigne.

***Transformation négative : verbe***

– TO ABSORB [absorber]. – La seconde tâche de la section A consistait à indiquer le contraire du verbe *absorb* [absorber]. Ce mot signifie « engloutir, incorporer, captiver l'attention, absorber (un liquide), laisser entrer (la chaleur, la lumière, etc.) par un effet chimique ou moléculaire ». A la forme passive, il prend le sens de « perdre son identité ».

Le corpus se compose de 94 femmes (F) et 56 hommes (H).

TABLEAU 1

***Absorb* [absorber]**

| (F) | [%] | (H) | [%] |
|---|---|---|---|
| *repel* [repousser] | 13,3 | *release* [libérer] | 8,6 |
| *release* [libérer] | 8 | *expel* [chasser] | 8,1 |
| *reflect* [réfléchir, faire rejaillir sur] | 6,6 | *repel* [repousser] | 8,1 |
| *reject* [rejeter] | 6,6 | *dissolve* [dissoudre] | 6,1 |
| *leak* [répandre] | 4 | *reflect* [réfléchir, faire rejaillir sur] | 4 |
| *expel* [chasser] | 2,6 | *emit* [émettre] | 4 |
| *emit* [émettre] | 2,6 | *exude* [exsuder] | 4 |
| *diffuse* [diffuser] | 2,6 | *deflect* [détourner] | 4 |
| *shun* [esquiver] | 2,6 | *radiate* [rayonner] | 4 |
| *deflect* [détourner] | 1,3 | *strain* [filtrer] | 4 |
| *exude* [exsuder] | 1,3 | *let out* [lâcher] | 4 |
| *let go* [s'en aller] | 1,3 | *reject* [rejeter] | 2 |
| *dispense* [distribuer] | 1,3 | *diffuse* [diffuser] | 2,1 |
| *leave* [laisser] | 1,3 | *excrete* [excréter] | 2,1 |
| *give off* [émettre] | 1,3 | *let go* [s'en aller] | 2,1 |
| | | *dispense* [distribuer] | 2,1 |
| | | *disperse* [disperser] | 2,1 |

Le verbe *repel* [repousser] est celui que les femmes citent le plus souvent, ainsi qu'un grand nombre d'hommes. Il vient du latin *repellere, repulsus* : pousser en arrière, chasser, où le préfixe *re-* marque le retour en arrière, la répétition, et peut signifier « faire reculer, refouler, refuser l'entrée, le consentement, une ou des approches ». Ce verbe exprime une réaction, une attitude d'autoprotection qui paraît enracinée dans la tradition : les femmes y sont supposées réagir à l'action (menée par les hommes ?).

*Release* [libérer] (du latin *laxare* : lâcher), qui vient en première position chez les hommes (8,6 %) et en deuxième chez les femmes (8 %), recouvre lui aussi plusieurs significations qui, toutes, dénotent l'action : remettre une peine, restituer, transférer ou céder à quelqu'un (une dette, une propriété, un droit) ; affranchir, libérer, délivrer. Il exprime surtout le fait de mettre quelque chose ou quelqu'un en dehors des anciennes limites. Comparé à *repel* [repousser], il implique une action concernant la loi, la propriété, Dieu. Autant de champs où s'exerce la domination masculine dans la civilisation dite occidentale.

*Reflect* [réfléchir ; faire rejaillir sur] est un verbe transitif ou intransitif : rabattre (à partir d'une surface ou d'un corps), renvoyer (chaleur, lumière, sons), se retourner contre, donner une image de (à l'aide d'un miroir, etc.) , se représenter en esprit, correspondre exactement, en apparence ou de par l'effet (à propos d'une action, d'un résultat), entraîner (du crédit, du discrédit), se plonger dans ses pensées, méditer ou s'interroger, se rappeler ou examiner. Ce verbe qui désigne un phénomène naturel et une action humaine renvoie aussi bien à l'activité de penser qu'à une réaction se produisant dans le monde extérieur. Il indique une relation à ou entre. Les résultats à cette épreuve montrent clairement que les femmes l'utilisent plus souvent que les hommes. Dérivé du latin *reflectere*, de *flexus*, courbé, il évoque également des notions telles que la compétence, la nécessité, la faculté d'adaptation, une attitude ouverte à l'égard des phénomènes naturels et des relations humaines.

*Reject* [rejeter] exprime essentiellement une action en opposition : mettre de côté (s'agissant d'une doctrine, d'une coutume, d'une évidence, d'un candidat, d'un plat, d'une requête, d'un prétendant, d'un vote) ce que l'on n'a pas accepté, pratiqué, choisi, utilisé, ce à quoi l'on ne s'est pas soumis, etc. ; il signifie aussi vomir, évacuer. Les femmes l'utilisent beaucoup plus que les hommes, ce qui pourrait indiquer que, plutôt que d'en être les instigatrices, elles réagissent à l'action, à l'institué ou à l'institution, l'action étant implicitement prise en charge par les hommes.

De façon significative, *expel* [chasser] est plus souvent utilisé par les hommes. Il évoque en particulier l'action de Dieu, figure mâle par excellence depuis des siècles.

Le verbe *dissolve* [dissoudre] a été choisi exclusivement par les hommes. Il désigne le dernier terme d'une action consistant à : éparpiller, décomposer, mettre un terme, annuler. La destruction est son aspect connotatif le plus fort.

On trouve aussi quatre verbes que seuls les hommes citent comme contraires de *absorb* [absorber] : *radiate* [rayonner], 4 % ; *strain* [filtrer], 4 % ; *let out* [lâcher], 4 % ; *disperse* [disperser], 2,1 %.

– *Radiate* [rayonner] évoque l'émission, à partir d'un foyer central, de lumière, de chaleur, d'ondes, d'énergie, et de vie, d'amour, de joie. Du latin *radiare, radius* : bâton, baguette, pieu, il signifie littéralement : 1. un des rayons d'une roue ; 2. en mathématiques : *a)* une règle graduée ; *b)* la moitié du diamètre d'un cercle ; 3. au sens figuré (métaphorique) : rayon, faisceau lumineux. Il est alors extrêmement intéressant d'observer la façon dont s'opère le processus de métaphorisation, et dans quelles circonstances (ainsi : les rayons lumineux qui émanent de la tête de Dieu).

– *Strain* a divers sens. Filtrer, d'abord : passer un liquide ou des particules solides au travers d'un tamis ou d'un autre ustensile ; filtrer un liquide pour en ôter les éléments solides. Mais ce verbe signifie aussi : tendre fortement, discerner, faire tout son possible ou outrepasser les limites, aller jusqu'au bout, qualifiant donc un certain nombre d'actions qui visent la suprématie, la limite extrême. Il veut dire également : arracher ou détourner du but ou du sens véritables. Autres sens possible : étreindre, serrer quelqu'un contre son cœur, se montrer extrêmement scrupuleux (du latin *stringere, strictum*), etc. Comme participe passé, il signifie : obtenu par la contrainte ou par l'effort, artificiel, forcé, contraint, qui manque de spontanéité ; surmené, abîmé ou compromis par un usage abusif ou de trop grandes exigences.

– *Let out* [lâcher] s'utilise transitivement au sens de : ouvrir la porte pour laisser sortir ou s'échapper (une personne, un secret, etc.) ; rendre un vêtement plus lâche ; proposer en location (à plusieurs locataires) ; divulguer. Employé intransitivement, il signifie : se battre à coups de poing ou de pied, recourir aux injures. Dans les deux cas, il évoque la libération ou la mise à disposition d'une entité (animée, inanimée) hors d'un espace clos (matériel ou spirituel) vers l'extérieur, avec le plus souvent une connotation de force et de colère.

– *Disperse* [disperser] (du latin *spargere, sparsus* : éparpiller, répandre, asperger, s'épancher, disséminer) signifie : chasser, dissiper (la peur, l'obscurité), mettre en circulation, disséminer ; en termes de physique optique, il veut dire : diviser (la lumière blanche) en ses composantes colorées.

*Emit* [émettre] revient presque deux fois plus chez les hommes que chez les femmes. Le sens de ce verbe s'oriente vers l'action : annoncer, émettre (courant, lumière, chaleur, son, opinion, article, etc.).

*Diffuse* [diffuser] s'utilise de façon transitive ou intransitive : envoyer, diffuser (particules, lumière, chaleur, génie, savoir, rumeur), mais correspond aussi à un sens bien précis en physique : rendre homogène (des gaz ou des fluides) par diffusion.

*Deflect* [détourner] signifie faire un pas de côté ou se courber, dévier (de).

Les verbes *leak* [répandre], *shun* [esquiver], *leave* [laisser] et *give off* [émettre] n'ont été cités que par les femmes.

— *Leak* [répandre] veut dire : laisser un liquide couler ; laisser transpirer (un secret, etc.), divulguer de proche en proche. Ce verbe n'est pas utilisé pour exprimer l'action, mais plutôt pour qualifier un état de façon réprobatrice, l'incontinence d'urine par exemple.

— *Shun* [esquiver] a le sens d'éviter, de se tenir à l'écart, de fuir (du vieil anglais *scunian* que l'on pourrait traduire par « se sauver, presser le pas », tout comme le danois *skynde*). Ce verbe marque le rejet et la négation.

— *Leave* [laisser] veut dire abandonner, quitter (de l'anglo-saxon *laefan* : laisser en héritage, laisser derrière soi). Il signifie également : laisser en place, partir les mains vides, léguer (transmettre un modèle, etc., à la postérité) ; ne pas tout consommer, ne pas venir à bout ; laisser les choses en l'état (en s'abstenant de commentaires, en n'agissant pas) ; remettre ou soumettre à un autre que soi ; laisser faire (quelqu'un, quelque chose), sans interférer ; ne pas se mêler de. Ce verbe a une connotation éventuellement négative, qui traduit la non-maîtrise de l'action et la considération de l'existence d'autres que soi, qu'ils soient respectés ou que le sujet y soit soumis.

Cette partie de l'épreuve linguistique démontre sans ambiguïté que les femmes emploient les verbes qu'elles ont choisis pour exprimer la réaction, l'activité répétitive, que la société leur impose par le biais de la tradition, de la loi, de l'« autre ». Les hommes, eux, utilisent des verbes manifestant le pouvoir, la direction, l'action, la destruction, le définitif plutôt que la continuité.

### *Synonyme*

– LIVE [vivant, vivre]. – Le troisième point analysé correspond à l'utilisation des synonymes du mot *live* [vivant, vivre], de la section B. Le corpus comprend 73 femmes (F) et 26 hommes (H).

*Live* [vivant, vivre] s'emploie comme adjectif, sous forme d'attribut, ou comme verbe intransitif et transitif. En tant qu'adjectif, il signifie : vivant, en vie, réel, qui n'est pas feint ou imaginé ou présenté comme un jouet, plein de force, d'énergie ou d'importance, ni périmé ni fatigué, éclatant, non explosé, percutant, chargé d'électricité. Comme verbe, il possède aussi plusieurs significations : être vivant, disposer de la vie, animale ou végétale ; subsister, dépendre de (pour sa subsistance) ; vivre ; soutenir sa position ou sa réputation ; se conduire ; avoir ses habitudes ; se consacrer à, passer son temps ; ressentir, jouir de la vie avec intensité ; survivre ; habiter.

TABLEAU 2

***Live* [vivre]**

| (F) | [%] | (H) | [%] |
|---|---|---|---|
| *exist* [exister] | 12,3 | *exist* [exister] | 23 |
| *be* [être] | 5,4 | *be* [être] | 11,5 |
| *breathe* [respirer] | 6,8 | *breathe* [respirer] | 3,8 |
| *survive* [survivre] | 2,7 | *survive* [survivre] | 3,8 |
| *life* [vie] | 1,3 | *life* [vie] | 3,8 |

Les verbes *exist* [exister] et *be* [être] sont cités comme synonymes de *live* [vivant, vivre] deux fois plus par les hommes que par les femmes, ceux-là choisissant également plus souvent *survive* [survivre] et *life* [vie]. *Breathe* [respirer] est plus utilisé par les femmes.

– *Exist* [exister] provient du latin *ex-sistere*, qui signifie : se placer en dehors ou en avant, se lever, être. Ce verbe est surtout connoté en termes moraux, éthiques, philosophiques. *To exist* [exister] renvoie à la question de la nécessité d'une définition du moi considéré comme indépendant des autres et séparé de ses origines naturelles, de son contexte matériel. En ce sens, il signifie que *vivre* implique l'autonomie du moi comme condition de l'action sur le monde.
– *Be* [être] vient plus directement d'une racine indo-germanique et insiste sur la constitution (corporelle), la nature, l'essence. Il marque la propriété de tous les objets occupant un certain espace et se modifiant au cours du temps.
– *Life* [vie] est un nom qui, outre son sens premier – état de changement perpétuel et d'activité fonctionnelle particulier à la matière organique, à l'existence animée, etc. – possède plusieurs significations.
– *Survive* [survivre] signifie vivre encore après que quelqu'un, ou quelque chose, a disparu, être encore en vie, se maintenir en vie ou continuer d'exister malgré tout.
– *Breathe* [respirer] veut dire se servir de ses poumons, vivre, paraître en vie, prendre son souffle, marquer une pause, être à son aise.

En examinant ces synonymes, je remarque que les hommes utilisent avec beaucoup plus de facilité les mots qui, dans une large mesure, font appel à des concepts abstraits, philosophiques. Les femmes citent des mots qui, tel *breathe* [respirer], évoquent un processus physique concret. Cette différence a des conséquences importantes sur la scène éthique, sociale, politique, où les mots influencent et créent la réalité, forment et transforment la « vie », l'« existence », la « survie » de chacun, hommes, femmes et enfants. Le fait que la moitié de l'humanité ne participe pas de façon concernée à la création de la vie quotidienne et que l'autre moitié est écartée de la gestion de la vie publique entraîne un déséquilibre émotionnel et existentiel aux conséquences importantes et imprévues.

Les autres synonymes utilisés par les femmes sont : *alive* [en vie], *to be alive* [être en vie], *experience* [connaître, ressentir], *vitality* [vitalité], *awaken* [prendre conscience], *functioning physically* [fonctionner physiquement], *on stage* [en scène], *celebrate* [célébrer], *learn* [apprendre], *unrehearsed* [improvisé], *state of being in existence* [état de ce qui existe], *to have life* [disposer de sa vie], *quick* [rapide], *real* [réel], *living* [vivant], *gift* [don], *stay* [demeurer], *reside* [résider], *rebirth* [renaissance].

L'utilisation des expressions « *on stage* » [en scène] et « *unrehearsed* » [improvisé] est intéressante. Toutes deux se réfèrent en effet au monde du théâtre, monde toutefois immédiat, spontané, monde de la présence physique plutôt que de sa (re)présentation (in abstracto). La même chose vaut pour « *celebrate* » [célébrer], « *quick* » [rapide], « *real* » [réel], « *reside* » [résider], « *gift* » [don], « *rebirth* » [renaissance], « *learn* » [apprendre] : ces mots décrivent tous la valeur concrète de ce que *to live* [vivre] veut dire.

Les hommes, et eux seuls, utilisent aussi les synonymes suivants : *in the flesh* [en chair et en os], *aware* [conscient], *move on* [avancer], *to reside in life* [être en vie], *have brain activity* [exercer une activité intellectuelle], *growth* [croissance], *flourish* [prospérer], *glowing* [florissant], *recorded* [enregistré].

L'expression « *in the flesh* » [en chair et en os] a d'abord une signification concrète, mais également une connotation religieuse et philosophique. « *Aware* » [conscient] et « *have brain activity* » [exercer une activité intellectuelle] évoquent les domaines où les hommes dominent et où l'abstraction remplace le physique, le concret. « *Growth* » [croissance], « *flourish* » [prospérer] et « *glowing* » [florissant], qui dénotent la même capacité d'abstraction et de métaphorisation, se réfèrent aussi au mouvement et à l'action. Une expression — « *to reside in life* » [être en vie] — rappelle celles que l'on trouve chez les femmes — « *state of being in existence* » [état de ce qui existe], « *to have live* » [disposer de la vie] — et connote une certaine passivité. « *Recorded* » [enregistré] implique la déshumanisation, l'automatisation et aussi un certain désespoir nihiliste.

***Définition de mots***

– BODY [corps]. – Passons aux définitions du mot *body* [corps] (section C). Le corpus que je vais maintenant examiner se compose des réponses de trois groupes, tous formés par des étudiants en lettres de 18 à 45 ans environ. Le groupe I comprend 17 femmes et 2 hommes ; le groupe II, 7 femmes et 9 hommes ; le groupe III, 14 hommes. Cela représente une proportion équivalente des populations féminine et masculine (24 femmes et 25 hommes). Les instructions ont été données oralement[3].

*Body* [corps] est un nom ou, sous la forme *embody*, un verbe transitif. En tant que nom, il revêt les significations suivantes : il peut désigner l'organisme de l'homme ou de l'animal, un cadavre, la suite d'un dignitaire, une escorte, une garde personnelle ; le tronc, la partie principale (tronc, tige ou feuilles d'une plante, coque de navire, nef d'église), un corsage, un texte sans les annexes, la majorité ; l'être humain, la personne ; un ensemble de personnes ou de choses, une assemblée, une association, une unité militaire, un ensemble de préceptes, d'informations, etc., un projet matériel, une quantité, une force relative ou un caractère concluant, une chose perceptible par les sens. Comme verbe, ce mot signifie donner corps à quelque chose : se représenter en esprit, concrétiser, symboliser.

TABLEAU 3

***Body* [corps]**

| | [F] | [H] |
|---|---|---|
| Humain/animé... | 13/24 – 54 % | 7/23 – 30 % |
| Objet/inanimé... | 11/24 – 46 % | 16/23 – 70 % |

A l'analyse, on voit que 75 % des femmes et 43,5 % des hommes font le choix de définitions concrètes. Par « concrètes », j'entends ici ce qui désigne un être ou une chose (organique, inorganique) existant sous une forme matérielle, en opposition aux connotations abstraites, métaphoriques. Les femmes (54 %) sont plus nombreuses que les hommes (30 %) à définir *body* [corps] comme une entité humaine ou animale.

### *Production de phrases intégrant plusieurs mots*

– BORE [ennui, ennuyer], SAY [dire], HER [elle ; son, sa, ses]. – Dans la section D, ma tâche a consisté à examiner les phrases formées à partir des trois mots *bore* [trou, creuser ; ennui, ennuyer], *say* [dire], *her* [elle ; son, sa, ses], et à interpréter les résultats[4]. La consigne a été proposée, toujours oralement, aux trois mêmes groupes.

*Bore* [ennui, ennuyer, mais encore : trou, creuser] est aussi bien un verbe transitif ou intransitif qu'un nom. Il signifie : 1. s'ennuyer au cours d'une conversation assommante ou par manque d'intérêt ; 2. faire un trou, le plus souvent avec un outil en vrille, creuser de façon uniforme ; allonger le cou (à propos d'un cheval), faire sortir un concurrent (dans une course). Comme nom, il désigne : 1. une personne ennuyeuse, assommante, des fadaises ; 2. le calibre du canon d'un fusil, un trou de sonde pratiqué pour trouver de l'eau, etc. ; 3. une longue vague déferlante que produit la marée dans certains estuaires. Enfin, ce mot est aussi le passé défini du verbe *to bear* [donner naissance].

*Say* [dire] s'utilise comme verbe transitif ou intransitif avec le sens de : proférer, faire des remarques, réciter, raconter sur le ton de la conversation ; déclarer, promettre, prophétiser ; parler, converser, mettre en mots, exprimer ; invoquer ou alléguer un argument ou une excuse ; se faire ou donner une opinion ; choisir un exemple, supposer.

*Her* [elle ; son, sa, ses] s'emploie comme pronom personnel du féminin singulier ou adjectif possessif singulier ou pluriel (pour un sujet féminin).

J'examinerai d'abord les termes qui viennent en position de sujet grammatical.

*groupe I*

— F: *I* [je] : 6 ; *you* [tu, vous] : 1 ; *she* [elle] : 4 ; *he* [il] : 1 ; *we* [nous] : 1 ; *they* [ils, elles, on] : 1.
— H: *I* [je] : 1 ; *you* [vous] : 2.

*groupe II*

— F: *I* [je] : 3 ; *you* [tu, vous] : 1 ; *she* [elle] : 0 ; *he* [il] : 0 ; *we* [nous] : 1 ; *they* [ils, elles, on] : 3.
— H: *I* [je] : 6 ; *you* [tu, vous] : 0 ; *she* [elle] : 1 ; *he* [il] : 0 ; *they* [ils, elles, on] : 1 ; nom propre : 1.

*groupe III*

— H: *I* [je] : 9 ; *you* [tu, vous] : 1 ; *she* [elle] : 0 ; *he* [il] : 0 ; *they* [ils, elles, on] : 1.

Le sujet grammatical est exprimé à la première personne du singulier : *I* [je], par 9 femmes sur 23 (39 %) et 16 hommes sur 21 (76 %) et à la deuxième personne du singulier : *you* [tu, vous], par 2 femmes sur 23 (9 %) et 3 hommes sur 21 (14 %). *She* [elle] est sujet pour 4 femmes sur 23 (17 %) et 1 homme sur 21 (5 %), *he* [il] pour 1 femme sur 23 (4 %) et aucun homme. *We* [nous] est utilisé par 2 femmes sur 23 (9 %) et aucun homme. *They* [ils, elles, on] se trouve en position de sujet chez 4 femmes sur 23 (17 %) et 2 hommes sur 21 (10 %).

Si les hommes emploient plus souvent le pronom *I* [je] en relation à l'autre sexe qu'exprime le *her* [elle] entendu comme pronom personnel — *« I say, don't you bore her ! »* [Dis donc, ne l'ennuie pas !] ; *« Whatever I say seems to bore her »* [Tout ce que je dis semble l'ennuyer] ; *« Say, I don't want to bore her »* [Dis donc, je ne veux pas l'ennuyer !] ; *« I bore her with all that I say »* [Tout ce que je dis l'ennuie] ; *« I bore you, say, that's her ! »* [Je t'emmerde, dis donc, c'est elle !] —, ils n'en mettent pas moins l'accent sur un sujet du discours masculin et non féminin, ou sur l'interaction avec l'autre genre qui est plus ou moins placé en position d'objet. En effet, dans ces phrases, *her* [elle] est devenu un quasi-objet d'échange entre hommes.

Dans la mesure où il n'y a pas d'ambiguïté en anglais sur l'emploi du pronom *her* [elle], les résultats sont différents du français où *lui* (ici traduit par *her*) est ambigu du point de vue de la désignation du sexe : *lui* désigne *il* ou *elle*. *Her* [elle] est surtout utilisé comme pronom personnel féminin singulier : par 13 femmes sur 23 (56 %) et 16 hommes sur 21 (76 %). Les femmes le mettent plus souvent que les hommes en position de pronom possessif — « *her child* » [son enfant (à elle)], « *her life* » [sa vie (à elle)], « *her speech* » [son discours (à elle)], « *her boyfriend* » [son petit ami (à elle)], « *her friend* » [son amie (à elle)], « *her tone* » [son ton (à elle)], « *her words* » [ses mots (à elle)], « *her story* » [son histoire (à elle)] — et elles indiquent ainsi une relation étroite, spécifique. Chez les hommes, *her* [son, sa, ses] est pronom possessif avec les mots « *her goal* » [son but (à elle)], « *her tales* » [ses histoires (à elle)], « *her grudges* » [ses rancunes (à elle)], « *her mother* » [sa mère (à elle)], dont la plupart expriment une intention désobligeante. Comme si, dirait-on, les hommes ne voulaient ou ne pouvaient pas percevoir positivement les femmes dans une relation de possession ou de proximité avec une personne, une idée, une chose. Ils ont également tendance à tenir les femmes à l'écart de leur discours. On trouve aussi une phrase écrite par un homme où *her* [elle] est employé comme détermination objectivante du sujet *she* [elle] : « *Say, she was a bore, her, the one with red hat* » [Dis donc, elle était assommante, celle-là, celle avec un chapeau rouge]. Dans ce contexte, *her* connote une attitude critique vis-à-vis du sujet féminin.

Bien que *they* [ils, elles, on], pronom personnel de la troisième personne du pluriel, n'ait pas en anglais un usage aussi exclusif qu'en français — on l'utilise pour les deux sexes —, son emploi connaît lui aussi des variations légères selon le genre du locuteur. Les femmes s'en servent pour désigner un groupe de gens indéfinis : « *They say to her she bore a child* » [On lui dit qu'elle avait donné le jour à un enfant]. Chez les hommes, il sert plus à désigner un groupe précis de gens qui participent à l'action : « *They say you bore her* » [On te dit que tu l'ennuies], « *It's a bore what they say about her* » [C'est ennuyeux ce qu'ils/elles racontent sur elle], « *They say that her tales are a bore* » [Ils/elles disent que ses histoires (à elle) sont ennuyeuses].

En ce qui concerne l'usage du verbe *say* [dire], il existe une différence notable entre les populations féminine et masculine. Les femmes l'utilisent exclusivement de façon transitive, dans un contexte syntagmatique, pour signifier un emploi particulier, à la fois en rapport avec l'objet de la phrase et son sens. Les hommes l'utilisent souvent de manière intransitive, en incise, pour marquer une exclamation, un ordre atténué, ou pour mettre en scène une forme de discours indirect ou en abîme du point de vue de l'interlocution : « *I bore her, say, that's her* » [Je l'ennuie, dis donc, celle-là], « *I say, don't you bore her?* » [Dis donc, tu ne l'ennuies pas ?], « *Say, her goal was to bore her mother* » [Dis, son but, c'était d'embêter sa mère], « *Say, she was a bore, her, the one with red hat* » [Dis donc, elle était assommante, celle-là, celle avec un chapeau rouge], « *Say, didn't you bore her?* » [Dis, tu ne l'as pas ennuyée ?], « *Say, I don't want to bore her* » [Dis, je ne veux pas l'ennuyer], « *I bore you, that's her!* [Je t'emmerde, dis, c'est elle !].

On note aussi une différence dans le recours à une transformation, qui peut s'exprimer sous forme de question, d'ordre ou de négation, et que les hommes utilisent plus souvent (28,5 %) : « *Say something pleasant to her, don't be a bore!* » [Dis-lui quelque chose d'amusant, ne sois pas ennuyeux !], « *Say, I don't want to bore her* » [Dis, je ne veux pas l'ennuyer], « *Don't say things that will easily bore her!* » [Ne parle pas de ce qui risque de l'ennuyer !]. Les femmes en font rarement usage (8,6 %). Par le biais de cette transformation, les hommes expriment explicitement les valeurs et les représentations qui leur sont propres.

Dans leur majorité, les phrases des femmes apparaissent comme des récits ou des discours rapportés qui impliquent les autres, le monde : « *She bore a child, as they say minutes later* » [Elle donna le jour à un enfant comme on le confirma quelques minutes plus tard], « *They say she bore her* » [On dit qu'elle lui a donné le jour], « *I heard her say she was a bore* » [Je l'ai entendu (elle) dire qu'elle était ennuyeuse !], « *They say to her she bore a child* » [On lui dit qu'elle a donné le jour à un enfant], « *They say the sea bores her* » [On dit que la mer l'ennuie], « *She told me that he bored her last night* » [Elle m'a dit qu'il l'avait ennuyée la nuit dernière], « *Television is a bore, I heard her say* » [La télévision c'est ennuyeux, l'ai-je entendu dire], etc.

Je suis consciente de n'avoir pas épuisé toutes les possibilités que révélerait une investigation plus détaillée, même si je m'arrête à ce niveau d'analyse pour cet exposé de l'état actuel de mon travail.

### *Production de phrases avec mot clé*

– FEMININITY [féminité]. – Pour finir, j'analyserai la section E, où la tâche consistait à former une phrase simple à partir d'un mot – *femininity* [féminité]. Les trois mêmes groupes ont participé à cette épreuve linguistique. Les instructions ont été données oralement[5].

#### *A) Sujet grammatical*

Le mot *femininity* [féminité] apparaît 17 fois chez les femmes et 8 fois chez les hommes en position de sujet.

On trouve aussi comme sujets :

– *I* [je] : F 2 ; H 2.
– *You* [tu, vous] : F 1 ; H 0.
– *She* [elle] : F 0 ; H 1.
– *He* [il] : F 0 ; H 2.
– *We* [nous] : F 1 ; H 1.
– *They* [ils, elles, on] : F 0 ; H 1.

#### *B) Objet direct*

On note une différence extrêmement intéressante dans les termes mis en place d'objet direct (SN 2). Les femmes emploient 4 fois le mot *femininity* [féminité] comme complément d'objet direct, les hommes 8 fois. Les autres mots ainsi utilisés par les femmes sont : « mensonge », « invention », « interprétations », « attribut », « vue », « libération », « vertu », « idéal », « perspicacité », « qualités », « expression », « visage », « concept », « trait de caractère ». 13 de ces 14 mots sont des termes abstraits. Les hommes mentionnent 11 compléments d'objet direct différents : « le pied » (dans l'expression « c'est le pied »), « personne », « masculinité », « elle », « un », « maquillage »,

« boucles d'oreilles », « science », « sexe », « terme », « à elles », dont 6 sont des termes abstraits.

***C) Verbes***

*Femmes*

— *Is* [est] : 4.
— Verbes d'énonciation : 15 (dont 6 sont construits sur le mode passif).
— Verbes intransitifs : 9.
— Verbes avec modalité « pouvoir » : 2 (« peut accompagner », « peut être »).
— Verbes transformés négativement : 1 (« on ne la voit pas »).
— Phrases sans verbe : 2.

Le temps utilisé est le présent, bien que deux verbes à la forme passive expriment le futur (*is to be defined* [doit être défini], *is to come* [à venir]).

*Hommes*

— *Is* [est] : 6.
— Verbes d'énonciation : 13, dont 4 sont construits sur le mode passif.
— Verbes intransitifs : 5.
— Verbes avec modalité « pouvoir » : 3 (« pourrait dire », « peut montrer », « peut être »).
— Verbes transformés négativement : 2 (« ne pas s'accrocher », « ce n'est pas »).

Le présent est utilisé 17 fois, le passé 3 fois.

***D) Adverbes***

*Femmes*

— De temps : 3 (« parfois », « déjà », « souvent »).
— De quantité : « très », « beaucoup ».
— De manière : « socialement ».

*Hommes*

— De temps : « souvent ».
— De quantité : « tout d'abord », « trop », « vraiment », « tout ».
— De manière : « socialement », « historiquement », « vivement ».

***E) Adjectifs***

*Femmes*

— De qualité : « potentiel », « important », « patriarcal », « féminin » [*feminine,* qui caractérise une manière d'être « féminine »], « masculin », « féminin » [*female,* qui définit un être sexué féminin].
— Possessifs : *my* [mon, ma, mes], *her* [son, sa, ses], *its* [son, sa, ses, appartenant à un inanimé ou un animé non humain].

*Hommes*

— De qualité : « long », « vrai », « difficile ».
— Possessifs : « leur », « sa ».
— De quantité : « quelques ».

***F) Propositions***

*Femmes*

1. La plupart du temps, elles expriment une condition, un état ou une question sans que le *je*, le sujet qui parle, se livre émotivement ; elles reflètent plutôt un jugement d'ordre général émanant de la société dans son ensemble (« *Femininity claims its falsehood among women* » [La féminité s'affirme comme men-

songe parmi les femmes], « *Femininity is associated with sensitive qualities* » [La féminité est associée à des qualités de sensibilité], « *Femininity has many interpretations* » [La féminité recouvre plusieurs interprétations], etc.)

2. Trois des phrases laissent entendre la sensibilité du sujet qui parle : « *I fear my femininity* » [Je redoute ma féminité], « *Femininity is hard for me to come to terms with* » [Il m'est difficile de composer avec ma féminité], et « *I try to express my femininity in terms of humanity and understanding* » [Je m'efforce d'exprimer ma féminité en termes d'humanité et de compréhension]. Toutes trois manifestent que la féminité est un prédicat imposé de l'extérieur aux femmes et avec lequel elles composent avec plus ou moins de difficultés.

## *Hommes*

Les affirmations sont très suggestives, en ce sens qu'elles reflètent directement ou indirectement les opinions ou les désirs du sujet qui parle :

1. Le *je* se déclare « directement » : « *It is difficult to hold on to something I could call my femininity* » [Il m'est difficile de ne pas m'accrocher à ce que je pourrais appeler ma féminité], « *I desire femininity to be recognized as a science* » [Je voudrais que ma féminité soit reconnue comme une science], « *We all exhibit femininity* » [Nous faisons tous preuve de féminité].

2. Le *je* se déclare « indirectement » : « *Femininity is fun* » [La féminité, c'est le pied], « *A woman (femininity) can be dangerous* » [Une femme (féminité) peut être dangereuse], « *Femininity is quite appealing* » [La féminité est vraiment attirante], « *Some women display too much femininity when it comes to having sex for the first time* » [Il y a des femmes qui font trop étalage de féminité quand il s'agit de faire l'amour pour la première fois] — ce qui implique que le *je* a l'expérience de ces « femmes » — ; « *What the hell is femininity?* » [Que diable est donc la féminité ?] — ce qui suppose que le *je* pose la question — ; « *Femininity is an ambiguous term* » [La féminité est un terme ambigu] — non au sens général, la définition du dictionnaire, mais pour le sujet qui parle — ; « *Milton justifies the warp of*

*femininity to man* » [Milton justifie l'infléchissement de la féminité vers l'homme] — ce qui suppose que le *je* s'appuie sur la culture et la connaissance de la société.

## CONCLUSION

A partir de cette première tentative d'analyse des discours des deux sexes, on voit à l'évidence qu'il existe entre eux des différences remarquables, fort semblables à celles trouvées en français. Une des plus apparentes concerne la position du sujet qui parle, les femmes ayant tendance à s'effacer, à céder la place à l'« autre »: l'homme, la société, le monde. Lorsqu'elles ont affaire à la question cruciale de la féminité, terme en lui-même abstrait, elles font du mot le sujet de leurs phrases beaucoup plus souvent que les hommes, bien qu'eux aussi élaborent un discours abstrait en plaçant ce mot, abstrait, en position d'objet direct. La phrase devient alors un jugement d'ordre général, le dépôt d'une métaphore sur la féminité.

Les hommes endossent fréquemment la position du sujet qui parle, directement ou indirectement par le biais de transformations, et expriment sans hésitations leurs croyances, leurs stratégies, leurs désirs. Leur relation au monde, à l'autre, est subjective, mais abstraite, vague quant au temps et à l'espace, assez peu différenciée: les hommes utilisent beaucoup moins souvent que les femmes des adjectifs pour désigner les qualités distinctives de phénomènes sociaux et naturels.

Je termine cette étude partielle sur les différences produites dans ces corpus par l'un et l'autre sexe avec la forte conviction que la question du langage et, à travers lui, celle de la société, suscite une prise de conscience croissante qui nécessite d'être éclairée et approfondie afin qu'un changement culturel s'accomplisse. Ce changement se traduirait par l'affranchissement des dogmes, des croyances, la fin des inégalités, et conduirait à une meilleure intelligence des possibilités de réalisation du sujet dans le langage.

## NOTES

1. Voir, en introduction au recueil, le texte de l'épreuve linguistique.
2. Les définitions utilisées dans cette étude sont tirées de l'*Oxford English Dictionary*.
3. On trouvera en annexe le corpus de la définition de *body*.
4. On trouvera en annexe le corpus des mots *bore, say, her*.
5. On trouvera le corpus en annexe.

# Corpus*

## SECTION C - DÉFINITIONS

BODY

### Groupe I

*Femmes*

1. The cave of something.
2. Flesh and bones.
3. Physical body of a human being.
4. The whole of something.
5. The essential substance or matter of an organism.
6. A mass of water and organs.
7. The physical aspect of humans.
8. A large mass.
9. A living organism.
10. The physical being of a human animal.
11. The physical structure of a human animal.
12. Arms, legs, torso, head, abdomen.

*Hommes*

1. That which we find ourselves in.
2. Corporal substance of humans.

* Étudiant(e)s canadien(ne)s en différentes disciplines de la York University de Toronto.

13. The physical being.
14. That which we inhabit
15. Main corpus of an object.
16. Physical form.
17. The outer part of a person, that which makes up the whole.

**Groupe II**

*Femmes*

1. Truth.
1. Mass.
3. The flesh inhabit.
4. The vehicle in which we experience this life.
5. Mind's accessory.
6. Machine.
7. Organ of human existence.

*Hommes*

1. Container.
2. Means of transportation.
3. The physical entity.
4. What you live in.
5. Your physical self.
6. An area that can be measured.
7. Life.
8. Vessel for soul.
9. The matter portion of a living animal.

**Groupe III**

*Femmes*

*Hommes*

1. The body of Christ.
2. Something that exudes blood.
3. Mass of skin + bone that we call home.
4. Something that moves.
5. A being which functions under several influences.
6. A composite construction.
7. Something of human origin.
8. Set of structural components.

9. An object which sustains and is in itself driven by life. Flesh & blood cage for functional organs in any species of living creatures.
10. A corpse, a whole, unique and continuous defined by what it is not.
11. A living organism that functions according to its particular species.
12. Organic unit in time and space.
13. ............................
14. ............................

***SECTION D - PRODUCTION DE PHRASES À PARTIR DE MOTS CLÉS***

BORE - SAY - HER

***Groupe I***

*Femmes*

1. Did you say that I bored her ?
2. What bore, he said to her.
3. I say, I find her boring.
4. You may say that book bores her.
5. They say the sea bores her.
6. I say it is a bore to listen to her.
7. She would say that as she bore her child the pain lessened.
8. ............................
9. I say that her life is a bore.
10. She told me that he bored her last night.
11. Television is a bore, I heard her to say.
12. Her speech was boring, we say.

*Hommes*

1. You say you bore her.
2. Whatever I say seems to bore her.

13. The conversation bored her, she said.
14. “You bore me”, her boyfriend said.
15. Her friend said that he was a bore.
16. Her tone was bored as she said “Don’t bother.”
17. She said that her friend bored her with details.

### *Groupe II*

#### *Femmes*

1. “She bore a male child” as they say minutes later.
2. They say she bore her.
3. Her words bore us and we say shut up.
4. I heard her say he was a bore.
5. Her story is a bore, you say.
6. They say to her she bore a child.
7. I say I bore her.

#### *Hommes*

1. I say, don’t you bore her ?
2. ............................
3. Say, her goal was to bore her mother.
4. Say, she was a bore, her, the one with the red hat.
5. It’s a bore what they say about her.
6. I’ll just say that you bore her.
7. Leo Sayer bore a dead child.
8. Say, didn’t you bore her ?
9. They say you bore her.

### *Groupe III*

#### *Femmes*

#### *Hommes*

1. ............................
2. ............................
3. (Unreadable)
4. Say something pleasant to her, don’t be a bore.
5. Say, I don’t want to bore her.
6. You say you bore her.
7. I bore her with all that I say.
8. Don’t say things that will easily bore her.

9. I say, who bore you ? She didn't reply readily.
10. I did bore a hole in his head, he was heard to say "her" !
11. They say that her tales are a bore.
12. I bore you, say, that's her !
13. I say that she bore her grudges.
14. I say to her that she is a bore.

### *SECTION E - PRODUCTION DE PHRASES À PARTIR D'UN MOT CLÉ*

#### FEMININITY

***Groupe I***

*Femmes*

1. The potential definition of womanhood and not that of a woman.
2. We differ greatly from the 19th century view of femininity.
3. I think that I fear my femininity.
4. Femininity can accompany liberation of women.
5. What do you mean by femininity ?
6. A woman's femininity is regarded as important virtue.
7. Patriarchal ideology says that femininity is the ideal for women.
8. Her femininity.
9. Femininity adds flair to a person.
10. Emotion is not mainly seen as been feminine quality.
11. Femininity is the expression of women.
12. Femininity is mistaken for weakness at times.

*Hommes*

1. It is difficult not to be hold on to something I could call my femininity.
2. The is such a thing as femininity.

13. Femininity is dictated by our society.
14. Femininity is yet to be defined.
15. People often think femininity requires pink face and... ?
16. Femininity is socially constructed concept.
17. Femininity may be a male or female trait.

***Groupe II***

*Femmes*

1. Femininity claims its falsehood among women.
2. Femininity is the figment of the male imagination.
3. Femininity is hard for me to come to terms with.
4. I try to express my femininity in terms of humanity and understanding.
5. Femininity has many interpretations.
6. Femininity is associated with sensitive qualities.
7. Femininity is an attribute in both sexes.

*Hommes*

1. We all exhibit femininity.
2. Femininity is not masculinity.
3. Femininity is fun.
4. A woman is the only person in the world that can show true femininity.
5. Femininity is as dynamic as masculinity (e.i. not static).
6. He had some femininity in him.
7. This femininity relegated her to a body.
8. A woman can be dangerous.
9. Weather is one of the foremost critics of North American femininity.

***Groupe III***

*Femmes*

*Hommes*

1. ............................
2. Wearing make-up and long earrings.

3. I desire femininity to be recognized as a science.
4. ..............................
5. Femininity is most often displayed in argument.
6. Femininity is quite appealing.
7. The definition of femininity is socially and historically produced and reproduced.
8. She remained acutely aware of her femininity.
9. Some women display too much femininity when it comes to having sex for the first time.
10. What the hell is femininity !
11. Femininity is an ambiguous term.
12. ..............................
13. Girls gain their femininity when they shed their tom-boy image.
14. Milton justifies the warp of femininity to man.

# Recherche empirique sur la sexuation du discours en anglais canadien

MARIA VITTORIA PARMEGGIANI
*Niveau doctorat, Université de Toronto*

Traduction de
ORISTELLE BONIS

**Langue anglaise**

*CONTRAIRES :*

* **Give [donner]**
* **Born [naître]**
* **Close [fermer]**

*PRODUCTION DE PHRASES AVEC LE MOT :*

* **Contraception [contraception]**

Cet article se propose d'examiner des données linguistiques afin de rechercher les éventuelles différences entre les discours masculin et féminin en Amérique du Nord. Il s'agit d'une étude pilote qui, pour le moment, limite ses vues à l'analyse des stratégies mises en œuvre dans la transformation négative de quelques lexèmes (des verbes) et la production de phrases forgées à partir d'un mot clé. Elle est inspirée par les conférences données à l'Université de Toronto par Luce Irigaray, féministe française, philosophe et psychanalyste, à l'occasion de la IX^e Université d'été de l'Institut d'études sémiotiques et structurales (ISISSS). Ces conférences avaient pour thème « L'ordre sexuel du discours », et Luce Irigaray se proposait d'y faire une analyse comparative du processus de sexuation du discours dans plusieurs langues et cultures. Plus précisément, elle s'était fixé pour objectif d'examiner la diversité de ce phénomène chez des locuteurs français, italiens et nord-américains de langue anglaise.

La thèse que Luce Irigaray a avancée dans *Speculum, De l'autre femme*[1] constitue le point de départ de sa recherche linguistique, et c'est en ces termes qu'elle l'a clairement définie dans la présentation de son cours de 1987 à l'ISISSS : « ... c'est-à-dire que la culture n'est pas neutre et que, pour ce qui en est par exemple de la culture française, la tradition patriarcale informe et marque les systèmes de représentation du langage, de la communication et des échanges. Ce qui implique que les femmes ne peuvent participer à cette culture en tant que *sujets* sans en changer l'organisation et les systèmes symboliques. Leur échec à y parvenir se traduit par un processus d'aliénation et une perte d'identité[2]. »

Cette thèse est également présente de façon sous-jacente dans *Ce sexe qui n'en est pas un*[3], où Luce Irigaray élabore encore quelques-uns des thèmes majeurs de *Speculum*. Dans cet ouvrage, l'auteur reprend sa critique des théories psychanalytiques, en particulier celles de Freud et de Lacan en tant qu'ils confirment et normalisent l'exclusion des femmes de la participation comme sujets à l'ordre symbolique, à la production du langage, en les soumettant à la « loi du père », à l'autorité de son « nom » et aux effets sur le discours de la constitution du phallus comme clé « transcendantale » du fonctionnement du désir. Qui plus est, en considérant le phallus, et son correspondant physique, le pénis en érection, comme la seule source et norme du plaisir sexuel, Freud et Lacan se révèlent incapables de comprendre l'économie de la sexualité des femmes.

Pour Luce Irigaray, la sexualité féminine n'a pas une source unique, comme celle des hommes, mais plusieurs. Elle se fonde, non pas tellement sur le regard, qui place ce qu'il désire en position d'objet, mais sur le toucher qui unifie et constitue un autre type de subjectivité et d'objectivité. Pourtant, « son sexe, qui n'est pas *un* sexe, est compté comme *pas* de sexe… absent, masqué, recousu dans sa "fente"… trou qui représente *l'horreur du rien à voir*… négatif, envers revers du seul sexe visible et morphologiquement désignable… : le pénis[4] » — et l'on considère que le devenir des femmes est marqué par ce manque et l'envie de l'organe mâle.

Pour autant, Luce Irigaray ne dit pas que Freud a inventé de toutes pièces la sexualité féminine. Il la décrit et l'explique, mais : « Le problème, c'est qu'il n'interroge pas les déterminations historiques des données qu'il traite. Et, par exemple, qu'il accepte comme *norme* la sexualité féminine telle qu'elle se présente à lui, qu'il interprète les souffrances, les symptômes, les insatisfactions des femmes en fonction de leur histoire individuelle, sans questionner le rapport de leur "pathologie" à un certain état de la société, de la culture[5]. »

Immergés qu'ils sont dans la structure de pouvoir et l'idéologie de la société patriarcale, ni Freud ni Lacan ne peuvent interroger les facteurs à même d'influencer la sexualité féminine. Tout ce qu'ils peuvent faire, c'est refléter cette structure et cette idéologie en déniant aux femmes un discours sexuel autonome, un inconscient autonome, un langage autonome, bref en niant leur existence. Dans notre société patriarcale, les femmes sont de fait considérées et traitées comme des « commodités », des « objets utilitaires porteurs de valeur » destinés à l'échange entre hommes (père et mari), utiles aussi longtemps qu'elles ont pour les hommes une valeur d'usage, qu'elles continuent à porter leurs enfants, à être les objets de leur plaisir, à servir, en tant qu'« Autre », de « matrice des signifiants du sujet [mâle] ». Bref, « tout pour qu'elle ne soit pas "sujet", c'est-à-dire qu'elle puisse désordonner de sa parole, de son désir, de *sa* jouissance, le fonctionnement du langage qui fait loi. De l'économie du pouvoir en place[6] ».

Comment les femmes vont-elles se dégager de cette inconfortable condition ? Certainement pas par le renversement permanent de l'actuel ordre « phallocratique », mais par la contestation et le déplacement des structures à centrage mâle de la pensée et du langage : d'abord en créant un discours de la femme, puis en proposant une vision neuve du corps et du plaisir féminins et en examinant les implications qu'aurait une vraie syntaxe féminine. Si la sexualité féminine est multiple et se caractérise par le toucher qui unifie, le langage de la femme doit refléter cet ordre sexuel. Pour découvrir son discours propre, il lui faut avant tout abandonner la logique du discours phallique caractérisé par la linéarité, la maîtrise de soi, une suprématie affirmée, l'autorité et, par-dessus tout, le rapport à l'un et à l'univoque. De telles qualités étant définies en fonction de l'économie d'un seul sexe : masculin.

C'est ce que Luce Irigaray a fait à dessein dans *Speculum*. Comme elle l'explique elle-même, ce livre n'a pas « un début et une fin. L'architectonique du texte, des textes, déconcerte cette linéarité d'un projet, cette téléologie du discours, dans lesquels aucun lieu n'est possible pour le "féminin", si ce n'est celui, traditionnel, du refoulé, du censuré[7] ».

Luce Irigaray a complété cette approche théorique et pratique du problème par une autre, plus scientifique mais non moins révolutionnaire. Sa recherche expérimentale sur le langage, sur ses structures et son usage, établit la non-neutralité quant au genre et démontre que les hommes se sont approprié le monopole de ce puissant moyen de communication et d'affirmation de soi, avec les conséquences qui en découlent pour les femmes.

Depuis 1966, Luce Irigaray a travaillé sur la langue française, et notamment sur les discours pathologiques d'hommes et de femmes, au moyen d'épreuves linguistiques, de méthodes d'analyse linguistique (cf. *Parler n'est jamais neutre*, 1985). Depuis 1985, elle a commencé des analyses d'énoncés expérimentaux produits par des populations de femmes et d'hommes en réponse à des épreuves linguistiques visant à faire apparaître l'importance du sexe linguistique dans la langue et dans le langage. L'exposé des premiers résultats qu'elle a obtenus se trouve dans « L'ordre sexuel du discours ». Dans ce texte, Luce Irigaray écrit : « La différence sexuelle se manifeste dans le discours en dehors de la séance psychanalytique. Il y en a de multiples indices [...] Les analyses que j'ai faites de ces corpus montrent que les phrases produites par les femmes et les hommes diffèrent dans le choix des sujets, des verbes, des prédicats, des temps, des modes, des transformations opérées sur le prédicat, etc.[8] » De plus, l'auteur interprète les résultats de ses recherches linguistiques comme des signes et/ou des symptômes de l'exclusion des femmes, en tant que « sujets » du « langage », de la langue soumise à la « loi du père », de la « généalogie maternelle », de la société en général. Pour les hommes, ces signes-symptômes indiquent leur pleine identification aux autres hommes, leur rôle en tant que sujets et la façon dont ils excluent les femmes du langage, et du monde des hommes. Luce Irigaray coordonne actuellement des recherches en plusieurs langues, concernant les marques sexuelles du sujet dans le discours et les marques sexuelles de la langue. A Toronto, lors de son séminaire en juin 1987, elle a présenté une recherche comparative sur le français, l'anglais, l'italien[9].

Cette conception de la langue comme clairement marquée par la culture, le sexe et le genre est bel et bien révolutionnaire puisqu'elle s'élève contre la neutralité traditionnellement prônée en linguistique. Il est important que Luce Irigaray, pour étayer sa position, ait adopté et associé plusieurs théories de la linguistique contemporaine concernant la grammaire et la communication.

Mais bien qu'elle recoure aux méthodes de l'analyse distributionnelle, structurale, générative, transformationnelle ou actantielle, aux études d'approche communicative de Benveniste ou de Jakobson, son souci principal demeure l'individuation des structures de communication sous-jacentes à la production des messages.

Cet article n'a pas pour but de peser le pour et le contre des thèses ou des découvertes de Luce Irigaray. Son objectif n'est pas non plus d'évaluer des données linguistiques à la lumière de la sociologie ou de la psychanalyse en vue de confirmer ou infirmer leurs positions. Il est essentiellement consacré à une recherche sur le langage d'anglophones canadiens des deux sexes et sur les stratégies que les locuteurs masculins ou féminins adoptent, en situation de contrôle, vis-à-vis du code courant. L'analyse des éventuelles variantes sexuées a révélé l'existence d'un modèle dont les points de similitude ou de dissemblance qu'il présente avec celui que Luce Irigaray a observé en français sont examinés dans ces pages. Je donne ma propre interprétation des résultats, en les comparant brièvement avec ceux obtenus en français par Luce Irigaray. En formulant les vues qui sont les miennes, je ne prétends toutefois pas écarter d'autres interprétations de ce phénomène.

Les épreuves linguistiques ont été communiquées par Luce Irigaray à l'organisateur du séminaire ISISSS et traduites par Barbara Godard, enseignante à la York University, avant d'être soumises à des étudiants canadiens de diverses disciplines. Je ne décrirai pas en détail le déroulement de ces épreuves, mais signalerai néanmoins qu'elles ont été administrées par oral et par écrit à un échantillon se composant essentiellement d'étudiants en université, dont les étudiants d'un séminaire d'études féministes. Je n'ai pas élaboré la comparaison des résultats obtenus par eux avec les autres réponses. Comme pour les items de l'épreuve, je ne traiterai ici que des résultats que j'ai moi-même analysés.

## DESCRIPTION GÉNÉRALE DES ÉPREUVES

### *A) Transformation négative*

#### *1. Contraires d'items lexicaux*

La première analyse de cet article concerne trois verbes et leurs contraires respectifs, tels qu'ils ont été fournis comme réponses dans cette partie de l'épreuve consacrée à la transformation négative. Il était demandé aux participants de trouver les contraires des verbes *give* [donner], *born* [naître], *close* [fermer].

#### *2. Raisons ayant motivé le choix des items lexicaux*

Les items ci-dessus ont été retenus du fait de l'ambiguïté qu'ils présentent à plusieurs niveaux :

1. Certains peuvent être classés dans diverses catégories grammaticales ; ainsi *close* [fermer] peut-il être utilisé comme adjectif, adverbe ou verbe[10].

2. Ils sont tous fortement polysémiques et peuvent donc susciter différents contraires associés soit à des termes concrets ou abstraits, soit à des concepts ou des référents animés ou inanimés.

3. L'expression orale du mot clé accroît encore parfois l'ambiguïté des items, du fait de l'existence d'homophones ou parce qu'ils sont mal interprétés et confondus avec des items similaires : *close* [fermer] (ici au sens de « fermer une porte ») a par exemple suscité chez certains participants le contraire *naked* [nu][11].

4. Par ailleurs, les participants étaient tenus d'effectuer toute une série de choix. Ils pouvaient d'abord répondre ou ne pas répondre, le faire en respectant les demandes définies dans l'épreuve ou donner une autre réponse, s'appuyer, ou non, en faisant leur réponse sur l'exemple donné dans l'épreuve, et enfin choisir ou non de résoudre (en totalité ou en partie) les ambiguï-

tés offertes par les items lexicaux. Chacune des stratégies adoptées par les participants hommes et femmes ont été dûment consignées et classifiées.

### *3. Approche méthodologique*

L'approche méthodologique adoptée pour étudier les réponses est à la fois sémantique et grammaticale. Elle touche en effet aux relations de sens entre les mots clés et les contraires qui en ont été donnés, à leur sens dénotatif ou neutre et aussi connotatif ou affectif, à la classification grammaticale des réponses. Toutefois, les réponses ont également été analysées numériquement et en pourcentages, de façon à déterminer la fréquence d'apparition des mots revenant le plus souvent et le nombre de choix plus atypiques.

## *B) Production de phrases*

### *1. Production de phrases à partir de mots clés*

Le second groupe de résultats analysés se compose des différentes phrases produites à partir d'un mot clé. Il était demandé aux participants de former de courtes phrases avec le mot *contraception* [contraception].

### *2. Raisons ayant motivé le choix du mot clé*

Nous avons retenu cet item parmi d'autres parce qu'il touche selon nous à un sujet au cœur de la société canadienne d'aujourd'hui, sujet qui concerne autant les femmes que les hommes. Nous faisions l'hypothèse que les sujets de l'un et l'autre sexe seraient également motivés à répondre et que, de ce fait, leurs choix d'items lexicaux, de classes grammaticales et fonctionnelles, etc., pourraient révéler avec plus de précision le schéma éventuel du discours particulier à chaque sexe.

### *3. Approche méthodologique*

L'approche méthodologique adoptée pour étudier les phrases produites est essentiellement linguistique et correspond à celle de Luce Irigaray. Pour définir sa méthode, elle a utilisé différentes approches de la linguistique moderne : grammaire transformationnelle et distributionnelle, analyse de discours, etc. Le but de cette analyse est d'énumérer et de classifier les diverses sortes de sujets, de verbes, de compléments, et les structures syntaxiques choisies par les participants[12].

## ANALYSE DES RÉSULTATS

### ***A) Transformation négative : contraires de verbes***

— Modalités de passation de l'épreuve : par oral et par écrit.
— Modalité des réponses : écrit.
— Échantillon : plusieurs groupes essentiellement constitués d'étudiants des deux sexes, inscrits dans diverses disciplines.

### *1. Tableaux*

Les tableaux 1 à 3 sont consacrés à l'analyse numérique et en pourcentages des réponses obtenues à partir des trois verbes inducteurs mentionnés ci-dessus. Le tableau 4 présente un exemple de l'analyse des divers facteurs linguistiques pris en compte dans les réponses, avec le mot *close* [fermer] comme consigne. Le tableau 5 donne la synthèse des résultats de l'analyse des réponses fournies à partir des trois verbes retenus, c'est-à-dire que les réponses des différents groupes sont présentées et analysées de façon séparée dans les tableaux, mais elles sont également examinées ensemble afin de faire ressortir l'éventuelle présence d'un schéma sexué.

*N.B.* : Le chiffre qui vient en tête de chaque colonne indique le nombre total de participants d'un groupe donné ; les chiffres inscrits en dessous correspondent au nombre de participants à avoir choisi la même réponse. Les lettres à la suite des chiffres en tête de colonne signalent la forme sous laquelle l'épreuve a été passée : E pour « écrit », O pour « oral » ; le point d'interrogation indique que l'on ne dispose pas de la modalité d'administration de l'épreuve pour un groupe. Chaque colonne comprend aussi le calcul en pourcentages des réponses obtenues.

TABLEAU 1

***Give* [donner]**

Réponses des femmes

| | 20-E | 17-O | 30-O | 15-? | 7 (4-E ; 3-O) | 5 (2-E ; 3-O) | **94** |
|---|---|---|---|---|---|---|---|
| *take* [prendre] | 18-90 % | 16-94 % | 26-87 % | 13-87 % | 6-86 % | 3-60 % | **82-87,3 %** |
| *receive* [recevoir] | 1- 5 % | – – | 3-10 % | 2-13 % | – – | 1-20 % | **7- 7,5 %** |
| *accept* [accepter] | – – | 1- 6 % | – – | – – | – – | – – | **1- 1 %** |
| *withdraw* [retirer] | – – | – – | 1- 3 % | – – | – – | – – | **1- 1 %** |
| *steal* [dérober] | – – | – – | – – | – – | 1-14 % | 1-20 % | **2- 2,2 %** |
| *take/withdraw* [prendre/retirer] | 1- 5 % | – – | – – | – – | – – | – – | **1- 1 %** |
| pas de réponse | – – | – – | – – | – – | – – | – – | **0- 0 %** |

Réponses des hommes

| | 17-O | 11-? | 9 (6-E ; 3-O) | 5 (2-E ; 3-O) | **42** |
|---|---|---|---|---|---|
| *take* [prendre] | 13-76 % | 9-82 % | 8-89 % | 5-100 % | **35-83 %** |
| *receive* [recevoir] | 3-18 % | 1- 9 % | – – | – – | **4- 9,5 %** |
| *stop* [arrêter] | – – | – – | 1-11 % | – – | **1- 2,5 %** |
| *expropriate* [exproprier] | – – | 1- 9 % | – – | – – | **1- 2,5 %** |
| pas de réponse | 1- 6 % | – – | – – | – – | **1- 2,5 %** |

TABLEAU 2

**Born [naître, né(e)]**

Réponses des femmes

| | 20-E | 17-O | 30-O | 15-? | 7 (4-E ; 3-O) | 3-O | 92 |
|---|---|---|---|---|---|---|---|
| *die* [mourir] | 7-35 % | 4-23 % | 10-33,3 % | 5-33 % | 2-28,6 % | – – | **28-30,2 %** |
| *dies* [il/elle meurt] | – – | – – | – – | – – | 1-14 % | – – | **1- 1,1 %** |
| *dy* [?] | – – | – – | 1- 3,3 % | – – | – – | – – | **1- 1,1 %** |
| *died* [il/elle mourut] | 9-45 % | 4-23 % | 11-37 % | 2-13 % | 3-43 % | 1-33 % | **30-33 %** |
| *dying* [mourant] | – – | – – | – – | – – | 1-14 % | – – | **1- 1,1 %** |
| *dead* [mort(e)] | – – | 5-29 % | 6-20 % | 6-40 % | – – | – – | **17-18 %** |
| *die/dead* [mourir/mort(e)] | – – | 1- 5,6 % | – – | – – | – – | – – | **1- 1,1 %** |
| *death* [mort] | – – | 1- 5,6 % | 1- 3,3 % | – – | – – | – – | **2- 2,4 %** |
| *deceased* [décédé] | 1- 5 % | – – | 1- 3,3 % | – – | – – | – – | **2- 2,4 %** |
| *raised* [(être) élevé] | – – | – – | – – | 1- 7 % | – – | – – | **1- 1,1 %** |
| *left* [parti(e)] | – – | – – | – – | 1- 7 % | – – | – – | **1- 1,1 %** |
| *unconceived* [non conçu] | 1- 5 % | – – | – – | – – | – – | – – | **1- 1,1 %** |
| *unborn* [à venir] | – – | 2-12 % | – – | – – | – – | – – | **2- 2,4 %** |
| *abort* [avorté] | 1- 5 % | – – | – – | – – | – – | – – | **1- 1,1 %** |
| *kill* [tuer] | 1- 5 % | – – | – – | – – | – – | – – | **1- 1,1 %** |
| *autonomous* [autonome] | – – | – – | – – | – – | – – | 1-33 % | **1- 1,1 %** |
| *bearing* [produisant] | – – | – – | – – | – – | – – | 1-33% | **1- 1,1 %** |
| pas de réponse | – – | – – | – – | – – | – – | – – | **0- 0 %** |

Réponses des hommes

| | 17-O | 11-? | 9 (6-E; 3-O) | 5 (2-E; 3-O) | 42 |
|---|---|---|---|---|---|
| *die* [mourir] | 5-29 % | 1- 9 % | 3-33,5 % | 2-40 % | **11-26 %** |
| *died* [il/elle mourut] | 6-35 % | – – | 4-44,5 % | 1-20 % | **11-26 %** |
| *death* [mort] | 2-12 % | 3-27,3 % | – – | – – | **5-12 %** |
| *dead* [mort(e)] | 2-12 % | 3-27,3 % | 1-11 % | 1-20 % | **7-17 %** |
| *dead/unborn* [mort(e)/à venir] | 1- 6 % | – – | – – | – – | **1- 2 %** |
| *unborn* [à venir] | – – | – – | 1-11 % | 1-20 % | **2- 5 %** |
| *still* [mort-né] | 1- 6 % | – – | – – | – – | **1- 2 %** |
| pas de réponse | – – | 4-36,4 % | – – | – – | **4-10 %** |

TABLEAU 3

***Close* [fermer, rapprocher, proche]**

Réponses des femmes

| | 20-E | 17-O | 30-O | 15-? | 7 (4-E ; 3-O) | 5 (2-E ; 3-O) | **94** |
|---|---|---|---|---|---|---|---|
| *open* [ouvrir] | 9-45 % | 14-23 % | 26-86 % | – – | 1-14 % | 1- 20 % | **51-54 %** |
| *far* [loin] | 9-45 % | – – | – – | 11-73 % | 4-57 % | 2- 40 % | **26-28 %** |
| *far/distant* [loin] | 1- 5 % | – – | – – | – – | – – | – – | **1- 1,06 %** |
| *distant* [éloigné] | – – | – – | – – | 2-13 % | 1-14 % | 1-20 % | **4- 4,2 %** |
| *separate* [séparer] | – – | – – | – – | 2-13 % | – – | – – | **2- 2,12 %** |
| *go away* [s'éloigner] | 1- 5 % | – – | – – | – – | – – | – – | **1- 1,06 %** |
| *naked* [nu] | – – | 2-12 % | 2- 7 % | – – | – – | – – | **4- 4,2 %** |
| *slam* [claquer] | – – | 1- 6 % | – – | – – | – – | – – | **1- 1,06 %** |
| *bareness* [nudité] | – – | – – | 1- 3 % | – – | – – | – – | **1- 1,06 %** |
| *paper* [papier] | – – | – – | 1- 3 % | – – | – – | – – | **1- 1,06 %** |
| *paranoid* [parano] | – – | – – | – – | – – | 1-14 % | 1-20 % | **2- 2,12 %** |

Réponses des hommes

| | 14-E | 17-O | 11-? | 9 (6-E ; 3-O) | 5 (2-E ; 3-O) | **42** |
|---|---|---|---|---|---|---|
| *open* [ouvrir] | 11-78 % | 12-70 % | 1- 9 % | 2-22 % | 1-20 % | **27-48 %** |
| *far* [loin] | 1- 7 % | 1- 6 % | 8-73 % | 6-66 % | 3-60 % | **19-34 %** |
| *afar* [loin] | – – | – – | – – | 1-11 % | 1-20 % | **2- 3,6 %** |
| *distant* [éloigné] | – – | – – | 1- 9 % | – – | – – | **1- 1,8 %** |
| *apart* [séparé] | – – | – – | 1- 9 % | – – | – – | **1- 1,8 %** |
| *widen* [élargir] | – – | 1- 6 % | – – | – – | – – | **1- 1,8 %** |
| *naked* [nu] | – – | 2-12 % | – – | – – | – – | **2- 3,6 %** |
| *unclothed* [nu] | – – | 1- 6 % | – – | – – | – – | **1- 1,8 %** |
| *dead* [mort] | 1- 7 % | – – | – – | – – | – – | **1- 1,8 %** |
| *get up* [se lever] | 1- 7 % | – – | – – | – – | – – | **1- 1,8 %** |

TABLEAU 4

## Exemple d'analyse linguistique effectuée sur les réponses des participants hommes et femmes à partir du verbe clé *close* [fermer]

| | |
|---|---|
| **mot clé : verbe** | **close [fermer]** |
| ± v. transitif | + |
| ± v. d'action | + |
| ± agent animé | + |
| ± objet animé | – |

| | F | H |
|---|---|---|
| **Sexe des participants** | F | H |
| **Nombre des participants et %** | 94–100 % | 56–100 % |
| **Nombre des réponses et %** | 94–100 % | 56–100 % |
| **Nombre des variantes** | 10 | 10 |
| **Variantes communes aux deux sexes** | 4 | 4 |
| **Analyse de toutes les variantes** | | |
| *nombre de variantes* | 10 | 10 |
| Verbes | 3 | 3 |
| Noms | 2 | 0 |
| Adverbes et adjectifs | 5 | 7 |
| **Analyse de toutes les réponses** | | |
| *nombre et % des réponses* | 94–100 % | 56–100 % |
| ± verbe | + 53– 56 % | 29– 52 % |
| ± verbe transitif | + 52– 55 % | 28– 51 % |
| ± verbe d'action | + 53– 56 % | 29– 52 % |
| ± agent animé | + 53– 56 % | 29– 52 % |
| ± objet animé | + 0– 0 % | 0– 0 % |
| + noms | + 2– 2 % | 0– 0 % |
| + adverbes/adjectifs | + 39–41,5 % | 27– 48 % |
| réponses doubles | 1– 1 % | 0– 0 % |
| réponses syntagmatiques | 1– 1 % | 0– 0 % |
| réponses synonymiques | 4– 4 % | 1– 2 % |
| transformations profondes | 4– 4 % | 1– 2 % |
| **Analyse des réponses communes aux deux sexes** | | |
| *nombre et % de réponses* | 51– 54 % | 27– 48 % |
| *verbe : 1 open [ouvrir] +* | | |
| ± réponse correcte | + | |
| ± verbe transitif | + | |
| ± verbe d'action | + | |
| agent animé | + | |

| | | |
|---|---|---|
| *connotations :* | | |
| + neutre | + | |
| ± positive | | |
| + active | + | |
| + passive | + | |
| × autre | | |
| *adverbe/adjectifs* | 26– 28 % | 19– 34 % |
| *adverbes : 1* far *[loin]* | 1– 2 % | |
| *adjectifs : 2* | | |
| *distant* [éloigné] | 2– 4 % | 1– 2 % |
| *naked* [nu] | 4– 8 % | 2– 3,5 % |

* *Open* [ouvrir] est également un adjectif, un adverbe ou un nom. Toutefois, dans cette analyse on ne le considère que sous la forme verbale. En effet, l'épreuve linguistique identifiait précisément le mot clé *close* [fermer] comme un verbe.

TABLEAU 5

## Transformation négative
## Analyse comparative des résultats pour trois verbes : *(to) give* [donner], *(to be) born* [naître], *(to) close* [fermer]

*a) NOMBRE DE PARTICIPANTS ET RÉPONSES*

| | F | H |
|---|---|---|
| GIVE [DONNER] | 94 | 42 |
| BORN [NAITRE] | 92 | 42 |
| CLOSE [FERMER] | 94 | 56 |
| **Nombre des réponses** | **280** | **140** |

*b) RÉSULTATS COMPARATIFS*

| **Sexe** | F | H |
|---|---|---|
| **Nombre des réponses et %** | **280–100 %** | **140–100 %** |
| **Pas de réponse** | **0– 0 %** | **5– 3,5 %** |
| **Réponses incorrectes** | **57– 20 %** | **43– 31 %** |
| syntagmatiques | 2– 0,72 % | 1– 0,71 % |
| doubles | 3– 1 % | 1– 0,71 % |
| euphémismes | 4– 1,43 % | 0– 0 % |
| contraires morphologiques | 3– 1 % | 3– 2 % |

| | | |
|---|---|---|
| transformations profondes | 9- 3 % | 3- 2 % |
| synonymes | 4- 1,43 % | 1- 0,71 % |
| métaphores | 6- 2 % | 1- 0,71 % |
| catégorie grammaticale autre que celle du mot clé | 69- 25 % | 43- 31 % |
| **Réponses contenant :** | | |
| des noms | 6- 2 % | 5- 3,5 % |
| des adjectifs/adverbes | 63- 23 % | 38- 27 % |
| des verbes | 211- 75 % | 92- 66 % |
| au participe passé | 30- 14 % | 11- 12 % |
| au gérondif | 2- 1 % | 0- 0 % |
| à la 3e personne du singulier | 1- 0,5 % | 0- 0 % |
| sous une double forme grammaticale | 1- 0,5 % | 0- 0 % |
| sous une forme grammaticale ambiguë | 177- 84 % | 81- 88 % |
| transitifs | 149- 70 % | 69- 75 % |
| intransitifs | 62- 30 % | 23- 25 % |
| **Nombre total des réponses variantes** | **34** | **21** |
| avec fautes d'orthographe | 1- 3 % | 0- 0 % |
| doubles | 3- 9 % | 1- 5 % |
| même racine et même catégorie grammaticale | 4- 12 % | 2- 10 % |
| **Nombre total des variantes F et H : 46** | **27- 79** % | **19- 90** % |
| communes aux deux sexes | 10- 34 % | 10- 53 % |
| propres à chaque sexe | 17- 63 % | 9- 47 % |
| adjectifs et adverbes | 12- 44,5 % | 10- 53 % |
| noms | 3- 11 % | 1- 5 % |
| verbes | 12- 44,5 % | 8- 42 % |
| communs aux deux sexes | 4- 33 % | 4- 50 % |
| propres à chaque sexe | 8- 67 % | 4- 50 % |
| d'action | 8- 67 % | 6- 75 % |
| d'état, ou autre | 4- 33 % | 2- 25 % |
| acceptant un agent animé | 12-100 % | 8-100 % |
| acceptant un objet animé | 4- 33 % | 3- 37,5 % |
| transitifs | 10- 83 % | 6- 75 % |
| intransitifs | 2- 17 % | 2- 25 % |

## *2. Transformation négative : évaluation globale des données*

L'analyse des données révèle que, en ce qui concerne la transformation négative, la majorité des participants hommes et femmes ont utilisé essentiellement les mêmes stratégies. Ils ont répondu à toutes les questions et ont retenu, en premier choix, le(s) contraire(s) le(s) plus souvent associé(s) au mot clé — *close* [fermer] : *open* [ouvrir], F 54 %, H 48 % ; *born* [naître] : *die* [mourir], F 86 %, H 71 % (79 %) ; *give* [donner] : *take* [prendre] F 87 %, H 83 % (85 %)[13].

Cependant, l'analyse met également au jour des différences quantitatives et qualitatives dans les réponses respectives. Le tableau 5, partie b, montre que :

*a)* les femmes se distinguent, légèrement ou significativement, en ce qui concerne :

1. les réponses à l'épreuve : 100 % vs. 96,6 % ;
2. le choix de réponses correctes : 80 % vs. 69 % ;
3. le choix de synonymes, de réponses doubles ou syntagmatiques ;
4. l'adoption d'un langage métaphorique ou euphémique ;
5. le choix du contraire le plus courant (voir, ci-dessus, le premier paragraphe de cette section) ;
6. le choix de réponses appartenant à la même catégorie grammaticale que le mot clé : 75 % vs. 69,5 % ;
7. les réponses incluant un verbe : 75 % vs. 66 % ;
8. les réponses dont le verbe est au passé : 14 % vs. 12 % ;
9. les réponses incluant un verbe intransitif : 30 % vs. 25 % ;
10. le nombre de variantes n'ayant pas été retenues par l'autre sexe : 63 % vs. 47 % ;
11. le nombre de variantes verbales : 44,5 % vs. 42 % ;
12. le nombre de variantes verbales n'ayant pas été retenues par l'autre sexe : 67 % vs. 50 % ;
13. le nombre de verbes d'état parmi les variantes verbales : 33 % vs. 25 % ;
14. le choix de verbes n'autorisant pas un objet animé : 67 % vs. 62,5 % ;
15. le choix de verbes transitifs parmi les variantes verbales : 83 % vs. 75 %.

*b)* Il montre par ailleurs que les hommes se différencient, légèrement ou significativement, en ce qui concerne :

1. les non-réponses à l'épreuve : 3,4 % vs. 0 % ;
2. les réponses incorrectes : 31 % vs. 20 % ;

3. les réponses appartenant à une autre catégorie grammaticale que le mot clé : 30,5 % vs. 25 % ;
4. les réponses incluant des noms : 3,5 % vs. 2 % ;
5. les réponses incluant des adjectifs ou des adverbes : 27 % vs. 23 % ;
6. les réponses incluant des participes passés : 12 % vs. 14 % ;
7. les réponses incluant des verbes grammaticalement ambigus : 88 % vs. 84 % ;
8. les réponses contenant des verbes transitifs : 75 % vs. 70 % ;
9. le nombre de variantes dans l'ensemble des 135 réponses (140-5) : 14 % vs. 10 % ;
10. le pourcentage de variantes communes avec l'autre sexe : 53 % vs. 34 % ;
11. le pourcentage le plus élevé de variantes verbales communes aux deux sexes : 50 % vs. 33 % ;
12. le nombre de verbes d'action constituant des variantes verbales : 75 % vs. 67 %.

### *B) Production de phrases à partir du mot clé* **contraception** *[contraception]*

— Modalités de passation de l'épreuve : par oral et par écrit.
— Modalité de réponse à l'épreuve : par écrit.
— Participants : deux groupes d'étudiants de la York University composés l'un de 14 hommes, l'autre de 17 femmes.

#### *1. Tableaux*

Le tableau 6, a) et b), contient une analyse syntaxique comparative des différentes phrases fournies par les participants hommes et femmes ; cette analyse reprend le schéma établi par Luce Irigaray « L'ordre sexuel du discours ».

Le tableau 7 consiste en une analyse comparative, numérique et en pourcentage, des différentes parties des phrases fournies.

TABLEAU 6

**Production de phrases* à partir du mot clé *contraception* [contraception]**
**Analyse syntaxique comparative**

Réponses des femmes

| SN1 | SV | SN2 | SN2' | SN3 | ATTR. | CN | EXP. |
|---|---|---|---|---|---|---|---|
| methods | should be taught | | | in schools | | of contraception | high |
| contraception | should be stressed | | | in education | | school | sex |
| contraception | should be | | to anyone | | available | | |
| contraception | has been | | to independence | | a boom | women's | |
| contraception | is | | | in society | a taboo | | Catholic |
| contraception | is | | | | the answer | | |
| > | to control | population | | | | | |
| contraception | is | | | | a method | | reliable |
| > | to prevent | pregnancy | | | | | |
| contraception | is | | | in society | an issue | | important |
| | | | | | | | modern day |
| contraception | is | | | important | | | |
| > | in controlling | births | | | | | unwanted |
| contraception | is | | | | an issue | | controversial |
| | | | | | | | very & very |
| contraception | is | | | for those | a must | | |
| > who | do not wish to | | | | | | |
| | bear | children | | | | | |
| there | are | | | | means | of contraception | many |
| it | is | | | | important | | |
| | to have | a source | | | | of contraception | good |
| > | in order to avoid | pregnancy | | | unwanted | | |
| it | can discover | a means | | | | of contraception | safe & effective |
| > if society | can put | a man | | on the moon | | | |
| (you) | use | contraception | | | | | |
| > | to prevent | conception | | | | | |
| adults | should use | contraception | | | | | responsible |
| > who | are not | | | for children | ready | | |
| > and | have | sex | | | | | |
| the R.C. Church | is | | about | in the Ages | | | Catholic |
| | | | contraception | | | | Dark |

Réponses des hommes

| SN1 | SV | SN2 | SN2' | SN3 | ATTR. | CN | EXP. |
|---|---|---|---|---|---|---|---|
| contraception | prevents | children | | | | | unwanted |
| contraception | is | | | now | | | |
| > what | is happening | | | in Nicaragua | | | |
| contraception | is | | | | the method | of prevention | |
| | | | | | | of species | |
| | | | | | | propagation | |
| contraception | is | | | | a problem | | |
| > technology | has tried to solve | which | | | | | |
| contraception | is | | | | so | | |
| contraception | has been | | | as a solution | | of population | • enforced |
| | suggested | | | to problems | | expansion | • excessive |
| (contraception) | (is) | | | (against the) | | of females | |
| | | | | impregnation | | | |
| childbirths | would be | | | | | | |
| | prevented | | | | | | • many |
| | | | | | | | • unwanted |
| > | by using | contraception | | | | | |
| condoms | are | | | today | a form | of contraception | popular |
| | used | | | | | | |
| my father | did not use | contraception | | | | | |
| I | enjoy | contraception | | | | | |
| > as it | halts | life and love | | | | | |
| they | took | precaution | | | | | |
| > | including | contraception | | | | | every |
| (no answer) | | | | | | | |
| (no answer) | | | | | | | |
| (no answer) | | | | | | | |
| (no answer) | | | | | | | |

* Les corpus sont en annexe.

TABLEAU 7

**Production de phrases**
**Analyse comparative**

**Mot clé : *contraception* [contraception]**

| Sexe des participants | F | H |
| --- | --- | --- |
| **Nombre des participants** | **16** | **17** |
| **Pas de réponse** | **0** | **4** |
| **Nombre des réponses fournies** | **16** | **13** |
| **Sujets : nombre & %** | **20 – 100 %** | **14 – 100 %** |
| *contraception* [contraception] | 10 – 50 % | 6 – 43 % |
| *childbirths* [naissances] | --- - | 1 – 7 % |
| *technology* [technologie] | --- - | 1 – 7 % |
| *condoms* [préservatifs] | --- - | 1 – 7 % |
| *the R.C. Church* [Église catholique] | --- - | 1 – 7 % |
| *methods* [méthodes] | 1 – 5 % | --- - |
| *society* [société] | 1 – 5 % | --- - |
| *adults* [adultes] | 1 – 5 % | --- - |
| *it* [il/elle (neutre)] | 1 – 5 % | --- - |
| *what* [ce qui] | 2 – 10 % | 1 – 7 % |
| *there* [il (y a)] | --- - | 1 – 7 % |
| *who* [qui (pron. pers.)] | 1 – 5 % | --- - |
| *they* [ils] | 2 – 10 % | --- - |
| *my father* [mon père] | --- - | 1 – 7 % |
| *I* [je] | --- - | 1 – 7 % |
| *You* [vous] | 1 – 5 % | --- - |
| **Verbes : nombre & %** | **33 – 100 %** | **18 – 100 %** |
| Auxiliaires modaux | 5 – 15 % | 1 – 5 % |
| V. à un mode personnel | 21 – 64 % | 14 – 84 % |
| – présent | 15 – 70 % | 8 – 57 % |
| – passé | 1 – 5 % | 5 – 36 % |
| – conditionnel | 4 – 21 % | 1 – 6 % |
| – impératif | 1 – 5 % | --- - |
| V. à un mode impersonnel | 7 – 20 % | 3 – 16 % |
| – infinitif | 6 – 86 % | 1 – 33 % |
| – gérondif | 1 – 14 % | 2 – 66 % |
| V. transitifs | 12 – 42 % | 8 – 47 % |
| V. intransitifs | 16 – 48 % | 9 – 50 % |
| V. d'action | 8 – 24 % | 9 – 50 % |
| V. d'état, ou autres | 25 – 76 % | 9 – 50 % |
| Variantes verbales | 14 – 42 % | 12 – 66 % |
| Variantes communes à F & H | 3 – 21 % | 3 – 25 % |
| Variantes propres à F & H | 30 – 79 % | 9 – 75 % |

| | F | H |
|---|---|---|
| **Verbes : nombre & %** | **33 – 100 %** | **18 – 100 %** |
| TO BE [ETRE] | 13 – 39 % | 5 – 57 % |
| *is* [est] | 9 – - | 5 – - |
| *are* [sont] | 1 – - | 1 – - |
| *are not* [ne sont pas] | 1 – - | - – - |
| *has been* [a été] | 1 – - | - – - |
| *should be* [devrait être] | 1 – - | - – - |
| TO USE [UTILISER] | 2 – 6 % | 3 – 16 % |
| *by using* [en utilisant] | - – - | 1 – - |
| *did not use* [n'utilisait pas] | - – - | 1 – - |
| *should use* [devrait util.] | 1 – - | - – - |
| *use* [utilisez] | 1 – - | - – - |
| *used* [utilisé] | - – - | 1 – - |
| TO PREVENT [EMPECHER] | 2 – 6 % | 5 – 11 % |
| *prevents* [(elle) empêche] | - – - | 1 – - |
| *would be prevented* [serait empêché] | - – - | 1 – - |
| *to prevent* | 2 – - | - – - |
| TO INCLUDE [COMPRENDRE] | - – - | 1 – 6 % |
| *including* [y compris] | - – - | 1 – - |
| TO HAPPEN [ARRIVER] | - – - | 1 – 6 % |
| *is happening* [(ce qui) arr.] | - – - | 1 – - |
| TO TRY [ESSAYER] | - – - | 1 – 6 % |
| *has tried* [a essayé] | - – - | 1 – - |
| TO HAVE [AVOIR] | 2 – 6 % | - – - |
| *to have* | 1 – - | - – - |
| *have* [ont] | 1 – - | - – - |
| TO TEACH [APPRENDRE] | 1 – 3 % | - – - |
| *should be taught* [devraient être apprises] | 1 – - | - – - |
| WILL [AUX. MODAL] | - – - | 1 – 6 % |
| *would* [aux. modal] | - – - | 1 – 6 % |
| TO STRESS [ACCENTUER] | 1 – 3 % | 1 – - |
| *should be stressed* [serait acc.] | 1 – - | - – - |

| | F | H |
|---|---|---|
| TO WISH [DESIRER] | 1 - 3 % | - - - |
| *do not wish* [ne désirent pas] | 1 - - | - - - |
| TO BEAR [porter] | 1 - 3 % | - - - |
| *to bear* | 1 - - | - - - |
| TO AVOID [EVITER] | 1 - 3 % | - - - |
| *to avoid* | 1 - - | - - - |
| TO DISCOVER [DECOUVRIR] | 1 - 3 % | - - - |
| *can discover* [peut faire déc.] | 1 - - | - - - |
| TO PUT [METTRE] | 1 - 3 % | - - - |
| *can put* [peut mettre] | 1 - - | - - - |
| TO SOLVE [RESOUDRE] | - - - | 1 - 6 % |
| *to solve* | - - - | 1 - - |
| TO SUGGEST [SUGGERER] | - - - | 1 - 6 % |
| *has been suggested* [a été s.] | - - - | 1 - - |
| TO ENJOY [APPRECIER] | - - - | 1 - 6 % |
| *(I) enjoy* [(j')apprécie] | - - - | 1 - - |
| TO HALT [METTRE FIN] | - - - | 1 - 6 % |
| *(it) halts* [(elle) met fin] | - - - | 1 - - |
| TO TAKE [PRENDRE] | - - - | 1 - 6 % |
| *took* [prennent] | - - - | 1 - - |
| TO CONTROL [CONTROLER] | 2 - 6 % | - - - |
| *to control* | 1 - - | - - - |
| *in controlling* [pour contrôler] | 1 - - | - - - |
| TO CAN [POUVOIR/ aux. modal] | 2 - 6 % | - - - |
| *can* [peut] | 2 - - | - - - |
| SHALL [aux. modal] | 1 - - | 1 - 6 % |
| *should* [aux. modal] | - - - | - - - |
| **Compléments et expansions : nombre & %** | **60 - 100 %** | **34 - 100 %** |
| Objets directs | 12 - 20 % | 9 - 26 % |
| Objets indirects | 2 - 3 % | - - - |
| Compl. autres | 9 - 15 % | 6 - 18 % |
| Compl. de nom | 6 - 10 % | 7 - 20 % |
| Attributs | 13 - 22 % | 4 - 12 % |
| Expansions | 18 - 30 % | 8 - 23 % |

## 2. *Évaluation globale des données*

### *a)* Sujets

La stratégie adoptée par une *majorité d'hommes et de femmes* a été de placer le mot clé *contraception* [contraception] en position de sujet grammatical de la phrase. On note cependant, comme dans l'épreuve précédente, quelques différences entre les sexes.

***Les femmes***

— elles ont toutes donné une réponse ;
— la plupart d'entre elles ont fait du mot *contraception* le sujet de la phrase : 50 % vs. 43 % ;
— aucune de leurs réponses ne se réfère, de façon spécifique ou non, au sexe féminin ou masculin.

***Les hommes***

— 4 (sur 16) n'ont pas donné de réponse ;
— 4 d'entre eux se réfèrent au sexe masculin, que ce soit directement (*I* [je], *my father* [mon père]) ou indirectement (*condoms* [préservatifs], *technology* [technologie])[14], mais aucun au sexe féminin.

### *b)* Compléments et expansions

***Chez les femmes***

— les phrases contiennent plus d'adjectifs et d'adverbes (30 % vs. 23 %), plus d'attributs du sujet (22 % vs. 12 %) et de compléments SN3, ou de circonstants.

***Chez les hommes***

— généralement plus simples, les phrases renferment plus de compléments d'objet direct (26 % vs. 20 %), de compléments du nom (20 % vs. 10 %), mais aucun complément d'objet indirect (SN2).

*c)* Verbes

***Chez les femmes***

— On trouve, dans leurs phrases, un plus grand nombre de formes verbales que dans celles des hommes, mais moins de variantes par rapport aux formes verbales employées (42 % vs. 66 %) ;

— en ce qui concerne les verbes, le pourcentage de variantes choisies est plus ou moins équivalent à celui des hommes mais ceux-ci utilisent plus souvent la forme intransitive (50 % vs. 48 %) ;

— il y a plus de verbes d'état (76 % vs. 50 %), « être » notamment, et certaines utilisent un auxiliaire modal (*should* [marque du conditionnel] revient quatre fois ; *can* [qui indique la possibilité], deux fois) ;

— les réponses contiennent plus de verbes à la forme impersonnelle (20 % vs. 16 %), à l'infinitif surtout ; de plus, bien que la majorité des femmes aient choisi d'abord le présent de l'indicatif (70 % vs. 57 %), on trouve en deuxième position le conditionnel combiné avec l'auxiliaire modal *should* (21 % vs. 6 %).

***Chez les hommes***

— les phrases renferment plus de verbes à la forme transitive (47 % vs. 42 %) et plus de verbes d'action (50 % vs. 24 %) ;

— il y a un pourcentage plus élevé de variantes par rapport au nombre de formes verbales (66 % vs. 42 %) ;

— l'emploi des verbes impersonnels est peu fréquent (1/16) et, en ce qui concerne le temps verbal, le deuxième choix, après le présent de l'indicatif, est un temps au passé.

## CONCLUSION

L'analyse comparative des résultats aux épreuves ici examinées confirme, semble-t-il, notamment en ce qui concerne la production de phrases, les découvertes de Luce Irigaray. Si les discours féminin et masculin présentent plusieurs points communs, on constate également que les jeunes Canadiens des deux sexes adoptent plusieurs stratégies différentes (vis-à-vis de l'usage courant de la langue et d'une stimulation linguistique simple) que l'on peut classer comme des indices de la non-neutralité du langage relativement au sexe, des indices de la sexuation du discours et de la langue.

La question qui se pose est alors la suivante : peut-on interpréter les modèles de discours masculin et féminin comme le reflet des rôles sociaux de chacun des sexes ? Si l'on suit Luce Irigaray et de nombreuses féministes de divers pays, il faut effectivement reconnaître qu'il existe une relation entre langage et culture. Je serais assez de leur avis puisque, en toute hypothèse, le langage ne constitue pas un système parfait, un phénomène monolithique et homogène. Dans une même communauté linguistique, il comporte des variantes régionales et sociales, et divers registres : sociolectes, dialectes, idiolectes, jargons. Il ne s'agit pas là de caractéristiques marginales mais d'un phénomène reconnu important, inhérent à toutes les langues. Le langage est un système non pas neutre, mais symbolique, qui reflète la stratification sociale, ses conflits internes, ses préjugés et ses stéréotypes. En réalité, il ne facilite pas seulement la communication ; il exprime également l'incompréhension, la censure, la violence, l'oppression, la méfiance, la révolte, tout autant qu'il permet d'exprimer la compréhension, l'approbation, l'accord, la joie et le plaisir. A travers les asymétries de sa structure interne et de son usage, le langage révèle de façon manifeste les conflits psychologiques et sociaux. Aussi, dans la mesure où le langage de chaque individu peut et doit manifester les structures, disparités et idéologies d'une société donnée, les fluctuations des classes sociales, des tranches d'âge, des professions, de l'origine régionale et ethnique, etc., il doit aussi refléter les différences de sexe. De fait, les codes linguistiques de la plupart des langues présentent des traits que l'on peut interpréter comme la trace d'attitudes culturelles : la soumission des femmes, leur dévalorisation et leur exclusion en tant que sujets, qui s'opèrent de bien des façons et tiennent à leur objectivation passée et présente par les hommes. Je ne mentionnerai que le plus connu de ces traits, à savoir que, dans plusieurs langues, on ne peut exprimer le pluriel d'un groupe de noms se référant à des objets ou des individus du genre féminin et masculin que par le biais d'un pronom personnel qui neutralise la différence de genre — comme c'est le cas du *they* [ils/elles] anglais — ou, plus souvent, qui véhicule un signe ou une connotation du masculin — comme le *loro* [ils/elles] italien ou le *ils* français.

De plus, les discours des femmes et des hommes ne peuvent pas eux non plus être neutres ; ils sont parfois nécessairement marqués par le genre ; parfois aussi, sinon toujours, ils reflètent partiellement et expriment les rôles sociaux, culturellement appris et différemment joués. Il n'est donc pas surprenant de découvrir, par exemple, que les femmes, en tant que sujets d'énonciation, choisissent de faire d'un nom tel « contraception » le sujet de leur énoncé tout en évitant de se situer elles-mêmes de quelque façon comme sujets du discours, alors que les hommes, dans la même situation, choisissent un sujet masculin, quitte à l'inscrire indirectement dans l'énoncé. En revanche, il est certes étonnant de constater que les hommes sont plus nombreux que les femmes à utiliser des verbes d'action, des verbes transitifs, mais à un temps au passé ; car, aujourd'hui, sans s'opposer à l'apparente liberté et aux progrès obtenus grâce à quelques femmes, les hommes disposent encore de plus de pouvoir qu'elles pour agir sur le monde des objets animés ou inanimés. Et ils peuvent le faire en toute confiance et assurés de leur bon droit puisqu'ils ont l'approbation d'autres hommes qui détiennent le pouvoir dans tous les domaines de l'activité humaine — sociale, politique, intellectuelle, industrielle, commerciale, etc. Puisqu'ils contrôlent les médias, les institutions, ils peuvent parler de n'importe quel sujet à la première personne ou s'exprimer par le biais de n'importe quel référent masculin, en s'adressant essentiellement à des individus masculins. Ils créent ou abrogent les règles des conventions culturelles, de la morale, de toutes les relations entre les humains — y compris en ce qui concerne les enfants, les femmes, qu'il s'agisse d'elles-mêmes comme personnes sociales, de leurs propriétés, leurs finances, leur descendance, leurs vies.

Qui plus est, les hommes peuvent parler en toute confiance et assurés de leur bon droit parce qu'ils bénéficient aussi de l'approbation de bien des femmes qui croient, aujourd'hui encore, que les positions différentes et inégales des hommes et des femmes dans nos sociétés modernes relèvent d'une supériorité intellectuelle et morale innée des hommes et d'une infériorité innée des femmes. Ils ont aussi l'approbation d'autres femmes, qui comprennent que cette supériorité n'est pas innée mais qui restent fermement persuadées que, « maintenant » ni elles ni leurs sœurs ne peuvent exiger des droits égaux avec assurance et énergie. Certaines croient aussi qu'il ne serait pas juste pour les hommes que les femmes manifestent autant d'ambition dans des domaines considérés comme masculins. Selon elles, la société a encore besoin de temps avant de s'habituer à une présence visible des femmes en son sein. Hélas, au fur et à mesure que le temps passe et que les femmes assistent en spectatrices silencieuses à la manipulation à peu près exclusivement masculine du monde et de ses ressources, nous avons de moins en moins de chances de contrôler notre destin et de donner notre avis sur l'orientation que nous voudrions faire prendre au futur de l'humanité et de l'environnement. En outre, à laisser les autres décider qui nous sommes et ce qui est bon pour nous, nous continuons d'entraver le développement d'une véritable identité féminine, forte et puissante. C'est *maintenant* que les femmes doivent agir, chaleureusement mais avec force, pour s'affirmer dans la société. Et, que nous croyions ou non que le langage reflète ou même façonne notre nature profonde, il nous reste à apprendre à nous en servir et à l'utiliser pour mûrir dans la direction que nous estimons être la bonne. Le langage féminin doit refléter les préoccupations profondes de la femme, parler de ses peurs et de ses espoirs secrets, de la conscience qu'elle a d'elle-même, en sorte qu'il ne soit plus possible d'affirmer, comme Lacan (1975) : « Il n'y a de femme qu'exclue par la nature des choses, qui est la nature des mots, et il faut bien dire que, s'il y a quelque chose dont elles se plaignent assez pour l'instant, c'est bien de ça — simplement elles ne savent pas ce qu'elles disent, c'est toute la différence entre elles et moi[15]. »

NOTES

1. *Speculum, De l'autre femme*, Paris, Minuit, 1974.
2. Cette citation se trouve à la page 10 du programme de l'université d'été de l'ISISSS.
3. *Ce sexe qui n'en est pas un*, Paris, Minuit, 1977.
4. *Ibid*, pp. 25-26.

5. *Ibid*, pp. 68-69.
6. *Ibid*, p. 92.
7. *Ibid*, p. 67. Il faudrait ajouter que, dans ce livre, chaque mot, chaque phrase, sont à peu près toujours polysémiques. Cela détermine une syntaxe partiellement rétroactive mais sans retour à zéro, sans homéostasie du sens, sans dédales labyrinthiques. Une telle économie du texte définit une nouvelle logique plus adaptée à la subjectivité féminine et à une possible éthique entre les sexes (note L. Irigaray).
8. L.Irigaray, « L'ordre sexuel du discours », in *Langages, le Sexe linguistique*, revue citée, pp. 101-102.
9. Les premiers éléments de ce travail ont été exposés à cette occasion.
10. L'épreuve écrite spécifiait toutefois qu'il s'agissait d'une section consacrée aux verbes, alors que, dans l'épreuve orale, la prononciation de *close* [fermer] ne suffisait pas à le désigner comme verbe ou substantif.
11. Confusion due à la proximité de prononciation entre *close* [fermer] et *clothe* [revêtir] [N.d.T.].
12. Cf. L. Irigaray, *L'ordre sexuel du discours*, *loc. cit.*
13. Les pourcentages qui ne sont pas entre parenthèses sont calculés sur le nombre total des participants. La situation se modifie pour deux des trois verbes examinés, où les pourcentages sont calculés en fonction du nombre des réponses fournies par les participants masculins. Ainsi, étant donné que 5 d'entre eux, sur 42, n'ont pas répondu à l'épreuve contenant le verbe *born* [naître], le pourcentage des réponses avec *die* [mourir] atteint 9 % pour les hommes si on les calcule à partir des 37 réponses obtenues. De même, si l'on tient compte de l'unique non-réponse à l'épreuve contenant le verbe *give* [donner], le pourcentage des hommes qui ont donné le contraire *take* [prendre] s'élève à 85 %. La distribution des réponses masculines et féminines s'établit alors ainsi : *close* [fermer]/*open* [ouvrir] : mêmes chiffres que dans le texte ; *give* [donner]/*take* [prendre] : H 85 %, F 87 % ; *born* [naître]/*die [mourir] : H 9 %, F 86 %* (les pourcentages étant calculés sur toutes les formes de *die*).
14. Choix un peu forcé... (*N.d.L.I.*)
15. J. Lacan, *Encore*, Paris, Seuil, 1975 ; cité par L. Irigaray, in *Ce sexe qui n'en est pas un*, p. 87.

## BIBLIOGRAPHIE

IRIGARAY, L. n° 85, « L'ordre sexuel du discours », *Langages, le sexe linguistique*, Larousse, mars 1987, pp. 81-223.

IRIGARAY, L., *Speculum, De l'autre femme*, Paris, Minuit, 1974.

IRIGARAY, L., *Ce sexe qui n'en est pas un*, Paris, Minuit, 1977.

IRIGARAY, L., *Parler n'est jamais neutre*, Paris, Minuit, 1985.

IRIGARAY, L., *Le langage des déments*, La Haye, Mouton, 1973.

# Corpus*

## *A) ÉPREUVE DE TRANSFORMATION NÉGATIVE : CONTRAIRES DE VERBES*

1. GIVE

| *94 femmes* | *42 hommes* |
|---|---|
| -take-take-take-take-take-take-take-take-take-take-take-take-take-take-take-take-take-take-take-take-take-take-take-take-take-take-take-take-take-take-take-take-take-take-take-take-take-take-take-take-take-take-take-take-take-take-take-take-take-take-take-take-take-take-take-take-take-take-take-take-take-take-take-take-take-take-take-take-take-take-take-take-take-take-take-take-take-take-take-take-take | -take-take-take-take-take-take-take-take-take-take-take-take-take-take-take-take-take-take-take-take-take-take-take-take-take-take-take-take-take-take-take-take-take-take |
| -receive-receive-receive--receive-receive-receive-receive | -receive-receive-receive-receive |
| -accept | -stop |
| -withdraw | -expropriate |
| -steal-steal | -no reply |
| -take/withdraw | |

* Constitué à partir des réponses fournies par des étudiants(e)s canadien(ne)s de la York University de Toronto, inscrits dans différentes disciplines.

2. BORN

### *92 femmes*

-die-die-die-die-die-die-die-die-die-
die-die-die-die-die-die-die-die-die-
die-die-die-die-die-die-die-die-die-
die
-dies
-dy
-died-died-died-died-died-died-died-
died-died-died-died-died-died-died-
died-died-died-died-died-died-died-
died-died-died-died-died-died-died-
died-died-
-dying
-dead-dead-dead-dead-dead-dead-
dead-dead-dead-dead-dead-dead-
dead-dead-dead-dead-dead
-die/dead
-death-death
-deceased-deceased
-raised
-left
-unconceived
-unborn-unborn
-abort
-kill
-autonomous
-bearing

### *42 hommes*

-die-die-die-die-die-die-die-die-die-
die-die-
-died-died-died-died-died-died-died-
died-died-died-died
-death-death-death-death-death-
-dead-dead-dead-dead-dead-dead-
dead-
-dead/unborn
-unborn-unborn
-still
-no reply-no reply-no reply-no reply

3. CLOSE

| *94 femmes* | *56 hommes* |
|---|---|
| -open-open-open-open-open-open-open-open-open-open-open-open-open-open-open-open-open-open-open-open-open-open-open-open-open-open-open-open-open-open-open-open-open-open-open-open-open-open-open-open-open-open-open-open-open-open-open-open-open | -open-open-open-open-open-open-open-open-open-open-open-open-open-open-open-open-open-open-open-open-open-open-open-open-open-open-open |
| -far-far-far-far-far-far-far-far-far-far-far-far-far-far-far-far-far-far-far-far-far-far-far-far-far-far | -far-far-far-far-far-far-far-far-far-far-far-far-far-far-far-far-far-far-far |
| -far/distant | -afar-afar |
| -distant-distant-distant-distant | -distant |
| -separate-separate | -apart |
| -go away | -widen |
| -naked-naked-naked-naked | -naked-naked |
| -slam | -unclothed |
| -bareness | -dead |
| -paper | -get up |
| -paranoid-paranoid | |

***B) PRODUCTION DE PHRASES À PARTIR DU MOT CLÉ CONTRACEPTION***

*Femmes*

– If society can put a man on the moon, it can discover a safe and effective means of contraception.
– The R.C. Church is still in the Dark Ages about contraception.
– Methods of contraception should be taught in high schools.
– There are many means of contraception.
– Use contraception to prevent conception.
– In order to avoid unwanted pregnancies it is important to have a good source of contraception.

- Responsible adults who are not ready to have children and have sex should use contraception.
- Contraception is very and very controversial issue.
- Contraception is important in controlling unwanted births.
- Contraception is an important issue in modern day society.
- Contraception is a reliable method to prevent pregnancy.
- Contraception is the answer to population control.
- Contraception is a taboo in Catholic society.
- Contraception is a must for those people who do not wish to bear children.
- Contraception should be available to anyone.
- Contraception should be stressed in school sex education.

## *Hommes*

- Contraception is a problem which technology has tried to solve.
- No reply.
- No reply.
- Against the impregnation of females.
- I enjoy contraception as it halts life and love.
- No reply.
- Contraception prevents unwanted children.
- My father didn't use contraception.
- Enforced contraception has been suggested as a solution to problems of excessive population expansion.
- They took every precaution including contraception.
- By using contraception many unwanted childbirths would be prevented.
- So is contraception.
- Contraception is the method of prevention of species propagation.
- No reply.
- Condoms are a popular form of contraception used today.
- Contraception is what is happening now in Nicaragua.

# Abord linguistique d'une perception du monde sexuée

RENIA TYNINSKI
*Niveau doctorat, centre d'études religieuses*
*Université de Toronto*

Traduction de
ORISTELLE BONIS

**Langue anglaise**

*CONTRAIRES:*

* **Transcendent [transcendant]**
* **To know [connaître]**
* **The sun rises [le soleil se lève]**

*SYNONYMES :*

* **Master [maître]**

*DÉFINITIONS :*

* **God [Dieu]**

*PRODUCTIONS DE PHRASES AVEC LES MOTS :*

* **Red — see — horse**
  **[rouge — voir — cheval]**
* **Mind — eye — sun**
  **[esprit — œil — soleil]**
* **Celibacy [célibat]**
* **Virgin [vierge]**

Parce qu'il tend à maintenir des comportements sociaux, le langage a un rôle idéologique important. Au nombre des inégalités qu'il sert à perpétuer, se trouve l'exclusion systématique de la voix des femmes des discours religieux, philosophique, artistique, scientifique, historique. Pour entrer aujourd'hui dans le domaine de l'effort intellectuel et, par exemple, de la découverte personnelle en linguistique, les femmes ont été contraintes d'imiter les modèles de langage et de pensée élaborés et développés par le groupe privilégié que forment les hommes. L'assujettissement qu'elles ont ainsi subi interfère avec le processus de leur individuation.

Dans sa recherche sur le langage, Luce Irigaray touche aux principes essentiels de la morphologie et de la syntaxe et démontre comment, à cause de la contrainte des règles linguistiques, une réalité androcentrique s'impose dès les tout premiers stades d'acquisition et d'utilisation du langage. En français, le système de classification par genres qui établit le masculin en norme, ou générique, fait partie des mécanismes qui gomment la présence des êtres sexués féminins. Bien que l'anglais ne recoure pas autant que le français aux règles morphémiques du genre, un implicite assignement au genre se produit pourtant dans certains cas. Malgré leur statut neutre en ce qui concerne le genre, les noms et les adjectifs revêtent parfois une valeur clairement féminine ou masculine. *Surgeon* [chirurgien], *pilot* [pilote], *driver* [chauffeur] et *nurse* [infirmière], *prostitute* [prostituée], *secretary* [secrétaire], *virgin* [vierge], sont des noms liés au sexe, de même que les adjectifs *pretty* [jolie] et *chaste* [chaste]. Le travail d'interprétation auquel se confrontent les recherches en langue anglaise qui désirent retracer les images de femmes véhiculées dans les actes d'élocution et d'énonciation possède donc une spécificité bien à lui, même si, d'une langue à l'autre, les chevauchements sont nombreux. Qui plus est, la prise de conscience croissante qui accompagne l'attention accordée à la nature véritable et à la portée du discours sexuellement différencié, à ses potentialités d'indicateur du dimorphisme sexuel, a une valeur stratégique universelle parce qu'elle donne une nouvelle signification à l'ordre dominé par le masculin et libère des potentialités pour que les femmes puissent se désigner de manière autonome et adaptée à leur identité.

Chargée d'une version en anglais de l'étude mise au point par Luce Irigaray pour évaluer la différenciation sexuelle dans le langage, j'ai soumis cette épreuve linguistique à un groupe de 20 femmes et un de 20 hommes. Dans chaque groupe, les instructions ont été données oralement à la moitié des participants(e)s, sous forme écrite aux autres. Les renseignements biographiques demandés au début de l'épreuve montrent que les différents groupes d'âge sont assez bien représentés, la tranche d'âge des 30-49 ans étant la plus nombreuse pour les deux sexes. En ce qui concerne le niveau d'instruction, l'échantillon se situe aux plus hauts niveaux de qualification ; tous les sujets sont passés par l'université et la majorité d'entre eux ont un diplôme de troisième cycle.

Après m'en être entretenue avec Luce Irigaray, j'ai légèrement élargi trois des sections de l'enquête en y incluant des items qui n'apparaissent pas dans la version originale mais répondent à mon propre domaine de recherche, les études religieuses. Mon travail s'oriente d'une part vers la découverte et l'analyse des images de femmes que l'on trouve notamment dans la tradition judéo-chrétienne, et se propose d'autre part d'approfondir les convergences et les disparités observées dans la conscience spirituelle ou religieuse des femmes et des hommes. C'est pourquoi j'ai introduit cette question dans le préambule des renseignements biographiques : « Les questions d'ordre spirituel ou religieux font-elles partie de vos préoccupations ? » La seule réponse négative fut donnée par une femme.

Dans la section (A 1a) de l'épreuve, qui consiste à transformer des mots en leur contraire, j'ai ajouté l'adjectif *transcendent* [transcendant]. Dans la quatrième section (D), où l'on demande de produire des phrases à partir d'un groupe de mots, j'ai ajouté la combinaison *mind-eye-sun* [esprit-œil-soleil]. Dans la dernière section, j'ai intégré un mot clé, *virgin* [vierge], à utiliser dans une phrase. Voici la liste de tous les items examinés dans ces pages :

A) Transformations négatives
   1. *Transcendent* [transcendant]
   2. *Know* [savoir]
   3. *The sun rises* [le soleil se lève]

B) Synonymes
   *Master* [maître]

C) Définitions
   *God* [dieu]

D) Production de phrases
   *Red-see-horse* [rouge-voir-cheval] ; *mind-eye-sun* [esprit-œil-soleil]

E) Production de phrases à partir de mots clés
   *Celibacy* [célibat] ; *virgin* [vierge]

## *A) Transformations négatives*

### *1. Transformation d'adjectifs en leur contraire*

L'adjectif *transcendent* [transcendant] a suscité des variantes nombreuses.

HOMMES

| | | |
|---|---|---|
| *Immanent* [immanent] | 8 | 40 % |
| *Mundane* [banal] | 4 | 20 % |
| *Worldly* [terrestre] | 1 | 5 % |
| *Stuck* [prétentieux] | 1 | 5 % |
| *Down-to-earth* [terre à terre] | 1 | 5 % |
| *Moribound* [moribond] | 1 | 5 % |
| *Eternal* [éternel] | 1 | 5 % |
| *Within* [à l'intérieur] | 1 | 5 % |
| *Limited* [limité] | 1 | 5 % |
| *Wingless* [sans ailes] | 1 | 5 % |

FEMMES

| | | |
|---|---|---|
| *Immanent* [immanent] | 3 | 15 % |
| *Mundane* [banal] | 1 | 5 % |
| *Worldly* [terrestre] | 1 | 5 % |
| *Stuck* [prétentieux] | 1 | 5 % |
| *Earthbound* [terre à terre] | 1 | 5 % |
| *Earthy* [matériel] | 1 | 5 % |
| *Grounded* [solide, bien fondé] | 1 | 5 % |
| *Solid* [solide] | 1 | 5 % |
| *Transient* [transitoire] | 1 | 5 % |
| *Unchangeable* [immuable] | 1 | 5 % |
| *Isolated* [isolé] | 1 | 5 % |
| *Normal* [commun] | 1 | 5 % |
| *Ordinary* [ordinaire] | 1 | 5 % |
| *Undermining* [minant] | 1 | 5 % |
| Pas de réponse | 2 | 10 % |

Théologiquement parlant, le mot *immanent* [immanent] est l'antonyme le plus précis.

L'adjectif *mundane* [banal], qui vient au deuxième rang chez les hommes, est connoté de deux façons différentes. Il désigne soit ce qui « appartient aux choses de ce monde », en tant qu'opposé à l'extraordinaire, soit ce qui est sans intérêt, routinier. Dans ce choix, qui concerne 20 % des réponses masculines, il faut donc tenir compte d'une certaine ambiguïté.

Il est intéressant de constater que, chez les femmes, *normal* [commun] et *ordinary* [ordinaire] apparaissent avec la même fréquence que *mundane* [banal], ces trois mots correspondant à 15 % des réponses. On peut à mon sens considérer que les adjectifs *earthbound* [terre à terre], *grounded* [solide, bien fondé] et *solid* [solide] sont motivés par la prémisse à l'origine du choix de *normal* [commun] et *ordinary* [ordinaire]. Autrement dit, si l'on regroupe ces six adjectifs en une seule catégorie indiquant une réalité tangible, familière, opposée à l'intangible et à l'éloignement que laisse supposer *transcendent* [transcendant], on obtient un total de huit réponses, soit 40 %. Cela excède largement les 15 % que totalise le terme abstrait *immanent* [immanent] dans le corpus des femmes, et correspond très exactement au pourcentage que ce terme obtient chez les hommes.

*Eternal* [éternel] (H) et *unchangeable* [immuable] (F) sont très probablement des aberrations dues à une confusion entre les mots *transient* [transitoire] et *transcendent* [transcendant]. *Transient* [transitoire] (F) apparaît par une association entre ce qui est transcendant et ce qui est éternel, ou permanent.

*Undermining* [minant] (F) (associé à *degrading* [dégradant] dans une réponse double) a peut-être été motivé par la notion d'élévation spirituelle qui introduit une fonction active, transitive, dans les définitions possibles de *transcendent* [transcendant].

*Limited* [limité] (H) et *wingless* [sans ailes] (H) sont liés à l'expression « transcender les limites », qui elle aussi comporte une composante active. Tout comme *moribound* (sic) [moribond] (H), ces deux mots opposent la condition humaine et sa compensation sur-humaine. De même, *isolated* [isolé] (F) renvoie à ce qui est délimité, et donc aussi détaché, seul. *Within* [à l'intérieur] (H) peut suggérer l'introversion, la concentration, la séparation si on l'oppose à l'idée d'extraversion et de communication, ou se rapprocher plus étroitement de la notion d'immanence – ce qui est tout près, une présence intérieure familière plutôt que le passage à un niveau supérieur, transcendant.

## 2. *Transformation de verbes en leur contraire*

La plupart des sujets hommes et femmes ont donné, comme contraire sémantique de *know* [savoir], des variations sur le mot *ignorant* [ignorant]. Trois femmes et trois hommes (15 %) ont répondu par le verbe *ignore* [ne pas tenir compte] dont l'acception archaïque est l'opposé de *know* [savoir] ; cinq femmes (25 %) et quatre hommes (20 %) ont avancé *to be ignorant* [être ignorant] ; une femme (5 %) et trois hommes (15 %) n'ont fourni que la forme adjective *ignorant* [ignorant]. *Not to know* [ignorer] (2, soit 10 %) et *don't know* [qui ne sait pas] (3, soit 15 %) viennent ensuite parmi les choix les plus fréquemment opérés par les femmes, alors qu'un homme a donné *not know* [ignorer] et qu'un autre a suggéré *unknown* [inconnu]. Les autres réponses se répartissent comme suit :

HOMMES

| | | |
|---|---|---|
| *Believe* [croire] | 2 | 10 % |
| *Assume* [supposer] | 1 | 5 % |
| *Forget* [oublier] | 3 | 15 % |
| *Be blind* [être aveugle] | 1 | 5 % |
| *Misunderstand* [mal comprendre] | 1 | 5 % |

FEMMES

| | | | |
|---|---|---|---|
| *Believe* [croire] | 1 | ____ | 5 % |
| *Be oblivious of* [ne pas avoir conscience] | 1 | ____ | 5 % |
| *Misapprehend* [se faire une idée fausse]. | 1 | ____ | 5 % |
| *Unaware* [ne pas savoir] | 1 | ____ | 5 % |
| *Yes* [oui] | 1 | ____ | 5 % |
| *Many* [beaucoup] | 1 | ____ | 5 % |

On rencontre *yes* [oui] et *many* [beaucoup] dans l'épreuve orale, où ils témoignent du rapprochement homophonique entre *know* [savoir] et *no* [non, aucun] et d'une erreur sur la catégorie grammaticale à laquelle appartient le mot inducteur. De la même façon, les réponses de quatre des hommes (20 %) ne correspondent pas à la forme lexicale du mot attendu *(ignorant* [ignorant], *unknown* [inconnu]), tout comme cinq des réponses féminines (*ignorant* [ignorant], *don't know* [(qui) ne sait pas], *unaware* [ne pas savoir]).

L'emploi du mot *ignore* [ne pas tenir compte] comporte une ambiguïté. S'il est, au sens strict, le plus précis des antonymes de *know* [savoir], ce n'est que dans son acception archaïque. En anglais contemporain, on l'utilise systématiquement dans le sens de « méconnaître délibérément ». Le verbe français « ignorer » conserve cependant la signification de son équivalent en vieil anglais et les réponses manifestent en fait une plus grande familiarité avec le français contemporain qu'avec le vieil anglais. Outre cette influence possible d'une langue étrangère, il faut également considérer l'éventuelle intentionnalité des sujets qui auraient donné « méconnaître délibérément » comme contraire de *know* [savoir].

Le verbe *forget* [oublier] signifie qu'une information, d'une certaine façon disponible à la perception consciente, a été perdue parce qu'elle ne vient plus en priorité. Ce verbe a été choisi par trois hommes, mais aucune femme. D'autre part, deux femmes ont opté pour *to be oblivious of* [ne pas avoir conscience] et *unaware* [ne pas savoir] que l'on pourrait ranger avec l'unique réponse masculine *be blind* [être aveugle], ces mots dénotant un manque d'information dû à un oubli involontaire, un défaut de découverte ou une assimilation insuffisante. Par ailleurs, *assume* [supposer], *believe* [croire] et *misunderstand* [mal comprendre], qui désignent plus une opération de la conscience que son absence, représentent 20 % des réponses masculines que l'on peut opposer aux *believe* [croire] et *misapprehend* [se faire une idée fausse] qui totalisent 10 % des réponses féminines.

Dans la mesure où la notion de conscience est associée à 35 % des réponses masculines (*assume* [supposer], *believe* [croire] et *misunderstand* [mal comprendre]), il n'est sans doute pas déraisonnable de conclure, en ce qui concerne le choix de *ignore* [ne pas tenir compte], à un possible choix de « méconnaître délibérément ». Les raisons qui motivent cette induction sont moins convaincantes à propos du sens proposé par les femmes, puisque *believe* [croire] et *misapprehend* [se faire une idée fausse] comptent pour 10 % seulement des réponses féminines.

### *3. Transformation négative de phrases*

La transformation négative *"The sun sets"* [Le soleil se couche] a été choisie par 16 hommes (80 %) et 17 femmes (85 %). Deux hommes (10 %) et deux femmes (10 %) ont mis le verbe de la phrase originale à la forme négative : *"The sun does not rise"* [Le soleil ne se lève pas]. Une femme (5 %) a mis le verbe à la forme négative du présent continu : *"The sun isn't (yet) rising"* [Le soleil n'est pas (encore) en train de se lever]. Un homme a introduit l'adverbe « aussi » : *"The sun also sets"* [Le soleil se couche aussi]. Une autre a modifié le sujet de la phrase : *"The moon rises"* [La lune se lève].

## *B) Synonymes*

Sept sujets masculins (35 %) et une proportion sensiblement plus élevée de femmes (13, soit 65 %) ont utilisé des verbes ou des expressions verbales comme synonymes de *master* [maître].

HOMMES

| | | |
|---|---|---|
| *Control* [contrôler].................... | 3 | ____ 15 % |
| *Dominate* [dominer] .................. | 2 | ____ 10 % |

| | | |
|---|---|---|
| *Command* [commander] | 1 | 5 % |
| *Conquer* [conquérir] | 1 | 5 % |
| *Overcome* [triompher] | 1 | 5 % |
| *Lord* [seigneur] | 3 | 15 % |
| *Boss* [patron] | 1 | 5 % |
| *Teacher* [maître d'école] | 1 | 5 % |
| *Guru* [gourou] | 1 | 5 % |
| *Ruler* [chef d'État] | 1 | 5 % |
| *Owner* [propriétaire] | 1 | 5 % |
| *Become expert* [devenir expert] | 1 | 5 % |
| *Professional* [professionnel] | 1 | 5 % |
| *Comprehend* [comprendre] | 1 | 5 % |
| *Mistress* [maîtresse] | 1 | 5 % |

FEMMES

| | | |
|---|---|---|
| *Be in control of* [avoir sous son contrôle] | 1 | 5 % |
| *Get control of* [maîtriser] | 1 | 5 % |
| *Gain control of* [s'imposer] | 1 | 5 % |
| *Conquer* [conquérir] | 1 | 5 % |
| *Overcome* [triompher] | 1 | 5 % |
| *Lord* [seigneur] | 1 | 5 % |
| *Chief* [chef] | 1 | 5 % |
| *Supervisor* [surveillant] | 1 | 5 % |
| *Ownership* [propriété] | 1 | 5 % |
| *Owner* [propriétaire] | 1 | 5 % |
| *Learn* [apprendre] | 3 | 15 % |
| *Acquire proficiency at* [acquérir des compétences en] | 1 | 5 % |
| *Become proficient* [devenir compétent] | 1 | 5 % |
| *Perform successfully* [arriver à ses fins] | 1 | 5 % |
| *Accomplish* [accomplir] | 1 | 5 % |
| *Became expert in* [devenir expert en] | 1 | 5 % |
| Pas de réponse | 1 | 5 % |

Les verbes qui prédominent chez les hommes sont ceux qui signifient qu'une action a été accomplie par une force supérieure : *control* [contrôler], *command* [commander], *conquer* [conquérir], *overcome* [triompher], *dominate* [dominer], représentent 40 % de l'ensemble des réponses. Chez les femmes, les choix équivalents totalisent 25 %, alors que les verbes qui s'appliquent à une situation où il faut apprendre et acquérir de l'expérience comptent pour 40 %. Les représentants de l'autorité masculine viennent au deuxième rang dans la liste des hommes

(30 %), mais constituent seulement 15 % des réponses des femmes. Celles-ci sont plus nombreuses (10 %) à lier la notion de possession avec *master* [maître], *ownership* [propriété], *owner* [propriétaire].

### C) Définitions

Le mot *god* [dieu] a été défini de trois façons : par un nom ou une phrase synonymes, par une description phénoménologique, par une description basée sur des qualités ou des attributs divins.

En fonction de ces trois catégories, les réponses masculines se distribuent ainsi : noms ou phrases synonymes : 30 % ; descriptions phénoménologiques : 30 % ; descriptions attributives : 40 %. La répartition des réponses féminines est respectivement de 25 %, 25 % et 40 % ; les 10 % restant se composent de réponses que l'on peut considérer comme aberrantes ou de commentaires (*"So help me"* [Aidez-moi], *undefinable* [indéfinissable]), et constituant autrement dit une réaction à la nature de la question.

Certaines réponses intègrent des éléments qui les qualifient pour une autre catégorie. Ainsi, *"universal consciousness"* [conscience universelle] a le statut d'un synonyme mais inclut un élément attributif. *"A supernatural being who is worshipped and conceived of in personal terms"* [un être surnaturel adoré et pensé en termes personnels] est d'abord un synonyme, mais devient phénoménologique par l'ajout de la proposition relative. De même, *"a supernatural being usually described as transcendent"* [un être surnaturel habituellement décrit comme transcendant] combine des définitions attributive et phénoménologique. Quatre des réponses féminines ont pour caractère secondaire un élément attributif : *"a deity endowed with certain powers"* [déité dotée de pouvoirs particuliers], *"infinite mind"* [esprit infini], *"a western term used to depict a transcendental, higher, omnipotent, usually male, being"* [terme occidental utilisé pour décrire un être transcendantal, supérieur, omnipotent, omniprésent et le plus souvent masculin]. Si l'on calcule en pourcentages ces définitions secondaires, les réponses sont numériquement équivalentes pour les deux sexes dans les deuxième et troisième catégories.

Selon qu'elles sont interprétatives ou neutres, on peut diviser les réponses synonymiques en deux sous-groupes. Le premier comprend quatre définitions proposées par des hommes : *« universal consciousness »* [conscience universelle], *« nature »* [naturel], *« numinous active being »* [être nouménal, conscient, actif], et *« God is life »* [Dieu est la vie]. Dans le sous-groupe neutre, on trouve *« a divinity »* [une divinité] et *« a symbol of higher being »* [symbole de l'être supérieur]. Les femmes ont fourni trois expressions synonymiques interprétatives : *« live principle – guiding principle, culmination of experience »* [principe de vie – principe conducteur, point culminant de l'expérience], *« life, love, the spirit of nature and humanity »* [la vie, l'amour, l'âme de la nature et de l'humanité] et *« infinite mind »* [esprit infini]. Leurs réponses neutres se composent de *« deity, creator »* [déité, créateur], et *« the name for the concept of the supreme being or creator ; god – a deity of any sort »* [le nom donné au concept d'être suprême ou de créateur ; dieu – une déité quelconque].

Dans les définitions des hommes, on trouve trois verbes à la forme active (15 %), huit à la forme passive (40 %). Chez les femmes, les fréquences d'apparition correspondantes sont respectivement une (5 %) et sept fois (35 %). Les hommes utilisent neuf fois (45 %) le gérondif *being* [être], les femmes six fois (30 %). On trouve plus de substantifs équivalents dans les définitions féminines que masculines :

F : *principle* [principe], *source* [source], *creator* [créateur], *spirit* [âme], *force* [force] .................... huit fois (40 %)
*entity* [entité], *deity* [déité] ............. huit fois (40 %)

H : *principle* [principe], *source* [source], *creator* [créateur], *power* [pouvoir], *sustainer* [soutien] .... cinq fois (25 %)
*entity* [entité], *divinity* [divinité], *idol* [idole], *symbol* [symbole], *object* [chose] .................. cinq fois (25 %)

– Les adjectifs qui connotent un *classement hiérarchique, l'isolement,* se distribuent comme suit :

HOMMES

| | | |
|---|---|---|
| *Transcendent* [transcendant] | 3 | 15 % |
| *Supernaturel* [surnaturel] | 3 | 15 % |
| *Supreme* [suprême] | 1 | 5 % |
| *Higher* [supérieur] | 1 | 5 % |
| | **8** | **40 %** |

FEMMES

| | | |
|---|---|---|
| *Transcendental* [transcendantal] | 1 | 5 % |
| *Supernatural* [surnaturel] | 2 | 10 % |
| *Supreme* [suprême] | 1 | 5 % |
| *Higher* [supérieur] | 1 | 5 % |
| *Ultimate* [ultime] | 2 | 10 % |
| | **7** | **35 %** |

— Ceux qui supposent l'*intelligence :*

HOMMES

| | | |
|---|---|---|
| *Omniscient* [omniscient] | 2 | 10 % |
| *Wise* [averti] | 1 | 5 % |
| *Conscious* [conscient] | 1 | 5 % |
| | **4** | **20 %** |

FEMMES

| | | |
|---|---|---|
| *All knowing* [qui sait tout] | 1 | 5 % |
| *Omniscient* [omniscient] | 1 | 5 % |
| | **2** | **10 %** |

— Ceux qui désignent le *pouvoir* :

HOMMES

| | | |
|---|---|---|
| *Omnipotent* [omnipotent] | 1 | 5 % |

FEMMES

| | | |
|---|---|---|
| *All powerful* [tout-puissant] | 1 | 5 % |
| *Omnipotent* [omnipotent] | 1 | 5 % |
| *Almighty* [tout-puissant] | 1 | 5 % |
| | **3** | **15 %** |

— Ceux qui renvoient à une *activité,* à une *fonction* :

HOMMES

| | | |
|---|---|---|
| *Living* [vivant] | 1 | 5 % |
| *Active* [actif] | 1 | 5 % |
| *Loving* [aimant] | 1 | 5 % |
| | **3** | **15 %** |

FEMMES

| | | |
|---|---|---|
| *Guiding* [guidant] | 1 | 5 % |

### *D) Production de phrases*

Six réponses masculines de l'épreuve orale témoignent de l'ambiguïté du verbe du groupe *red-see-horse* [rouge, voir, cheval], en lui substituant le mot *sea* [mer]. Cinq femmes ont fait la même interprétation, une sixième ayant à la fois retenu *sea* [mer] et *could be seen* [(que l'on) pouvait voir]. On ne trouve qu'une seule fois les alternatives *read* [lire] et *hoarse* [enroué]. Neuf hommes et six femmes ont élaboré des phrases où *red* [rouge] est l'attribut de *horse* [cheval].

Les considérations sémantiques qui s'appliquent en français à la combinaison *rouge-cheval* ne se retrouvent pas dans l'expression *« red horse »*. Si, en français, l'adjectif « roux » — et non « rouge » — est un terme approprié pour désigner la chevelure humaine ou la robe d'un animal, *l'Oxford English Dictionary* donne *red* [rouge] comme un équivalent possible de la couleur « fauve », « alezan », ou « baie ». Les femmes ont toutefois été sensiblement plus nombreuses à construire des phrases beaucoup plus élaborées et variées en utilisant *red* [rouge] à une autre place que celle d'un attribut de *sea* [mer] ou de *horse* [cheval]. Au bout du compte, treize (65 %) des phrases des femmes échappent aux combinaisons *« Red Sea »* [mer Rouge] et *« red horse »* [cheval rouge], alors que ce n'est le cas que pour six (30 %) phrases d'hommes.

Le groupe *mind-eye-sun* [esprit-œil-soleil] ouvrait sur les variantes *I* [je] et *son* [fils] et sur les divers sens possibles du terme *mind* [esprit] — des acceptions verbales « tenir compte », « s'appliquer », « faire attention », « prendre soin de », « se préoccuper », aux alternatives substantivées : « mémoire, ou souvenir », « siège ou agent de la conscience ».

La forme *eye* [œil] a néanmoins été privilégiée dans les réponses de neuf femmes et de huit hommes. L'expression *« mind's eye »* [les yeux de l'esprit] apparaît quatre fois chez les femmes et sept fois chez les hommes. Dans dix phrases de femmes et quatre phrases d'hommes seulement, *eye* [œil] désigne littéralement l'organe de la vue localisé dans le corps humain.

Une des réponses féminines interprète *eye* [œil] comme *I* [je] : *« I do not mind the brightness of the sun, but I dislike intense heat* » [Je ne crains pas l'éclat du soleil mais je n'aime pas les fortes chaleurs]. Les autres emploient *eye* [œil] comme un verbe : « *In my mind I could eye the sun* » [En esprit, je peux fixer le soleil].

Parmi les autres réponses masculines, deux donnent à *eye* [œil] le sens de *I* [je] : « *I mind the sun* » [Je crains le soleil], « *I don't mind the sun when it's shining on my face* » [je ne crains pas que le soleil illumine mon visage]. La troisième l'intègre dans l'expression verbale « *keep an eye on* » [garder l'œil sur, veiller] : « *Mind you keep an eye on the sun* » [N'oubliez pas de veiller au soleil].

A l'épreuve orale, *son* [fils] vient à la place de *sun* [soleil] dans trois des énoncés masculins et un énoncé féminin. Les hommes à trois reprises et les femmes à cinq utilisent *mind* [esprit] comme un verbe, avec le sens « être ennuyé par » ou « désapprouver » ; il apparaît deux fois chez les deux sexes dans l'acception « prendre soin de ». Cinq réponses féminines et deux réponses masculines font état d'une sensation physique (douleur, chaleur).

Les pronoms personnels et les noms animés ou inanimés se retrouvent comme suit en place de sujet :

| | HOMMES | FEMMES |
|---|---|---|
| *Je* | 16-(40 %) | 22-(55 %) |
| *Tu/vous* | 6-(15 %) | 4-(10 %) |
| *Il* | 1-( 2,5 %) | 1-( 2,5 %) |
| *Elle* | 0- | 1-( 2,5 %) |
| Animé | 11-(27,5 %) | 10-(25 %) |

Les hommes ont cité deux fois des noms masculins en position d'objet, mais jamais des noms ou des pronoms du genre féminin, alors que les femmes ont inclus des objets masculins et féminins avec une égale fréquence (trois fois pour chaque genre).

### *E) Production de phrases à partir de mots clés*

Qu'elles aient été élaborées par des hommes ou des femmes, la plupart des phrases où entre le mot *celibacy* [célibat] s'apparentent à un commentaire d'ordre général, à un jugement d'application universelle ou à un fait historique. D'où une occurrence beaucoup plus faible des pronoms personnels en place de sujet que celle que l'on a constatée dans les énoncés de la section précédente.

A des fins d'analyse, j'ai trouvé qu'il pourrait être utile dans cette section de regrouper les résultats de *celibacy* [célibat] et *virgin* [vierge]. J'ai quantifié certaines caractéristiques des réponses en fonction des conclusions que l'on peut en tirer dans une perspective historico-culturelle, relativement à la sexualité féminine et masculine et à ce qui reflète l'actuel changement des valeurs sociales.

— Position de sujet grammatical :

| | HOMMES | | FEMMES | |
|---|---|---|---|---|
| | Célibat | Vierge | Célibat | Vierge |
| *Je* | 0 | 2 — 10 % | 0 | 2 — 10 % |
| *Il* | 1 — 5 % | 2 — 10 % | 2 — 10 % | 0 |
| Non-animé (f) | 0 | 4 — 20 % | 0 | 1 — 5 % |
| Non-animé (m) | 1 — 5 % | 4 — 20 % | 2 — 10 % | 4 — 20 % |

— Jugement positif :

| | | |
|---|---|---|
| HOMMES | Célibat ........ | 3 — 15 % |
| | Vierge ......... | 2 — 10 % |
| FEMMES | Célibat ........ | 5 — 25 % |
| | Vierge ......... | 4 — 20 % |

— Jugement négatif :

| | | |
|---|---|---|
| HOMMES | Célibat ........ | 7 — 35 % |
| | Vierge ......... | 1 — 5 % |
| FEMMES | Célibat ........ | 1 — 5 % |
| | Vierge ......... | 1 — 5 % |

— Référence à la religion ou à des valeurs spirituelles :

| | | |
|---|---|---|
| HOMMES | Célibat ........ | 8 — 40 % |
| | Vierge ......... | 5 — 25 % |
| FEMMES | Célibat ........ | 8 — 40 % |
| | Vierge ......... | 5 — 25 % |

— Valeurs imposées de l'extérieur :

| | | |
|---|---|---|
| HOMMES | Célibat ........ | 6 ____ 30 % |
| | Vierge ......... | 1 ____ 5 % |
| FEMMES | Célibat ........ | 7 ____ 35 % |
| | Vierge ......... | 2 ____ 10 % |

— Affirmation d'un choix :

| | | |
|---|---|---|
| HOMMES | Célibat ........ | 5 ____ 25 % |
| | Vierge ......... | 1 ____ 5 % |
| FEMMES | Célibat ........ | 6 ____ 30 % |
| | Vierge ......... | 2 ____ 10 % |

## INTERPRÉTATION DES RÉSULTATS

Étant donné la taille réduite de l'échantillon, j'hésite, à ce stade de la recherche, à tirer des conclusions de toutes les données relevées dans cette étude. C'est pourquoi j'insisterai surtout sur les points où des divergences importantes se manifestent entre les réponses masculines et féminines, ainsi que sur les constatations qui viennent renforcer ou contredire celles qui se dégagent des versions française et italienne de certaines de ces épreuves linguistiques.

Dans les quatre phrases des sections D et E reproduites et analysées ci-dessus, les pronoms personnels se répartissent ainsi :

| | HOMMES | FEMMES |
|---|---|---|
| *Je* ........... | 18 ____ 22,5 % | 24 ____ 30,00 % |
| *Tu/vous* ....... | 6 ____ 7,5 % | 4 ____ 5,00 % |
| *Il* ............ | 4 ____ 5,0 % | 3 ____ 3,75 % |
| *Elle* .......... | 4 ____ 5,0 % | 2 ____ 2,5 % |

Ces résultats se distinguent des premières fréquences relevées dans les résultats aux épreuves linguistiques pour le français et l'italien, où les femmes se situent beaucoup moins souvent que les hommes en position de sujet du discours et privilégient l'usage des pronoms de la deuxième personne et de la troisième personne au masculin. De plus, le soin mis par les hommes européens à se préférer au pronom *elle* ne se vérifie pas ici. La troisième personne au féminin est en revanche le pronom personnel le plus rarement retenu par les femmes ; elles l'utilisent deux fois moins souvent que les participants masculins, et deux fois moins souvent que la deuxième personne.

En termes comparatifs, cela vient à l'appui des conclusions de Katherine Stephenson qui, dans son analyse du corpus fourni par vingt-six femmes et vingt-trois hommes, constate, en ce qui concerne l'usage masculin et féminin du pronom *I* [je], une proportion proche de celle qu'établissent mes résultats (respectivement 0,75 et 0,70). La supposition selon laquelle les femmes nord-américaines seraient moins disposées à s'auto-effacer du discours se trouve ainsi renforcée. Il faut toutefois prendre en compte l'usage assez peu fréquent qu'elles font du pronom *she* [elle], d'autant que cela correspond à l'observation faite par Luce Irigaray et Patrizia Violi sur la façon dont elles évitent de se situer en position de sujet féminin. À mon sens, il est donc nécessaire d'envisager une éventuelle relation entre le niveau d'instruction et l'expression de la subjectivité. Au fur et à mesure qu'elles s'engagent dans le discours universitaire, les femmes s'habituent peut-être à se représenter elles-mêmes dans le langage écrit et parlé et à formuler leur expérience du monde à partir d'un point de vue subjectif. Le monde extérieur reste pourtant toujours perçu comme s'il était gouverné et agi par les hommes, ce dont témoigne la rareté d'autres acteurs féminins dans les phrases énoncées par des femmes. C'est pourquoi je crois qu'il serait intéressant de faire entrer dans nos statistiques la considération du niveau d'instruction des participants[2].

Le biais de l'éducation figure peut-être aussi dans les réponses féminines proposant un synonyme au mot *master* [maître]. On l'a vu, ce sont les réponses comprenant des verbes liés à l'étude, au succès, à la compétence qui constituent le groupe le plus important. On pourrait voir là le reflet d'un phénomène culturel dont les participantes ont une expérience personnelle, et qui, dans cette société, permet aux femmes d'atteindre l'efficacité et la sécurité économique grâce aux possibilités offertes par des études poussées. Les références universitaires sont un atout dans la compétition avec les hommes pour des postes relativement bien payés. Du reste, à l'exception du monde universitaire, l'enseignement est le domaine professionnel où les femmes sont le mieux représentées.

Luce Irigaray a insisté sur l'image des femmes dans une société patriarcale, notamment en ce qui concerne la dimension religieuse où la seule identité divine reconnue à la femme est le plus souvent mère du fils (de Dieu), du Dieu fait homme. Cet archétype réducteur ne transparaît toutefois pas dans la section D du corpus de l'épreuve linguistique, où l'option entre *son* [fils] et *sun* [soleil] se présentait spontanément[3]. En réalité, les hommes ont été plus nombreux que les femmes à choisir le premier de ces termes (30 %/10 %). Mais ce groupe de mots vient corroborer les inférences établies sur la base des définitions de *mother* [mère] et *body* [corps] dans l'étude de Katherine Stephenson, portant sur la plus grande conscience que les femmes ont de leur corps et sur leur penchant à associer l'expérience au physique. *Eye* [œil] désigne beaucoup plus souvent un organe du corps humain pour les femmes que pour les hommes (50 %/20 %). Toujours dans la même section, 25 % des phrases des femmes se réfèrent à la sensation physique, contre 10 % de celles des hommes.

Il serait intéressant de bouleverser l'ordre des mots du groupe « *mind-eye-sun* » [esprit-œil-soleil] afin de voir si cela modifierait la fréquence d'utilisation de l'expression « *mind's eye* » [les yeux de l'esprit]. Ce type de changement pourrait également affecter l'usage du mot *son* [fils] à la place de *sun* [soleil] dans les épreuves orales.

Les antonymes de l'adjectif *transcendent* [transcendant] qu'ont choisis les femmes suggéraient plus fortement la réalité physique. Si on les couple avec les contraires qui suggèrent la familiarité, ceux que les hommes ont préféré, la notion d'abstraction est devancée, statistiquement parlant.

Les hommes étaient moins susceptibles que les femmes d'invoquer le fait qu'ils « ne savent pas » dans un domaine de connaissances restreint. Celles-ci ont mentionné plus souvent qu'elles ignoraient une information ou l'avaient oubliée pour expliquer qu'elles ne pouvaient pas répondre, les participants masculins admettant plus volontiers avoir intégré l'information mais l'avoir mal située. De la même façon, dans les définitions de *God* [Dieu], les hommes ont privilégié la connaissance par rapport au pouvoir et à l'autorité, auxquels les femmes se référaient. Les hommes ont également attribué plus souvent une forme active à la divinité, ainsi que le terme « être ». D'autre part, les femmes ont plus fréquemment fourni des noms alternatifs tels « entité », « âme », « principe ». Si l'on considère les interrelations existant entre ces éléments, on peut faire état d'une confirmation indirecte de la tendance à s'identifier à Dieu observée chez les hommes français. Dans la promptitude des hommes à reconnaître en eux comme en la divinité les qualités de connaissance et le phénomène humain et familier consistant à être, vivre, aimer et agir, on peut voir une auto-identification voilée.

Trois énoncés féminins (15 %) et quatre masculins (20 %) évitent d'utiliser le mot *virgin* [vierge] en l'appliquant à la sexualité humaine. Par le biais du célibat et de la virginité, les femmes ont choisi un peu plus souvent que les hommes d'exprimer la sexualité (respectivement, 30 %/25 % ; 10 %/5 %) ; de même, l'évocation des contraintes imposées par les mœurs est légèrement plus fréquente chez elles (35 %/30 % ; 10 % ; 5 %).

L'utilisation du mot *virgin* [vierge] par les hommes et les femmes vient renforcer l'idée qu'il existe en anglais un système de genre implicite. Treize femmes (65 %) définissent ce mot comme féminin ; aucune ne la caractérise comme masculin, ou à la fois masculin et féminin. Sept hommes (35 %) lui donnent une acception féminine, cinq autres (25 %) élaborent des phrases se référant à la virginité masculine et un seulement fait allusion à la virginité chez les deux sexes. Les différences selon lesquelles les hommes et les femmes adhèrent au genre par le biais de ce mot apportent à mon avis une confirmation supplémentaire à deux faits déjà manifestes dans la recherche sur l'ordre sexuel du discours. Luce Irigaray a fait remarquer la tendance dominante des hommes à faire en sorte d'être présents, de manière explicite ou implicite, dans leur énonciation, et cela même lorsqu'on leur demande d'intégrer à leurs énoncés des mots qui appartiennent très évidemment à un contexte féminin (cf. *robe-se-voir*). D'où, ici, leur empressement à négliger la connotation de genre sous-jacente dans le mot *virgin* [vierge]. Les femmes, par ailleurs, manifestent une fois encore les liens forts et harmonieux qu'elles gardent avec la réalité physique, même lorsque celle-ci est évincée par le symbolique. La conscience du corps est le moyen qui permet aux femmes d'être en relation avec le corps social, et les fréquentes références à la Vierge Marie, à une naissance virginale, au statut de l'hymen, etc. que l'on trouve dans leurs réponses révèlent l'importance historique de la femme « intouchée », telle que la véhicule l'idéal chrétien de la virginité.

Dans les phrases forgées à partir de *virgin* [vierge], on trouve aussi un écart important entre les sexes en ce qui concerne le concept du mariage : quatre femmes (20 %) en font mention, contre deux hommes seulement (10 %). Toutefois, trois femmes suggèrent que les états psychologique ou physiologique de la virginité sont équivalents. Plus important encore : dans la dernière section, les réponses féminines révèlent un égal degré d'influence de la culture, des mœurs sociales et d'un nouveau regard sur la sexualité féminine qui s'appuie sur les changements en cours dans les relations entre sexes et sur la compréhension croissante et de plus en plus auto-référée qu'ont les femmes de leur propre identité sexuelle.

Pour que se poursuive cette orientation positive que les femmes manifestent dans la compréhension des liens qui unissent la sexualité et les rôles sociaux qui ont été conçus pour elles, il faut, je crois, continuer d'examiner les antécédents historiques du comportement sexuel dans le contexte des institutions religieuses et séculières, tels la vie monastique et le mariage. C'est en libérant notre terminologie d'images et d'associations dont le sens s'enracine dans un ordre social rigide et autoritaire, qui a exclu les femmes des positions politiques et culturelles influentes, que nous pourrons élargir nos vues sur la réalité potentielle, et sur nous-mêmes en tant que ses créatrices. En développant nos talents à redistribuer les mots qui s'appliquent à la réalité tangible ou physique de l'être humain femme dans des moules métaphoriques nous permettant de tisser un discours plus complexe et plus riche qualitativement, nous pourrons exiger pour nous-même le droit de naître à une auto-expression sans entraves.

## NOTES

1. Renia Tyninski fait ici allusion au séminaire de l'ISISSS, juin 1987 [*Note de L.I.*].

2. Le niveau d'instruction des participant(e)s est toujours indiqué comme une question à poser lors de la passation des épreuves linguistiques, et il figure en français, en anglais et en italien lors de l'analyse des corpus, y compris dans cet article de Renia Tyninski. *[Note de L. I.]*

3. Cette analyse de Renia Tyninski me semble un peu rapide et manquer de références phonologiques. Elle ne tient pas compte non plus de l'influence du protestantisme sans doute plus grande au Canada anglais qu'en France, par exemple, le protestantisme effaçant considérablement le rôle de Marie comme mère du fils de Dieu, conçu aussi par la parole et l'écoute. A cela s'ajoute que fils divin et « soleil » sont souvent associés dans les mythologies ou traditions religieuses. *[Note de L. I.]*

## BIBLIOGRAPHIE

FOWLER R., HODGE R., KRESS G., TREW T. (éd.), *Language and Control,* Londres, Routledge & Kegan Paul, 1979.

HENLEY N., KRAMARAE C. ET T., BARRIE (éd.), *Language, Gender and Society,* Towley (Mass.), Newbury House, 1983.

IRIGARAY L., *Parler n'est jamais neutre,* Paris, Minuit, 1985.

IRIGARAY L., « L'ordre sexuel du discours », in *Langages* n° 85, Paris, Larousse, 1987, p. 81-123.

KRESS G., HODGE R., *Language as Ideology,* Boston, Routledge & Kegan Paul, 1979.

STEPHENSON K., « Luce Irigaray's "L'ordre sexuel du discours" : A Comparative English Study on Sexual Differentiation in Language Use », *Semiotics 1987,* University Press of America.

# Corpus*

## A) CONTRAIRES

### 1. Adjectifs

a) LIGHT

| Femmes | | Hommes | |
|---|---|---|---|
| dark | 15 | dark | 16 |
| heavy | 4 | heavy | 4 |
| shade | 1 | | |

b) TRANSCENDENT

| Femmes | | Hommes | |
|---|---|---|---|
| immanent | 3 | immanent | 8 |
| mundane | 1 | mundane | 4 |
| worldly | 1 | worldly | 1 |
| stuck | 1 | stuck | 1 |
| earthbound | 3 | down-to-earth | 1 |
| earthy | 1 | moribound | 1 |
| grounded | 1 | eternal | 1 |
| solid | 1 | within | 1 |
| transient | 1 | limited | 1 |
| unchangeable | 1 | wingless | 1 |
| isolated | 1 | | |
| normal | 1 | | |
| ordinary | 1 | | |
| undermining | 1 | | |
| (no response) | 2 | | |

* Constitué à partir des réponses par 20 étudiantes et 20 étudiants canadien(ne)s de la York University de Toronto, inscrits dans différentes disciplines.

### *2. Verbes*

KNOW

| *Femmes* | | *Hommes* | |
|---|---|---|---|
| ignore | 3 | ignore | 3 |
| (to) be ignorant | 5 | (to) be ignorant | 4 |
| ignorant | 1 | ignorant | 3 |
| not know | 2 | not know | 1 |
| don't know | 3 | unknown | 1 |
| believe | 1 | believe | 2 |
| be oblivious of | 1 | assume | 1 |
| misapprehend | 1 | forget | 3 |
| unaware | 1 | be blind | 1 |
| yes | 1 | misunderstand | 1 |
| many | 1 | | |

### *3. Phrases*

THE SUN RISES

| *Femmes* | | *Hommes* | |
|---|---|---|---|
| The sun sets | 17 | The sun sets | 16 |
| The sun does not rise | 2 | The sun does not rise | 2 |
| The sun isn't (yet) rising | 1 | The sun also sets | 1 |
| | | The moon rises. | 1 |

## *B) SYNONYMES*

MASTER

| *Femmes* | | *Hommes* | |
|---|---|---|---|
| be in control of | 1 | control | 3 |
| get control of | 1 | dominate | 2 |
| gain control of | 1 | command | 1 |
| conquer | 1 | conquer | 1 |

| | | | |
|---|---|---|---|
| overcome | 1 | overcome | 1 |
| lord | 1 | lord | 3 |
| chief | 1 | boss | 1 |
| supervisor | 1 | teacher | 3 |
| ownership | 2 | guru | 1 |
| owner | 1 | ruler | 1 |
| learn | 3 | owner | 1 |
| acquire proficiency at | 1 | become expert | 1 |
| become proficient | 1 | professional | 1 |
| perform | 1 | comprehend | 1 |
| successfully | 1 | mistress | 1 |
| accomplish | 1 | | |
| become expert in | 1 | | |
| (no response) | 1 | | |

## C) DÉFINITIONS

### 1. Synonymes

GOD

#### Femmes

- Life principe-guiding principle; culmination of experience
- the name for the concept of the supreme being or creator; god – a deity of any sort
- deity, creator
- life, love, the spirit of nature and humanity
- infinite mind

#### Hommes

- universal consciousness
- nature
- a divinity
- a supernatural being who is worshipped and conceived of in personal terms
- a symbol of higher being
- numinous conscious active being
- god is life

### 2. Définitions phénoménologiques

#### Femmes

- that which one experiences as the ultimate
- in some religions – the creator of everything, an entity prayed to

#### Hommes

- worshipped entity
- that which is thought to have been responsible for creation and who continues to have some influence on humans

- a western term used to depict a transcendental, higher, omnipotent, omnipresent, usually male being
- a deity or entity believed to possess supernatural power
- anything that is worshipped
- a deity used for either love or rationale
- a deity endowed with certain powers
- object of deepest veneration for an individual
- a being which personifies natural or psychological powers
- the power of principle of the universe understood in personal terms
- a word used to describe the imagined reason for our existence

### 3. *Définitions attributives*

#### *Femmes*

- all-knowing one
- ultimate source of truth and love, creator of all things
- omniscient, all-powerful being
- omnipresent supernatural being or spirit or force
- almighty being - Love

#### *Hommes*

- the single, living wise and loving source of all
- omniscient being (Being ?)
- creator and sustainer of universe; omnipresent, omniscient, eternal, ineffable, yet known
- transcendent supreme being
- a transcendent omnipotent being
- a supernatural being usually described as

## *D) PRODUCTION DE PHRASES*

### *a)* RED-SEE-HORSE

#### *Femmes*

- I rode my red horse down to the sea for a swim.
- In the red sunset I rode my horse by the sea.
- The child held a red ball and a plastic inflatable sea horse.
- The red glow of the sun could be seen as the horse and rider galloped along the sea.
- He read aloud by the sea until he grew hoarse.
- Little red riding hood's horse was reflected in the calm sea.
- I rode my red horse down to the sea for a swim.
- Did you see the red horse ?
- She saw the red horse and immediately asked for it.
- In my dreams I see a beautiful red horse.
- I see a red horse. (x2)

- Red ribbons made it easy to see the racehorse across the track.
- I could see that the horse's mane was braided with red ribbons.
- You must go to the red barn to see the horse.
- When I see my accounts go into the red, I long to ride into the sunset on a blonde horse.
- I see the winner of the horse race wearing a red rosette.
- I see the horse on the red beach.
- I see red when a horse is whipped.
- I see a red saddle on the horse.
- I see that the flying horse weather vane is painted red.

## *Hommes*

- Their horses and chariots have come to the Red Sea.
- He dreamt he was riding a red seahorse.
- On Hel-Bon III a red sea horse had the capacity to take & diver to three fathoms.
- The horse rose from the sea and flew off into the red sky.
- The horses passed through the Red Sea.
- There is a red sea horse.
- The red horse sees me.
- See the red horse? It's a good steed.
- See the red horse. (x2)
- I see that the horse is red.
- I see a red horse.
- Do you see the red horse on the merry-go-round?
- Whenever the horse sees red, he salivates.
- I could see the horse clear the red fence.
- See the horse with the red harness.
- Over there, by the red barn, can you see the horse?
- The horse could see the sky turn red.

### *b)* MIND-EYE-SUN

#### 1. *Capacité psychique*

## *Femmes*

- I see my son in my mind's eye.
- On winter days I imagine the sun in my mind's eye.
- The brightness of the sun is equivalent to the mind's eye, that portion of consciousness which is alert and all-embracing in its survey.
- In my mind's eye, I see the sun.

### *Hommes*

- The son said that his mind's eye had revealed the truth.
- I see the sun in my mind's eye. (x2)
- I can see the sun in my mind's eye.
- In my mind's eye, I perceive the sun.
- In my mind's eye, I see the sun.
- In my mind's eye, I imagine the sun rising.

## 2. *Sens physique*

### *Femmes*

- I mind being in the sun because it hurts my left eye.
- I mind the sun in my eyes.
- The sun burned his eyes and his mind became dull in the heat.
- I mind that the sun is shining in my eye.
- The sun was in her eye, but she did not mind.
- Her mind was wandering as she shielded the sun from her eyes.
- Mind you protect your eyes when you're out in the sun.
- Mind you don't look directly into the sun or you'll hurt your eye.
- The eye is the sun which lights the mind.
- I will see the sun with my mind and my eye.

### *Hommes*

- In my mind my son's eye looked sore.
- The sun strikes my eye and touches my mind.
- I don't mind the sun in my eye.
- Mind that telescope lest your eye be blinded by the sun.

## 3. *Sens métaphorique*

### *Femmes*

- The sun has always intrigued the eye and fascinated the mind.
- The eye of the sun warms my mind.
- In my mind, I can see the sun through the eye of a needle.
- In his mind, the sun is the eye of God.

## *Hommes*

- The sun is like the eye and the mind.
- Baba Ganoush relaxed and calmed his mind, turned to his inner eye, to his inner sun.
- The sun gives light as the eye to the mind.
- The mind and the eye of the Son are all pervasive.
- Plato thought the sun like the Form of the Good, which illuminates the eye of the mind.
- In my mind, the sun seemed like a big celestial eye.

### *E) PRODUCTION DE PHRASES À PARTIR DE MOTS CLÉS*

### *a)* CELIBACY

#### 1. *Pronoms et noms animés en place de sujet*

## *Femmes*

- He swore a vow of celibacy.
- Few modern young people are patient with the idea of celibacy.
- The young man was informed that to become a priest, he would have to practise celibacy for the rest of his life.

## *Hommes*

- He took a vow of celibacy.
- The monks held fast to the practice of celibacy.
- Bill told Sally to practise celibacy after they broke up.
- Some people take a vow of celibacy.

#### 2. *Autres*

## *Femmes*

- Male celibacy in Roman Catholic priests should not be made the contentious issue that it is.
- A vow of celibacy is taken by all who enter the service of the Roman church.
- Celibacy is a condition of priesthood and sainthood.
- The life of a monk is characterized by, among other things, celibacy.

- Celibacy has profound importance in the monastic tradition.
- Celibacy was practised by the monastic orders of the medieval period.
- Celibacy is no longer considered a virtue by as many people as it once was.
- Celibacy can be a way of getting in touch with higher values.
- Celibacy is a lost art.
- Celibacy leads to an alternative direction of energy.
- Celibacy is a logical choice for those who favour peaceful lives.
- Celibacy can be a very active expression of sexuality at certain points in one's development.
- The only purpose of celibacy can be to aid concentration.
- Celibacy is becoming commonplace these days after the free-wheeling sex of the seventies.
- Celibacy has become a trendy concept.
- Celibacy is the least plausible preventive measure for the spread of AIDS.
- Celibacy is not hereditary.

## *Hommes*

- Celibacy is greatly responsible for the declining number of priests in the Catholic church.
- Celibacy is a requirement for monastic life.
- Celibacy as an institution inhibits recruitment to the priesthood.
- Celibacy can be chosen as a way of life.
- Celibacy is a hard road to follow in life, even for the most religiously devout.
- Celibacy is living without a mate.
- Celibacy became more and more popular in 4th century Rome. The practice of celibacy for members of religious orders was not mandatory in the first several centuries of the Christian church.
- Celibacy was often a prerequisite for entering such a religious cult.
- Celibacy is tough.
- Celibacy is gafe.
- Celibacy sucks.
- Celibacy is often violence.
- Celibacy is an abstraction.
- Periods of celibacy can be beneficial to us.
- Celibacy is good for the soul, so they say, but bad for the teeth.

### *b)* VIRGIN

#### 1. *Pronoms et noms animés en place de sujet*

## *Femmes*

- I once was a virgin.
- I feel virginal in certain experiences.
- The Virgin Mary is always dressed in blue.

- The virgin was led up to the altar.
- Historically a bride had to be a virgin on her wedding night.
- A virgin is a dear, tender creature to be protected, not revered.
- Catholics believe in the miracle of the "Virgin Birth".
- Very few people seem to be interested in the problems of the virgin birth, however.
- People don't like to say if they are still virgin.
- Early North American settlers went west to find virgin territory.
- Every unicorn needs a virgin.

## *Hommes*

- I can't imagine why "Madonna" would sing a song entitled like a Virgin.
- I prefer extra virgin olive oil.
- He was a virgin before he got married.
- He was a virgin all his life.
- She married a virgin.
- She's a virgin.
- She was inspired by the State of the Virgin.
- Virgin Mary, what has she gotten herself into now!
- A virgin is innocent.
- A virgin has never had sexual intercourse.
- The virgin was afraid, for the night was near.
- Virgins are rare, but not less to be valued for that.
- Neither the bride nor the groom was a virgin.
- A lapsed Vestal virgin could be executed by Roman authorities.
- Why are virgins often characterized as nubile?
- The farmer tilled the virgin soil.

### 2. *Sujet inanimé*

## *Femmes*

- The virgin snow settled over the icy lake.
- Virgin grass is greener.
- The virgin birth is a common mythological motif.
- The virgin birth of Christ may have been feasible through artificial insemination.
- Virginity is a state of mind as well as hymen.
- Years ago in western culture it was important for a woman to be a virgin upon marriage.
- It was important to the young lady that she remain a virgin until she was married.
- A better definition of virgin is a woman not under the control of a man.
- (no response).

## *Hommes*

- It was recommended that one use only extra virgin olive oil during the preparation.
- It is the last virgin priest.
- Virgin is a concept no longer understood.
- The virginity of Mary is a doctrine asserting the special status of Jesus' birth.

# Usage sexué des pronoms

MARGARET DEMPSTER
*Undergraduate, Université de Wisconsin – Madison*

**Langue anglaise**

*PRODUCTION DE PHRASES AVEC LES MOTS:*

* **They [ils]**
* **I... you [je... tu/vous]**
* **She [elle]**
* **He [il]**
* **They [elles]**
* **You... him [vous/tu... le/lui]**
* **You... her [vous/tu... la/lui]**
* **We... you [nous... vous/tu]**
* **This... him [cela... le/lui]**
* **This... her [cela... la/elle]**

# PRÉSENTATION DE L'ÉPREUVE LINGUISTIQUE

J'ai fait passer une enquête sur l'usage des pronoms en anglais aux étudiant(e)s du Centre parisien d'études critiques. Mon échantillon se compose de 10 hommes et 20 femmes.

Les épreuves ont été proposées sous forme orale. J'ai présenté la consigne ainsi : « Formez/faites/écrivez une phrase simple avec les pronoms indiqués. Donnez la phrase qui vous vient en premier, n'importe quelle phrase. » Les items sont les suivants :

1. *They* [ils].
2. *I... you* [je... tu/vous].
3. *She* [elle].
4. *He* [il].
5. *They* [elles].
6. *You... him* [vous/tu... le/lui].
7. *You... her* [vous/tu... la/lui].
8. *We... you* [nous... vous/tu].
9. *This... him* [cela... le/lui].
10. *This... her* [cela... la/elle].

Les réponses ont été données par écrit.

## REMARQUES MÉTHODOLOGIQUES

a) Il faut noter que *they* en anglais est mixte, non marqué par un seul sexe. Malgré l'indication de choisir tantôt *they* [ils], tantôt *they* [elles], comme item, l'impact du caractère mixte de *they* entraîne certainement des réponses différentes en anglais et en français. Le genre de *they* est désambiguïsé, ou non, par le contexte.

b) *You* signifie à la fois *tu* et *vous*. C'est le contexte de la phrase qui indique s'il s'agit d'un singulier ou d'un pluriel.

c) Il n'y a pas de genre des mots en anglais comme en français. Les articles masculins et féminins n'existent pas en anglais comme en français. Cela n'empêche pas que certains mots soient sexués. Ainsi le « monde », le « désir », le « sexe », la « violence », sont plus connotés masculins que féminins, comme en général les mots indiquant les sentiments ou actes manifestant la supériorité du sujet sur le monde ou sur l'autre sexe. Des notions comme la « vie », la « terre », la « reproduction », la « question », désignent davantage des domaines relatifs aux femmes. Il en va de même pour les mots indiquant la communication ou l'action faite ensemble. Dans les désignations professionnelles, il y a aussi une répartition importante entre les sexes. Un médecin, un charpentier et un policier sont connotés masculins et une infirmière, une secrétaire, une bibliothécaire, féminins. Les pays, les corps matériels et les objets ont aussi des connotations sexuelles. La transposition des résultats d'une langue à l'autre n'est donc pas aisée et je me suis contentée de commenter les réponses obtenues pour l'anglais sans faire une comparaison élaborée avec le français.

## PRÉSENTATION DU CORPUS

Après avoir recueilli les résultats aux items, j'ai disposé le corpus en tableaux afin de présenter déjà certaines réponses aux questions : Qui parle ou qui agit ? Seul(e) ou avec qui ? A quel propos ? Je les développerai dans la partie « Commentaires des réponses à chaque item ».

# Corpus en tableaux

## Femmes

### 1. PHRASE : *they* [ils]*

| SUJETS | VERBES | C.O.D. | C.O.I. | C. CIRC | ADV. | ADJ. | ATTR. | → P2 |
|---|---|---|---|---|---|---|---|---|
| They | were | | | | late | | | |
| They | are | | | | | | cold | |
| They | have | fun | | | | | | |
| They | went | | | to the movies | | | | |
| They | went | | | to the supermar-ket | | | | |
| They<br>(they) | finished<br>walked | lunch | | <br>to class | | | | and |
| They | are follo-wing | | | in the foot steps (of their older brothers) | | older | | |
| They | went run-ning | | | | | | | |
| They | felt | | | last night | | | tired | |
| They | speak | franglais | | | often | | | |
| They | were going | | | to the zoo | | | | |
| They | made | a road trip | | .to Mexico<br>.for Christ-mas | | | | |
| They<br>she | were asked for... | | | | | | sentences | that |
| They | bug | the hell | | out of me | | | | |
| They | wanted to vomit | | | | | all | | |
| They<br>she | were laughing<br>walked | | | <br>in the room | hysteri-cally | | | when |
| They | ripped | the paper | | | | | | |
| They | were | | | .there<br>.yester-day | | both | | |
| They | are | | | here | | | John + Jean-Paul | |
| They | went | | | to the store | | | | |

* Les mots sont rangés par fonction syntaxique dans la phrase, soit SN1, SV, SN2, SN3, Adverbes (sauf si SN3), Adjectifs (sauf si attribut), Attributs et conjonctions → P2.

## 2. PHRASE : *I... you* [je... vous]

| SUJETS | VERBES | C.O.D. | C.O.I. | C. CIRC | ADV. | ADJ. | ATTR. | → P2 |
|---|---|---|---|---|---|---|---|---|
| I | saw | you | | | | | | |
| I | like | you | | | | | | |
| I | detest | you | | | | | | when |
| you | do | that | | | | | | |
| I | wasn't listening | | to you | | | | | |
| I | get on | | | with you | well | | | |
| I | don't know | | | | | | | whether or not |
| you | will ap-prove | | | | | | | |
| I | want | | | | | | | (that) |
| (I) | to spit | | at you | | | | | |
| I | want | you | | | | | | |
| I | see | you | | | | | | |
| I | love | you | | | | | | |
| I | say | yes | | | | | | (and) |
| you | say | no | | | | | | |
| I | want | | | | | | | (that) |
| (I) | to tell | | you | | | | | |
| I | miss | you | | | | | | |
| I | have to do | work | | before finals | | more | | than |
| you | (have to do) | | | | | | | |
| I | am | | | with you | extremely | | up set | |
| I | think | | of you | | constantly | | | |
| I | believe | | in you | | | | | |
| I | lost | you | | | | | | |
| I | left | you | | .yesterday .at noon | | | | |
| I | went | | | to the movies | | | | to |
| (I) | to see | you | | on screen | | | | |

## 3. PHRASE : *she* [elle]

| Sujets | Verbes | C.O.D. | C.O.I. | C. circ | Adv. | Adj. | Attr. | → P2 |
|---|---|---|---|---|---|---|---|---|
| She | eats | cheese | | | | | | |
| She | doesn't like | you | | | | | | |
| She | is | | | | | | confident | |
| She | moved off | | | | | | | and |
| (she) | brushed | her feet | | | | | | |
| She | looks | | | today | well | | | |
| She | can do | | | | | | | what |
| she | wants | | | | | | | |
| She | hasn't seen | it | | | | | | |
| She | stood | | | there | | | | |
| She | knows | | | | | | | what |
| she | wants | | | | | | | |
| She | is | | | | | | fat | |
| She | sells | seashells | | | | | | |
| She | didn't tell | the truth | them | | | | | |
| She | wrote | a book | | | | | | and |
| (she) | became | | | | | | famous | |
| She | is coming | | | | | | | to |
| (she) | to visit | me | | in 4 days | | | | |
| She | sells | seashells | | by the seashore | | | | |
| She | wished | | | | | | | (that) |
| she | were | | | elsewhere | | | | |
| She | was | | | | | | | to |
| (she) | (to) show | | | in N.J. | | | | |
| She | will graduate | | | | at the top (of her class) | | | |
| She | lived | | | in the neighborhood | | | | |
| She | rode | her bike | | for the last 4 semesters | | | | |

## 4. PHRASE : *he* [il]

| SUJETS | VERBES | C.O.D. | C.O.I. | C. CIRC | ADV. | ADJ. | ATTR. | → P2 |
|---|---|---|---|---|---|---|---|---|
| He | changed | the world | | | | | | |
| He | has not written | | to me | in a week | | | | |
| He | can't drive | a car | | | .very .well | | | |
| He | tried | | | | | | | to |
| (he) | to convince | her | of his intentions | | | his | | but |
| she | did not believe | him | | | | | | |
| He | is | | | in no position | | no | | to |
| (he) | to ask | that | of me | | | | | |
| He | is | | | | | | a boy | |
| He | left | school | | last year | | | | |
| He | loves | | | | | | | to |
| (he) | to draw | pictures | | | | | | |
| He | doesn't wear | | | | | | shorts | |
| He | mopped | his brow | | | | | | |
| He | went | | | outside | | | | |
| He | is bothering | me | | with his comments | | his | | |
| He | runs | | | | fast | | | |
| He | won't see | it | | | | | | |
| He | will jump | | | | | | | |
| He | has | idea | | | | no | | |
| He | is | | | | | | gross | |
| He | doesn't know | | | | | | | |
| He | got | | | home | | | | |
| He | turned down | the TV | | | | | | and |
| he | went | | | | | | | (to) |
| (he) | to sleep | | | | | | | |

## 5. PHRASE : *they* [elles]

| SUJETS | VERBES | C.O.D. | C.O.I. | C. CIRC | ADV. | ADJ. | ATTR. | → P2 |
|---|---|---|---|---|---|---|---|---|
| They | took | a ride | | on the roller coaster | | | | |
| They | are | | | | | | cold | |
| They | are | | | | | | gives | |
| They | fixed | the truck | | | | | | |
| They | can be | | | | selfconsciously | | catty | |
| They | like | that place | | | | that | | |
| They | took | him | | | seriously | | | |
| They | hated | men | | | | | | |
| They | went | | | to a movie | | | | |
| They | went | | | to the store | | | | |
| They | went | | | to the play | | | | |
| They | were kidding | | | | only | | | |
| They | became | | | | never | best | friends | |
| They | went shopping | | | | today | | | |
| They | are waiting | | | for the bus | | | | |
| They | studied | | | during the morning | | | | (and) |
| (they) | ate | lunch | | | | | | (and) |
| (they) | took | the exam | | | | | | |
| They | understood | the concept (of art) | | | | . all . gothic | | |
| They | are | | | | | | hungry | |
| They | went out | | | last night | | last | | |
| They | spell | | | | horribly | | | |

## 6. PHRASE : *you... him* [vous... le/lui]

| SUJETS | VERBES | C.O.D. | C.O.I. | C. CIRC | ADV. | ADJ. | ATTR. | → P2 |
|---|---|---|---|---|---|---|---|---|
| You | called | him | | | | | | |
| You | like | him | | | | | | |
| You | shouldn't see | him | | | anymore | | | |
| You | are | | at him | | | hungry | | |
| You | go | | | with him | | | | and |
| I | meet | you | | | later | | | |
| I | see | him | | | | | | |
| You | love (?) | him | | | | | | |
| You | will fly | him | | to Madrid | | | | |
| You | called | him | | | | | | |
| You | saw | him | | last night | | last | | |
| You | bought | a shirt | him | | | | | |
| You | said | | | | | | | (that) |
| you | didn't want | | | | | | | to |
| (you) | to go | | | with him | | | | |
| You | can't rely | | | on him | | | | |
| You | saw | him | | at the restaurant | | | | |
| You | want to go out | | | with him | | | | |
| You | followed | him | | | | | | |
| You | must tell | the truth | him | | | | | |
| You | like | him | | | | | | |
| You | liked | him | | last year | last | | | |
| You | were walking | | | with him | | | | when |
| we | saw | you | | | | | | |

## 7. PHRASE : *you... her* [vous... la/elle]

| SUJETS | VERBES | C.O.D. | C.O.I. | C. CIRC | ADV. | ADJ. | ATTR. | → P2 |
|---|---|---|---|---|---|---|---|---|
| You | asked | | her | | | | | |
| You | like | her | | | | | | |
| You | shouldn't see | her | | | anymore | | | |
| You | were looking | | | for her | | | | |
| You | want to meet | her | | on time | | | | |
| (you) | don't | | | | why ? | | | |
| You | like (?) | her | | | | | | |
| You | hate (?) | her | | | | | | |
| You | have | her | | | | | | |
| You | called | her | | | | | | |
| You | were | | | .with her<br>.last night | | last | | |
| You | told | the information | to her | | | | | |
| You | are going to do | what (?) | | with her | | | | when |
| she | visits | | | | | | | |
| You | have | | | | | | | to |
| (you) | to respect | her | | | | | | |
| You | don't like | her | | | very much | | | |
| You | went | | | .with her<br>.to the movies | | | | |
| You | helped | her | | with her laundry | | her | | |
| You | are going | | | .to the film<br>.with her | | | | |
| You | can go | | | with her | | | | |
| You | looked | at her | | | | | | |
| You | saw | her | | | | | | when |
| she | was standing | | | by the phone | | | | |

## 8. PHRASE : *we... you* [nous... vous]

| SUJETS | VERBES | C.O.D. | C.O.I. | C. CIRC | ADV. | ADJ. | ATTR. | → P2 |
|---|---|---|---|---|---|---|---|---|
| We | were look-<br>ing | | for you | | | | | |
| We | like | you | | | | | | |
| We<br>(we) | would like<br>to speak | | to you | | | | | to |
| We | missed | you | | | | | | |
| We | believe | | in you | | | | | |
| We<br>you | think<br>should go | | | | | | | that |
| We<br>(we) | are going<br>to take | you | | | there | | | to |
| We | have | time | | for you | | | | |
| We | have been<br>waiting | | | for you | | | | |
| We | went | | | .to the<br>store<br>.with you | | | | |
| We<br>(we) | wanted<br>to go | | | .out<br>.last<br>night | | last | | to |
| We<br>(you) | wanted<br>to watch | a movie | | | | | | to |
| We<br>you | wish<br>wouldn't<br>go | | | | | | | (that) |
| We | will meet | you | | | | | | |
| We<br>(you) | waited<br>to arrive | | | for you | | | | to |
| We | want to<br>cook | a dinner | | for you | | | | |
| We<br>you | wish<br>were | | | | here | | | (that) |
| We | like | you | | | | | | |
| We | shall show | | for you | | off | | | |
| We | saw | you | | at the<br>store | | | | |

## 9. PHRASE : *this... him* [cela... le/lui]

| SUJETS | VERBES | C.O.D. | C.O.I. | C. CIRC | ADV. | ADJ. | ATTR. | → P2 |
|---|---|---|---|---|---|---|---|---|
| This coat | belongs | | to him | | | this | | |
| This | pleases | him | | | | | | |
| This | shouldn't matter | | to him | | anymore | | | |
| This | represents | him | | | | | | |
| This book | belongs | | to him | | | this | | |
| This | is | | | | | | (that) | what |
| I | think | | of him | | | | | |
| This | was | | to her | | | | important | |
| This | has | | | | | | | to |
| (This has to) | to be | | | the last time | | last | | |
| This | belongs | | to him | | | | | |
| This day | was | | | for him | | this | good | |
| This paper | was written | | | by him | | this | | |
| This | is not | | | | | | (that) | what |
| she | had prepared | | | for him | | | | |
| This | is | | | for him | | | perfect | |
| This composition | will be | | | for him | | this | easy | |
| This | bothers | him | | | really | | | |
| This | bores | him | | | | | | |
| This | is | | | | | | the story | that |
| (that) | is told | | | by him | | | | |
| This | does not apply | | | to him | | | | |
| This | was | | | for him | | | | |
| This store | closes | | | | | this | | that |
| (she) | tell | | him | | | | | |

## 10. PHRASE : *this... her* [cela... la/elle]

| SUJETS | VERBES | C.O.D. | C.O.I. | C. CIRC | ADV. | ADJ. | ATTR. | → P2 |
|---|---|---|---|---|---|---|---|---|
| This umbrella | was | | | under her chair | | .this<br>.her | | |
| This | pleases | | her | | | | | |
| This | makes | | her | | | | | (that) |
| (she) | go | | | | | wild | | |
| This | oppresses | her | | | | | | |
| I | can't lend | this | to her | | | | | |
| I | doubt | | | | | | | (that) |
| this | will please | | her | | | | | |
| This | meant | nothing | to her | | | | | |
| This | doesn't seem | | | | | | | (to) |
| (this) | to like | | her | | | | | |
| This dog | belongs | | to her | | | this | | |
| This paper | was written | | | by her | | .intense<br>.this | | |
| This | could be | the result (of all her work) | | | | .all<br>.her | | |
| This | would please | | to her | | | | | |
| This school | pleases | | to her | | very much | this | | |
| This | makes | | her | | very | sad | | |
| This | bothers | her | | | | | | |
| This | followed | her | | | | | | |
| This | concerns | her | | | | | | |
| This | is | | | for her | | | | |
| This | is | | | for her | | | a first | |

# *Hommes*

## 1. PHRASE : *they* [ils]

| SUJETS | VERBES | C.O.D. | C.O.I. | C. CIRC | ADV. | ADJ. | ATTR. | → P2 |
|---|---|---|---|---|---|---|---|---|
| They | saw | each other | | on the metro | | | | |
| They | float | | | | heavily | | | |
| They | can | | | | | | | |
| They | are | | | | | | angry | |
| They | see | the elephants | | | | rude | | |
| They | have been waiting | | | | how long | | | |
| They | ran | | | | | | | |
| They | love | each other | | | | | | |
| They | ran | | | through the gardens | | | | |
| They | had seen | anything | | | never | | | |

## 2. PHRASE : *I... you* [je... vous]

| Sujets | Verbes | C.O.D. | C.O.I. | C. circ | Adv. | Adj. | Attr. | → P2 |
|---|---|---|---|---|---|---|---|---|
| I | hate | you | | | | | | |
| I | was | | | | | | you | |
| I | know | you | | | | | | |
| I | love | you | | | | | | |
| I | think | | | | | | | that |
| (I) | knew | you | | yesterday | | | | |
| I | find | | | | | | | that |
| (you) | are | | | | exceedingly | | boring | |
| I | love | you | | | | | | |
| I | know | you | | | | | rider | |
| I | have seen | you | | | often | | | |
| I | would like | | | | | | | (that) |
| (I) | to know | | | | | | | what |
| I | am doing | | | | .here .really | | | |

## 3. PHRASE : *she* [elle]

| Sujets | Verbes | C.O.D. | C.O.I. | C. circ | Adv. | Adj. | Attr. | → P2 |
|---|---|---|---|---|---|---|---|---|
| She | is | | | | | best | my friend | |
| She | dies | | | | often | | | |
| She | could | | | | | | | |
| She | is | | | | | | wonderful | |
| She | bounces | balls | | | badly | | | |
| She | can throw | a ball | | | farther | | | than |
| I | can | | | | | | | |
| She | is | | | | | | | |
| She | loves | you | | | | | | |
| She | hasn't been | | | to class | lately | | | |
| She | didn't believe | anything | | | | | | that |
| I | said | | | | | | | |

## 4. PHRASE : *he* [il]

| Sujets | Verbes | C.O.D. | C.O.I. | C. circ | Adv. | Adj. | Attr. | → P2 |
|---|---|---|---|---|---|---|---|---|
| He | is run | | | | ashore | | | |
| He | dies | | | | often | | | |
| He | can | | | | | | | |
| He | is | | | | | | a gas | |
| He | is | | | | | | who ? | |
| He | is | | | .in the class .with her | only | red | the man | |
| He | carries | a brief-case | | | everyday | | | |
| He | is gone | | | | | | | |
| He | wan't pass | the exam | | | probably | | | |
| He | thought | | of himself | | .very .highly | | | |

## 5. PHRASE : *they* [elles]

| Sujets | Verbes | C.O.D. | C.O.I. | C. circ | Adv. | Adj. | Attr. | → P2 |
|---|---|---|---|---|---|---|---|---|
| They | starred up | | | all night | | | | |
| (They) | watching | Tv | | | | | | |
| They | make | overcoats | | | | | | |
| They | can | | | | | | | |
| They | are | | | | | | angry | |
| (You) | look | | at the group of girls | | | | | (who) |
| (Who) | are walking | | | down the street | | | | |
| They | are going | | | to Beneton | | | | |
| They | discussed | | | | | | | what |
| The form | is | | | | | what | | |
| The film | would take | | | | | | | |
| They | are | | | | | | beautiful | |
| They | pelted | us | | with rocks and garbage | | | | |
| They | talk | | with one another | often | | | | |
| They | enjoyed | something | | | | | | (when) |
| (they) | go out | | to dinner | | | | | |

## 6. PHRASE : *you ... him* [vous ... le]

| Sujets | Verbes | C.O.D. | C.O.I. | C. circ | Adv. | Adj. | Attr. | → P2 |
|---|---|---|---|---|---|---|---|---|
| You | will not see | him | | | | | | |
| You | loved | him | | | | | | |
| You | knew | him | | | | | | |
| You | are fond | | of him | | | | | |
| You | like | him | | | | | | |
| You | can't tell | anything | him | | | | | (because) |
| he | doesn't listen | | | | | | | |
| You | lust | | for him | | | | | |
| You | never give | your money | him | | never | your | | |
| You | can see | him | | | | | | (that) |
| (he) | (is) standing | | | at the mirror | best | | | |
| I | wish | | | | | | | (that) |
| you | had told | | me | | before | | | (that) |
| you | left | | | | | | | |

## 7. PHRASE : *you ... her* [vous ... elle]

| SUJETS | VERBES | C.O.D. | C.O.I. | C. CIRC | ADV. | ADJ. | ATTR. | → P2 |
|---|---|---|---|---|---|---|---|---|
| You | should give | it | to her | | | | | |
| You | are | | | without her | | | nothing | |
| You | are | | | with her | here | | | |
| You | are fond | | of her | | | | | |
| You | don't like | her | | | | | | |
| You | haven't seen | her | recently | | | | | |
| You | are fringing | | | | | | | (that) |
| (you) | to be | | | | | | her | |
| You | know | me | | | | | | like (as) |
| I | know | her | | | | | | |
| You | can't see | her | | | | | | (because) |
| she | is sleeping | | | | | | | |
| You | have | time | | | | | | to |
| (you) | see | her | | | | | | |

## 8. PHRASE : *we ... you* [nous ... vous]

| SUJETS | VERBES | C.O.D. | C.O.I. | C. CIRC | ADV. | ADJ. | ATTR. | → P2 |
|---|---|---|---|---|---|---|---|---|
| We | like | you | | | | | | |
| We | emphasize | you | | | | | | |
| We | salute | you | | | | | | |
| We | are looking | | | | forwards | | | to |
| (we) | seeing | you | | | | | | |
| We | took | you | | | violently | | | |
| We | waited | | for you | | | | | but |
| you | didn't show up | | | | up | | | |
| We | like | you | | | | | | |
| We | thought | | | | | | | (that) |
| you | would make | it | | | never | | | |
| We | haven't talked | | | with you this week | | | | |
| You | shaved up | | | for Christmas | | | | |

### 9. PHRASE : *this ... him* [cela ... lui]

| SUJETS | VERBES | C.O.D. | C.O.I. | C. CIRC | ADV. | ADJ. | ATTR. | → P2 |
|---|---|---|---|---|---|---|---|---|
| This | is | | for him | | | | | |
| This | blasted | him | | | | | | |
| This | is | | | | | | him | |
| This | is | | for him | | | good | | |
| This | annoyed | him | | | | | | |
| This | is | | | | only | | the way | (that) |
| I | know | | | | | | | how |
| (I) | to get | | ·in touch<br>·with him | | | | | |
| This | pleases | him | | | | | | |
| This heli-<br>copter | doesn't<br>fly | | | for noon | | | | |
| These<br>shoes | belong | | to him | | | | | |
| This | is not | | | | | | something | that |
| (that) | pleased | | to him | | very much | | | |

### 10. PHRASE : *this ... her* [cela ... la/elle]

| SUJETS | VERBES | C.O.D. | C.O.I. | C. CIRC | ADV. | ADJ. | ATTR. | → P2 |
|---|---|---|---|---|---|---|---|---|
| This | isn't | | for her | | | | | |
| This | implied | her | | | | | | |
| This | is | | her | | | | | |
| This | doesn't<br>belong | | | to her | | | | |
| This | helped | her | | | | | | |
| This<br>shirt | will look | | | on her | | good | | |
| You | don't<br>think ? | | | | | | | (that) |
| this | annoys | her | | | | | | |
| This | did not<br>work | | | for her | | | | |
| You | would<br>please | hand | | | | this | | when |
| (you) | look | | | to her | | | | |
| I | talk | | | ·about this<br>·with her | | | | and |
| there | are | | | | | | no pro-<br>blems | |

## INTERPRÉTATIONS GÉNÉRALES

*Cf. Tableaux p. 383-385*

### *A) Types de sujets*

Généralement les hommes utilisent plus de sujets animés. Ils se désignent eux-mêmes comme sujets animés exerçant une action sur la femme constituée en objet. Ils jouent souvent un rôle actif et les femmes un rôle passif. Ils mettent moins en scène des rapports intersubjectifs que les femmes. Leurs relations s'exercent plutôt par rapport à des objets ou des sujets réduits en objets, ce qui supprime les médiations — notamment les prépositions — entre les personnes. Les femmes mettent plus en scène des relations sexuées et donnent plus la parole aux hommes. Entre femmes, elles expriment souvent une action faite ensemble. Dans les relations sexuées, elles traduisent les stéréotypes des rapports affectifs entre les sexes.

Dans les cas d'items tels *I ... you* et *We ... you*, les hommes s'assimilent à *I* ou *we* et se soumettent *you* (ainsi : je t'aime, au mieux ; je te hais, au pire). Les femmes manifestent plus le début d'une action s'adressant à, faite pour ou avec *tu/vous*.

Bien que *they* soit mixte, la consigne entraîne le fait que certains sujets sont explicitement sexués (cf. tableau 1 : « Genre explicite des sujets »).

### *B) Temps des verbes et répartition selon les sexes*

Dans les phrases que les étudiant(e)s ont produites, les hommes s'expriment plus au *présent* que les femmes. Par exemple, ils utilisent des verbes comme *can* [peux, peut], *is* ou *are* [est ou sont], *know* [sais] et *annoys* [contrarie]. Les femmes mettent souvent les verbes au passé : *were* [étaient], *were going* [allaient], *went* [allait], *wasn't listening* [n'était pas en train d'écouter], *hasn't seen* [n'a pas vu], *loved* [aimait], *finished* [finissait].

Les verbes employés par les étudiant(e)s ont été disposés en tableaux. Les pourcentages permettent de comparer les choix correspondant aux épreuves différentes et les choix correspondant aux sexes différents (cf. tableau 2 : « Temps des verbes »).

Il faut noter aussi que les femmes ont utilisé plus de verbes manifestant le désir d'être ensemble. Elles expriment davantage le désir ou la volonté de faire quelque chose avec quelqu'un d'autre. Ce qui implique l'usage de prépositions. Leurs énoncés manifestent plus de relations intersubjectives. Les verbes des phrases des hommes expriment généralement une action ou un état concrets réalisés par un sujet seul.

### *C) Types d'adverbes*

Les types d'*adverbes* et d'adjectifs employés par chaque population sont différents. Les hommes ont utilisé plus d'adverbes relatifs au temps : *often* [souvent], *never* [jamais], *before* [avant]... que les femmes (12 % / 7 %). Les hommes ont utilisé également plus d'adverbes de lieu que les femmes, adverbes tels que *through* [à travers] et *farther than* [plus loin que] (3 % / 0,5 %). Les adverbes de manière sont également utilisés davantage (8 % / 5,5 %) par les sujets masculins : *heavily* [lourdement], *very much* [beaucoup], *really* [vraiment], *well* [bien] (cf. tableau 3 : « adverbes »).

### *D) Types d'adjectifs*

Selon mes résultats, les *adjectifs* à connotations positives ou négatives sont utilisés plus par les hommes que par les femmes. Les adjectifs plus neutres par rapport à une telle échelle de valeur se trouvent davantage dans les réponses des femmes (cf. tableau 4 : « adjectifs »).

### *E) Types de transformations*

Dans le corpus entier, il existe seulement huit phrases *interrogatives*. Cinq d'entre elles sont produites par des femmes. Quatre sur les cinq s'expriment dans un énoncé manifestant d'une manière ou d'une autre le négatif :

1. *He can't drive a car very well, can he ?* [Il ne peut pas conduire très bien une voiture, n'est-ce pas ?]
2. *Why don't you like her ?* [Pourquoi ne l'aimes-tu pas ?]
3. *You hate her ?* [Tu la détestes ?]
4. *Could this be the result of all her work ?* [Est-il possible que cela soit le résultat de tout son travail ?]

Les hommes, eux, posent moins de questions. Leurs phrases interrogatives sont plus simples et passent généralement moins par des connotations négatives :

1. *Who is he* ? [Qui est-il ?]
2. *This shirt will look good on her, don't you think ?* [Cette chemise lui ira bien, n'est-ce pas votre avis ?]

## COMMENTAIRES DES RÉPONSES À CHAQUE ITEM

1. THEY [ils]

Les hommes ont utilisé deux fois *each other*, ce qui crée un sentiment d'échange réciproque, mais il s'agit d'une procédure linguistique qui n'est pas forcément confirmée dans le contenu du message. Dans les phrases des femmes, il est presque toujours question de faire quelque chose ensemble : aller au zoo, faire un voyage à Mexico, aller au cinéma, finir son repas, etc.

*They* [ils] est généralement sujet de la phrase.

2. I ... YOU [je ... tu/vous]

Les hommes ont utilisé plus *I* [je] en sujet et *you* [vous] en objet : *I hate you* [Je te déteste], *I love you* [Je t'aime], *I know you* [Je te connais].

Les femmes ont utilisé plus de prépositions mettant en relation deux personnes : *at, to, with, of, than* [à, avec, de, que]. Ainsi : *I get on well with you* [J'ai un bon rapport avec toi], *I want to spit at you* [Je souhaite te cracher dessus], *I think of you constantly* [Je pense à toi constamment], *I wasn't listening to you* [Je ne t'ai pas écouté(e)], *I have to do more work during finals than you* [J'ai plus de travail à faire pendant les finals que toi].

Dans ces phrases, *I* [je] est toujours sujet.

3. SHE [elle]

Les hommes désignent *she* comme une autre personne que soi assimilée à un quasi-objet du monde du sujet ou manifestant des différences, surtout quantitatives, avec lui : *She is my best friend* [Elle est ma meilleure amie], *She loves you* [Elle vous aime], *She didn't believe anything that I said* [Elle ne croyait rien de ce que j'ai dit].

Les femmes ont un rapport d'identification possible avec *she*. L'énoncé produit avec ce pronom semble désigner une autre femme, ou éventuellement la femme qui parle, car il n'y a pas présence de deux sujets : *She came alone* [Elle est venue seule], *She is fat* [Elle est grosse], *She can do what she wants* [Elle peut faire ce qu'elle veut].

*She* est toujours sujet de la phrase.

4. HE [il]

En réponse à cette consigne, les hommes ne font pas des phrases où ils manifestent une identification à *he*. Leurs phrases sont du type : *He is gone* [Il est parti], *Who is he ?* [Qui est-il ?], *He thought very highly of himself* [Il se trouve très bien].

Les femmes ont intégré *he* dans des énoncés où elles se mettent en relation avec *il/lui* : *He tried to convince her of his intentions, but she did not believe him* [Il a essayé de la convaincre de ses intentions, mais elle ne l'a pas cru], *He has not written to me a week* [Il ne m'a pas écrit depuis une semaine], *He is bothering me with his stupid comments* [Il m'embête avec ses remarques stupides], *He is in no position to ask that of me* [Il n'est pas en position de me demander cela].

*He* est le sujet de toutes les phrases.

5. THEY [elles]

Les hommes utilisent davantage *they* comme *elles* dans une phrase qui lève l'ambiguïté possible sur le sexe : *They make overcoats* [Elles font des manteaux], *Look at that group of girls walking down the street, they are going to Benetton* [Regarde le groupe de filles qui se promènent, elles vont chez Benetton], *They talk with one another often* [Elles se parlent souvent entre elles].

Il est intéressant de noter les stéréotypes sémantiques associés à la consigne *they* [elles].

*They* est utilisé comme sujet dans presque toutes les phrases.

Les femmes, dans mon corpus, utilisent *they* de manière plus ambiguë. Il est difficile de savoir s'il s'agit de « ils » ou « elles » : *They are cold* [Elles ou ils ont froid], *They are hungry* [Elles ou ils ont faim], *They went out last night* [Elles ou ils sont sortis la nuit dernière].

*They* est toujours utilisé comme sujet.

6. YOU ... HIM [vous ... le/lui]

Dans les réponses à la consigne *you ... him*, les hommes semblent utiliser *you* comme sujet féminin, du moins selon les stéréotypes sémantiques : *You are fond of him* [Tu as de l'affection pour lui], *You like him* [Tu l'aimes bien], *You lust for him* [Tu le désires].

Dans les phrases des hommes, il y a plusieurs transformations négatives : *You can't tell him anything, he doesn't listen* [Tu ne peux rien lui dire, il n'écoute pas], *You will not see him* [Tu ne le verras pas], *You never give him your money* [Tu ne lui donnes jamais ton argent].

*You* est le plus souvent le sujet de la phrase.

Les femmes paraissent employer *you* aussi comme identité féminine selon les habitudes culturelles : *You like him* (deux fois)

[Tu l'aimes lui], *You love him* ? [Tu l'aimes ?], *You liked him* [Tu l'as aimé].

Elles utilisent plus de prépositions avant *lui* que les hommes : *You go with him* [Tu vas avec lui], *You want to go out with him* [Tu souhaites sortir avec lui], *You said you didn't want to go with him* [Tu disais que tu ne voulais pas sortir avec lui].

*You* est utilisé comme sujet 19 fois sur 20.

7. YOU ... HER [vous ... la/elle]

Dans les réponses à cette consigne, les hommes paraissent utiliser *you* comme *il* : *You are nothing without her* [Tu n'es rien sans elle], *You and her are they* [Tu et elle sont ils], *You are fond of her* [Tu as de l'affection pour elle].

Les hommes utilisent *you* comme sujet.

Les femmes utilisent le *you* avec le sens probable de *elle* : *You looked like her* [Tu lui ressembles], *You don't like her very much* [Tu ne l'aimes pas beaucoup].

Elles utilisent aussi *you* en laissant l'ambiguïté entre *ils* ou *elles* : *You asked her* [Tu lui demandes], *You hate her* [Tu la détestes], *You have to respect her* [Il faut que tu la respectes], *You can go with her* [Tu peux sortir avec elle].

Les femmes utilisent toujours *you* comme sujet.

8. WE ... YOU [nous ... tu/vous]

Comme dans l'épreuve *I ... you*, les hommes mettent *we* avant *you* sans préposition. Les femmes, elles, utilisent des prépositions entre les personnes.

*We like you* [Nous vous aimons], *We salute you* [Nous vous saluons], *We took you* [Nous vous prenons], sont des phrases d'hommes.

Les femmes disent *for you* [pour toi/vous], *to you* [à toi/vous], *in you* [en toi/vous], *with you* [avec toi/vous]. Exemples : *We are looking for you* [Nous vous/te cherchons], *We waited for you* [Nous te/vous attendons], *We believe in you* [Nous croyons en toi/vous], *We went to the store with you* [Nous sommes allé(e)s au magasin avec vous].

9. THIS ... HIM [cela ... le/lui]

Les hommes utilisent *this* comme sujet 8 fois sur 10. Ils n'emploient pas *I* [je] comme sujet. *This* figure comme adjectif

2 fois sur 10 : *this helicopter* [cet hélicoptère], *this shoe* [cette chaussure].

Les femmes utilisent *this* comme sujet à 70 %. Elles n'emploient pas non plus *I* comme sujet. *This* figure comme adjectif 6 fois sur 20 : *this coat* [ce manteau], *this book* [ce livre], *this day* [ce jour], *this composition* [cette composition], *this store* [ce magasin].

10. THIS ... HER [cela ... la/elle]

Pour cette consigne, les hommes ont utilisé *this* comme sujet 8 fois sur 10. Ils ont utilisé pour une phrase *I* comme sujet. L'énoncé est : *When I talk about this with her, there are no problems* [Quand je parle de cela avec elle, il n'y a aucun problème]. *This* est utilisé par les hommes deux fois comme adjectif : *this shirt* [cette chemise] et *this book* [ce livre].

Les femmes ont employé *this* comme sujet dans quatorze de leurs réponses.

Dans deux réponses *I* est sujet : *I can't lend this to her* [Je ne peux pas la lui prêter à elle], *I doubt this will please her* [Je doute que cela lui plaise].

*This* figure comme adjectif dans quatre de leurs phrases : *this umbrella* [ce parapluie], *this dog* [ce chien], *this school* [cette école] et *this paper* [ce papier].

## CONCLUSION

Pour faire une enquête valable, il faut certes un échantillon plus large. Néanmoins, à travers les réponses que j'ai obtenues, j'ai pu constater certains des stéréotypes linguistiques dont Luce Irigaray a parlé dans son séminaire au Collège international de philosophie (premier semestre de l'hiver 1988-1989) et dans ses travaux (par exemple, « L'ordre sexuel du discours » texte paru dans le numéro de la revue *Langages. Le sexe linguistique* et repris en annexe). En analysant les fragments de discours, j'ai pu constater que les deux sexes ne parlent pas le même langage et n'obéissent pas aux mêmes contraintes linguistiques. Hommes et femmes sont apparemment unis mais, en même temps, hommes et femmes ne se parlent pas et ne peuvent se parler comme sujets autonomes. L'un des deux sexes a le pôle subjectif du discours, par exemple, et l'autre le pôle objectal. L'un des deux sexes parle au présent, l'autre au passé. L'un des deux sexes est actif, l'autre passif. L'un des deux sexes privilégie le rapport entre sujet et objet, et l'autre entre sujets.

Hommes et femmes ne parlent pas, ne pensent pas et ne vivent pas de la même manière. C'est par nécessité vitale qu'ils restent unis mais cette nécessité masque une séparation que des changements linguistiques et culturels peuvent seuls modifier.

# TABLEAUX

TABLEAU 1

## Genre explicite des sujets

| | HOMMES (10) | | | FEMMES (20) | | |
|---|---|---|---|---|---|---|
| | M | F | ? | M | F | ? |
| *They* (M) | 0 | 0 | 10 | 1 | 0 | 19 |
| *I... you* | 10 | 0 | 0 | 0 | 10 | 10 |
| *She* | 0 | 10 | 0 | 0 | 20 | 0 |
| *He* | 10 | 0 | 0 | 20 | 0 | 0 |
| *They* (F) | 0 | 4 | 6 | 0 | 3 | 17 |
| *You... him* | 0 | 5 | 5 | 0 | 11 | 9 |
| *You... her* | 6 | 1 | 3 | 12 | 5 | 3 |
| *We... you* | 1 | 0 | 9 | 0 | 3 | 17 |
| *This... him* | 5 | 0 | 5 | 5 | 1 | 14 |
| *This... her* | 0 | 6 | 4 | 1 | 6 | 13 |
| | **32** | **26** | **42** | **39** | **59** | **102** |
| | **32 %** | **26 %** | **42 %** | **19,5 %** | **29,5 %** | **51 %** |

TABLEAU 2

## Temps des verbes*

| | AU PASSÉ | | | | AU PRÉSENT | | | |
|---|---|---|---|---|---|---|---|---|
| | M | | F | | M | | F | |
| *They* (M) | 5/10 | 50 % | 16/20 | 80 % | 6/10 | 60 % | 5/20 | 25 % |
| *I... you* | 3/10 | 30 % | 5/20 | 25 % | 7/10 | 70 % | 15/20 | 75 % |
| *She* | 2/10 | 20 % | 7/20 | 35 % | 8/10 | 80 % | 13/20 | 65 % |
| *He* | 1/10 | 10 % | 9/20 | 45 % | 10/10 | 100 % | 11/20 | 55 % |
| *They* (F) | 3/10 | 30 % | 11/20 | 55 % | 7/10 | 70 % | 6/20 | 30 % |
| *You... him* | 4/10 | 40 % | 10/20 | 50 % | 8/10 | 80 % | 9/20 | 45 % |
| *You... her* | 1/10 | 10 % | 10/20 | 50 % | 8/10 | 80 % | 12/20 | 60 % |
| *We... you* | 5/10 | 50 % | 8/20 | 40 % | 5/10 | 50 % | 11/20 | 55 % |
| *This... him* | 2/10 | 20 % | 6/20 | 30 % | 8/10 | 80 % | 14/20 | 70 % |
| *This... her* | 3/10 | 30 % | 4/20 | 20 % | 6/10 | 60 % | 13/20 | 65 % |
| | 29/100 | 29 % | 86/200 | 43 % | 73/100 | 73 % | 109/200 | 54,5 % |

* Les temps ne sont donnés que pour la proposition principale. *[Note de L.I.]*

TABLEAU 3

**Adverbes**

| | HOMMES | | FEMMES | |
|---|---|---|---|---|
| | MOT | NOMBRE | MOT | NOMBRE |
| TEMPS | *Never* [jamais] | 2 | *Never* [jamais] | 1 |
| | *Often* [souvent] | 4 | *Often* [souvent] | 1 |
| | *Only* [seulement] | 2 | *Only* [seulement] | 1 |
| | *Before* [avant] | 1 | *Before* [avant] | 1 |
| | *Yesterday* [hier] | 1 | *Yesterday* [hier] | 2 |
| | *Lately* [dernièrement] | 1 | *Late* [en retard] | 1 |
| | *Recently* [récemment] | 1 | *Later* [plus tard] | 1 |
| | | | *Constantly* [constamment] | 1 |
| | | | *Anymore* [encore] | 3 |
| | | | *Today* [aujourd'hui] | 2 |
| | | 12/100 12 % | | 14/200 7 % |
| LIEU | *Through* [d'un bout à l'autre] | 1 | *Under* [au-dessous] | 1 |
| | *Farther than* [plus loin que] | 1 | | |
| | *Here* [ici] | 1 | | |
| | | 3/100 3 % | | 1/200 0,5 % |
| MANIÈRE | *Very much* [beaucoup] | 1 | *Very much* [beaucoup] | 2 |
| | *Really* [vraiment] | 1 | *Really* [vraiment] | 1 |
| | *Exceedingly* [extrêmement] | 1 | *Extremely* [extrêmement] | 1 |
| | *Violently* [violemment] | 1 | *Hysterically* [hystériquement] | 1 |
| | *Heavily* [lourdement] | 1 | *Horribly* [horriblement] | 1 |
| | *Probably* [probablement] | 1 | *Seriously* [sérieusement] | 1 |
| | *Badly* [mal] | 1 | *Well* [bien] | 2 |
| | *Very highly* [très hautement] | 1 | *Well* [très bien] | 1 |
| | | | *Very* [très] | 1 |
| | | 8/100 8 % | | 11/200 5,5 % |

* A cause de l'absence de genre grammatical des mots en anglais, les deux genres ont été indiqués en français.

TABLEAU 4

**Adjectifs**

| | HOMMES | | FEMMES | |
|---|---|---|---|---|
| | MOT | NOMBRE | MOT | NOMBRE |
| POSITIF | *Good* [bon(ne)]* | 2 | *Good* [bon(ne)] | 1 |
| | *Wonderful* [merveilleux-euse] | 1 | *Important* [important(e)] | 1 |
| | *Beautiful* [beau-belle] | 1 | *Perfect* [parfait(e)] | 1 |
| | | | *Intense* [intense] | 1 |
| | | | *Fun* [amusant(e)] | 1 |
| | | | *Fast* [rapide] | 1 |
| | | | *Easy* [facile] | 1 |
| | | 4/100 4 % | | 7/200 3,5 % |
| NÉGATIF | *No* [non] | 1 | *Cold* [froide] | 2 |
| | *Angry* [fâcheux-euse] | 2 | *Fat* [gras(se)] | 1 |
| | *Boring* [ennuyeux(se)] | 1 | *Stupid* [stupide] | 1 |
| | | | *Sad* [triste] | 1 |
| | | | *Nothing* [de rien du tout] | 1 |
| | | | *Selfconsciously catty* [gauchement méchant(e)] | 1 |
| | | 4/100 4 % | | 7/200 3,5 % |
| NEUTRE | *All* [tout(e)] | 1 | *All* [tou(e)] | 1 |
| | *This* [ça, ce] | 3 | *This* [ça, ce] | 2 |
| | *Everyday* [de tous les jours] | 1 | *Last* [dernier(ère)] | 7 |
| | *Red* [rouge] | 1 | *Gothic* [gothique] | 1 |
| | | | *First* [premièr(e)] | 1 |
| | | | *Eight* [huit] | 1 |
| | | | *Ten* [dix] | 1 |
| | | 6/100 6 % | | 14/200 7 % |

# Conclusions

Luce Irigaray

Les éléments définissant des différences entre le langage des femmes et celui des hommes sont nombreux. Et l'argument concernant les problèmes d'échantillonnage effacera difficilement l'étonnement de découvrir que femmes et hommes ne parlent pas de la même manière. Cette stupeur a touché en premier lieu les expérimentatrices/teurs, souvent sceptiques au départ. La plupart auraient voulu prouver — et en particulier me prouver — qu'il n'existait pas de différence entre les discours des femmes et des hommes, du moins dans leur langue ou leur culture, à moins que cela ne soit selon leur méthode d'approche de la question. Les conclusions ont souvent été atténuées, réduites à une énumération de résultats, au nom de la science ou de la réserve, voire de l'espérance de découvrir des vérités autres en s'y prenant mieux un jour meilleur. L'interprétation des réponses est donc le plus souvent minime. Mais cette attitude me semble préférable à celle de commentaires sans résultats objectifs.

Je vais tenter de regrouper les principales tendances qui apparaissent dans cette recherche, en suivant l'ordre de présentation des travaux.

1. En chiffres absolus, les hommes prennent beaucoup plus la parole en leur nom, se désignent davantage comme sujets du discours ou de l'action. Cette appropriation du sujet à son propre

sexe entraîne des réponses anomales dans le cas de consignes induisant un sujet féminin: *robe – se – voir*; *gonna – vedersi; dress – self – see; skirt – self – see; blouse – self – see*. Plutôt que de laisser la femme ou le féminin être sujet de la phrase, les hommes produisent des énoncés du type « Je me vois dans une robe et je ris », « Je me vois dans une robe pourpre » (K.S.); « Moi-même, j'ai perdu mon chemisier dans la mer », « Je vois un chemisier que je veux acheter pour moi-même » (M.C. et K.S.); « Que c'est étrange de se voir en jupe! », « Quel effet cela fait de se voir en jupe dans un miroir! » (P.V.). Ces phrases sont à la limite de l'asémantisme et du recevable; elles jouent sur les frontières entre possible, réel, métaphorique; elles ne respectent pas, en toute rigueur, l'ordre sémantique codé dans les dictionnaires; etc.

Autre stratégie d'appropriation du sujet: les hommes produisent des énoncés avec des transformations, modalisations, ajouts, soit des réponses beaucoup plus complexes et plus coûteuses, croirait-on, que celles demandées. Mais « La femme se voit en robe/en jupe/en chemisier » semble parfois être, pour les sujets masculins, une opération plus coûteuse à réaliser que produire les énoncés suivants: « Je ne me vois pas dans une robe/une jupe » (K.S.); « Moi-même, je ne porte pas de chemisier mais je pense que vous pouvez voir pourquoi », « Je me vois moi-même dans un chemisier mais je n'aime pas ça » (M.C. et K.S.); « Pour les hommes, il n'est pas normal de se voir en jupe » (P.V.); « Je me vois mal en robe », « Je ne me vois pas en robe », « Il se voit mal en robe » (L.I.).

Il faut noter aussi que, dans la phrase « Elle se voit en robe », le sujet masculin qui produit la phrase peut être également sujet du message en ce sens que « elle se voit en robe » peut s'entendre comme: elle est visible en robe par moi. C'est le contexte linguistique qui permet de savoir si « elle se voit » signifie « elle est visible » par le sujet producteur du message ou si le sens est plutôt « elle se voit elle-même en robe » sans insistance voyeuse de l'homme répondant à la consigne. Le travail de Patrizia Violi sur les niveaux grammaticaux fait apparaître qu'un pourcentage important de messages sans sujets sexués apparents correspond, en fait, à des messages à sujet masculin implicite.

2. Les femmes se désignent moins comme sujets que les

hommes, surtout en langues romanes. Même avec une consigne comme *robe – se – voir* (ou traductions), elles utilisent explicitement un sujet masculin dans leurs messages. Exemples : « Un garçon aimerait se voir avec une robe », « Ceux que je vois avec cette robe sont beaux », « Ils ne se voient pas portant une robe », « Il se vit en robe et en riat *(sic)* », « Il se voit déjà magistrat portant une belle robe noire » (L.I.) ; « L'homme se voit dans la jupe de sa mère », « Mon frère a endossé une de mes jupes et de se voir en miroir l'a fait mourir de rire » (P.V.) ; « Pouvez-vous vous voir vous-même dans un chemisier ? » (phrase d'une femme répondant à un enquêteur homme), « Voyez ce gamin peut se voir lui-même », « Lui-même a choisi de porter une blouse de la couleur de la mer, la nuit » (M.C. et K.S.).

Une autre stratégie d'effacement d'un sujet féminin de la part des femmes consiste souvent à utiliser *robe* comme sujet, ce qui entraîne une transformation passive ou une quasi-animisation d'un objet inanimé fonctionnant comme substitut du sujet femme. La visibilité de la femme est reportée sur la robe, dotée de qualités diverses pour attirer ou retenir le regard. Ainsi : « Cette robe peut se voir sans problèmes », « La robe ne se voit pas bien », « La robe qu'elle portait se voyait de loin » (L.I.) ; « La jupe doit se voir de loin », « Une jupe est belle à voir » (P.V.). Cette construction est plus rare dans les langues anglo-saxonnes où le sujet reste plus souvent un sujet animé. Il est possible que la marque du genre sur *robe* et *jupe* permette un passage (ou re-passage) au vêtement comme substitut du sujet animé, passage qui est moins facile à réaliser en anglais. Ou encore : la marque de possession s'exerçant sur l'objet en anglais ne favorise pas le fonctionnement de celui-ci comme sujet. Autrement dit, la marque du genre, accompagnant les substantifs, les assimile plus ou moins à un statut de sujet animé alors que la marque du genre, s'exerçant comme rapport au possesseur, re-marque ou redouble le statut d'objet. Ainsi, *la robe* peut devenir un quasi-sujet féminin, un double de la femme ; *her dress/her skirt/her blouse* est assimilé à l'objet possédé sans substitution possible à qui possède l'objet. De ce point de vue, les langues romanes seraient plus métaphoriques et les langues anglo-saxonnes plus métonymiques, les premières potentiellement plus allégoriques et les autres plus réalistes et descriptives, les unes plus riches en identifications et déplacements du sujet, les autres plus utilitaires en ce qui concerne la possession de l'objet.

L'expression du sujet comme *on* ou l'énoncé à l'*infinitif* représentent une autre stratégie d'évitement de définition du sujet de l'énoncé ou du sujet de l'opération énoncée en tant que sujet féminin identique ou non au sujet parlant. Ces stratégies d'évitement par une neutralisation du genre du sujet sont exposées de manière différente dans les textes de Patrizia Violi et de Luce Irigaray. Mais ces deux analyses, par des méthodes diverses, aboutissent au même constat : un nombre important de sujets sont laissés dans l'ambiguïté de leur identité sexuelle, de la part des femmes pour ne pas s'affirmer comme sujets, de la part des hommes pour ne pas laisser la marque du genre féminin au sujet.

3. Selon Katherine Stephenson, Mark Calkins et Katy Swenson, les femmes américaines disent plus *je* que les femmes françaises ou italiennes. Mais il n'est pas évident que ce *je* — y compris écrit — des femmes de langue anglaise témoigne d'une plus grande capacité à une identité sexuée. Cela manifeste une aptitude à s'affirmer comme *je*, une habitude à le faire, un plus grand égocentrisme peut-être. Mais que dit ou que fait ce *je* ? Les phrases des femmes américaines ou canadiennes anglophones sont généralement plus stéréotypées et standardisées que celles des femmes parlant une langue romane. Elles expriment beaucoup moins ces nuances qualitatives très présentes dans les énoncés des femmes françaises et aussi, bien que moins, des femmes de langue italienne. Elles sont plus courtes, plus semblables les unes aux autres. Elles comportent moins de circonstants, d'adjectifs. Elles représentent des réponses plus automatiques et formelles aux consignes. Elles sont aussi plus abstraites, comme le soulignent Paula Ecimovic et Renia Tyninski. Les femmes américaines disent davantage *je* mais, par ce *je*, elles effacent souvent leur identité féminine, les qualités du monde et des relations humaines qui peuvent s'y rapporter. Attestant de pouvoir être des *je*, les femmes de culture anglo-saxonne s'efforceraient de bâtir des schémas de représentations et d'actions assez généraux tels que pourraient être ceux correspondant à une vision volontariste et technique de l'intelligence et du rapport au monde. Ce *je* est un *je* qui possède déjà la

possibilité de dire *je*, et qui possède des objets. Il n'est pas indifférent, selon moi, que les femmes d'une culture anglo-saxonne, dont la marque du genre s'exprime dans le possessif: *her husband, her book, her kind, her house,* etc., s'affirment plus comme *je* mais ce *je* est, entre autres, un effet de la possession de l'objet comme sien. Ce *je* n'est donc pas dénoté ou connoté comme sujet, en particulier sexué, mais comme possédant tel ou tel objet, réellement ou potentiellement. En ce sens, ce *je* est plus proche des *je* masculins que des *je* féminins en langues romanes. Il est déterminé par un rapport aux objets plus que par des relations d'intersubjectivité.

Cela dit, ce *je* reste, comme celui des femmes françaises ou italiennes, dans la soumission au regard de l'autre, dans le désistement de sa parole, de son action, de son choix, de son désir au bénéfice de l'autre, généralement homme (cf. à ce propos les remarques terminant les différents travaux concernant la langue anglaise).

Le nombre des modalisations du type *être possible, être capable,* indiquent aussi que, si les femmes anglo-saxonnes disent plus *je*, ce *je* n'est pas pour autant assuré dans ses dires ni ses actions. Sa présence demeure le plus souvent entre les possible ou impossible d'un procès, linguistique ou autre. En cela il resterait proche d'un sujet enfantin? Ce que souligne Katherine Stephenson. Son travail fait apparaître également que la question de l'enfant est plus présente dans les corpus anglo-saxons que dans ceux de langue romane où elle n'apparaît presque pas. Cela peut s'interpréter comme un phénomène culturel lié linguistiquement au caractère subjectivement neutre mais soumis à la marque du possesseur parental du terme *enfant*.

Les réponses des femmes françaises — et pour une part italiennes — sont assez différentes de beaucoup de réponses des femmes américaines ou canadiennes anglophones. Elles sont moins stéréotypées et expriment fréquemment un message tout en satisfaisant à la demande de l'expérimentatrice/teur. Le *je* du sujet femme s'y dit moins explicitement mais il s'implique dans le message dont la forme sinon le contenu reflètent le sujet parlant. Les hommes de langue française ont, eux, des réponses plus stéréotypées. Il y a, de ce point de vue, un chiasme partiel entre les réponses des hommes français et des femmes anglophones.

Dans ces phrases-messages des femmes de langue française — et pour une part italienne —, il y a de nombreux adjectifs, déictiques, adverbes, indications de circonstances d'action ou d'état. Or tous ces ajouts à une réponse exacte mais élémentaire témoignent d'un discours antérieurement tenu ou tenable, donc d'une aptitude linguistique ne se réduisant pas à une compétence suffisante mais la débordant par le vouloir-dire du sens. Pour l'exprimer simplement, une réponse du type « La jolie robe que tu portes » suppose plusieurs propositions, plus ou moins explicites et simultanées : la robe est, la robe est jolie, tu portes la/cette jolie robe. Cette composition complexe des réponses est fréquente de la part des femmes de langues romanes, en particulier française. Elle témoigne d'un désir de signifier quelque chose sans se satisfaire du syntaxisme suffisant pour une réponse correcte. Elle prouve aussi une capacité de maintenir en mémoire une multiplicité de sens au moment de la génération de la phrase. Elle signifie également l'évitement de l'exposé du féminin comme simple *je*, ce sujet essayant de se dire par un contexte linguistique et extralinguistique plutôt que par l'affirmation de son ego.

A propos de phrases transformées ou complexes en fonction de qualités à intégrer à l'énoncé, il me semble que si les femmes de langue romane utilisent moins le passé que les anglophones (cf. les travaux de M.C. et K.S., par exemple), cela peut s'expliquer partiellement par le fait que les sédimentations temporelles sont incluses dans leur discours. Leurs énoncés manifestent l'existence d'un passé plus favorable à l'expression de leur identité qu'un code sans qualités et l'ouverture à un futur susceptible de réaliser l'enjeu du message. Le fait que l'accent y est plus sur le pôle sujet que sur le pôle objet est une autre manière d'expliquer que le contenu de ce qu'elles disent et sa formalisation se tiennent entre passé et futur.

4. Si les femmes anglo-saxonnes disent plus *je* que les femmes de langues romanes, elles disent plutôt moins *elle*. S'affirmant comme *je*, elles ne s'affirment pas encore nécessairement comme sujet sexué, sauf par le contexte du message et ses renvois extralinguistiques. De plus, elles désignent peu elles-mêmes ou d'autres femmes comme sujet sexué féminin par la marque du

genre. Ainsi, dans la deuxième consigne utilisée par Katherine Stephenson : *skirt – self – see,* il n'y a que 7 % de sujets marqués par le genre féminin et, par ailleurs, 86 % de sujets *je*. Or une telle consigne, si elle induit plus un *elle*, en français à cause de *se*, favorise aussi le choix de *elle* comme sujet en anglais à cause de *skirt*. Les corpus recueillis par Mark Calkins et Katy Swenson manifestent le même évitement du *elle* en sujet : un seul *she* et deux substantifs féminins : *mother* et *girl* sur 38 réponses de femmes.

Les femmes de langues romanes utilisent davantage le *elle* que les Anglo-Saxonnes même si le pourcentage de réponses utilisant le pronom marqué explicitement par le genre est encore très bas étant donné son rapport à la consigne. Les femmes de langue française utilisent plus le *elle* que celles de langue italienne. Ce sont elles qui désignent le plus le sujet comme marqué par le genre féminin, notamment dans la proportion de *je/elle* très largement inversée par rapport aux réponses des anglophones. Cela dit, l'emploi du *elle* par les femmes de langue française est encore bien en dessous des pourcentages prévisibles étant donné la consigne qui, pour le français, contraint par deux mots son utilisation : *robe – se*. De plus, l'utilisation du *elle* en français entraîne souvent une construction de type passif où *elle* est, en fait, objet du regard et non sujet : « Elle se voit en robe » = elle est visible en robe (par un X, souvent masculin). Certaines phrases explicitent ce passage : « Elle a mis sa plus jolie robe pour se faire voir » (L.I.), d'autres le suggèrent : « Elle se voit bien en robe » (à moins qu'il ne s'agisse alors de transposition au sens figuré : elle s'imagine bien en robe). Cette double signification possible du « elle se voit » (elle se voit elle-même, ou : elle est visible par l'autre) explique que les réponses des hommes comportent parfois plus de *elle se* que les réponses de femmes. Les femmes y sont objets de leur regard à eux, y compris quand elles se regardent, et les femmes ne prennent pas habituellement le même plaisir qu'eux à se regarder entre elles.

5. Le « elle se voit » est donc une construction rare dans toutes les langues. Les explications qui en ont été données par Patrizia Violi et Katherine Stephenson sont différentes. Patrizia Violi a mis l'accent sur le problème linguistique du genre marqué fémi-

nin et Katherine Stephenson sur la pudeur qui ferait qu'une femme ne peut ou ne veut se regarder elle-même. Personnellement, j'ai fait appel aux codes linguistiques qui effacent l'identité du *elle* dans le *il* générique, et le rapport des femmes entre elles dans le *ils* de la société mixte. La culture éloignerait ainsi le sujet féminin de sa mère, d'elle-même et des autres femmes comme représentations du sujet. Il n'y aurait pas de *elle* — empirique ou transcendantal — représentable dans une culture qui ne connaît que le modèle générique masculin et la socialité dominée par des paradigmes masculins.

Cet enchevêtrement de normes linguistiques et culturelles ferait de la femme un sujet empirique éventuel mais sans relations d'auto-représentation ou auto-affection possibles, sans position autonome ni objectivité possibles dans le rapport à elle-même ni aux autres femmes, y compris sa mère, la capacité de reproduire étant le seul paradigme servant d'étalonnage généalogique entre elles. Mais cette gestation ne devrait pas constituer un acte libre, encore moins que le choix du conjoint, la liberté signifiant alors le lieu d'un rapport autonome possible entre femmes et aussi entre la femme et elle-même.

Ainsi la femme peut-elle éventuellement se dédoubler en miroir, en rêve, en vêtements, se dédoubler par le relais d'un instrument ou d'une temporalité sans échéance prévisible. Elle ne peut pas se dédoubler en conscience, s'auto-affecter comme celle qui parle/fait/agit dans le présent et celle qui est/était/sera. Elle ne peut se déterminer en tant que devenir d'un sujet féminin car celui-ci est défini *par* et *dans* le devenir du sujet masculin et de sa culture. La notion de « retouche », dont j'ai parlé dans et depuis *Speculum*, signifie, selon moi, une issue à cet englobement du féminin dans le monde de l'entre-hommes, et aussi une analyse concernant le manque de dialectique possible pour le sujet féminin et pour la différence sexuelle sans définition de la subjectivité en tant que sexuée.

6. Dans les corpus anglo-saxons, il y a plus de structures dialogiques immédiates mais moins de représentations objectives de l'identité sexuée. Or, dans les phrases où s'exprime la structure dialogique, souvent le sujet masculin exerce un pouvoir sur le sujet féminin, pouvoir que celui-ci lui laisse ou lui donne

éventuellement. Il n'y a donc pas réellement dialogue mais mise en scène d'un rapport de pouvoir entre *je* ou *tu* homme(s) et *je* ou *tu* femme(s), le sujet masculin étant d'une manière ou d'une autre constitué en agent du procès, y compris par les médiations de la culture. Tous les corpus anglo-saxons pourraient ici servir d'exemples. Les modalités de dialogues entre femmes et hommes ont été analysées, entre autres, par Adèle Sulcas, Paul Galison et Rachel Bers, Mark Calkins et Katy Swenson, mais aussi par Katherine Stephenson, Margaret Dempster et Paula Ecimovic.

L'opposition structurelle *il/elle* pourrait, si elle n'était pas soumise à des jugements dévalorisants concernant le pôle féminin, servir de barrière ou garantie objectives contre les modes immédiats de prises de pouvoir entre *je* et *tu*. Mais, quand le féminin est désigné comme tiers, il est généralement soumis à des jugements négatifs et il est à peine considéré comme un tiers personnel. La femme, en tant que pôle objectif sexué, est généralement réduite à un objet inanimé.

7. Les femmes utilisent beaucoup plus la structure dialogique que les hommes, en particulier avec l'autre sexe. Cela se marque par le nombre de pronoms *je* ⇄ *tu* en interrelations dans l'énoncé, par le nombre de transformations interrogatives surtout dans les relations entre les sexes, par la désignation de *lui* comme *il* dans la consigne *ennui – lui – dire* ou ses équivalents en anglais. Cela a été noté dans la plupart des travaux et notamment dans la recherche sur les réponses à la consigne: *ennui – lui – dire*, réalisée par Adèle Sulcas, Paula Ecimovic et Luce Irigaray.

Les hommes privilégient le rapport à l'objet et à leur monde dans leur discours ; les femmes, les relations entre les personnes. S'ils dialoguent *avec*, les hommes dialoguent avec les autres hommes à propos d'objets – concrets ou abstraits – de leur monde. Les femmes échangent des propos plus affectifs, moins codés au niveau de l'objet – conceptuel ou non –, surtout les femmes de langues romanes. Mais le dialogue féminin s'adresse peu à une autre femme. Ce stéréotype est si puissant que, même les expérimentatrices/teurs n'ont pas soulevé la question de l'absence de réponses du type: « Elles se voient en robe », sorte de dialogue en acte entre femmes. Quant à la consigne *ennui – lui – dire*, elle ne provoque pas de réponses du type: « Elles se disent leurs ennuis » ou « Elle lui (à elle) dit ses ennuis ». Dans mon travail en langue française, une expérimentatrice, Danielle Leeman, a systématiquement demandé, pour deux échantillons, aux sujets de dire qui était *lui*, et ce *lui* était presque toujours désambiguïsé comme un homme. Quant à Adèle Sulcas, étant donné que l'ambiguïté du *lui* n'existe pas en anglais, elle a utilisé pour cette consigne le prénom *Pat*, masculin ou féminin, et ce prénom a été désambiguïsé comme masculin le plus souvent. Dans le cas où *Pat* désignait un sujet féminin, la phrase, des hommes en tout cas, était critique, ironique, dévalorisante pour *Pat*. Paula Ecimovic a remarqué, dans son corpus, que le *say* de la consigne est fréquemment utilisé en incise ou en expression idiolectale par les hommes au détriment du sens dialogique potentiel de ce mot.

Les femmes tentent beaucoup de dialoguer avec un *il* qui leur prend généralement la parole. Le dialogue est donc sans suite, mais la tentative en est réitérée. Les sujets féminins mettent aussi en scène des dialogues entre hommes.

8. Les transformations utilisées par les femmes et par les hommes ne sont pas les mêmes. Les hommes utilisent davantage des transformations liées à une logique du sujet constitué et de son langage ou monde déjà codés. La transformation négative intervenant sans nécessité venant de la réalité exprimée en est un bon exemple. Les femmes utilisent plus de transformations emphatiques, de transformations nominales, c'est-à-dire de transformations permettant d'exprimer le contexte extralinguistique dans la langue. Là où la transformation emphatique n'existe pas, les déictiques ou certains pronoms y suppléent comme médiateurs entre le monde et le discours. Ils sont très présents dans les discours des femmes parlant les trois langues étudiées. Ils voisinent avec les adverbes de lieu *ici/là* relayés par *this/that* et même *I/you*.

Les femmes utilisent aussi beaucoup plus de transformations interrogatives, transformations laissant place à un dialogue, à un échange entre deux sujets ou laissant la parole à l'autre, cet autre pouvant être un *tu* immédiat ou la société, la culture, le monde tel qu'il existe. Cette caractéristique a été notée dans la plupart des recherches. Adèle Sulcas a analysé également comment les interrogatives, dans les énoncés des hommes, sont souvent formelles, stéréotypées et sans réponse possible venant de l'autre.

9. Les types de jugements exprimés par les femmes et les hommes ne sont pas les mêmes. Les hommes utilisent davantage des jugements de valeur et les femmes des jugements d'existence. Le rapport entre jugement/non-jugement a été remarqué par Katherine Stephenson à propos de la différence entre les phrases des femmes et des hommes. Mais il est possible d'interpréter le type des phrases des femmes comme un jugement de réalité ou d'existence.

10. Les énoncés des hommes sont, à première vue ou écoute, plus objectifs et ceux des femmes plus subjectifs. En fait, les propos des hommes sont souvent à la fois abstraits, stéréotypés, peu déterminés et marqués par leur subjectivité en tant qu'ils appartiennent à leur horizon, leur monde, leurs croyances, sans possibilité pour l'autre d'y objecter, d'y apporter une autre vérité. Cette appartenance à la culture masculine se marque peu par des circonstances déterminant le jugement, des qualités ou différenciations explicites et vérifiables relatives à la valeur mais par des a priori, des évidences non vérifiées ni questionnées. Cela se manifeste également dans la confiance sans problèmes que les hommes accordent à leurs paroles, à leurs vérités (cf. à ce propos les remarques de P. Ecimovic, P. Galison et R. Bers, A. Sulcas, M.V. Parmeggiani). Cette confiance n'est certainement pas sans relations avec le fait qu'ils parlent *leur* langue plus que les femmes.

11. Dans les réponses aux synonymes et aux contraires, dans les définitions, on peut noter que :

*a)* les réponses des femmes sont généralement plus concrètes, plus proches du monde matériel et sensible ;

*b)* les réponses des femmes sont néanmoins plus objectives dans la mesure où elles désignent davantage des perceptions et énoncent moins de jugements de valeur de la part du sujet ;

*c)* les réponses des femmes sont moins agressives pour des mots permettant une réponse plus ou moins violente : *neutraliser,* par exemple ;

*d)* les réponses des femmes manifestent un désir de relations, voire de soumission (cf. par exemple les réponses obtenues par P. Galison et R. Bers à la consigne *attraction*) ;

*e)* les réponses des hommes témoignent d'une volonté de s'approprier le champ sémantique comme ils s'approprient le sujet du discours : ils parlent de « ma féminité », de « ma virginité », de « leurs » rapports à la « maternité » ou à « leur mère » plutôt que de rapporter ces mots à une identité féminine ;

*f)* les synonymes ou contraires des femmes sont plus nombreux, plus variés, témoignant d'une disponibilité de vocabulaire souvent utilisée pour faire un message actuel, y compris avec une consigne aussi simple et codée (*life* entraîne de la part des femmes des synonymes tels que : respirer, célébrer, renaître, résider, don, etc., comme l'a remarqué P. Ecimovic) ;

*g)* certaines polarités notamment actif/passif sont repérables dans les réponses des femmes et des hommes ; on trouve également les polarités concret/abstrait, impersonnel/personnel, objectif/subjectif, doux/violent, comme l'ont noté divers travaux, en particulier celui de Cristina Cacciari.

12. Le monde existant dans les énoncés des femmes est plus vivant, plus concret, plus lié à l'environnement humain ou matériel. Il est aussi plus qualitatif, surtout dans les corpus en langues romanes. Il est plus lié au contexte extralinguistique. Il y s'agit plus de créer ou instaurer un lieu ou un milieu d'échanges, de traduire en langage l'univers, en particulier physique, existant. Mais ce monde décrit ou présenté par les femmes n'est pas approprié par elles, il n'est pas *leur* monde. Elles apparaissent comme des créatrices ou des médiatrices de visions du monde ou de relations humaines, dont les hommes feront ou ont fait leur empire. La référence au contexte extralinguistique fait que le monde des femmes parle plus d'objets inanimés, y compris en les animisant, objets naturels ou artificiels, vivants ou envisagés à peu près comme tels par leurs qualités sensibles. Dans l'horizon de ces réponses, le monde est plus présent ou futur que passé. Il en va très explicitement ainsi pour les femmes de langues romanes, en particulier de langue française. La chose est moins apparente et peut-être moins vraie dans les corpus anglais.

Le monde des hommes est plus abstrait, plus intralinguistique, voire intralogique. Cela ne signifie pas qu'il est plus vrai ni mieux argumenté mais il a lieu dans un cadre constitué qui n'est pas débordé. Sauf dans les actions opérées vis-à-vis des femmes ? Ces actions sont néanmoins conformes au même style de relations pour la plupart des sujets interrogés. Le monde des hommes est donc un monde à la fois familier mais abstrait, codé et répétitif, plutôt au passé même quand il se dit au présent. De ce point de vue, les énoncés des hommes anglo-saxons diffèrent parfois de ceux des hommes de langues romanes. Dans ce discours masculin, le sujet est l'homme, exprimé sous forme de *je* ou *il*. Si le sujet est inanimé, il ne s'agira pas d'inanimés concrets, de réalités naturelles, comme dans les énoncés des femmes, mais d'inanimés abstraits ou conceptuels, donc, encore une fois, de réalités déjà codées dans le discours et la culture du sujet masculin.

13. Dans tous les travaux, il a été noté que les femmes donnent plus de réponses que les hommes, que leurs réponses sont plus correctes, qu'elles sont aussi plus variées. Les femmes se sont prêtées avec plus d'attention et d'esprit de collaboration à l'enquête et elles ont manifesté une compétence linguistique plutôt supérieure à celle des hommes.

Bien d'autres points seraient à noter témoignant de convergences, notamment syntaxiques, entre les réponses des femmes par rapport à celles des hommes. L'analyse différentielle entre les corpus appartenant aux trois langues étudiées doit également être approfondie. J'espère que cette étude, qui se poursuit actuellement dans ces trois langues mais aussi dans d'autres — allemand, néerlandais, grec, par exemple — suscitera un intérêt auprès de beaucoup, et d'éventuel(le)s futur(e)s collaboratrices et collaborateurs. En effet, outre un intérêt scientifique désintéressé, il est utile, dans un temps où il est tellement question de relations internationales, d'Europe et au-delà, de savoir comment et de quoi nous parler en tant que sujets humains. Le lieu de la différence sexuelle me semble à ce titre un lieu-clé pour l'élaboration d'une culture future et aussi pour traiter de problèmes de traduction : au sens strict de passage d'une langue à une autre et au sens plus général de passage du discours d'un sujet à celui d'un(e) autre.

Août 1989.

ANNEXE

# L'ordre sexuel du discours

LUCE IRIGARAY

**Langue française**

Dans cet exposé, trois types d'énoncés de langue française seront analysés : 1) des fragments de discours dits hystérique et obsessionnel enregistrés en situation psychanalytique, 2) des phrases produites par des adultes, suivant un cours de prophylaxie obstétricale, à partir du mot : *célibat*, 3) des phrases composées avec trois mots indiqués : *ennui – lui – dire* par des étudiant(e)s en sciences humaines.

Les populations, dont j'utilise ici les réponses, sont différenciées sexuellement. L'enjeu de ce travail est d'analyser les marques sexuelles dans la production du langage.

Le procédé de lecture des énoncés s'appuie sur l'induction. Il suppose néanmoins l'existence des catégories grammaticales existantes. Cela mérite d'être questionné comme cause et effet du discours tenu par les femmes et les hommes. Le langage produit est déjà soumis à l'ordre de la langue que parlent les sujets. Or celle-ci n'est pas un instrument neutre, asexué. Cela apparaît à travers les propos les plus simples tenus par des locuteurs de sexes différents. L'ordre grammatical détermine la programmation, non consciente, de leur message, leur intuition ou représentation du monde, de l'autre, du sens, de la langue.

Évidemment l'ordre grammatical français représente lui-même une limite à la recherche que je vais exposer. Pour la définir, j'ai entrepris une enquête en collaboration internationale (en commençant par l'Italie et la Hollande où j'ai déjà beaucoup enseigné et fait des rencontres scientifiques) sur l'analyse du discours à partir de la variable *sujet sexué*. Il est évident que la position des sexes dans la production du langage varie selon les langues parlées. Cependant jamais une langue – que je connaisse, du moins – n'a aboli la répartition des sujets parlants en deux genres signifiant, plus ou moins immédiatement, une appartenance sexuée. Les cultures les plus technocratiques vont tenter de réduire cette composante de la subjectivité, de la réalité. Mais le monde *vivant* est sexué. Quel est l'avenir d'un univers humain s'il neutralise le sexe dans l'usage de la parole ? de la communication ? Surtout si cela se fait avant d'avoir pensé et pesé l'impact de la différence sexuelle dans l'économie culturelle.

## A

## LE DISCOURS DE L'HYSTÉRIQUE ET DE L'OBSESSIONNEL

Les fragments de discours qui vont être analysés sous cette rubrique ont été prononcés au cours de séances de psychanalyse. Cette précision me semble importante notamment pour expliquer certaines différences qu'ils présentent avec des paroles émises dans d'autres contextes. Ce choix, délibéré, se justifie par le fait que le praticable psychanalytique permet de mettre en scène la production même du discours. La situation pyschanalytique est un lieu d'expérimentation très adéquat du fonctionnement de l'énonciation, situation inconnue des linguistes, des psychiatres, des psychologues et sociologues et qui met le pyschanalyste en position de cerner des phénomèmes qui ne sont pas isolables par ceux-là. Ainsi le fait que ce qui fonctionne comme *variables* dans le discours habituel, mondain (le référent : ce dont il est parlé ; l'allocutaire : celui ou celle à qui la parole s'adresse ; le contexte : le cadre ou milieu où se tient le discours), est là, autant que possible, défini comme *invariants*, permet l'appréhension comme *variable* du fonctionnement même de l'énonciation toujours recouvert, occulté.

D'où la question : comment va s'articuler l'acte d'énoncer dans cette réduction du contexte habituel qui correspond au passage à une autre scène, celle de l'analyse ? Ou encore : comment le sujet va-t-il, là plus qu'ailleurs, laisser apparaître son mode spécifique de structurer le langage ? Ce sujet ne sera plus simplement le « sujet parlant » des linguistes, sujet idéal, neutre (?), supposé parler la langue de tout le monde, mais une instance subjective dont la science linguistique, du moins dans sa plus grande part, ne sait rien : sujet singulier, avec son histoire, sa situation unique, son inconscient, son sexe. Les carences, les caractères partiels et partiaux d'une théorie de l'énonciation par les linguistes, mais aussi les sociologues, les psychologues, etc., trouvent dans cette méconnaissance une part de leur explication.

Hélas ! les praticiens de la psychanalyse refusent souvent l'utilisation de méthodes scientifiques vérifiables pour analyser le transfert. Ils se fient à leur intuition ou à un savoir déjà codifié auquel ils croient pour écouter le discours de leurs patients. Il leur manque la définition d'un instrument scientifique d'interprétation. Celui-ci est élaborable par l'analyse du discours. Il permet l'adaptation à chaque cure.

Sans cette réticence du monde analytique, nous en saurions beaucoup plus sur la dynamique de l'énonciation et la psychanalyse aurait un statut épistémologique plus rigoureux. Le prestige ambigu des praticiens se déplacerait sur la précision de l'instrument et l'étude de ses effets.

Le besoin, plus ou moins inconscient, de pouvoir est sans doute ce qui entretient la résistance à l'analyse linguistique du discours des patient(e)s et des analystes. Ce pouvoir correspond à des transferts qui restent occultes. Certes ces transferts ont des composantes liées à la singularité de la cure qu'il faut être capable d'interpréter. Il en est d'autres qui sont associés à un état de la culture, à une économie linguistique. Ce point est particulièrement clair en ce qui concerne la répartition des genres dans les règles linguistiques et les rapports consécutifs des sujets sexués à la langue et au discours. La langue n'est pas neutre du point de vue des sexes. L'analyste, s'il veut être impartial, doit donc se mesurer avec les effets de cet instrument historiquement déterminé pour écouter ses patient(e)s. C'est la seule façon de fonder objectivement un travail thérapeutique et son élaboration théorique. Le fonctionnement non analysé du langage entretient un pouvoir transcendant à ceux qui parlent et écoutent. À l'ombre de cette transcendance, la psychanalyse reste une enclave intra-théorique, intra-culturelle qui fournit aux théoriciens et praticiens de l'histoire et des savoirs des récits empiriques pour alimenter leurs recherches et décisions. Elle leur apporte ainsi la peste, selon le mot de Freud. Or la découverte de l'inconscient mérite un statut épistémologique plus autonome et original.

Une autre résistance à ce travail scientifique issu de la psychanalyse vient des psychologues et sociologues qui considèrent que, s'il n'y a pas de tiers témoin à la séance, il n'y a pas de vérité possible de la recherche. C'est oublier que, de cette séance, peut provenir un corpus enregistré rigoureusement. Celui-ci n'est ni plus ni moins scientifiquement défini qu'un matériel recueilli en ces multiples situations expérimentales que nous décrivent pyschologues et sociologues. Il a un autre intérêt : il permet d'analyser différemment la relation entre les partenaires de l'énonciation, et leurs rapports aux messages, au monde, à la langue.

Certes, la transmission hors de la scène psychanalytique d'un fragment de discours tenu en séance pose un problème : celui de la déontologie professionnelle, du secret qu'elle exige. Depuis des années, je résiste au désir de transmettre, par écrit, des résultats de pratique analytique pour cette raison. J'avais proposé à certain(e)s patient(e)s de poursuivre ce travail, de travailler eux-mêmes, elles-mêmes, sur leur parole. Ma proposition semble avoir été oubliée. Dans *Parler n'est jamais neutre*, je me suis refusé encore de publier des fragments de discours. Mais il est un peu difficile de comprendre les résultats obtenus sans disposer des énoncés. De plus, je ne crois pas que ces corpus soient très indiscrets. Je doute que quelqu'un(e) puisse s'y reconnaître et que quelqu'un(e) puisse être identifié(e). Je n'ai pas retenu n'importe quel fragment d'analyse mais des extraits impersonnels et neutres en apparence. Ce type de choix est un peu plus difficile du côté des femmes à cause de leurs relations aux objets et lieux concrets. Il est vrai qu'ils sont définis par rapport à l'autre !

Je n'ai pu choisir ces fragments en fonction des résultats que je comptais obtenir, comme cela m'a été objecté. C'est impossible. À moins de produire le texte après les résultats ? Avant de mettre les énoncés en tableaux, je ne pouvais pas savoir ce que je trouverais. Ce type d'analyse demande beaucoup de patience et très peu d'a priori. La répartition en classes grammaticales sert de grille. Mais elle existe dans le discours. Elle se manifeste différemment selon les langues. Chaque langue doit donc réinterpréter ses productions et chercher où se trouvent les correspondances et divergences avec d'autres.

J'ai appelé hystérique le corpus féminin, obsessionnel, le corpus masculin. Cela ne veut pas dire que je réduis les femmes à l'hystérie ni les hommes à la névrose obsessionnelle. Il n'empêche que notre culture les met actuellement plutôt dans ces modalités énonciatives les unes et les autres. Cela explique d'ailleurs les difficultés de leurs rencontres.

Je veux signaler aussi que la névrose obsessionnelle des femmes et hystérique des hommes ne s'expriment pas comme la névrose hystérique des femmes et la névrose obsessionnelle des hommes. Je ne vais pas le montrer ici ; ce serait trop long. En quelques mots :

– ***La névrose hystérique des hommes*** manifeste une souffrance et une question autour d'un : « Suis-je aimé ? », peut-être davantage : « Suis-je désiré ? » ou : « Suis-je ? » Cette question, bouclée sur elle-même, laisse en suspens la possibilité de dire : « Je t'aime » ou « Je te désire », et même « J'aime » ou « Je désire ». Le *je* y reste prédominant même s'il souffre de ne pouvoir s'affirmer, de ne pas se sentir exister. « Je n'existe pas » n'équivaut pas à dire « Tu m'aimes ? ». Et peut-être que tout l'amour du monde ne peut prouver à l'hystérique homme qu'il existe.

– ***L'obsessionnelle femme*** se tourmente plutôt au sujet d'un objet dont elle s'inquiète qu'il soit aimé. Ce n'est pas tout à fait : « Tu m'aimes ? » mais : « Aimes-tu cela que j'ai fait ? » ou « que j'aime ? » Éventuellement cette question fait cercle.

Le *je* reste donc prédominant chez l'homme, même s'il devient objet de souffrances, enjeu de plaintes, manifesté (fragmentairement ?) en états affectifs ou somatiques proposés ou imposés à l'attention de l'autre. Le *je* fait ou subit une action imposée, dite, racontée, etc., à l'autre qui n'y a que bien peu de part ! Le *tu* demeure prédominant chez la femme même s'il est masqué dans le *il*, le *moi*, la perplexité autour de leurs qualités. La phrase-type ici serait : « Je me demande si tu l'aimes (moi) » et non « Je me demande si je suis aimée. » Les statuts respectifs de *je, tu, il, elle,* ne sont pas les mêmes.

Je ne dis pas que ces modalités d'énonciation des hommes et des femmes doivent rester immuables. Je souhaite plutôt qu'elles évoluent tout en demeurant différentes, qu'elles perdent leur systématicité et découvrent leur liberté dans l'affirmation d'un style, et non la soumission à une pathologie individuelle ou sociale. Cette mutation est indispensable pour que des langages différenciés sexuellement puissent échanger dans l'ordre de la culture, pour que les hommes et les femmes puissent se parler et devenir créateurs ensemble et non seulement procréateurs.

Une réelle transformation du discours, de la culture, ne peut se réaliser sans un départ objectif rigoureux de ce qui existe. Décrire et interpréter ce qui a lieu aujourd'hui peut donner des bases sérieuses pour des changements culturels. Une autre méthode risque souvent d'en rester à de l'inertie ou des effets d'humeur sans grand avenir, ni réalité historique d'ailleurs. Je pars donc de l'étude de fragments de discours enregistrés. Dans le cadre de cet article, je ne reprendrai que trois extraits pour chaque sexe.

## *A. EXTRAITS RETENUS POUR L'ANALYSE*

### *1. Hystérique*

. a .

« Je m'endormais sur le fauteuil, j'avais envie de dormir. Déjà, dans le métro, j'arrivais pas à lutter contre le sommeil. Ça m'arrive parfois dans le métro quand le parcours est un peu long. Mais là quand même il n'est pas très long... ... J'ai toujours l'impression que vous êtes debout... ... ... J'ai rêvé de vous cette nuit, ou la nuit dernière. La nuit dernière. Pour la première fois, vous aviez votre *vrai** visage... ... Vous étiez dans une *grande* maison... ... ... C'était aussi net, aussi rangé qu'ici. Il n'y avait rien qui traînait... qui était dérangé.... Le foutoir...

---

* Les mots soulignés correspondent à ceux que le sujet a accentués tonalement.

Vous étiez dans une pièce très claire. Ça se passait le jour... Et puis vous aviez des ennuis avec une petite fille et une maman... ... Je me demandais pourquoi vous m'en parliez... ... Vous me racontiez ça, je vous écoutais sans rien dire parce que... ... Je me disais trop si je dis quelque chose elle va interpréter ça d'une manière ou d'une autre... Et puis vous aviez un mari, mais... il était décorateur... ... Je ne savais pas trop où il était... ... Puis vous me faisiez faire *tout* l'inventaire de vos armoires... ... Vous aviez des robes... des *quantités*... ... des robes du soir surtout, plein de... ... Il y avait des robes soyeuses avec des petites perles, des dentelles, des... très décolletées... avec des petits manteaux pareils assortis... À chaque robe, il y avait un manteau pareil... ... ... Je me demandais quand vous mettiez tout ça... ... Et puis, à un moment donné, vous avez sorti une fourrure... ... Puis vous vous êtes assise sur un fauteuil, et vous avez tenu la fourrure comme ça... ... Moi j'avais aussi une fourrure dans la main... Je ne sais pas si vous me l'aviez donnée, si je l'avais prise... ... J'avais dans la main une espèce de, de peau de fourrure, mais... *la bête entière*. C'était une petite bête : ou un furet ou un putois ou un *tout petit* renard... Et puis je la tenais à la main et puis vous m'avez demandé si j'aimais les fourrures en me demandant de les caresser parce qu'elles étaient soyeuses... ... Alors, à partir du moment où vous m'avez demandé ça, alors que j'aime les fourrures, eh ben je vous ai dit que je les aimais pas et puis j'ai *collé* la petite fourrure par terre... (silence de 15 secondes), parce que j'avais pas envie que vous me parliez et vous me demandiez ce que moi j'étais, ce que j'en pensais... ... ... Je voulais bien que vous m'expliquiez quelque chose mais je voulais pas participer... ...* L'autre jour quand vous m'avez demandé pourquoi la petite fille fait ça, X (prénom) s'était fait deux brûlures j'ai eu une seconde d'inattention, ou d'attention au contraire très grande, en me disant pourquoi vous me demandiez ça. Est-ce que c'était par curiosité pour savoir comment la gosse était tombée ?... ... Est-ce que c'était par intérêt pour moi ?... ... Ou bien est-ce que c'était parce que vous pensiez que... que je pouvais à la suite de cette question dire des choses intéressantes ?... .... »

. b .

« J'ai peur que vous preniez de l'importance pour moi, ça je vous l'ai déjà dit, mais... ... dans la mesure où... où vous restez ce que vous êtes, c'est-à-dire...

---

* Les tableaux s'arrêteront à cette phrase pour une raison de dimension. Le mode d'analyse apparaît clairement, je pense, dans ce qui est déjà disposé sous cette forme. C'est le but de ces tableaux.

quelqu'un qui vous dit bonjour, au revoir... et puis c'est tout... hé bien, j'ai l'impression que... que j'ai moins de... ... de raisons de m'attacher à vous, de... de raisons de croire que vous m'aimez ou que vous ne m'aimez pas, ou... ou que je vous suis sympathique ou que je ne le vous suis pas... (silence de 40 secondes). Par exemple, tout ce que... tout ce que je peux deviner en vous... de goût que vous pouvez avoir pour certaines choses et... ... dans la mesure où ça correspond à quelque chose que moi j'aime, eh ben, eh ben ça je sais pas, je ne dirais pas que ça m'agace mais.... ... ça m... ... ça m'angoisse parce que je me dis euh... ... Par exemple, vous avez de temps en temps une rose, eh bien moi, avant de faire cette analyse, je m'achetais souvent une rose... ... Maintenant je ne le fais plus parce que... parce que ça coûte cher et qu'il a fallu que je supprime certaines choses... et que ça, ça fait partie des choses que j'ai supprimées... Eh bien, je me dis : ... oui, elle aime les roses, toi aussi, et... vous aimez le peinture moderne et j'aime beaucoup vos tableaux euh... sauf le tout noir là, le dernier qui est arrivé sur votre bibliothèque. Il me plaît pas celui-là... Moi, je sais que j'ai une envie folle de m'intéresser à la peinture, mais je vous dis que je n'y connais rien, mais je sais que j'aime les couleurs des peintures... modernes parce que c'est tellement lumineux, c'est... ... J'ai vu sur vos disques que vous deviez aimer le jazz et... ça m'agace par moments. Ça m... ça me fait peur... Je me dis : pouh ! si elle avait de vieilles peintures comme celles qu'a ma tante par exemple... eh ben... des peintures qui ont certainement de la valeur, mais toutes tristes... avec un gros... un grand encadrement doré et puis des têtes de bonnes femmes avec des, des seins tout ronds et tout rebondis là, comme on les faisait... ... il y a, il y a des siècles... si je voyais ça chez vous, eh bien j'aurais l'impression que... que je sentirais pas de... d'affinités avec vous alors que... je m'en sens et ça... ça... ça me fait encore plus peur... (silence de 40 secondes). Il y a des moments, je me demande si... si je vous suis sympathique ou... ou si euh... je vous suis antipathique... parce que je me dis que, pour vos malades, ça doit bien être comme nous les enfants à l'école... ... Bien sûr, il y a des gosses qui sont intéressants, il y en a qui le sont moins mais... ... il y en a aussi qui sont... qui vous acrochent et d'autres qui vous acrochent pas. Je pense que, dans votre métier, vous devez avoir aussi des... des gens qui sont plus ou, qui vous sont plus ou moins sympathiques et... qui vous attirent plus que d'autres... qui représentent un cas intéressant ou pas et... et je me suis demandé ce que je pouvais être pour vous... ... ... »

. c .

« Mais j'ai l'impression quand vous me dites au revoir, que vous me regardez après. Et bien... bien sûr, vous me regardez moi avec ce que je suis maintenant...

... ... J'ai l'impression que... que vous me voyez telle que je suis et ça doit être ça que... ... j'ai du mal à... à admettre... ... ... ... ..... ... Dans le fond, si je m'admets pas moi-même, je ne vois pas pourquoi j'accepterais que quelqu'un m'admette... ... C'est ça... ... Puisque je n'ai pas envie de me regarder... ... Et vous, vous me regardez... ... J'ai l'impression que je parle, que je parle ce soir, tout ça, mais.... ... Et de vous sentir derrière moi finalement, eh ben ça... ça ne me plaît pas non plus. Vous seriez devant, ce ne serait pas mieux, non. Non je ne crois que je pourrais plus vous avoir devant moi, mais vous sentir derrière, c'est pas mieux... ... ... Toujours cette clé là dans cette porte... ... ... ... ... En revanche, je voudrais, je voudrais tout fiche en l'air ici. Prendre les livres un par un et les jeter, la... petite table, le lit, le matelas, le... la descente de lit, le tapis... ... Faire le grand foutoir. Ça me plairait, je n'en ai jamais fait. Je crois que j'ai déjà eu envie de le faire... Vos feuilles là, vos notes là, tout ça, tout, futt... Tout envoyer en l'air, tout éparpiller.... ... Votre machine à écrire, la jeter par terre... ... ... ... ... ... ... ... .. Puis déchirer toute cette tapisserie-là. Faire de grands lambeaux... ... ça me plairait... ... Trépigner comme un gosse. Faire une colère. Je n'ai jamais fait de colère. J'ai dû avoir envie d'en faire, sûrement. Toutes les réactions violentes, je crois, que j'ai eu envie de faire, je les ai toujours étouffées parce que je me suis toujours dit que ça ne se faisait pas... qu'on ne devait pas faire ça, que... ... qu'on ne devait pas chahuter... ... que... ... Parce que d'abord, si j'avais fait quoi que ce soit, j'aurais eu peur d'être contre les autres... et j'avais surtout besoin de ça : être avec les autres... que ce soient les professeurs, que ce soient les amis... ... ... J'ai peur que vous ne partiez en voyage... J'ai peur... Peut-être, je ne sais pas, qu'il y a quelque chose qui doit sortir, je ne sais pas... ... Je crois que c'est un bon coup de pied qu'il me faut. Parce que c'est aussi... aussi... comme si le fait que vous preniez de l'importance pour moi, ça me faisait prendre de l'importance à moi aussi... ... ... ... ... ..... ... Dans la mesure où... où je sens en vous des... des des goûts qui pourraient être semblables aux miens et que je les refuse et que je n'en veux pas, peut-être... ... ... ... Et maintenant quand je vois votre coupe bleue là que j'aime tant. Et ben, j'ai envie de la jeter par terre parce que vous avez la même que j'aurais voulu avoir.... ... ... J'ai l'impression que c'est moi qui suis assise là sur la commode... ... ... »

### 2. *Obsessionnel*

. a .

« En ce moment j'ai l'impression que je passe un cap en analyse... ... ... Je la trouve plus difficile ces deux dernières séances... ... ... Je trouve que ça va moins bien... ... ... C'est curieux, dans ces cas-là, d'ailleurs comme... ... ... Il me venait tout à l'heure des choses avant que j'arrive... ... Dans les périodes où... j'éprouve plus de difficultés que d'habitude... ... j'ai tendance à... à minimiser l'effet... ... l'apport de la cure... ... et inversement, quand ça va... comme sur des roulettes,... j'ai l'impression que j'ai tendance à en augmenter l'effet... Et puis je m'aperçois après que... euh... j'allais trop vite... ... ... ... ... ... ... ... ... ... ... ... ... Il se produit quelque chose... ..., dans l'analyse, qui me pousse à dire... ... Tout au moins j'ai cette impression... Je vous ai dit que plusieurs fois j'ai eu le réflexe de quelqu'un qui ne veut pas parce qu'il se sent obligé... ... ... ... ... ... ... ... ... ... ... Enfin... ..., la séance dernière et l'avant-dernière séance, je me suis trouvé à plusieurs reprises mal à l'aise... ... ... comme si se produisait une sorte de grouillement interne et que... j'aurais du mal à comprendre... ... qui m'échapperait... ... ... ... Je suis étonné de voir qu'il y a du mouvement... ... ... Et je découvre petit à petit un monde que j'ignorais totalement... ... ... La première fois que j'ai entendu parler d'inconscient... je me suis demandé... ce que c'était que ce truc... ... ... Comme la notion avait l'air appuyée par des auteurs... respectables, je ne pouvais pas la nier, mais j'étais pratiquement complètement sceptique... ... Et je me souviens... ... des notions qu'on nous a données sur... Freud en cours de philo, j'y avais rien compris, mais *rien du tout*. C'était d'une abstraction énorme (silence de 40 secondes). Et ce qui me frappe, depuis que... je suis entré en cure, c'est le nombre de fois que j'ai fait état de mon... ... ... ma possibilité de mal dire ou mal faire, comme si je ressentais une... panique devant ces possibilités... ... ... ... ... J'ai entendu dire, ou j'ai lu quelque part, que le monde des gens nerveux et des... malades était pyschologique... ... et pas un monde réel (silence de 40 secondes). Il n'y a pas de distinction entre mal penser et mal faire... ... ... Depuis quelque temps, je me sens comme libéré d'une... tutelle. J'ose à peine encore affirmer mon désir euh... ... de réussir... ... de gagner de l'argent..., mais à peine... vraiment ça me paraît quelque chose de... .... enfin comme... très grave, qui a du mal à passer... ... Mais je me rends compte qu'au moment où j'étais fort attaché à... l'honnêteté, la pureté, c'est là que j'étais le plus criticable dans mes actes... ... Et j'ai pu noter la même chose chez X (prénom de sa femme) (silence de une minute et demie). C'est curieux comme... j'ai envie de rester dans le général. Tout à l'heure, il m'est venu,... ... à l'instant il m'est venu un exemple à l'idée et... j'ai glissé... ... »

. b .

« J'ai souvent eu l'impression pendant... ... les séances que... mon discours avait quelque chose de gratuit... et je me suis longtemps dit que c'est parce que je me trouve un peu... ... ..., que c'est contingent,... pas (mot inaudible), mais je me demande et c'est cela... ... Parce que, quand je parle,... ... à ce moment-là, je me rends compte, par moments, qu'il y a un autre étage, un étage inférieur... ... ... auquel je ne peux pas descendre... ... ... Il me paraît plus intéressant que celui auquel je suis (silence de une minute). Enfin, cela me paraîtra peut-être plus clair plus tard (silence de trois minutes 20 secondes). J'avais souvent la conviction que... ... c'était pas la peine de... ... de parler... Enfin que, sur tel ou tel point, c'était pas la peine d'en parler, comme on dit. Ça valait pas le coup... Et, là encore... ... c'est un peu la même chose que ce que je disais à l'instant (silence de trois minutes). Mais je suis de plus en plus embêté lorsque... lorsqu'il me vient une image, et puis je m'efforce de passer. Avant, ça m'était beaucoup plus facile... Maintenant, une fois qu'elle est arrivée euh... elle ne veut plus repartir... ... Et tout à l'heure... j'ai pensé..., je ne sais plus par quoi,... pourquoi... ... ... j'ai eu l'image d'une fille que j'ai connue à X (nom de lieu) pendant cette fameuse période... ... Je vous ai raconté... ... J'étais en train de flirter dans la 2 CV... ... Pourquoi ça m'est venu, j'en sais rien (silence de 50 secondes). J'avais vraiment l'attitude d'un malade à l'époque. Vous me direz : il y en a beaucoup comme ça... .... qui sont des gens comme vous et moi (silence de deux minutes). Je ne suis pas fier de cette époque de ma vie.... ... Je voudrais bien qu'elle... ... n'ait pas... existé (silence de 45 secondes). Je pense qu'elle est... très... très limitée (silence de une minute 10 secondes). Il y a une chose qui me frappe encore..., que je ressentais, que je sens infiniment vive... c'est que, dès que j'avais cessé d'apprendre, je retombais dans l'idiotie et, si je fréquentais des gens... ... disons non cultivés, j'avais l'impression de perdre mon temps... ... »

. C .

« J'exagère, je systématise..., mais il y avait de cela.... au fond... ... ... Il y avait quelque chose qui me disait que j'avais tort.... ... Je pense à... mon ami X (nom propre) par exemple, avec qui j'ai passé ces fameuses vacances à X (nom de lieu, le même que précédemment) et de qui manifestement il y avait beaucoup à retirer... ..., beaucoup à voir et... ... J'ai découvert cette vérité de l'évidence que... le fait de vivre vous enrichit... ... ... Mais c'est une chose que j'aurais jamais pensée avant... ... Tout cela c'est significatif de quelque chose... ... Il m'arrivait souvent le soir... de regarder la télévision... ... ; jusqu'à un certain moment, d'avoir envie de regarder la télévision et puis d'être... ... talonné, rappelé à l'ordre par la nécessité de... monter faire mon travail... j'en éprouvais de l'angoisse... ... C'est normal qu'il y ait des conflits, je suppose, mais... ce qui me surprend c'est de voir comment ils étaient reçus dans mon esprit (silence de une minute 40 secondes). J'ai passé de longues années dans l'angoisse... ... pas toujours mais... avec un fond.... ... ... J'ai l'impression que j'ai..., j'ai presque oublié tout cela... ...., mais... ... il me reste quand même le souvenir que c'était assez vif (silence de deux minutes). Il y a un petit côté cauchemardesque dans mon existence jusqu'à une certaine époque (silence de trois minutes dix secondes). Je n'ai jamais été aussi énervé pourtant que... dans les débuts de mon analyse... ... ... ... Je crois vous avoir dit qu'au début je venais me lamenter parce que je n'arrivais pas à me concentrer sur tel et tel livre... ... Il y avait là... ... une grosse difficulté... ... ... ... ... ... ... Hier, j'étais en leçon avec une.... fille qui passe le bac philo et... à qui je donne des cours de physique, et... j'essayais de lui expliquer... ... ... ou je lui demandais de m'expliquer plutôt, ce qu'était une force... ... Et j'ai pas pu en obtenir deux mots... ... ... J'étais frappé, et comme... ... c'est pas la première fois... ... ... ... Je connais bien la réaction... ... cette rétraction... (silence de une minute 20 secondes). D'ailleurs, j'ai eu un peu l'impression de l'autre jour, quand je vous ai raconté l'entretien que j'avais eu avec X (nom propre de l'un de ses supérieurs à son travail). »

### *B. TABLEAUX*

Ne seront reproduits ici que les tableaux correspondant au premier extrait pour chaque sujet.

Le *premier tableau* – hystérique $I_a$ et obsessionnel $I_a$ – reprend les énoncés tels qu'ils ont été prononcés et les dispose en classes grammaticales en déployant horizontalement, sur deux pages, $P_1$, $P_2$, $P_3$... Certaines transformations doivent être réduites pour l'analyse des propositions. Par exemple : j'avais envie de dormir = j'avais envie (que) (je) (dorme). Le passage d'une proposition à l'autre est marqué par →. SN signifie syntagme nominal, SV, syntagme verbal. Les autres dénominations sont celles utilisées en grammaire élémentaire.

Le *deuxième tableau* – hystérique $I_b$ et obsessionnel $I_b$ – :

– superpose toutes les propositions pour compter et comparer les sujets, les verbes, les compléments, etc. ;

– range certains syntagmes dans des classes élémentaires :

- classes pronominales : *je, tu, il(s), elle(s), on, nous, etc. ;*
- animé/non animé ;
- concret/abstrait ;
- lieu/temps ;

– indique, en dernière colonne, la nature des propositions subordonnées.

Le *troisième tableau* – hystérique II et obsessionnel II – :

– compare les syntagmes nominaux des énoncés de l'hystérique et de l'obsessionnel ;

– indique la nature des circonstants.

Les cinq tableaux qui vont suivre comportent quelques imperfections. Leur but est d'indiquer la méthode utilisée. Il est difficile de traiter tant de données en une place aussi limitée.

**TABLEAU I :**

| → | $SN_1$ | SV | $SN_2$ | $SN_{2'}$ | $SN_3$ | Attributs | Expansion (Adj. Adv. C. de N) | → | $SN_1$ | SV |
|---|---|---|---|---|---|---|---|---|---|---|
| | je | m'endormais | | | sur le fauteuil | | | | | |
| | j' | avais envie | | | | | | (que) | (je) | dormir |
| | j' | arrivais | | | dans le métro | | déjà | à | (je) | lutter |
| | | | | | | | ne... pas | | | |
| | ça | arrive | | m' | dans le métro | | parfois | quand | le parcours | est |
| mais | il | est | | | | long | très | | | |
| | | | | | | | ne .. pas | | | |
| | | | | | | | quand même | | | |
| | j' | ai l'impression | | | | | toujours | que | vous | êtes debout |
| | j' | ai rêvé | | de vous | cette nuit | | | | | |
| | | | | | ou la nuit | | dernière ($SN_3$) | | | |
| | | | | | dernière | | | | | |
| | vous | aviez | votre visage | | pour la pre- | | vrai ($SN_2$) | | | |
| | | | | | mière fois | | première ($SN_3$) | | | |
| | vous | étiez | | | dans une | | grande ($SN_3$) | | | |
| | | | | | maison | | | | | |
| | c' | était | | | | net | aussi | que | (c') | est |
| | | | | | | rangé | aussi | | | |
| | rien | était | | | | | ne... pas | qui | qui | traînait |
| | | | | | | | | qui | qui | était |
| | | | | | | | | | | dérangé |
| | le foutoir | était | | | | | ne... pas | | | |
| | vous | étiez | | | dans une | | très | | | |
| | | | | | pièce | | claire ($SN_3$) | | | |
| | ça | se passait | | | le jour | | | | | |
| et puis | vous | aviez | des ennuis | | avec une fille | | petite ($SN_3$) | | | |
| | | | | | et une maman | | | | | |
| | je | me demandais | | | | | | pourquoi | vous | parliez |
| | vous | racontiez | ça | me | | | | | | |
| | | | | me | | | | sans (que) | (je) | dire |
| et | j' | écoutais | vous | | | | trop | (qu') | elle | va interpréter |
| | je | me disais | | | | | | si | je | dis |
| et puis | vous | aviez | un mari | | | | | | | |
| | il | était | | | | décorateur | | | | |
| mais | je | savais | | | | | ne.. pas | où | il | était |
| | | | | | | | trop | | | |
| puis | vous | faisiez faire | l'inventaire | me | | | tout ($SN_2$) | | | |
| | | | | | | | de vos | | | |
| | | | | | | | armoires | | | |
| | vous | aviez | des robes | | | | des quantités ($SN_2$) | | | |
| | (vous) | (aviez) | des robes | | | | surtout ($SN_2$) | | | |
| | | | | | | | plein de ($SN_2$) | | | |
| | | | | | | | du soir | | | |
| | des robes | étaient | | | avec des | | soyeuses ($SN_1$) | | | |
| | | | | | perles | | | | | |
| | | | | | avec des | | petites ($SN_3$) | | | |
| | | | | | dentelles | | | | | |
| | (elles) | (étaient) | | | avec des | décolletées | très (attribut) | | | |
| | | | | | manteaux | | petits ($SN_3$) | | | |
| | | | | | | | pareils ($SN_3$) | | | |

## HYSTÉRIQUE $I_a$

| $SN_2$ | $SN_{2'}$ | $SN_3$ | Attributs | Expansion | → | $SN_1$ | SV | $SN_2$ | $SN_{2'}$ | $SN_3$ | Attributs | Expansion |
|---|---|---|---|---|---|---|---|---|---|---|---|---|
| | contre le sommeil | | | | | | | | | | | |
| | | | long | un peu (attribut) | | | | | | | | |
| | | | | debout | | | | | | | | |
| | | ici | | net<br>rangé | | | | | | | | |
| | en<br>m' | | | | | | | | | | | |
| rien<br>ça<br>quelque chose | | d'une manière ou d'une autre | | parce que | ... | ... | ... | | | | | |

**TABLEAU I :**

| → | $SN_1$ | SV | $SN_2$ | $SN_{2'}$ | $SN_3$ | Attributs | Expansion Adj Adv C de N | → | $SN_1$ | SV |
|---|---|---|---|---|---|---|---|---|---|---|
| | | | | | | | assortis ($SN_3$) | | | |
| | un manteau | était | | à chaque robe | | | pareil ($SN_1$) | | | |
| | je | me demandais | | | | | | quand | vous | mettiez |
| et puis | vous | avez sorti | une fourrure | | à un moment | | | | | |
| | | | | | donné | | | | | |
| puis | vous | vous êtes assise | | | sur un | | | | | |
| | | | | | fauteuil | | | | | |
| et | vous | avez tenu | la fourrure | | comme ça | | | | | |
| | moi j' | avais | une fourrure | | dans la main | | aussi | | | |
| | je | sais | | | | | ne... pas | si | vous | aviez donnée |
| | | | | | | | | | je | avais prise |
| | j' | avais | une espèce de | | dans la main | | de fourrure | | | |
| | | | | | | | de peau | | | |
| mais | (j') | (avais) | la bête | | | | entière ($SN_2$) | | | |
| | c' | était | | | | une bête | petite (attribut) | | | |
| | | | | | | un furet | | | | |
| | | | | | | un putois | | | | |
| | | | | | | un renard | tout | | | |
| | | | | | | | petit | | | |
| et puis | je | tenais | la | | à la main | | | | | |
| et puis | vous | avez demandé | | m' | | | | si | j' | aimais |
| en | (vous) | demandant | | me | | | | que | je | caresse |
| alors | j' | ai dit | | vous | | | | que | je | aimais |
| et puis | j' | ai collé | la fourrure | | par terre | | petite ($SN_2$) | parce que | j' | avais pas |
| | | | | | | | | | | envie |
| | je | voulais | | | | | bien | que | vous | expliquiez |
| mais | je | voulais | | | | | ne... pas | (que) | (je) | participer |

**TABLEAU I :**

| → | $SN_1$ | SV | $SN_2$ | $SN_{2'}$ | $SN_3$ | Expansion Compl. N Adj. Adv Attr. | → | $SN_1$ | SV | $SN_2$ | $SN_{2'}$ | $SN_3$ |
|---|---|---|---|---|---|---|---|---|---|---|---|---|
| | j' | ai l'impression | | | en ce mo- | | que | je | passe | un cap | | en analyse |
| | | | | | ment | | | | | | | |
| | je | trouve | la | | ces deux | plus difficile | | | | | | |
| | | | | | dernières | | | | | | | |
| | | | | | séances | dernières | | | | | | |
| | je | trouve | | | | | que | ça | va | | | |
| | c' | est | | | dans ces | curieux | comme | .... | ... | ... | | ... |
| | | | | | cas-là | | | | | | | |
| | | | | | | d'ailleurs | | | | | | |
| | des choses | venaient | | me | tout à | | avant que | j' | arrive | | | |
| | | | | | l'heure | | | | | | | |
| | j' | ai tendance | | | dans les | | où | j' | éprouve | des difficul- | | |
| | | | | | périodes | | | | | tés | | |
| | | | | | | | à | (je) | minimiser | l'apport | | |
| et | j' | ai l'impression | | | | inversement | quand | ça | va | | | comme sur |
| | | | | | | | | | | | | des roulettes |
| | | | | | | | que | j' | ai tendance | | | |
| et | je | m'aperçois | | | | après | que | j' | allais | | | |
| | quelque chose | se produit | | | dans l'ana- | | qui | qui | pousse | me | | |
| | | | | | lyse | | | | | | | |
| | j' | ai | cette im- | | | tout au moins | | | | | | |
| | | | pression | | | | | | | | | |
| | j' | ai dit | | vous | | | que | j' | ai eu | le réflexe | | plusieurs fois |
| enfin | je | me suis trouvé | | | la séance | mal à l'aise | comme si | un grouil- | se produi- | | | |
| | | | | | dernière | | | lement | sait | | | |
| | | | | | | dernière | | | | | | |

## HYSTÉRIQUE $I_a$ (suite)

| $SN_2$ | $SN_{2'}$ | $SN_3$ | Attributs | Expansion | → | $SN_1$ | SV | $SN_2$ | $SN_{2'}$ | $SN_3$ | Attributs | Expansion |
|---|---|---|---|---|---|---|---|---|---|---|---|---|
| ça | | | tout | | | | | | | | | |
| l' | m' | | | | | | | | | | | |
| l' | | | | | | | | | | | | |
| les fourrures | | | | | parce qu' | elles | étaient | | | | soyeuses | |
| les | | | | ne... pas | à partir du moment où | vous | avez demandé | ça | me | | | |
| les | | | | | alors que | j' | aime | les fourrures | | | | |
| | | | | ne... pas | que | vous | parlez | | me | | | |
| | | | | | et que | vous | demandiez | ce | me | | | |
| quelque chose | m' | | | | | | | | | | | |

## OBSESSIONNEL $I_a$

| Expansion Compl. N Adj. Adv. Attr. | → | $SN_1$ | SV | $SN_{2'}$ | $SN_2$ | $SN_3$ | Expansion Compl. N Adj. Adv. Attr. | → | $SN_1$ | SV | $SN_2$ | $SN_{2'}$ | $SN_3$ |
|---|---|---|---|---|---|---|---|---|---|---|---|---|---|
| moins bien | | | | | | | | | | | | | |
| | plus que | (je) | éprouver | (difficultés) | | d'habitude | | | | | | | |
| de la cure | | | | | | | | | | | | | |
| | à | (je) | augmenter | l'effet | en | | | | | | | | |
| trop vite | | | | | | | | | | | | | |
| | à | (je) | dire | ... | ... | | | | | | | | |
| de quelqu'un | qui | qui | veut | | | | ne... pas | parce que | il | se sent obligé | | | |
| une sorte de | que | j' | auras du mal | | | | | à | (je) | comprendre | | | |
| interne | qui | qui | échappera | | me | | | | | | | | |

**TABLEAU I :**

| → | $SN_1$ | SV | $SN_2$ | $SN_{2'}$ | $SN_3$ | Compl N<br>Expansion Adj.<br>Adv.<br>Attr | → | $SN_1$ | SV | $SN_2$ | $SN_{2'}$ | $SN_3$ |
|---|---|---|---|---|---|---|---|---|---|---|---|---|
| | | | | | l'avant-dernière<br>à plusieurs reprises | avant-dernière | | | | | | |
| | je | suis étonné | | | | | de | (je) | voir | | | |
| et | je | découvre | un monde | | | petit à petit | que<br>la I^re fois que | j'<br>j' | ignorais<br>ai entendu | | | |
| | je | me suis demandé | | | | | ce que | ce truc | était | | | |
| | | | | | | | comme | la notion | avait l'air appuyée | | | par des auteurs |
| | je | ne pouvais pas | | | | ne .. pas | | (je) | nier | la | | |
| mais | j' | étais | | | | pratiquement<br>complètement<br>sceptique | | | | | | |
| et | je | me souviens | | des notions | | | qu' | on | a données | qu' | nous | sur Freud<br>en classe |
| | j' | avais compris | rien<br>rien du tout | y | | | | | | | | |
| | c' | était | | | d'une abstraction | énorme | | | | | | |
| et | c' | (est) | | | | | qui<br>depuis que | qui<br>je | frappe<br>suis entré | me | | en cure |
| | c' | est | | | | le nombre de fois | que | j' | ai fait état | | de ma possibilité | |
| | j' | ai entendu | | | | | | (on) | dire | | | |
| ou | j' | ai lu | | | quelque part | | que | le monde | était | | | |
| | | | | | | | et qu' | (il) | n'était pas | | | |
| | une distinction | est | | | entre mal penser et mal faire | ne... pas | | | | | | |
| | je | sens | me | | depuis quelque temps | | comme<br>(si) | (j') | étais libéré | | d'une tutelle | |
| | j' | ose | | | | à peine encore | | (je) | affirmer | mon désir | | |
| | ça | paraît | | me | | | que | (c') | (est) | | | |
| mais | je | me rends compte | | | | | que au moment où | j' | étais attaché | | à l'honnêteté | dans mes actes |
| | | | | | | | | | | | à la pureté | |
| | c' | est | | | | là | que | j' | étais | | | |
| | c' | est | | | | curieux | comme | j' | ai envie | | | |
| tout à l'heure<br>à l'instant | un exemple | est venu | | à l'idée<br>m' | | | | | | | | |
| et | j' | ai glissé | | | | | | | | | | |

**OBSESSIONNEL $I_a$ (suite)**

| Expansion Compl. N Adj. Adv. Attr. | → | $SN_1$ | SV | $SN_{2'}$ | $SN_2$ | $SN_3$ | Expansion Compl. N Adj. Adv. Attr. | → | $SN_1$ | SV | $SN_2$ | $SN_{2'}$ | $SN_3$ |
|---|---|---|---|---|---|---|---|---|---|---|---|---|---|
| | que | du mouvement | est | | | | | | | | | | |
| totalement | | | | | | | | | | | | | |
| | (que) | (on) | parler | | d'inconscient | | | | | | | | |
| respectables | | | | | | | | | | | | | |
| de philosophie | | | | | | | | | | | | | |
| | de | (je) | dire | | | mal | | comme si | je | ressentais | une panique | | devant toutes ces possibilités |
| | ou | (je) | faire | | | mal | | | | | | | |
| psychologique | | | | | | | | | | | | | |
| des gens nerveux | | | | | | | | | | | | | |
| des malades | | | | | | | | | | | | | |
| un monde réel | | | | | | | | | | | | | |
| n'... pas | | | | | | | | | | | | | |
| | de | (je) | réussir | | | | | | | | | | |
| | et de | (je) | gagner | de l'argent | | | | | | | | | |
| quelque chose | qui | qui | a du mal | | | | | à | (elle) | passer | | | |
| très grave | | | | | | | | | | | | | |
| fort | | | | | | | | | | | | | |
| critiquable | | | | | | | | | | | | | |
| le plus | | | | | | | | | | | | | |
| | (que) | (je) | rester | | | dans le général | | | | | | | |

## TABLEAU II : HYSTÉRIQUE $II_b$

| → | Sujet | Verbe | Objet direct | Objet indirect | Circonstant | Adv. | Adj. | Attr. | Compl. N. | Subordonnées ou coordonnées |
|---|---|---|---|---|---|---|---|---|---|---|
| | je | m'endormais | | | lieu | | | | | |
| | j' | avais envie | | | | | | | de dormir | compl. N |
| que | je | dorme | | | | | | | | |
| | je | n'arrivais pas | | à lutter | lieu | déjà | | | | |
| à | je | lutte | | contre le sommeil | | | | | | compl. obj. |
| | inanimé (ça) | arrive | | moi | lieu | parfois | | | | |
| quand | inanimé concr. | est | | | | un peu | long | long | | circ. tps |
| mais | inanimé concr. | n'est pas | | | | très | long | long | | mais + coord. |
| | j' | ai l'impression | | | | quand même | | | | |
| que | vous | êtes debout | | | | | | | | compl. N |
| | j' | ai rêvé | | de vous | temps (2) | | | | | |
| | vous | aviez | inanimé concr.<br>(de vous) | | temps | | vrai | | | |
| | vous | étiez | | | lieu | | grande | | | |
| | inanimé (c') | était | | | | aussi | net<br>rangé | net<br>rangé | | |
| que | (inanimé abstr.) | (être) | | | | | | | | comparative |
| | inanimé concr.<br>(rien) | était | | | | | | | | |
| qui | (*idem*) | traînait | | | | | | | | relative |
| qui | (*idem*) | était dérangé | | | | | | | | |
| | inanimé concr. | n'étais pas | | | | ne... pas | | | | relative |
| | vous | étiez | | | lieu | très | claire | | | |
| | inanimé concr. | se passant | | | temps | | | | | |
| | vous | aviez | inanimé abstr<br>(de vous) | | accompa-<br>gnement | | petite | | | |
| | je | me demandais | | | | | | | | |
| pourquoi | vous | parliez | | moi | | | | | | interr. indir. |
| | vous | racontiez | inanimé abst.<br>(de vous) | inanimé abstr<br>(de vous)<br>me | | | | | | |
| | j' | écoutais | vous | | | | | | | |
| sans que | je | dire | inanimé abstr.<br>(de je) | | | | | | | circ. man. |
| | je | me disais | | | | trop | | | | |
| si | je | dis | inanimé abstr.<br>(de je) | | | | | | | conditionnelle |
| | elle (= vous) | va interpréter | inanimé abstr.<br>(de vous) | | manière | | | | | |
| et puis | vous | aviez | animé concr.<br>(de vous) | | | | | | | et puis + coord. |
| mais | il (animé de vous) | était | | | | | | décorateur | | mais + coord. |
| | je | ne savais pas | | | | trop<br>ne... pas | | | | |
| ou | il (animé de vous) | était | | | | | | | | circ. lieu |
| puis | vous | faisiez faire | inanimé concr.<br>(de vous) | moi | | | tout | | compl. de C.O.D. | puis + coord. |
| | vous | aviez | inanimé concr<br>(de vous) | | | des quantités | | | | |
| | (vous) | (aviez) | inanimé concr<br>(de vous) | | | surtout | | | compl. de C.O.D. | |
| | inanimé concr.<br>(de vous) | étaient | | | manière (2) | | soyeuses<br>($SN_1$)<br>petites<br>($SN_3$) | | | |
| | inanimé concr.<br>(de vous) | (étaient) | | | accompa-<br>gnement | | petits<br>($SN_3$)<br>pareils<br>($SN_3$)<br>assortis<br>($SN_3$)<br>décolletées | décolletées | | |
| | inanimé concr.<br>(de vous) | était | | inanimé concr.<br>(de vous) | | | pareil | pareil | | |
| | je | me demandais | | | | | | | | |
| quand | vous | mettiez | inanimé concr.<br>(de vous) | | | | tout ($SN_2$) | | | circ. tps |

## TABLEAU II : HYSTÉRIQUE $II_b$ (suite)

| → | Sujet | Verbe | Objet direct | Objet indirect | Circonstant | Adv. | Adj. | Attr. | Compl. N. | Subordonnées ou coordonnées |
|---|---|---|---|---|---|---|---|---|---|---|
| et puis | vous | avez sorti | inanimé concr. (de vous) | | temps | | | | | et puis + coord. |
| puis | vous | vous êtes assise | | | lieu | | | | | puis + coord. |
| et | vous | avez tenu | inanimé concr. (de vous) | | manière | | | | | et + coord. |
| | moi j' | avais | inanimé concr. (de vous) | | lieu | aussi | | | | |
| | je | ne sais pas | | | | ne... pas | | | | |
| si | vous | aviez donnée | inanimé concr. (de vous) | me | | | | | | interr. indir. |
| si | j' | avais prise | inanimé concr. (de vous) | | | | | | | interr. indir. |
| | j' | avais | inanimé concr. (de vous) | | lieu | | | | inanimé concr. (vous) inanimé concr. (vous) | |
| mais | j' | avais | inanimé concr. (de vous) | | | | entière | | | mais + coord. |
| | c' | était | | | | | petite (Attr.) | inanimé concr. (vous) | | |
| | (c') | (était) | | | | | | inanimé concr. (vous) | | |
| | (c') | (était) | | | | | | inanimé concr. (vous) | | |
| | (c') | (était) | | | | tout | petit (Attr.) | inanimé concr. (vous) | | |
| et puis | je | tenais | inanimé concr. (de vous) | | lieu | | | | | et puis + coord. |
| et puis | vous | avez demandé | | | | | | | | et puis + coord. |
| si | j' | aimais | inanimés concr. (de vous) | | | | | | | interr. indir. |
| en | (vous) | demandant | | me | | | | | | circ. man. |
| que | je | caresse | inanimés concr. (de vous) | | | | | | | compl. obj. |
| parce que | inanimés concr. (de vous) | étaient | | | | | soyeuses | soyeuses | | circ. cause |
| alors | j' | ai dit | | vous | | | | | | |
| que | je | n'aimais pas | inanimés concr. (de vous) | | | | | | | compl. objet |
| à partir du moment où | vous | avez demandé | ça | me | | | | | | circ. temps. |
| alors que | j' | aime | inanimés concr. | | lieu | | petite | | | circ. concessive |
| et puis | j' | ai collé | inanimés concr. (de vous) | | | | | | | et puis + coord. |
| parce que | je | n'avais pas envie | | | | ne... pas | | | | circ. cause |
| que | vous | parliez | | me | | | | | | compl. obj.. |
| et que | vous | demandiez | ce | me | | | | | | et + coord. |
| que | j' | étais | | | | | | | | relative |
| | | | ce | | | | | | | |
| que | je | pensais | | en | | | | | | compl. objet |
| | je | voulais | | | | bien | | | | |
| que | vous | expliquiez | quelque chose | m' | | | | | | compl. obj. |
| mais | je | ne voulais pas | | | | ne... pas | | | | mais + coord. |
| (que) | (je) | participer | | | | | | | | compl. obj. |

## TABLEAU II : OBSESSIONNEL $II_b$

| → | Sujet | Verbe | Objet direct | Objet indirect | Circonstant | Adv. | Adj. | Attr. | Compl. N. | Subordonnées ou coordonnées |
|---|---|---|---|---|---|---|---|---|---|---|
| | j' | ai l'impression | | | | | | | | |
| que | je | passe | inanimé abstr. | | temps | | | | | compl. obj. |
| | | | (de moi) | | | | | | | |
| | je | trouve | inanimé abstr. | | temps | plus | difficile | | | |
| | | | (de moi) | | | | | | | |
| | je | trouve | | | | | | | | |
| que | ça | va | | | | moins bien | | | | compl. obj. |
| | c' | est | | | temps | | curieux | | | |
| | des choses | venaient | | me | temps | | | | | |
| avant que | j' | arrive | | | | | | | | circ. tps |
| où | j' | éprouve | inanimé abstr. | | temps | | | | | relative |
| | | | (de moi) | | | | | | | |
| plus que | (j') | éprouver | inanimé abstr. | | temps | | | | | comparative |
| | | | (de moi) | | | | | | | |
| | j' | ai tendance | | | | | | | | |
| à | (je) | minimiser | inanimé abstr. (2) | | | | | | inanimé abstr. | compl. obj. indir. |
| | | | (de moi) | | | | | | | |
| et | j' | ai l'impression | | | | | | | | et + coord. |
| que | j' | ai tendance | | | | | | | | compl. obj. indir. |
| à | (je) | augmenter | inanimé abstr | inanimé abstr | | inversement | | | inanimé abstr. | compl. obj. indir. |
| | | | (de moi) | (de moi) | | | | | | |
| quand | ça | va | | | manière (2) | | | | | circ. tps |
| et puis | je | m'aperçois | | | temps | | | | | et puis + coord. |
| que | j' | allais | | | manière | | | | | compl. obj. indir. |
| | inanimé abstr. | se produit | | | lieu | | | | | |
| qui | inanimé abstr. | pousse | me | | | | | | | relative |
| à | (je) | dire | | | | | | | | compl. obj. indir. |
| tout au moins | j' | ai cette impression | | | | | | | | tout au moins + coord. |
| | j' | ai dit | | vous | | | | | | |
| que | j' | ai eu | inanimé abstr | | temps | | | | | compl. obj. dir. |
| | | | (de moi) | | | | | | | |
| qui | qui | veut | | | | ne pas | | | animé indéf. | relative |
| parce que | il | sent | | | | | | | | |
| que | (il) | être obligé | | | | | | | | compl. obj. dir. |
| | je | me suis trouvé | | | temps (3) | mal à l'aise | | | | |
| | | | | | | | dernière (2) | | | |
| comme si | inanimé abstr. | se produisait | | | manière | | interne | | | comparative |
| et que | j' | auras du mal | | | | | | | | relative |
| à | (je) | comprendre | inanimé abstr | | | | | | | compl. obj. indir. |
| | | | (de moi) | | | | | | | |
| qui | (inanimé abstr.) | échapperait | | m | | | | | | relative |
| | je | suis étonné | | | | | | | | circ. cause |
| (que) | (je) | voir | | | | | | | | compl. obj. indir. |
| qu' | inanimé abstr | est | | | | | | | | compl. obj. dir. |
| | je | découvre | inanimé abstr | | temps | | | | | |
| | | | (de moi) | | | | | | | |
| que | j' | ignorais | | | | totalement | | | | relative |
| | je | me suis demandé | | me | | | | | | |
| ce que | ce truc | était | | | | | | | | inter. indir. |
| la 1re fois | j' | ai entendu | | | | | | que | | circ. tps |
| que | | | | | | | | | | |
| (que) | (quelqu'un) | parler | | inanimé abstr. | | | | | | compl. obj. dir |
| comme | inanimé abstr. | avoir l'air | | | agent | | | | | circ. cause |
| (qu') | (elle) | était appuyée | | | | | respectables | | | compl. obj. indir. |
| | je | pouvais nier | | | | ne... pas | | | | |
| mais | j' | étais | | | | pratiquement | sceptique | | | mais + coord. |
| | | | | | | complètement | | | | |
| et | je | me souviens | | inanimé abstr. | | | | | | |
| qu' | on | a données | inanimé abstr. | nous | lieu | | | | | relative |
| | | | | sur X (nom | | | | | | |
| | | | | propre) | | | | | | |
| | j' | avais compris | inanimé abstr. (2) | inanimé abstr. | | rien (du tout) | | | | |
| | c' | était | | | manière | | énorme | | | |
| | inanimé abstr | frappe | moi | | | | | | | |
| depuis que | je | suis entré | | | temps | | | | | circ. tps. |
| le nombre | j' | ai fait état | | inanimé abstr. | | | | | | sujet |
| de fois que | | | | | | | | | | |

## TABLEAU II : OBSESSIONNEL $II_b$ (suite)

| → | Sujet | Verbe | Objet direct | Objet indirect | Circonstant | Adv. | Adj | Attr. | Compl. N. | Subordonnées ou coordonnées |
|---|---|---|---|---|---|---|---|---|---|---|
| (que) | (je) | dire | | inanimé abstr.<br>(de moi) | | mal | | | | compl. N |
| ou (que) | (je) | faire | | | | mal | | | | compl. N |
| comme si | je | ressentais | inanimé abstr.<br>(de moi) | | lieu | | | | | comparative |
| | j' | ai entendu | | | | | | | | |
| (que) | (quelqu'un) | dire | | | | | | | | compl. obj. dir. |
| ou | j' | ai lu | | | lieu | | | | | ou + coord. |
| que | inanimé abstr. | était | | | | | nerveux | psycho-<br>logique | des gens<br>des malades | compl. obj. dir. |
| et | inanimé abstr. | (était) | | | | ne... pas | réel | un monde | | et + coord. |
| | inanimé abstr. | est | | | | ne... pas | | | | |
| entre | (on, quelqu'un) | penser | | | | mal | | | | comparative |
| et | (on, quelqu'un) | faire | | | | mal | | | | |
| | je | me sens | | | temps | | | | | |
| comme si | j' | étais libéré | | inanimé abstr.<br>(de moi) | | | | | | comparative |
| | j' | ose | | | | à peine | | | | |
| (que) | (je) | affirmer | inanimé abstr.<br>(de moi) | | | | | | | compl. obj. dir. |
| (que) | (je) | réussir | | | | | | | | relative |
| (que) | (je) | gagner | | inanimé abstr.<br>(de moi) | | à peine | | | | |
| mais | inanimé abstr. | paraît | | me | | vraiment | | quelque chose | | mais + coord. |
| (qui) | (qui) | (est) | | | | très | grave | | | relative |
| qui | qui | a du mal | | | | | | | | relative |
| à | (telle) | passer | | | | | | | | compl. obj. indir. |
| mais | je | me rends compte | | | | | | | | mais + coord. |
| au moment où | j' | étais attaché | | inanimé abstr. (2)<br>(de moi) | | fort | | | | circ. tps |
| que | j' | étais | | | lieu<br>temps | le plus | | critiquable | | |

## TABLEAU III : HYSTÉRIQUE II ET OBSESSIONNEL II

| | Syntagmes nominaux | hystérique | | obsessionnel | |
|---|---|---|---|---|---|
| Sujet | je | 32/75 | 42,6 % | 50/80 | 62,5 % |
| | vous | 22/75 | 29,3 % | 0/80 | |
| | ils, elles (animés personnes) | 3/75 | 4 % | 5/80 | 6,25 % |
| | inanimés abstraits | 1/75 | 1,33 % | 15/80 | 18,75 % |
| | inanimés concrets | 11/75 | 14,65 % | 0/80 | |
| | ça, c'* | 6/75 | 8 % | 10/80 | 12,5 % |
| Objets directs | moi | 0/29 | | 2/19 (sujet je) | 10,5 % |
| | | | | 0/19 | |
| | vous | 1/29 (sujet je) | 3,45 % | | |
| | ils, elles (animés personnes) | 1/29 (de vous) | 3,45 % | | |
| | inanimés abstraits | | | | |
| | moi | 2/29 | 6,85 % | 17/19 | 89,5 % |
| | vous | 3/29 | 10,3 % | 0/19 | |
| | inanimés concrets | | | | |
| | moi | | | | |
| | vous | 17/29 | 58,6 % | | |
| | non spécifié | 1/29 | 3,45 % | | |
| | ce, ça quelque chose | 4/29 | 13,8 % | | |
| Objets indirects | moi | 10/16 (sujet vous) | 62,5 % | 4/14 (sujet je) | 28,6 % |
| | vous | 2/16 (sujet je) | 12,5 % | 1/14 | 7,1 % |
| | ils, elles (animés personnes) | | | | |
| | inanimés abstraits | | | | |
| | moi | 2/16 | 12,5 % | 9/14 | 64,3 % |
| | vous | 1/16 | 6,25 % | | |
| | inanimés concrets | | | | |
| | moi | | | | |
| | vous | 1/16 | 6,25 % | | |
| Circonstants | Temps | 5/22 | 22,7 % | 15/22 | 68,2 % |
| | Lieu | 11/22 | 50 % | 3/22 | 13,6 % |
| | Manière | 4/22 | 18,15 % | 2/22 | 9,1 % |
| | Autres | 2/22 | 9 % | 2/22 | 9,1 % |

*1 —. *Ça, c'* se réfèrent à des inanimés concrets chez l'hystérique, à des inanimés abstraits ou des états du sujet chez l'obsessionnel. — 2. Les animés personnes renvoient à *je* chez l'obsessionnel, à des personnes proches du *tu* chez l'hystérique. — 3. Chez l'obsessionnel, le lieu signifie souvent le temps : *en classe de philosophie*, par exemple.

### C. INTERPRÉTATION DES RÉSULTATS

L'interprétation des résultats est donnée dans *Parler n'est jamais neutre*, p. 55 à 68. Elle n'est pas exhaustive. J'aurais pu analyser d'autres points : les articles, l'intervention des noms propres, etc.

Je vais présenter un résumé de cette interprétation en guise de lecture des tableaux. Je donnerai, pour chaque type de syntagmes, la différence entre l'hystérique et l'obsessionnel.

1. Pour les $SN_1$, LES SYNTAGMES SUJETS :

– ***L'hystérique* : a** – utilise à 42,6 % *je* et 29,3 % *tu*. Si *je* apparaît comme sujet, le sens du message peut être confié au (tu), interlocuteur de l'énonciation, par la forme interrogative – tu m'aimes ? – ou par le fait que *tu* est sujet de la subordonnée complétive et que l'essentiel du message s'y trouve. Dans le rêve, le *tu* apparaît quasiment comme le seul sujet de l'énoncé ;

**b** – se sert, pour les autres sujets, de 4 % d'animés personnes, 14,6 % d'inanimés concrets (robes, manteaux, rose, tableaux, etc.) dont 2,5 % de substituts relatifs se référant à un objet matériel, 8 % de substituts démonstratifs (ce, ça) renvoyant à un contexte précis. Ces représentants du monde sont médiatisés par le (tu). C'est de *votre* mari, *vos* robes, *votre* appartement, *vos* temps et lieux qu'il s'agit. Le (tu), qu'il s'exprime en *tu* ou se déguise en *il*, l'emporte donc comme sujet de l'énoncé.

– ***L'obsessionnel* : *a*** – utilise quasi exclusivement le *je* comme sujet, réalisé explicitement comme tel (62,5 %) ou masqué en *il* ou *qui*. Le *tu* ne figure pas comme sujet dans les fragments que j'ai analysés :

**b** – les autres sujets se répartissent en 6,25 % d'animés personnes se présentant comme des indéfinis (quelqu'un, on, les auteurs, le monde, les gens, etc. ; une part de ceux-ci sont des substituts de *je* : « Je me sens quelqu'un qui est obligé »), 18,75 % d'inanimés abstraits de caractère général, indéfini (les choses, quelque chose, un mouvement, un grouillement, la notion...), 12,5 % de substituts démonstratifs (ce, ça) et 6,4 % de substituts relatifs classés dans les animés personnes. Les non-animés abstraits ou leurs substituts sont presque tous référés à (je). C'est des états du sujet qu'il s'agit à moins que ce ne soit de notions médiatisées par sa pensée.

2. Pour les SV, LES SYNTAGMES VERBAUX :

– ***L'hystérique* : a** – utilise beaucoup les verbes marquant un procès surtout si *tu* est sujet de l'énoncé (vous aimez, vous avez, vous mettez, vous regardez) ;

**b** – recourt plus au non-accompli qu'à l'accompli ; cela se voit 1) dans les procédures morphologiques (le présent ou le futur sont plus employés que le passé, l'actif plus que le passif), 2) dans le choix des verbes (les verbes de procès sont plus fréquents que les verbes d'état), 3) dans l'utilisation des verbes d'état marquant un devenir médiatisé par (tu), 4) dans le style du récit qui traduit le non-accompli même si les marques du passé y sont (vous racontiez, vous parliez, etc.), 5) dans le nombre significativement plus important des verbes dits transitifs.

– ***L'obsessionnel* : a** – se sert des verbes marquant le procès de l'énonciation (je me disais, je me suis demandé, j'ose à peine, etc.) ou un état du sujet (je suis étonné, je ressentais, je me sens libéré) ;

**b** – utilise beaucoup plus l'accompli que le non-accompli. Cela se marque 1) dans les procédures morphologiques (le passé l'emporte sur le présent et le futur), 2) par la classe paradigmatique à laquelle les verbes appartiennent : les verbes d'état sont beaucoup plus nombreux ; cela entraîne le plus souvent un verbe exprimant un passif et n'ayant pas d'objet direct. A ce propos se pose la question du verbe pronominal redevenu réfléchi dans le discours de l'obsessionnel : je me suis trouvé gêné (> < je me suis trouvé bien), je me sens libéré (> < je me sens une envie de chanter).

3. Pour les $SN_2$, LES SYNTAGMES OBJETS :

– ***L'hystérique* : a** – intègre souvent l'objet à la phrase minimale ;

**b** – réalise très souvent un chiasme sujet-objet du point de vue des protagonistes de l'énonciation : si *tu* est sujet, *je* est objet surtout indirect (vous m'aimez, vous me racontiez) ; si *je* est sujet, l'objet sera *te* (je vous écoute, j'ai rêvé de vous) ;

**c** – le (tu) est réintroduit par le fait que les objets animés ou non animés lui sont rapportés ; le monde dépend du (tu) comme si l'hystérique n'avait d'objet et de monde que médiatisés par l'autre et confondus à lui, ce qui pose la question de l'objet d'échange possible ;

**d** – le monde apparaît sous forme d'inanimés concrets plutôt que d'inanimés abstraits ; il s'agit d'objets matériels extérieurs au sujet de l'énonciation actuel et qui établissent un rapport de possession assez univoque (robes, appartement >< idées, par exemple), mais la référence sera (tu).

– ***L'obsessionnel* : a** – exprime l'objet sous forme de complétive plutôt que sous forme de complément(s) dans la phrase minimale ;

**b** – s'il figure sous forme de $SN_2$, il introduit non le monde dans sa matérialité mais une image abstraite, assez indéfinie de celui-ci, le plus souvent produite ou médiatisée par (je) (un monde de notions, *mon* discours, des difficultés, *ma* possibilité, *mon* désir). Il est toujours question de l'image de lui-même relayée par le monde et occultée dans celui-ci étant donné l'imprécision de la représentation ;

**c** – si l'objet est *me*, le sujet est *je* ou un inanimé abstrait (ce qui m'ennuie, ce qui me frappe) ; dans le cas de sujets non animés, *je* retrouve souvent son statut de sujet par une transformation passive (je suis frappé, je suis ennuyé) ;

**d** – *me* intervient plus comme objet indirect que direct de l'énoncé surtout avec les verbes indiquant le procès de l'énonciation (je me demande, je me dis, je m'interroge) ;

e – *tu* n'intervient donc ni comme sujet ni comme allocutaire, le sujet se désignant lui-même comme récepteur de son message.

4. Pour les $SN_3$, LES SYNTAGMES CIRCONSTANTS :

– ***L'hystérique* : a** – y donne le plus souvent des références spatiales précises (dans le métro, dans une grande maison, dans une pièce très claire...) qui sont situées par rapport à (tu) ;
**b** – la plupart des autres circonstants (23 %) expriment des références temporelles précises si elles ont rapport aux temps des échanges avec l'interlocuteur, sinon très vagues.

– ***L'obsessionnel* : a** – y exprime des repères situés dans le passé par rapport au temps de parole du sujet lui-même ; il s'agit donc toujours d'un monde du sujet, médiatisé et intériorisé par lui ;
**b** – cela s'oppose aux références spatiales qui manifestent toujours une extériorité par rapport au sujet.

5. LES EXPANSIONS

– ***Hystérique* : a** – les *adjectifs* spécifient souvent l'objet sous l'aspect quantitatif et comparatif (une grande maison, aussi nette, aussi rangée qu'ici) ; les autres adjectifs traduisent des attributs sensoriels de l'objet (soyeux, doux) ou des qualités du protagoniste de l'énonciation (sympathique, attachant, intéressant) ;
**b** – les *adverbes* expriment des modalités quantitatives ou comparatives de l'action ou de l'état (trop, très, aussi, tout...).

– ***Obsessionnel* : a** – les *adjectifs* spécifient l'état ou l'attitude du sujet (sceptique, nerveux, fier,...) ; quand ils qualifient un non-animé, c'est pour marquer les rapports temporels de cet objet au sujet (plus difficile, plus compréhensible,...) ;
**b** – les *adverbes* servent à suspendre le caractère décisif de l'action ou l'état soit par l'introduction du doute (peut-être, sans doute), soit par des atténuatifs (à peine encore, petit à petit, etc.), soit par des transformations négatives ou des renvois temporels qui maintiennent possible la non-clôture de l'énoncé.

6. LES SUBORDONNÉES

A. *Complément d'objet*

– ***Hystérique* : a** – les complétives interviennent surtout quand *je* est sujet de la principale, le sujet de la complétive est alors *tu* et c'est elle qui véhicule le message, la principale n'étant qu'un dictum qui l'introduit (je me dis que vous aimez les roses) ou une modalisation de l'énoncé qui lui donne une nuance interrogative (j'ai vu que vous deviez aimer le jazz). Le chiasme des sujets des deux propositions aboutit à recréer l'ordre $SN_1$ : *tu* – $SN_2$ : *me*. La répartition en deux propositions apparaît comme une tentative d'établir des médiations entre *je* et *tu* (j'ai peur que vous partiez en voyage = votre départ m'effraie). Si *je* est sujet de la complétive, la principale se réduit à une modalisation de l'énoncé exprimant soit la contrainte soit le caractère virtuel et inachevé de l'action (il faut que je me retrouve ; ça me plairait de faire le foutoir ici) ;

**b** – l'objet s'exprime souvent sous forme d'interrogation indirecte masquant une interrogation directe, et visant à rendre la responsabilité du message à (tu) : (je me suis demandé s'il y avait longtemps que vous étiez mariée). Quand le (tu) n'intervient pas pour décider du sens, celui-ci reste suspendu en une oscillation indéfinie (je ne sais pas si je dois me coucher ou si je ne dois pas me coucher). Dans le rêve, le (tu) questionne (vous me demandiez), ce qui pose le (je) comme sujet de l'énoncé.

– ***Obsessionnel*** **:** **a** – les subordonnées ont souvent fonction d'exprimer l'objet de l'énoncé : $SN_2$ et d'y dire le contenu du message introduit par une proposition qui n'est que la traduction du procès de l'énonciation (je dis, je demande, j'interroge, etc.). Cela donne à l'énoncé un caractère différé ou indirect qui distancie la relation (je) ⇄ (tu). Le (tu) d'ailleurs est souvent évincé par la forme réfléchie (je *me* dis ; je *me* demande ; je *m'interroge*). L'obsessionnel objective en quelque sorte l'énonciation puis il s'adresse le message, message où il est parlé de ses états, de ses qualités. Parfois, le (je) s'adresse le message sous forme d'interrogation indirecte.

B. *Les relatives*

– ***Hystérique*** **:** elles ont souvent fonction d'expliciter les relations du monde au (tu) : (tout ce que je peux deviner de goût que vous pouvez avoir ; j'aime vos tableaux, sauf celui qui est sur votre bibliothèque).

– ***Obsessionnel*** **:** elles relient les non-animés, sujets ou objets, au sujet d'énonciation en explicitant la relation qu'il entretient avec eux ; le monde y est exprimé comme imagerie personnelle du sujet, relativement incommunicable.

C. *Les conditionnelles*

– ***Hystérique*** **:** elles se présentent sous la forme si A alors B avec le chiasme déjà signalé entre *je* et *tu* apparaissant comme condition pour que *je* puisse accomplir une action ou éprouver un état.

— ***Obsessionnel*** : la condition est suspendue, gardant l'énoncé non bouclé sur lui-même ; il s'agit d'un potentiel irréel qui maintient dans le doute ce qui permet de dire, de penser, d'affirmer... Le message reste donc susceptible de remaniements que le sujet se réserve la possibilité de faire lui-même.

D. *Les causales*

— ***Hystérique*** : elles sont réductibles au schéma des conditionnelles, si *tu* alors *je* ; sinon, elles signifient le motif pour lequel le sujet diffère ou laisse inachevée son action (je ne le fais pas parce que ça coûte cher ; je ne pouvais pas parce que je ne voulais pas).

— ***Obsessionnel*** : les causales, rares, sont souvent introduites par *comme* et non *puisque, parce que,* ce qui atténue la contrainte.

E. *Les comparatives*

— ***Hystérique*** : elles mettent en parallèle deux objets, rarement deux états, dont l'un se rapporte à *je*, l'autre à *tu* ou à un *il* appartenant au monde du *tu* (mari, collègue).

— ***Obsessionnel*** : elles comparent un état antérieur du sujet à un état présent ou même deux états antérieurs par rapport au moment de la parole.

F. *Les temporelles*

— ***Hystérique*** : elles expriment une tentative de repérage du sujet par rapport aux coordonnées temporelles du (tu) notamment au temps de sa parole (quand vous me dites au revoir ; avant que vous parliez).

— ***Obsessionnel*** : elles traduisent un effort de l'obsessionnel pour situer son énoncé par rapport à un autre souvent passé (depuis que j'ai commencé à vous parler).

### *D. TYPES DE PHRASES : HYSTÉRIQUE ET OBSESSIONNEL*

#### *1. Hystérique*

J'ai l'impression que vous êtes debout.
Je me demandais pourquoi vous m'en parliez.
Je me disais trop, si je dis quelque chose, elle (= vous) va interpréter ça d'une manière ou d'une autre.
Je ne savais pas trop où il (= votre mari) était.
Je me demandais quand vous mettiez tout ça.

À partir du moment où vous m'avez demandé si j'aimais telles choses, je vous ai dit que je ne les aimais pas.
J'avais pas envie que vous me parliez et que vous me demandiez ce que moi j'en pensais (de ce que vous disiez).
Je voulais que vous m'expliquiez quelque chose.
J'ai peur que vous preniez de l'importance pour moi.

*2. Obsessionnel*

J'ai l'impression que je passe un cap en analyse.
Il me venait des choses tout à l'heure avant que j'arrive.
Dans les périodes où j'éprouve plus de difficultés que d'habitude, j'ai tendance à minimiser.
Je m'aperçois que j'allais trop vite.
Il se produit quelque chose qui me pousse à dire.
Je vous ai dit que plusieurs fois j'ai eu le réflexe de quelqu'un qui (= je) ne veut pas parce qu'il (= je) se sent obligé.
Je suis étonné de voir qu'il y a du mouvement (mais surtout pas que vous y êtes pour quelque chose !, j'ai ajouté cette note).
Je me rends compte qu'au moment où j'étais fort attaché à l'honnêteté, c'est là que j'étais le plus critiquable dans mes actes.
La première fois que j'ai entendu parler d'inconscient, je me suis demandé ce que c'était ce truc.
Dans les périodes où j'éprouve plus de difficultés que d'habitude, j'ai tendance à minimiser l'effet, l'apport de la cure.

### *E. CONCLUSIONS*

Pour des conclusions détaillées concernant cette partie de l'analyse, je propose de se reporter à *Parler n'est jamais neutre*, (Éd. Minuit, 1985) : p. 66, 67, 68 ; p. 146, 147, 148 ; p. 29, 30, 31, 32 ; p. 69-79.

## B

## ÉNONCÉS EXPÉRIMENTAUX

La différence sexuelle se manifeste dans le discours en dehors de la séance psychanalytique. Il y en a de multiples indices. Pour rester dans les limites de l'expérimentation, je vais en donner deux exemples.

*I*

Le premier corpus a été recueilli par une équipe travaillant sur la prophylaxie obstétricale à Lyon. (cf. *Bull. Soc. Nat. Psychoprophylaxie obstétricale*, 1971, p. 21-40). Il s'agissait de produire une phrase simple à partir de mots inducteurs : parenté, sexualité, accouchement, contraception, mariage, célibat, maternité, paternité, enfant, féminité. La population qui a répondu à cette demande se compose de 20 femmes et 20 hommes, d'âges différents. La publication indique qu'il s'agit de « quarante adultes jeunes, tous français ». La consigne a été donnée sous la forme suivante : « Formez une phrase avec le mot X. Cette phrase peut être aussi longue que vous le voulez, mais doit contenir au minimum cinq mots. » Les responsables de ce travail ne disent pas si la consigne et les réponses ont été donnés oralement ou par écrit. Il semble que les réponses soient des réponses écrites.

Les analyses que j'ai faites de ces corpus montrent que les phrases produites par les femmes et les hommes diffèrent dans le choix des sujets, des verbes, des prédicats, des temps, des modes, des transformations opérées sur le prédicat, etc.

Je vais le montrer à partir du mot : *célibat,* par rapport auquel femmes et hommes sont susceptibles de se situer de la même façon du point de vue de leur identité.

## *A. CORPUS* : CÉLIBAT*

### *a. Femmes*

**Âge**

19 – Dans beaucoup de sociétés le célibat est très mal considéré.
19 – Un homme non marié à 40 ans est condamné au célibat.
19 – Le mot célibat est un non-sens.
19 1/2 – Le célibat est une bien belle chose !
20 – Le célibat en France est problématique dans les petits villages.
20 – Le célibat des prêtres est remis en question actuellement.
20 – Le célibat mène souvent au mariage.
20 – Le célibat des prêtres est très discuté en ce moment.

---

* Les phrases sont reproduites telles qu'elles m'ont été transmises.

20 – Le célibat n'est pas intéressant toute sa vie.
21 – Le célibat est bien tentant.
21 – On parle beaucoup actuellement du célibat des prêtres.
21 – Le célibat n'est que le fait de ne pas être marié.
21 – Le célibat des prêtres est discuté.
21 – Le célibat est agréable quand on est jeune.
23 – Le célibat est une école.
24 – Le célibat est de plus en plus répandu chez les femmes.
24 – Le célibat des prêtres est très discuté actuellement.
27 – Il y a des adeptes du célibat.
32 – Quel célibat pénible pour ce notaire de province !
36 – Un prêtre doit pratiquer le célibat.

### *b. Hommes*

**Âge**

19 – Le célibat est un fait de civilisation.
19 – Les prêtres catholiques mettent le célibat en question.
20 – Je suis contre le célibat.
20 – Le célibat des prêtres est une chose inutile et ridicule.
20 – Le célibat des prêtres est un point très discuté aujourd'hui dans l'Église catholique romaine.
20 – Le célibat des prêtres est actuellement remis en question.
21 – Je vis un célibat heureux.
21 – Le célibat est une bonne chose, qui ne dure pas.
21 – Un homme ayant choisi le célibat peut ne pas rester chaste.
21 – Que de célibats autour de moi !
22 – On commence par le célibat.
23 – L'homme n'est pas voué au célibat.
23 – Pour ceux qui le vivent, le célibat est-il un problème ou une solution ?
24 – Il semble que le célibat pèse de plus en plus au clergé.
24 – Je m'en fous de mon célibat, je suis psychologue.
25 – Je suis pour le célibat des femmes.
25 – À bas le célibat des prêtres !
26 – Le célibat est un état véritablement insupportable.
29 – Le célibat est une des difficultés rencontrées par les prêtres.
42 – Le célibat tend à se faire de plus en plus rare.

## a. FEMMES : CÉLIBAT

| Transition | $SN_1$ | SV | $SN_{2'}$ | $SN_2$ | $SN_3$ | Attribut | Comp. nom | Expans. Adj. Adv. App. | Subordonnées |
|---|---|---|---|---|---|---|---|---|---|
| | le célibat | est considéré | | | | dans des sociétés | | beaucoup de<br>très mal<br>mal | |
| <br>(qui) | un homme<br>(qui) | est condamné<br>est | | au célibat | à 40 ans | marié | | non | relative |
| | le mot | est | | | | un non-sens | | célibat | |
| | le célibat | est | | | | une chose | | bien<br>belle | |
| | le célibat | est | | | en France<br>dans les villages | problématique | | petits | |
| | le célibat | est remis en question | | | actuellement | | des prêtres | actuellement | |
| | le célibat | mène | | au mariage | | | | souvent | |
| | le célibat | est discuté | | | en ce moment | | des prêtres | très | |
| | le célibat | n'est pas | | | toute sa vie | intéressant | | n'... pas | |
| | le célibat | est | | | | tentant | | bien | |
| | on | parle | | du célibat | | | des prêtres | beaucoup<br>actuellement | |
| <br>(qu') | le célibat<br>(on) | n'est que<br>ne pas être marié | | | | le fait | | n'... que<br>ne... pas | compl. nom |
| | le célibat | est discuté | | | | | des prêtres | | |
| <br>quand | le célibat<br>on | est<br>est | | | | agréable | | jeune | circ. temps |
| | le célibat | est | | | | une école | | | |
| | le célibat | est répandu | | | chez les femmes | | | de plus en plus | |
| | le célibat | est discuté | | | actuellement | | des prêtres | très<br>actuellement | |
| | des adeptes | sont | | | | | du célibat | | |
| | célibat | (est) | | pour ce notaire | | pénible | de province | quel ! | |
| | un prêtre | doit pratiquer | le célibat | | | | | | |

### b. HOMMES : CÉLIBAT

| Transition | $SN_1$ | SV | $SN_2$ | $SN_{2'}$ | $SN_3$ | Attribut | Comp. nom | Expans. Adj. Adv. App. | Subordonnées |
|---|---|---|---|---|---|---|---|---|---|
| | le célibat | est | | | | un fait | de civilisation | | |
| | les prêtres | mettent en question | le célibat | | | | | catholiques | |
| | je | suis | | | contre le célibat | | | | |
| | le célibat | est | | | | une chose | des prêtres | inutile et ridicule (2) | |
| <br>(qui) | le célibat<br>(qui) | est<br>est discuté | | | dans l'église<br>aujourd'hui | un point | des prêtres | <br>catholique romaine (2)<br>très | <br>relative |
| | le célibat | est remis en question | | | | | des prêtres | actuellement | |
| | je | vis | un célibat | | | | | heureux | |
| <br>qui | le célibat<br>qui | est<br>ne dure pas | | | | une chose | | bonne<br>ne… pas | <br>relative |
| <br>(qui)<br>(que) | un homme<br>(qui)<br>(il) | peut<br>a choisi<br>ne pas rester | le célibat | | <br><br>chaste | | | <br><br>ne… pas | relative<br>compl. objet |
| | de célibats | (sont) | | | que ! (combien)<br>autour de moi | | | | |
| | on | commence | | | par le célibat | | | | |
| | l'homme | n'est pas voué | | au célibat | | | | ne… pas | |
| <br>ou<br>qui | le célibat<br><br>(qui) | est-il ?<br>(est-il)<br>vivent | <br><br>le | pour ceux<br>(pour ceux) | | un problème<br>une solution | | | <br><br>relative |
| <br>que | il<br>le célibat | semble<br>pèse | | <br>au clergé | | | | <br>de plus en plus | <br>sujet |
| <br>(car) | je<br>je | m'en fous !<br>suis | | de mon célibat | | <br>psychologue | | | <br>coord. cause |
| <br>(pour<br>que) | je<br><br>le célibat | suis<br><br>(soit) | | | | | <br><br>des femmes | | <br><br>circonst. but |
| (que) | le célibat | (soit) | | | à bas | | des prêtres | | |
| | le célibat | est | | | | un état | | véritablement<br>insupportable | |
| <br>(qui) | le célibat<br>(qui) | est<br>sont rencontrées | | | <br>par les prêtres | une des difficultés | | | <br>relative |
| <br>à (ce que) | le célibat<br>(il) | tend<br>se faire | | | | <br>rare | | <br>de plus en plus | <br>compl. objet |

### *C. INTERPRÉTATION DES RÉSULTATS*

#### • **Les sujets : femmes et hommes**

Les sujets utilisés par les hommes et les femmes ne sont, à première analyse, pas très différents ; ils sont induits d'ailleurs par le mot de la consigne. Il y a 13 fois le mot *célibat* chez les hommes contre 15 chez les femmes ; *on* apparaît 1 fois chez les hommes et 3 fois chez les femmes ; le mot *homme* se trouve 3 fois chez les hommes mais deux fois avec *un*, deux fois avec *l'* ; chez les femmes, il se trouve une fois sous forme *un homme*, etc. La différence significative au niveau de l'énoncé du sujet est qu'il y a 5 *je* chez les hommes et aucun chez les femmes.

Cette différence prend d'ailleurs d'autres formes. Parmi les phrases produites par les femmes, une seulement fait référence à leur sexe : « Le célibat est de plus en plus répandu chez les femmes. » Huit phrases indiquent un homme comme sujet direct ou indirect de l'énoncé : *homme, prêtre, notaire*. Quatre phrases utilisent un sujet qui neutralise explicitement la différence des sexes : *on, des adeptes, le fait de ne pas être marié* (= qu'on ne soit pas marié). Les autres phrases neutralisent implicitement la différence des sexes. Par exemple : « Le célibat mène souvent (on) au mariage », « Le mot célibat est un non-sens (pour tout le monde) », etc. Le sujet femme s'absente de son énoncé. Quand des connotations apparaissent, elles ne sont pas rapportées à un sujet féminin. Les phrases des hommes sont très différentes. Dans 7 phrases, au moins, *je*-homme s'exprime comme sujet, outre le fait que *prêtres* est toujours du genre masculin dans les références qui y sont faites. Mais il y a d'autres façons pour les hommes de se donner le rôle de sujet. Par exemple : « Que de célibats autour de moi ! », « À bas le célibat des prêtres ! »

#### • *Les verbes*

##### *a. Femmes*

*Répartition*

– *est* : 10 (+ *il y a*, interjection, = 12).

– Verbes d'énonciation : 5 passifs, 1 indéfini (on) (*est considéré, est remis en question, est discuté* [3], *parle*).

– Verbes de jugement, mais neutres et impersonnels : 3 (*est condamné, est considéré*), et une modalité *devoir.* Mais le jugement peut être exprimé par l'attribut.

L'inscription de la *durée* n'est pas dans le verbe mais éventuellement dans l'adverbe ou le circonstant. Certains verbes inscrivent une temporalité par le rapport à l'espace : *mène, est répandu de plus en plus.*

*Il n'y a que deux intransitifs : mener à, parler de* ; par contre, des verbes sont rendus intransitifs par transformation passive.

Le temps utilisé est 20 fois le présent (même 23 fois avec les subordonnées).

Les transformations : la transformation négative s'exerce 2 fois dans la principale et 3 fois dans la subordonnée. La négation ou le négatif s'exprime souvent par le choix lexical, une transformation morphologique sur une partie du prédicat, les adjectifs, les adverbes. Il y a deux exclamatives. Outre le sens d'état du verbe *être*, il y a 9 transformations passives.

Propositions mutiples : 3 mais avec transformations (« Le célibat n'est que le fait de ne pas être marié »).

Modalités : *devoir* (une fois).

Adverbes :
– temps (induit par *célibat* ?) : 5 (*actuellement* 3, *souvent, en ce moment*).
– degré (*très mal, bien belle, très, bien, beaucoup, de plus en plus, très*).

Adjectifs :
– qualité (*belle, problématique, petits, intéressant, tentant, agréable, pénible*).
– Certains adjectifs servent à exprimer un jugement (*est bien tentant*), surtout couplés avec un adverbe (*est une bien belle chose*).

Types de propositions :
– Le plus souvent, elles expriment un constat sans connotations affectives rapportées à *je* (1, 2, 6, 7, 8, 11, ...).
– Il y a des connotations affectives exprimées surtout dans l'adjectif ou l'attribut affectés au terme *célibat* constitué en objet : *est bien tentant* (10), *est agréable* (14), *est un non-sens* (3), *est une bien belle chose* (4). Elles peuvent être traduites aussi dans l'adverbe. Elles ne sont pas référées à *je*.
– Le plus souvent les connotations sont sociales et contextuelles : *Dans beaucoup de sociétés* (1), *En France dans les petits villages* (5), etc.
– Il y a des temporelles mais induites par le mot *célibat*, mot qui implique un rapport à la temporalité.

*b. Hommes*

*Répartition*

– *est* : 13 (dont certains sont le résultat d'une transformation : « Que de célibats autour de moi ! »)

– Marquant l'inscription dans une durée : *vivre* (2), *durer* (1), *commencer, tendre, rester.*

– Verbes d'énonciation : 3 (*mettre en question, discuter*).

– Verbes marquant un état : *être voué, peser, je m'en fous...* L'état se marque aussi dans le prédicat, l'adjectif, les prépositions, les transformations.

– Le jugement est présent de façon très passionnée même avant toute procédure prédicative au sens strict.

Les verbes sont majoritairement des intransitifs : *vivre, durer, rester, commencer (par), être voué, peser à, s'en foutre, être pour, tendre,* etc.

Le temps utilisé est 20 fois le présent (+ 1 fois dans une subordonnée) mais ces présents n'expriment pas la même temporalité : *durer* ne signifie pas le même rapport au présent que *s'en foutre, commencer par,* etc. Il y a un passé.

Les transformations sont plus nombreuses. Il y a 3 transformations négatives. La négation s'exprime aussi dans une partie du prédicat, notamment dans les choix qui y sont faits : *inutile, insupportable*, ou dans le choix lexical du verbe : *peser, mettre en question, être contre, s'en foutre*, etc. Dans les 20 réponses, 1 présente une transformation interrogative et 3, une transformation exclamative. Il n'y a que 4 transformations passives, dont 3 seulement portent sur le prédicat proprement dit.

Les réponses exprimées par plusieurs propositions sont plus nombreuses. Il y en a 7, dont deux s'expriment de façon elliptique ou transformée : « Le célibat est une des difficultés (qui sont) rencontrées par les prêtres. »

Les modalités sont peu nombreuses. Il y a une modalité *pouvoir.*

Adverbes :

– Ils signifient le degré (*très, véritablement, de plus en plus*)

– ou la temporalité (*actuellement*).

– Leur nombre est moins élevé que chez les femmes.

Adjectifs :

Ils expriment la qualité : *inutile, ridicule, heureux, bonne, chaste, insupportable, rare.*

Ils expriment une connotation subjective plus forte que chez les femmes.

Types de propositions :

– Les énoncés sont très connotés. Cela se manifeste de différentes manières :

a) Le *je* du sujet produisant la phrase est exprimé dans celle-ci et elle traduit ses affects : « Je suis contre le célibat » ; « Je vis un célibat heureux », « Je suis pour le célibat des femmes », « Je m'en fous de mon célibat, je suis psychologue ! »

b) Les affects du sujet produisant le message se manifestent autrement dans l'énoncé : « À bas le célibat des prêtres ! », « Que de célibats autour de moi ! », « Le célibat est un état véritablement insupportable », « Le célibat des prêtres est une chose inutile et ridicule », etc.

c) Le *je* de l'énonciation se dit indirectement par la forme ou le contenu de l'énoncé. Ainsi, dans « Le célibat est une bonne chose, qui ne dure pas », la phrase signifie un sentiment du sujet masqué dans une forme apparemment neutre.

– Les autres propositions expriment généralement :

• soit une quasi-définition du mot inducteur : « Le célibat est un fait de civilisation » ;

• soit une action souvent actuelle concernant le célibat : « Le célibat des prêtres est actuellement remis en question » ;

• soit les attributs du mot *célibat* ou de son possible sujet : « Un homme ayant choisi le célibat peut ne pas rester chaste », « L'homme n'est pas voué au célibat », « On commence par le célibat »...

– Bon nombre des propositions données comme réponses sont des temporelles :

« Le célibat des prêtres est *actuellement* remis en question », « Je *vis* un célibat heureux », « Le célibat est une bonne chose qui *ne dure pas* », « On *commence* par le célibat », « Il semble que le célibat pèse *de plus en plus* au clergé », « Le célibat *tend* à se faire *de plus en plus* rare »...

Par plusieurs points, les phrases des femmes et des hommes diffèrent donc, même si, à première vue ou écoute, elles peuvent paraître assez semblables.

Selon mes analyses, ces phrases se différencient par le choix des sujets, des verbes, des temps, des modes, des transformations opérées sur le prédicat, etc. Cela peut s'interpréter comme une position différente du sujet générant le message par rapport au langage, à l'objet du discours, au monde, à l'autre. Contrairement à ce qui se dit ou se pense généralement, les femmes construisent des phrases plus *objectives* dont le sens ou la dénotation sont étayés sur des contextes souvent *extra-linguistiques*. Les hommes connotent beaucoup plus leurs messages. Ils affirment leur marque subjective de manière assez passionnée. (« Je revendique la paternité de ces phrases », répond l'un d'eux pour le mot *paternité*), alors que les femmes, réputées incapables de neutralité, répondent de manière plus impersonnelle, dans un style plus « scientifique ». Ces résultats peuvent étonner. Ils sont pourtant apparentés à ceux recueillis en situation psychanalytique. Du côté masculin, le *je* s'affirme de différentes façons ; il l'emporte significativement sur le *tu* et le *monde*. Du côté féminin, le *je* laisse souvent la place au *tu*, au *monde*, à l'objectivité des mots et des choses. De ce point de vue, les femmes seraient plus aptes à écouter, à découvrir ou ménager l'autre et le monde, à rester ouvertes à l'invention ou la création *objective*, à condition de pouvoir dire aussi *je*.

Les discours énoncés en psychanalyse et les phrases produites par les étudiant(e)s manifestent donc des différences selon le sexe du sujet parlant. Celles-ci peuvent provisoirement et schématiquement se résumer sous les rubriques suivantes :

1) Le sujet produisant le message s'exprime de façon nettement significative dans l'énoncé s'il est un homme. S'il ne dit pas explicitement *je*, l'homme se donne la possibilité de le dire par identification au sujet : *il, eux, on, l'homme,* etc., ou au producteur des notions dont il est parlé, ce qui veut dire qu'il est un sujet (individuel ou historique) antérieur à ce dont il est parlé et qu'il peut éprouver ou vérifier ce dont il est question.

Les femmes, elles, mettent en place une stratégie d'absence du sujet de l'énoncé. Celui-ci :

a) se laisse au *tu*, homme ou éventuellement femme ;

b) s'efface devant l'ordre de la langue ou du monde, suivant que la définition donnée est linguistique ou extra-linguistique ;

c) laisse place aux objets concrets, ou

d) aux sentiments de l'autre.

2) Les énoncés masculins sont très fréquemment centrés sur les affects du sujet :

a) soit immédiatement dans certaines phrases des étudiants ou certains fragments d'énoncés de l'obsessionnel ;

b) soit médiatement par le biais de jugements de valeur, de soumission à des notions et des savoirs personnels ou historiquement masculins, ou par la constitution d'un monde d'images et de représentations propres au sujet.

Les femmes, elles, parlent peu d'elles dans leurs messages. Elles parlent de leurs rapports à l'autre, mais en lui laissant le plus souvent le statut de sujet et d'acteur (ou actrice). Cela veut dire qu'il s'agira des actions et des sentiments de l'autre, en particulier l'autre homme, du moins quand la situation n'est pas infléchie par un partenaire exclusivement féminin ou par les mots de la consigne.

3) Quand le sens est apparemment objectif, les énoncés appuient leur vérité plutôt sur le *temps* s'il s'agit de sujets *hommes* (« Le célibat est un fait de civilisation », « On commence par le célibat », « Le célibat tend à se faire de plus en plus rare », etc. ; se reporter aussi à l'analyse du discours de l'obsessionnel), et plutôt sur *l'espace* quand il s'agit de sujets femmes (« Dans beaucoup de sociétés, le célibat est très mal considéré », « Quel célibat pénible pour ce notaire de province », « Le célibat en France est problématique dans les petits villages », etc.). Certes le mot *célibat* induit le recours à la dimension temporelle mais, par comparaison, il y a plus de recours à l'espace comme élément de dénotation dans les réponses des femmes. Cela se vérifie également dans le discours de l'hystérique.

4) Les connotations se marquent plus dans le verbe et ses transformations chez les hommes, dans les adjectifs, parfois les adverbes chez les femmes. (Chez les hommes, « *Je suis contre* le célibat », « Je *m'en fous* de mon célibat, je suis psychologue », « Que de célibats autour de moi ! », « Je *suis pour* le célibat des femmes » et, chez les femmes : « Le célibat est une *bien belle* chose », « Le célibat n'est pas *intéressant* toute sa vie », « Le célibat est *agréable* quand on est jeune »). Cette tendance accompagne le choix du sujet de l'énoncé et du message le concernant. Les hommes parlent d'eux, ou des leurs, avec plus ou moins de distanciation marquée dans les transformations, notamment négatives, du prédicat. Les femmes parlent de choses ou d'autres personnes qu'elles en les situant, les définissant, les connotant.

5) Les transformations négatives, en particulier, s'exercent plus sur l'ensemble du prédicat chez les hommes et dans une partie de celui-ci chez les femmes (« L'homme n'est pas voué au célibat », « À bas le célibat des prêtres ! », « Le célibat est une bonne chose, qui ne dure pas », etc., chez les sujets masculins et, chez les femmes : « Le mot célibat est un *non-sens* », « Dans beaucoup de sociétés, le célibat est *très mal* considéré », « Quel célibat *pénible* pour ce notaire de province ! », etc.)

6) Les femmes essaient, avec les mots de la consigne, de faire un message. Les hommes expriment un affect, un état, portent un jugement ou jouent avec le sens ou la langue.

7) Les hommes utilisent davantage l'adjectif comme moyen de dénotation que les femmes : « Les prêtres *catholiques* mettent le célibat en question », « ... l'Église *catholique romaine* », etc., ne se trouvent pas chez les femmes.

8) Il y a une *variété* plus grande *dans le choix des verbes* chez les hommes. Pour

les phrases produites à partir du mot *célibat*, il y a, chez les femmes : 9 fois le verbe *être*, 3 fois le verbe *est discuté*, et une fois *est considéré, est condamné, est remis en question, parle, doit pratiquer, être marié*. Chez les hommes, il y a 7 fois *être* (mais il est sous-entendu 2 fois et il est utilisé deux fois dans les expressions : « Je suis pour » et « Je suis contre »). Les autres verbes sont beaucoup plus diversifiés : *vivre* (2 fois), *durer, rester, commencer, vouer, peser, tendre, faire, choisir, s'en foutre, mettre en question, remettre en question*. Cela signifie encore que le sens s'exprime davantage dans le verbe ou l'essentiel du prédicat que dans les adjectifs, adverbes, circonstants, articles, etc.

## *II*

Le deuxième corpus provient d'une enquête internationale sur la sexuation du discours dont je m'occupe actuellement. Un certain nombre d'épreuves sont présentées en différentes langues à des populations d'hommes et de femmes appartenant à des pays, des régions et milieux sociaux et culturels différents. La question que je pose à ces corpus est de savoir comment s'exprime ou ne s'exprime pas la différence sexuelle dans les réponses. Les épreuves portent sur divers aspects de la langue ou du discours.

Pour rester dans le contexte de cet article, je vais analyser les réponses de 4 populations d'étudiants à une consigne concernant la production de phrases.

Un groupe est composé de 24 étudiants (16 femmes, 8 hommes) en 1re année de mathématiques et sciences sociales. Un autre, de 18 étudiants (4 femmes, 14 hommes) du niveau DEUG en mathématiques et sciences sociales. Un troisième groupe comprend 19 étudiants (14 femmes, 5 hommes) en licence d'ethnologie. Le quatrième se compose de 32 étudiants (25 femmes, 7 hommes) en 1re année de DEUG de psychologie.

Ces corpus ont été recueillis – par écrit – par les professeurs de ces étudiants. Les quatre sont des femmes : trois enseignantes de mathématiques de l'université de Paris X-Nanterre : Claudine Laville, Lucette Carter, Simone Kelman, et une enseignante en « Processus psychiques et littérature » de Paris VIII : Janine de la Robertie.

Ces résultats représentent une petite partie de l'enquête. Ils posent un certain nombre de questions. La première est que les populations sont déséquilibrées du point de vue du pourcentage des femmes et des hommes. Où sont aujourd'hui les hommes dans l'université ? Apparemment pas dans les lieux de formation des enseignant(e)s, sauf parfois en sciences dites exactes. Je me préoccupe donc de rééquilibrer les pourcentages des sexes composant les populations.

Une autre question : la répartition en différents secteurs du savoir pourrat-elle rendre compte de la différence des réponses entre hommes et femmes ? Il ne semble pas, bien que son impact existe. Le niveau d'études aussi entraîne des différences, mais elles ne mettent pas en cause certaines constantes de la répartition selon les sexes.

Comment les définir ? Je n'épuiserai pas la question dans cet article. Mais je vais, à propos d'un nouveau corpus, signaler des différences entre les réponses des femmes et des hommes. Pour les indiquer, je vais prendre les réponses données à la consigne : « Faites une phrase simple, la plus simple possible, avec les mots : *ennui - lui - dire.* » Ces mots, je les ai choisis en fonction de résultats déjà obtenus aux autres épreuves ou lors de l'analyse de discours spontanés, notamment ceux de l'hystérique et de l'obsessionnel.

## *A. CORPUS : ENNUI - LUI - DIRE*

### 1. ÉTUDIANTS MATHS ET SCIENCES-SOCIALES DEUG, 1re ANNÉE

#### *a. Femmes*

**Âge**
18 – Je lui dis mon ennui.
18 – Il lui dit qu'il s'ennuie.
18 – Il lui dit son ennui.
18 – Cela m'ennuie de lui dire.
19 – Je n'ose lui dire que je m'ennuis*.
19 – « L'ennui lui pèse », dit-il.
19 – Il lui dit qu'il s'ennuie.
19 – Dis-lui qu'il nous ennuie.
19 – il dit qu'il s'ennuit.
20 – Il lui dit son ennui.
20 – Il lui dit qu'il s'ennui.
20 – il lui dit son ennui.
20 – Il lui dit son ennui.
21 – Il lui a dit qu'il avait des ennuis.
22 – Je lui dit que je m'ennuie.
23 – il lui dit son ennui.

* Les phrases sont reproduites telles qu'elles ont été écrites, avec les fautes, les majuscules ou non, les blancs quand il n'y a pas de réponses.

*b. Hommes*

**Âge**
18 – je m'ennuie.
19 – Elle lui dit qu'elle s'ennuit.
19 – il lui dit son ennui.
20 – Mon seul ennui est de lui dire la vérité.
21 – il lui dit son ennui.
21 – le cours de Math est ennuyeux. Je vais le dire au prof.
23 – comment lui dire qu'il s'ennuie.
24 – –

2. ÉTUDIANTS MATHS ET SCIENCES SOCIALES DEUG, 2e ANNÉE

*a. Femmes*

**Âge**
20 – Je lui dirai mes ennuis.
22 – Ça l'ennuie de lui dire.
21 – Il lui dit son ennui.
19 – Il lui dit son ennui.

*b. Hommes*

**Âge**
25 – Il lui disait ses ennuis.
19 – –
21 – Il lui dit combien il s'ennuit.
19,5 – Il ne lui dit pas : « ennuis ».
21 – Elle lui dit qu'elle s'ennuit.
21 – Je lui ai dit qu'il m'ennuyait.
22 – Il lui dit qu'il s'ennuye.
19 – Je lui dis que l'ennui le gagne.
22 – Je vais lui dire mon ennui.
20 – L'ennui est de ne pas lui le dire.
26 – ça m'ennuye de le lui dire.
18 – –
20 – Cela m'ennuie de lui dire.
20 – Je lui dis qu'il s'ennui.

### 3. Étudiants licence ethnologie

***a. Femmes***

**Âge**
25 – ennui rien lui dire, à moi non plus.
28 – Elle lui dit ses ennuis.
24 – L'ennui lui montait à la gorge sans pouvoir le lui dire.
21 – Il lui dit son ennui.
25 – Ça m'ennuie de le lui dire.
24 – Elle s'ennuie tellement avec lui qu'elle ne peut s'empêcher de lui dire.
23 – Ça m'ennuie de lui dire.
29 – Je ne sais pas comment lui dire qu'il m'ennuie.
21 – Elle lui dit son ennui.
43 – Je vais lui dire que j'ai des ennuis.
28 – L'ennui est de lui dire la vérité.
22 – Je veut lui dire que je m'ennuie.
20 – il lui dit qu'il s'ennuie.
22 – Il lui dit qu'il s'ennuit.

***b. Hommes***

**Âge**
22 – il lui dit son ennui.
31 – Je ne peux lui dire mon ennui de faire ce test.
21 – J'ai envie de lui dire mon ennui.
31 – L'ennuyé est très dure.
24 – Louis dit qu'il s'ennuit.

### 4. Étudiants en psychologie, 1re année DEUG

***a. Femmes***

**Âge**
18 – Elle lui dit son ennui.
19 – Cela m'ennuie de lui dire.
19 – Il lui dit qu'il s'ennuie.
19 – –
20 – Il va lui dire qu'elle l'ennuie.
20 – Il s'ennuie, son frère lui dit.
20 – Quand elle part, lui il nous dit souvent : je m'ennuie.
20 – Je m'ennuie avec lui, vais-je lui dire.

20 – Tout ce qu'il lui dit, l'ennuie.
21 – Je lui dis que j'ai des ennuis.
21 – J'ai un ennui à lui dire.
21 – Il comprend l'ennui qui est en lui.
22 – Dire que l'ennui lui est pénible et faible.
24 – L'ennui est pire que tout (ce qui luit de l'ostensoir ne nuit pas ?)
27 – Elle s'ennuie et le lui dit.
28 – –
29 – Il lui dit son ennui.
30 – Il peut lui dire : « quel ennui ! »
30 – Il lui dit son ennui.
32 – Je lui dis mon ennui.
34 – –
37 – Que dire de l'ennui qui lui étreint la gorge.
37 – L'ennui est de lui dire que ce n'est pas correct.
41 – L'ennui est de lui dire.
53 – L'ennui.

***b. Hommes***

**Âge**
23 – Ce qu'il lui dit l'ennui.
27 – Pourquoi lui dire son ennui.
29 – J'ai envie de lui dire mon ennui.
31 – –
31 – Luire dire son ennui !
35 – Sans lui, il faut dire que c'est l'ennui.
? – L'ennui, c'est de lui dire.

Si je compte tous les sujets des réponses des femmes et des hommes, cela donne les proportions suivantes :

GROUPE 1

– **Femmes** (total : 25)

*je* : 5 (dont 1 élidé par transformation)
*elle* : 0
*il* : 17
*ennui* : 1

*cela* : 1
*autres* : (*tu*) : 1 (« Dis-lui... »)

– **Hommes** (total : 10)

*je* : 2 (dont 1 élidé)
*elle* : 2
*il* : 4 (dont 1 élidé)
*ennui* : 1
*autres* : *cours de maths* : 1.

GROUPE 2

– **Femmes** (total : 4)

*elle* : 0 (ou peut-être : « Ça l'ennuie de lui dire »)
*il* : 2
*ça* : 1.

– **Hommes** (total : 21)

*je* : 7 (dont 3 élidés)
*elle* : 2 (dans une même phrase : « Elle lui dit qu'elle s'ennuit »)
*il* : 8
*ennui* : 2
*ça, cela* : 2.

GROUPE 3

– **Femmes** (total : 24)

*je* : 9 (dont 4 élidés par transformation : « Ça m'ennuie de le lui dire »)
*elle* : 5 (+ 1 ? : « L'ennui lui montait à la gorge sans pouvoir le lui dire »)
*il* : 6
*ennui* : 2
*ça* : 2.

– **Hommes** (total : 7)

*je* : 4 (dont 2 élidés par transformation)
*elle* : 0
*il* : 1
*ennui* : 1
*autres* : *Louis* : 1 (entendu à la place de *lui* ?).

Groupe 4

– **Femmes** (total : 34)

*je* : 7 (dont 2 élidés par transformation et 2 × 2 dans la même phrase).
Dans 4 phrases, un sujet élidé par transformation pourrait être *je* ou *on* ou ? : « L'ennui est de lui dire », « Que dire de l'ennui qui lui étreint la gorge ? », « Dire que l'ennui lui est pénible est faible », « L'ennui est de lui dire que ce n'est pas correct. »
*je (il)* : 1
*elle* : 5 (dont 1 élidé par transformation : « Elle s'ennuie et le lui dit. »)
*il* : 10
*ennui* : 6 (dont 2 *qui*)
*ce, cela* : 4
*autres* : *frère de lui* : 1

– **Hommes** (total : 9)

*je* : 3 (dont 2 élidés par transformation)
*il* : 2
*ennui* : 2
*ce* : 1
*autres* : *il* impersonnel : 1.

En pourcentages, cela donne :

– **Femmes** (83 sujets)

*je* : 21 (dont 6 élidés par transformation ; de plus, un *je* en implique souvent deux dans la même phrase) = 25 %
*elle* : 14 (peut-être 15, mais souvent élidés ou se répétant dans même phrase) = 18 %
*il* : 34 + 2 *je* (il) + 1 frère (de il) = 44,5 %
*ennui* : 9 (mais il s'agit souvent de son ennui à lui ou d'un ennui dont on ne sait s'il est de lui ou d'elle) = 10,8 %
*ce, cela* : environ 2 %.

– **Hommes** (47 sujets)

*je* : 16 = 34 %
*elle* : 4 = 8,5 %

| | | |
|---|---|---|
| *il* | : | 15 = 31,9 % |
| *ennui* | : | 6 = 12,8 % |
| *ça, cela* | : | 3 = 6,4 % |
| *autres* | : | 3 = 6,4 %. |

Les proportions des *elle* et *je*, *il* et *je*, suivant que le sujet est homme ou femme, sont donc très différentes. Les femmes utilisent 25 % de *je*, 18 % de *elle* et 44,5 % de *il* ; les hommes utilisent 31,9 % de *il* et 34 % de *je* mais 8,5 % de *elle*.

Les hommes se désignent, eux ou leur sexe, comme sujets réalisés ou possibles à 65,9 % mais la femme n'est qu'à 8,5 % sujet de leurs phrases. Dans les phrases des femmes, les hommes sont sujets à 44,5 % et les femmes à 43 %. De plus, les phrases où elles sont désignées comme sujets sont telles que souvent il y a deux fois *elle* ou *je* dans une même réponse, ce qui donne à *elle* ou *je* des valeurs différentes.

Il faut souligner aussi que le mot *ennui*, quand il est sujet, est plus souvent référé à un sujet masculin que féminin.

Pour analyser un peu plus les différences entre les énoncés des femmes et des hommes, j'ai mis en tableaux les réponses des groupes d'étudiantes et d'étudiants les plus importants soit des groupes 4 et 2.

*B. TABLEAUX*

## a. FEMMES - Groupe 4 : *Ennui - lui - dire*

| Transition | $SN_1$ | SV | $SN_2$ | $SN_{2'}$ | $SN_3$ | Attribut | Comp. nom | Expans. Adj. Adv. App. | Subordonnées |
|---|---|---|---|---|---|---|---|---|---|
| | elle | dit | son ennui | lui | | | | | |
| <br>(que) | cela<br>(je) | ennuie<br>dire | m'<br> | <br>lui | | | | | <br>sujet emphase |
| <br>qu' | il<br>il | dit<br>s'ennuie | | lui<br> | | | | | <br>objet dir. |
| | – | – | – | – | – | – | – | – | – |
| <br>qu' | il<br>elle | va dire<br>ennuie | <br>l' | lui<br> | | | | | <br>objet dir. |
| (qu')<br> | il<br>son frère | s'ennuie<br>dit | | <br>lui | | | | | objet dir.<br> |
| quand<br><br>(que) | elle<br>lui il<br>je | part<br>dit<br>m'ennuie | | <br>nous<br> | | | | <br>souvent<br> | circonst.<br><br>objet dir. |
| (que) ? | je<br>je | m'ennuie<br>vais dire ? | | avec lui<br>lui | | | | | objet dir.<br> |
| <br>qu' | tout ce<br>il | ennuie<br>dit | l'<br>lui | | | | | | <br>relative |
| <br>que | je<br>j' | dis<br>ai | lui<br>des ennuis | | | | | | <br>objet dir. |
| <br>à | j'<br>(je) | ai<br>dire | un ennui<br> | <br>lui | | | | | <br>objet indir. |

## a. FEMMES - Groupe 4 : (suite)

| Transition | $SN_1$ | SV | $SN_2$ | $SN_{2'}$ | $SN_3$ | Attribut | Comp. nom | Expans. Adj. Adv. App. | Subordonnées |
|---|---|---|---|---|---|---|---|---|---|
| qui | il<br>qui | comprend<br>est | l'ennui | | en lui | | | | relative |
| (que)<br>que | il<br>(on, je)<br>l'ennui | est<br>dire<br>est | | lui | | faible | | pénible | sujet<br>objet dir. |
| (que) | l'ennui<br>tout | est<br>(est) | | | | pire | | | comparative |
| et | elle<br>(elle) | s'ennuie<br>dit | le | lui | | | | | |
| | – | – | – | – | – | – | – | | |
| | il | dit | son ennui | lui | | | | | |
| quel | il<br>ennui | peut dire<br>(est) | | lui | | | | | objet dir. |
| | il | dit | son ennui | lui | | | | | |
| | je | dis | mon ennui | lui | | | | | |
| | – | – | – | – | – | – | – | | |
| que<br>qui | (on, je)<br>qui | dire<br>étreint | la gorge | de l'ennui<br>lui | | | | | relative |
| (que)<br>que | l'ennui<br>(je, on)<br>ce | est<br>dire<br>est | | lui | | correct | | ne... pas | sujet<br>objet |
| (que) | l'ennui<br>(je, on) | est<br>dire | lui | | | | | | sujet |
| | l'ennui | – | – | – | – | – | – | – | |

N.B. Les non-réponses sont indiquées par le signe – dans les colonnes correspondantes.

### a. HOMMES - Groupe 2 : *Ennui - lui - dire*

| Transition | $SN_1$ | SV | $SN_2$ | $SN_{2'}$ | $SN_3$ | Attribut | Comp. nom | Expans. Adj. Adv. App. | Subordonnées |
|---|---|---|---|---|---|---|---|---|---|
| | il | disait | ses ennuis | lui | | | | | |
| | – | – | – | – | – | – | – | – | |
| combien | il<br>il | dit<br>s'ennuie | | lui | | | | | compl. circ. |
| | il | ne dit pas | « ennuis » | lui | | | | ne... pas | |
| qu' | elle<br>elle | dit<br>s'ennuie | | lui | | | | | objet dir. |
| qu' | je<br>il | ai dit<br>ennuyait | m' | lui | | | | | objet dir. |
| qu' | il<br>il | dit<br>s'ennuie | | lui | | | | | objet dir. |
| que | je<br>l'ennui | dis<br>gagne | le | lui | | | | | objet dir. |
| | je | vais dire | mon ennui | lui | | | | | |
| (que) | l'ennui<br>(je) | est<br>dire | le | lui | | | | ne... pas | sujet |
| | – | – | – | – | – | – | – | – | |
| (que) | cela<br>(je) | m'ennuie<br>dire | | lui | | | | | sujet |
| qu' | je<br>il | dis<br>s'ennui | | lui<br>lui | | | | | objet dir. |

N.B. Les non-réponses sont indiquées par le signe – dans les colonnes correspondantes.

### C. INTERPRÉTATION DES RÉSULTATS

Dans les réponses données par les femmes, il y a des croisements entre les sexes : « Il va lui dire qu'elle l'ennuie », « Quand elle part, lui il nous dit souvent : je m'ennuie », « Je m'ennuie avec lui, vais-je lui dire. » Chez les hommes, il n'y en a aucun.

On peut considérer que chaque fois que *il* est sujet dans une phrase des femmes, il y a déjà dualité linguistique des sexes. Il est plus difficile alors de l'interpréter. Par exemple : « Il lui dit son ennui », « Tout ce qu'il lui dit, l'ennui », « Il comprend l'ennui qui est en lui », « Il peut lui dire : quel ennui ! », etc. Ce type de phrases n'existe presque pas chez les hommes (1 dans ce corpus : « Elle lui dit qu'elle s'ennuit »), alors qu'elles sont très nombreuses chez les femmes. Ce qui existe, dans les réponses des étudiants, ce sont des phrases manifestant une relation explicite entre deux hommes (« Je lui dis que l'ennui le gagne », « Je lui ai dit qu'il m'ennuyait », « Je lui dis qu'il s'ennui ») ou laissant dans l'ambiguïté s'il s'agit de partenaires hommes ou mixtes (« Je vais lui dire mon ennui », « L'ennui est de ne pas lui dire », « Cela m'ennuie de lui dire », « Il lui dit qu'il s'ennuit », etc.).

Le mot *lui* utilisé pour les deux genres en $SN_2$ n'est cependant pas indifférent du point de vue de l'utilisation sexuée. En effet, on dit : *avec lui* mais *avec elle*, *à lui* et *à elle*, *pour lui* et *pour elle*, etc. Le mot *lui* est donc plus utilisé pour le masculin que pour le féminin. Quand rien ne dit explicitement qu'il s'agit de *elle* dans la phrase, l'inertie linguistique tend donc à lui donner le sexe masculin. Dans les réponses des hommes, il est très improbable, par exemple, que *lui* dans « Il lui disait ses ennuis » soit entendu comme féminin à première écoute, sauf par inertie extra-linguistique concurrente du rôle maternant des femmes. De même « L'ennui est de ne pas lui le (!) dire », « Ça m'ennuie de le lui dire », « Il lui dit qu'il s'ennuye », etc., sont d'abord décodés comme un rapport entre deux hommes et non entre un homme et une femme, éventuellement à propos d'un homme. Les propositions qui explicitent une relation entre deux hommes favorisent aussi cette interprétation. Une autre ambiguïté existe entre *il*, troisième personne, et *il* substitut de *je-il* : « Il lui dit qu'il s'ennuye », « Il lui dit combien il s'ennuit » ont, de ce point de vue, plusieurs interprétations possibles : les deux *il* désignent la même personne ou non ; *lui* désigne le sujet de l'énonciation (je) ou l'interlocuteur (tu) ; *il* désigne le sujet de l'énonciation (je) ou un autre homme dont il est parlé à *lui*.

Dans les phrases des femmes, *lui* est d'abord entendu comme masculin. Les phrases où le sexe de *lui* est donné favorisent cette interprétation. Il n'y a pas de réponses explicitant une relation entre femmes ou d'une femme se désignant comme *elle* avec lui (homme ou femme). Par exemple : « Elle lui dit qu'elle s'ennuie. » Cette phrase se trouve une fois dans les réponses des étudiants sur le modèle de « Il lui dit qu'il s'ennuie » mais elle ne se trouve pas chez les étudiantes.

Cela semble signifier – ce qui se vérifie par ailleurs – qu'une femme se désigne difficilement ou rarement comme sujet et objet linguistiques en même temps. Cela a lieu quand un sujet homme dit *il* pour se représenter ou s'identifier à un *il* masculin plus ou moins générique. Cette quasi-absence de *elle* pour s'auto-représenter infléchit l'interprétation de *lui* comme *il*. D'où le fait que les phrases ambiguës produites par les femmes sont entendues comme impliquant *il* plutôt que *elle*. Les phrases réalisées lèvent souvent l'ambiguïté dans ce sens, même au point d'utiliser les prépositions qui exigent *lui* = *il* : « Je m'ennuie avec lui... », « ... l'ennui qui est en lui », etc. Mais il y a concurrence entre cette quasi-inertie et la tendance des sujets féminins à mettre en scène la différence des sexes.

Du point de vue des protagonistes de l'énonciation, les phrases des hommes et des femmes sont donc différentes. Si la chose est plus évidente en situation psychanalytique, elle est visible ailleurs. Le *je* et le *tu*, le *il* et le *elle* ne se répartissent pas de la même manière dans les énoncés des unes et des autres. Cette répartition exprime aussi des positions différentes des protagonistes de l'énonciation vis-à-vis d'eux-mêmes, vis-à-vis du discours, vis-à-vis de la langue. Celles-ci ont des conséquences sur les relations au monde, aux objets, à la réalité. Elles en sont aussi les effets.

Le rapport au monde, à l'autre comme monde, se manifeste dans le choix des sujets, des verbes, de leurs temps et modes, et des syntagmes compléments qui les accompagnent.

Dans ces deux derniers corpus, il y a, chez les étudiantes, 15/25 réponses où le $SN_2$ est dans la proposition, et 7/14 chez les étudiants. Il continue à y avoir un peu plus de $SN_2$ que de propositions exprimant l'objet chez les femmes. La réponse type des hommes est quasiment : « Il lui dit qu'il s'ennuie. »

Chez les femmes, les propositions doubles, parfois triples, servent à réaliser un chiasme des sujets : « Il va lui dire qu'elle l'ennuie. » Ce chiasme des sujets est explicitement ou non réparti entre les sexes : « Je m'ennuie avec lui, vais-je lui dire ? » ou « Elle s'ennuie et le lui dit. »

Il apparaît donc que les femmes désignent, dans la deuxième proposition, le partenaire d'énonciation ou l'enjeu du rapport entre les deux ; les hommes y expriment plutôt l'objet du verbe ou l'enjeu du dire de *je* ou de *il*. Ces deux stratégies sont proches de celles utilisées par l'hystérique et l'obsessionnel. Ici *il* et *elle* relaient *je* et *tu* pour les femmes (ce qui pose des questions pour l'interprétation de la communication avec les femmes, bien sûr), l'homme restant souvent à l'intérieur du rapport à son genre et à lui-même.

Il y a de nombreuses réponses par plusieurs propositions chez les hommes et chez les femmes mais elles sont beaucoup plus stéréotypées chez les premiers, beaucoup plus diversifiées chez les secondes. Dans les réponses des étudiants, la deuxième proposition est complément d'objet direct ou attribut ou sujet : elle exprime l'objet du dire redoublé en $P^1$ ou désigné par *cela, ce,...* Les réponses des femmes comprennent aussi des subordonnées circonstancielles, des relatives, des comparatives, des subordonnées complément d'objet indirect. Cette caractéristique semble rejoindre la tendance des femmes à dire ou à vivre dans leurs phrases quelque chose du rapport à l'autre et au monde. Les hommes s'acquittent simplement de la consigne ou parlent d'eux-mêmes ou entre eux.

Cette différence de sens de la réponse entraîne des ajouts dans les phrases des étudiantes qui font souvent le lien entre la langue et la réalité, que celui-ci soit apparent ou réel. Même dans ce type d'épreuves, les femmes communiquent un message et non seulement un score dans la manipulation de la langue. Presque toutes les réponses données simulent, en tout cas, une information réelle qui exige un certain type de verbes : *étreindre*, d'adjectifs : *pénible* et *faible*, de possessifs : *son* (4), *mon* (1), de partitifs : *un, des, tout* ; une multiplicité de pronoms : *nous, qui, il* ; des transformations : interrogatives, exclamatives, emphatiques.

Les phrases des hommes manifestent des variantes a) par des transformations négatives : « Il ne lui dit pas... », « L'ennui est de ne pas le lui dire », b) par des changements de temps : « Il lui disait ses ennuis », « Je lui ai dit qu'il m'ennuyait », « Je vais lui dire mon ennui », c) par un choix de verbes marquant la progression soit temporelle : « Je lui dis que l'ennui le gagne », soit quantitative : « Il lui dit combien il s'ennuit. » Ces variantes sont des variantes syntaxiques plus que de contenu immédiat du message.

## EN CONCLUSION

Je n'ai pas épuisé l'analyse de ces trois corpus, ni son interprétation. Je peux déjà dire que des caractères semblables se retrouvent dans tous les énoncés des femmes, d'une part, et des hommes, de l'autre. En ce sens, il est juste d'affirmer que leur discours est sexué. Les marques d'appartenance à un sexe sont apparues plus fortes que les situations contextuelles variables dans les trois cas, plus fortes que les changements d'interlocutrices comme éléments du contexte. Je les ai énumérées à chaque temps de l'analyse.

Comment les interpréter ?

Il faut procéder lentement dans l'élaboration des conclusions de ce genre de travail à cause de son enjeu et des passions, conscientes ou inconscientes, qu'il soulève. Je terminerai donc par quelques questions que cette recherche – en cours – m'a permis de poser ou reposer en les étayant expérimentalement.

1) Les différences entre les énoncés des hommes et des femmes sont-elles effets de langue ou de société ? Je pense qu'il faut refuser cette dissociation. La langue est un effet de sédimentations d'époques de communications sociales. Elle n'est ni universelle, ni neutre, ni intangible. Il n'y a pas de schémas linguistiques existant depuis toujours dans le cerveau de tout sujet parlant mais chaque époque a ses nécessités, crée ses idéaux et les impose comme tels. Certains sont historiquement plus résistants que d'autres. Les idéaux sexuels en sont un bon exemple. Ces idéaux ont peu à peu imposé leurs normes à notre langue. Ainsi, en français :

a – Le genre masculin domine toujours syntaxiquement : *ils sont mariés, ils s'aiment, ils sont beaux,* etc. Cette marque grammaticale, qui efface le genre féminin, a un impact sur la manière dont est éprouvée la subjectivité et dont elle se traduit en et dans le discours.

b – Le neutre ou l'impersonnel se traduisent par le même pronom ou la même forme que le masculin : *il tonne, il neige, il faut,* et non *elle tonne, elle neige, elle faut.* Si le neutre a, dans l'histoire de notre langue, qualifié certains objets (en grec, en latin, par exemple), les phénomènes naturels et la nécessité étaient désignés par des responsables sexués. De même, le *il faut* ou *il est nécessaire* des philosophes grecs, ou issus des Grecs, cache probablement une nécessité sexuelle associée à un destin à la fois humain et divin. L'origine de l'anankè n'est pas neutre. Sa nécessité se change ultérieurement en devoir, notamment par soumission à l'ordre juridique romain. Mais les lois sont alors édictées par les seuls hommes. Le *il faut* signifie un devoir ou un ordre établis par un seul sexe, un seul genre. Il n'est qu'apparemment neutre et, encore une fois, en français du moins, il se dit avec le même genre que le masculin.

L'homme semble avoir voulu, directement ou indirectement, donner son genre à l'univers comme il a voulu donner son nom à ses enfants, sa femme, ses biens. Cela pèse très lourd sur les rapports des sexes au monde, aux choses, aux objets. En effet, ce qui a de la valeur appartient aux hommes et est marqué de leur genre. À part les biens au sens strict que l'homme s'attribue, il donne son genre à Dieu, au soleil, etc., mais aussi, sous le masque du neutre, aux lois du cosmos et de l'ordre social ou individuel. Il ne se pose même pas la question de la généalogie de cette attribution.

Dans notre langue, le féminin reste une marque secondaire syntaxiquement, même pas une norme, et les noms marqués du genre féminin ne sont pas ceux qui sont considérés comme ayant de la valeur. Chez nous, la lune est du genre féminin, les étoiles aussi, mais elles ne sont pas considérées comme sources de vie. Quant à la terre, elle est découpée en parcelles que se répartissent les hommes, effaçant, de cette façon, le genre féminin.

Comment pourrait-il se faire que le discours ne soit pas sexué puisque la langue l'est ? Elle l'est dans certaines de ses règles fondamentales, elle l'est par le genre des mots répartis de manière non étrangère aux connotations ou propriétés sexuelles, elle l'est aussi dans son stock lexical. Les différences entre les discours des hommes et des femmes sont donc effets de langue et de société, de société et de langue. L'une ne peut pas être changée sans l'autre. Mais, s'il n'est pas possible de séparer radicalement l'une et l'autre, il est possible stratégiquement de mettre l'accent de mutation culturelle tantôt sur l'une tantôt sur l'autre et surtout de ne pas attendre, passivement, que la langue mute. L'enjeu du discours et de la langue peut être utilisé délibérément pour obtenir plus de maturité culturelle, plus de justice sociale, etc. C'est la non-considération de l'importance de cette dimension dans la culture qui donne tant de pouvoir à l'empire de la technique comme neutre, aux régressions sectaires, aux désintégrations sociales et culturelles auxquelles nous assistons, aux divers impérialismes monocratiques, etc.

2) Il convient de préciser aussi qu'une libération sexuelle ne peut se réaliser sans changement des lois de la langue relatives aux genres. La libération subjective nécessite un emploi de la langue non soumis à des règles qui assujettissent ou annulent (si tant est que ce soit possible sauf magiquement) la différence sexuelle. Les points à interroger et modifier peuvent varier d'une langue à l'autre. Il ne faut pas l'oublier. Mais je ne connais pas de langue qui ait pensé son statut comme outil de partage et d'échange entre deux parties du monde de sexes différents. Les décisions individuelles, les bonnes volontés collectives, ne peuvent qu'échouer dans leurs projets de libération ou justice sociales si elles ne considèrent pas théoriquement et pratiquement l'impact des marques et règles sexuées de la langue, en vue de modifier cet instrument culturel.

3) Les énoncés analysés manifestent une différence importante entre femmes et hommes du point de vue de l'interrelation sexuelle. Les femmes sexualisent

leurs discours. De même qu'elles donnent souvent leurs qualités concrètes aux choses, aux lieux, etc., elles s'adressent à des interlocuteurs sexués. Les hommes ne le font pas mais ils restent entre *ils* ou *je-il(s)*, ce qui correspond à un choix sexuel non conscient.

Faut-il que les femmes renoncent à sexuer leur partenaire d'énonciation ? Ce n'est pas souhaitable. Le sexe est une dimension culturelle importante mais il faut rééquilibrer les rapports entre les sexes : dans la langue, la société, la culture. Sans renoncer à mettre en mots la différence sexuelle, il est souhaitable que les femmes soient davantage capables de se situer comme *je, je-elle(s)*, de se représenter comme sujet(s) linguistique(s), et de parler avec d'autres femmes. Cela exige une évolution subjective et une mutation des règles de la langue. Jusqu'à présent, il est nécessaire que les femmes restent exclusivement *entre elles* pour qu'un pluriel soit féminin : *elles s'aiment, elles sont belles,* etc., mais aussi pour qu'un rapport au monde subjectivement féminin soit possible. Cette nécessité linguistique conditionne certaines formes des mouvements de libération. Le monde des humains ne peut cependant pas se scinder entre hommes et femmes sans lieux de rencontres. Sinon muets ? Mais le silence lui-même est apparenté au discours qui se parle. Les stratégies de non-mixité sont indispensables pour des questions explicites de contenu du discours mais surtout en fonction des formes et lois de la langue. Elles doivent s'appliquer à changer celles-ci pour être opérantes au niveau des systèmes d'échanges, y compris entre femmes.

4) L'analyse des divers corpus a fait apparaître que le *tu* du discours des femmes désigne une femme dans le transfert analytique, dont le support était une femme, il est vrai. Dans les énoncés expérimentaux, le partenaire d'énonciation se désigne par *il*(s), bien que les enseignantes-expérimentatrices soient des femmes. Comment entendre le changement de support du *tu* ? Comme un effacement culturel ? Comme l'imposition d'une pseudo-neutralité qui réintroduit significativement un *il* masculin à la place d'un *tu* féminin ? Cette substitution de genre a lieu pour les deux sexes. Du point de vue de l'histoire des sujets, cela aboutit à l'effacement de la relation au premier *tu* maternel. Il en résulte un manque de passage *tu-elle-je* pour les femmes, une perte d'identité sexuelle dans le rapport à soi et à son genre, notamment généalogique. Pour les hommes, le *tu*, originellement maternel-féminin, se perd au bénéfice du *il*. C'est la transition entre *tu-elle-tu* qui manque dans le langage. Cela correspond à l'économie syntaxique des discours analysés et aux conclusions sur notre ordre linguistique où s'effacent le *tu* maternel et le *je* féminin. Cet ordre n'est pas arbitraire mais motivé par des lois qui ont échappé aux linguistes.

5) Le monde se désigne le plus souvent, dans le discours des hommes, comme inanimés abstraits intégrés à l'univers du sujet. La réalité y apparaît comme réalité déjà culturelle, liée à l'histoire collective et individuelle du sujet masculin. Il y est toujours question d'une nature seconde, coupée de ses racines corporelles, de son environnement cosmique, de son rapport à la vie. Celui-ci ne se dit jamais que dans la dénégation, et reste dans un perpétuel passage à l'acte inculte. Les modalités en changent, l'immédiateté aveugle de l'acte reste. Les relations du sujet masculin à son corps, à qui le lui a donné, à la nature, au corps des autres, y compris celui de ses partenaires sexuels, restent à cultiver. En attendant, les réalités dont parle le discours sont artificielles, tellement médiatisées par un sujet et une culture qu'elles ne sont pas réellement partageables. C'est pourtant l'enjeu de la langue. De plus, ces réalités sont si éloignées de la vie qu'elles deviennent mortifères, comme l'a diagnostiqué Freud en parlant du privilège culturel des pulsions de mort.

Le discours des femmes désigne les hommes comme sujets – sauf dans le transfert analytique – et le monde comme inanimés concrets appartenant à l'univers de l'autre. Elles gardent donc un rapport à l'environnement réel mais elles ne le subjectivent pas comme leur. Elles restent le lieu d'expérience de la réalité concrète mais elles laissent à l'autre le soin de l'organiser. Il est vrai que la langue ne leur donne pas les moyens de faire autrement. Du moins depuis des siècles. En effet, les connotations de leur discours s'expriment de façon privilégiée dans les adjectifs, par exemple, et non dans le prédicat actuellement produit. Linguistiquement, cela peut signifier que leur langage présent correspond à la transformation d'un discours antérieurement tenu par elles. Dans ce sens peuvent s'interpréter d'autres indices : les élisions de *je* et *elle*, toutes les stratégies d'effacements du féminin comme sujet du discours, l'enjeu de la transformation négative, etc. Ce sera, pour moi, l'objet de futures recherches sur le sexe du sujet dans le discours et la langue.

Le monde évolue. Aujourd'hui son évolution semble périlleuse, destructrice pour la vie et la création de valeurs. Celles qui subsistent sont soumises au règne de l'argent. Celui-ci se présente de façon apparemment neutre et il entretient l'illusion d'une pseudo-neutralité de la technique. Les moyens de communication, mis en place par des sociétés à responsabilité exclusivement masculine, risquent d'empêcher l'émergence ou de détruire l'existence d'autres moyens de communication davantage liés à la vie, à ses propriétés concrètes. La dimension sexuée en est une des plus indispensables, non seulement pour la reproduction mais pour la culture et la conservation de la vie. La question est donc de savoir si nos civilisations sont encore résolues à considérer le sexe comme une pathologie, une tare, un résidu d'animalité ou si elles sont enfin assez adultes pour lui donner son statut culturel humain. Cette mutation passe par l'évolution de la dimension sexuée de la langue et de tous les moyens d'échanges.

*Imprimé en France*
Dépôt légal : novembre 1990
N° d'éditon : 8353 - N° d'impression : 16303
ISBN 2-246-42321-X

Imprimé en France
FRHW010512130422
30524FR00018B/486

9 782246 423218